JN057454

【働き方改革検定】

働き方マネージャー認定試験

公式テキスト

- 働き方改革と労働法務 -

坂東利国 著

Work Style Manager

まえがき

我が国の働き方には、改善すべき点が残されている。

例えば、正規労働者と非正規労働者の格差が諸外国（特にEU主要国）に比べると大きいといわれる。また、容易に改善されない長時間労働のために、健康を害する労働者が多いだけでなく、ワーク・ライフ・バランスを確保しにくく、労働の効率（労働生産性）も悪くなるといった問題も指摘されている。

働く場においても、女性管理職の割合が少なく女性の活躍が遅れている。妊娠・出産、育児、介護、病気の治療といったライフステージにおけるイベントに柔軟に対応できる制度の普及も十分とはいえない。

このような状況を背景として、「働き方改革」が言われるようになり、2018年7月に公布された「働き方改革を推進するための関係法律の整備に関する法律」（働き方改革関連法）によって、労働基準法、パートタイム労働法等の労働関連8法が一挙に改正された。労働基準法の改正は、1987年以来の大改正とも言われ、働き方に関連する法規制は大きな転換点にあるといえる。

このような潮流のなか、企業は、労働関係を働き方改革による法改正に対応させて、非正規雇用の処遇改善、長時間労働の抑制、年次有給休暇の取得促進などに取組むことが求められる。また、病気の治療や子育て・介護等と仕事が両立できる職場の実現、テレワークや限定正社員といった柔軟な働き方の導入、メンタルヘルス対策やパワーハラスメント対策などによる健康で働きやすい職場環境の整備といった課題にも対応しなければならない。

本書は、このような課題に対応するために必要な情報となる、働き方改革の概要や、働き方改革関連法の知識、働き方に関係する労働関連法令の知識などについて解説している。

本書の概要は、次のとおりである。

テーマⅠ（働き方改革とワークスタイルコーディネート）

→　なぜ「働き方改革」が必要なのかについて、各種データを参

照しながら解説するとともに、「働き方改革」に関連する用語について説明した。

テーマⅡ（働き方改革と働き方改革実行計画）

→ 「働き方改革実行計画」の内容と、「働き方改革関連法」の概要について解説している。

テーマⅢ（検討テーマごとにみる働き方改革）

→ 「働き方改革実行計画」が掲げる9つのテーマについて、関連する労働法令とともに解説した。

「働き方改革関連法」による労働関連8法の改正の具体的な内容については、それぞれ該当するテーマの中で詳説した。

テーマⅣ（働き方に関する労働法の理解）

→ 労働関連法令のうち、働き方に関連すると思われる法令について解説した。

[参考知識] について

本書は、働き方改革や働き方に関連する法令について網羅的に解説しており、[参考知識] として記述した部分を読み飛ばしても、「働き方」に関する知識としては十分な量があり、「働き方マネージャー認定試験」の合格レベルに達するものと考えている。

しかし、実務においては、直面する課題によっては更に深い情報・知識を必要とする場合がある。そこで、本書では、[参考知識] として、実務に役立つと思われる情報・知識を掲載することにした。実務においては、[参考知識] の記述を手がかりとして、対応の糸口を掴んでいただけるだろうと考えている。

従って、試験対策としては、本文を優先的に学習し、[参考知識] についてはこだわらないという方法も、効率的な学習になると思う。

2020年3月
坂東利国

■試験概要

1. **受験資格** … 国籍、年齢等に制限はありません。

2. **受験会場**

   主な受験地　札幌　仙台　東京　埼玉　千葉　横浜　名古屋　津　京都　大阪　広島
   　　　　　　福岡　沖縄

   ※実施回により変更の可能性があります。

3. **試験日程** … 年4回（年度により実施日は異なります。）

4. **試験時間** … 120分

5. **試験形態** … マークシート方式

6. **出題内容および合格基準**

   出題内容は次ページ表をご参照ください。

   合格基準：全体の70% 以上の正答

7. **受 験 料** … 10,000円（税抜）

   〔団体割引について〕

   　試験を10名以上同時申込みされますと、団体割引が適用されます。

   　10〜19名 … 8% 割引　　　20〜99名 … 10% 割引　　　100名以上 … 15% 割引

   　※31名以上同時申込みをご希望の場合は下記までお電話ください。

8. **申込方法**

   インターネットでお申込みの場合 … 下記アドレスよりお申し込みください。

   http://www.joho-gakushu.or.jp/web-entry/siken/

   郵送でお申込の場合 … 下記までお問合せ下さい。

お問合せ先

一般財団法人　全日本情報学習振興協会

東京都千代田区神田三崎町 3-7-12　清話会ビル

TEL：03-5276-0030　FAX：03-5276-0551

http://www.joho-gakushu.or.jp/

■出題内容

内容		
1　我が国の経済社会の現状と働き方改革	1）総則	
	2）一億総活躍社会	
	3）人口高齢化	
	4）子どもを産み育てやすい環境づくり	
	5）ワーク・ライフ・バランスとその取り組み	
2　テーマごとにみる働き方改革	1）働き方改革	
	2）非正規雇用労働者の処遇改善	
	3）賃金引上げと労働生産性向上	
	4）長時間労働の是正	
	5）柔軟な働き方がしやすい環境整備	
	6）病気の治療、子育て・介護等と仕事の両立、障害者就労の推進	
	7）外国人労働者	
	8）女性・若者が活躍しやすい環境整備	
	9）雇用吸収力の高い産業への転職・再就職支援	
	10）高齢者の就業促進	
3　労働法総論	1）労働法の意義と沿革など	
	2）憲法上の基本規定	

内容	
4　個別的労働関係法	1）労働契約の意義と特色
	2）個別的労働関係の成立
	3）就業規則の意義と効力
	4）労働条件の明示
	5）労働契約の解除
	6）懲戒
	7）労使紛争の解決
5　労働関係の展開	1）基本的法規制
	2）賃金
	3）労働時間・休暇
	4）安全衛生（ストレスチェック制度など）
	5）人事
6　労働市場の一般施策	1）労働市場政策
	2）失業者に対する雇用保険の給付
7　団体的労使関係法	1）労働組合
	2）団体交渉
	3）労働協約

※出題内容は変更となる場合があります。

目　　次

I　働き方改革とワークスタイルコーディネート

第 1 章　ワークスタイルコーディネートの重要性

1　総論

　我が国の働く人にとっての課題は、仕事ぶりや能力の評価に納得して意欲を持って働きたい、ワーク・ライフ・バランスを確保して、健康に、柔軟に働きたい、病気の治療や子育て・介護といったライフステージの変化に伴って直面する課題と仕事を無理なく両立したいというように多岐にわたる。

　このような働く人の課題に対応するためには、我が国における雇用慣行、働き方・ワークスタイルそのものの改革が必要となる。

　すなわち、我が国の雇用慣行は、長期雇用や年功賃金に支えられる「正社員」制度を中心としてきた。このような雇用慣行は、働く人にとって、雇用の安定や定期的な賃金の上昇、将来の生活設計を立てやすいなどのメリットがある。そして、安定雇用のもとで安心して働けることなどを背景として、転勤や長時間労働などが広く許容され、「モーレツ社員」、「企業戦士」が我が国の経済発展を支えてきたといえる。

　しかし、高度経済成長は過去のものとなり、多くの企業は、リスク回避・雇用調整の安全弁として、「非正規雇用」を増やしてきた。

　「非正規」は、その名の通り、企業にとっては「正規」の社員ではないから、正規の社員（正社員）よりも低待遇とされることが当然視されてきた。

　そして、我が国の雇用慣行は、正社員を中心とした単線型のキャリアパスを前提とし、非正規の待遇の確保や非正規から正規への転換などの問題に目を向けない傾向があった。このため、正社員中心のレールに乗れなかった、または正社員のレールからリタイアした労働者（例えば、出産を機に退職した女性労働者）は、正社員中心のレールに乗ることができないまま、低待遇に甘んじ続けるということになる。このような雇用慣行のもとでは、非正規の労働者の労働意欲を高め、労働生産性を向

上するのは困難である。非正規雇用による将来への不安が少子化の一因となっているとも指摘される。

　また、勤務場所や職種を限定せず、フルタイム勤務するという正社員像を中心とした雇用慣行のもとでは、出産・育児や、介護、病気の場合には仕事を諦めざるを得ないという場合が出てくる。パートタイムで余裕をもって仕事をしたいという高齢者の要望にも応えにくい。このように、正社員を中心とする単線型キャリアパスのもとでは、働く人がそのライフステージにあった仕事を選択しにくくなる。仕事と生活の調和（ワーク・ライフ・バランス）のためには、働く人のライフステージにあった仕事を選択しやすい雇用慣行を築かなければならない。

　しかも、少子高齢化が進んだ社会では、女性や高齢者、若者など、様々な人が活躍できなければ社会が成り立たないから、出産・育児期の女性や高齢者といった、これまでの「正社員」制度のもとでは働き続けることが困難であった人でも安心して働けるようにしなければならない。

　また、正社員にとっても、特に長時間労働の傾向が強い「働き盛り」（30歳～50歳程度）の男性労働者を中心として、心身の不調をきたしたり、ワーク・ライフ・バランスがとれなくなってしまうといった問題が社会化している。このような問題を解消するためには、長時間労働が当然だし、年次有給休暇は取りにくいのが当然、といった職場意識を抜本的に変えていく必要がある。

　このような認識のもと、我が国における雇用慣行、働き方（ワークスタイル）そのものの改革を目指すのが、「働き方改革」である。

　働き方改革に対応し、職場環境を整備・向上し、働く人のワーク・ライフ・バランスを図るためには、働き方（ワークスタイル）をコーディネートすることの意識を高めなければならない。

2　本書の概要

　働き方改革は、ワークスタイルそのものの大きな変化を伴う改革であるから、その趣旨や目的を理解して対応しないと、小手先の対応に終始

し、社会の変革から取り残され、働く人にとっての問題となるだけでなく、企業も衰退してしまう恐れがある。企業は、働き方改革の趣旨・目的を理解し、ワークスタイルをコーディネートすることが求められる。

　そこで、本書では、働き方改革について、その趣旨・背景や内容について解説するとともに、2018 年に公布され、その一部が 2019 年 4 月から施行されている働き方改革関連法の概要について説明する（I の第 2 章以下）。

　また、働き方改革に対応し、ワークスタイルの改革を実効性あるものにするためには、改正点に限ることなく、働き方に関連する法制度を正しく理解して行う必要がある。

　そこで、本書では、働き方に関連する法制度について、働き方改革や働く場の各種調整（ワークスタイルコーディネート）に関連する実務的な事項について解説している。

第 2 章　働き方改革の必要性－我が国の経済社会の現状

1　総論

　第 2 章では、働き方改革を必要とする我が国の経済社会の現状を確認する。

　我が国の経済社会は、名目 GDP の増加、ベースアップの 6 年連続実現、高水準の有効求人倍率、正規雇用の増加傾向、相対的貧困率の減少、実質賃金の増加傾向などがみられ、個人消費や設備投資といった民需は持ち直しつつあるが、足踏みがみられるという現状にある。

　我が国の経済成長の隘路の根本には、人口減少と少子高齢化、それにともなう生産年齢人口（労働力人口）の減少という構造的問題がある。また、我が国の労働生産性は諸外国に比べて低水準にあるが、その原因として、正規・非正規という 2 つの働き方の不合理な処遇の差による非正規雇用労働者の意欲低下や、長時間労働による非効率といった問題が指摘されている。それに加え、イノベーションの欠如による生産性向上の低迷や革新的技術への投資不足も指摘されている。

　従って、日本経済の再生を実現するためには、投資やイノベーション

の促進を通じた生産性の向上と、労働参加率（特に就業率）の向上を図る必要がある。

　少子高齢化が進展する中、経済成長に対する労働力減少の影響を最小限に抑えるためには、就業者数・就業率の上昇による「量の増加」と生産性の向上による「質の改善」がともに重要である。量の増加について、とりわけ伸びしろがあると考えられるのは、女性や高齢者の労働市場への参加である。仕事と育児・介護等を両立できる労働環境の整備や柔軟な働き方の導入等によって、女性や高齢者の労働参加を阻害している要因を除くことで、その労働参加が促されることが期待できる。

　また、生産性（労働生産性）を向上させるためには、正規・非正規の格差を是正して非正規雇用労働者の労働意欲を高めるとともに、長時間労働の是正により効率を高めていくことも必要である。

　このように、就業率・就業者数の増加と生産性の向上とを図るためには、誰もが生きがいを持って、その能力を最大限発揮できる一億総活躍の国創りが必要である。

　このような現状認識のもと、政府は、2015年に「ニッポン一億総活躍プラン」、2017年に「働き方改革実行計画」を、策定・公表した。

2 少子高齢化
(1) 我が国の少子高齢化
　「少子高齢化」とは、出生率が減少し子どもの割合が低下する「少子化」と、65歳以上の高齢者人口が増加して高齢化率が上昇する「高齢化」が同時に進行している状況である。

　1950年以降、我が国の出生率が急激に低下し、少子化が進行している。

　他方で、1950年時点で5％に満たなかった我が国の高齢化率は、2015年には26.7％へと急激に上昇し、将来的には、2060年に39.9％と65歳以上人口が約2.5人に1人という超高齢化社会になる見通しである。

　このように、我が国は、今後、少子高齢化という構造的な問題が急速に進展することが予想されている。

(日本の人口の推移)

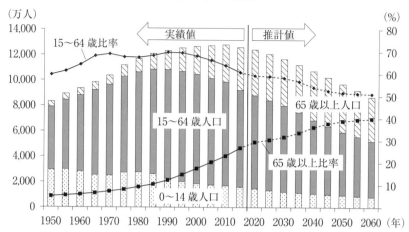

※【「65 歳超雇用促進マニュアル 図 1-1（厚労省）」より。資料出所は総務省「国勢調
　査」および「人口推計」、国立社会保障・人口問題研究所「日本の将来推計人口」（平
　成 29 年 4 月推計）：出生中位・死亡中位推計」（各年 10 月 1 日現在人口）】

(2) 国際的にみても低い出生率

　「出生率」は、年間出生数を国勢調査または推計人口による各年 10 月
1 日現在の日本人人口で除して千倍したものである。厚生労働省の「人
口動態調査」で発表されている。

　　　・出生率＝年間出生数／日本人人口×1,000

　我が国の年間の出生数は、第 1 次ベビーブーム期（1947～49 年）には
約 270 万人、第 2 次ベビーブーム期（1971～74 年）には約 210 万人で
あったが、1975 年（昭和 50 年）に 200 万人を割り込み、それ以降、毎年
減少し続けた。1984 年（昭和 59 年）には 150 万人を割り込み、1991 年
（平成 3 年）以降は増加と減少を繰り返しながら、緩やかな減少傾向と
なっている。

　このため、「出生率（合計特殊出生率）」は、第 1 次ベビーブーム期に
は 4.3 を超えていたものが、1950 年以降低下傾向を続け、1989 年（平

成元年）にはそれまで最低であった 1966 年（丙午：ひのえうま）の数値
を下回る 1.57 を記録した。2005 年（平成 17 年）には過去最低である
1.26 まで落ち込んだ。

（出生数と出生率）

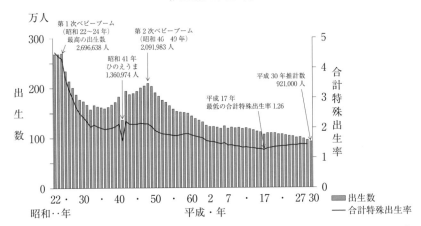

※【「平成 30 年人口動態統計の年間推計」（厚生労働省）の「図表データ」図 1 より】

　いわゆる先進国では出生率が低くなる傾向にあるが、我が国の合計特
殊出生率は特に低い水準にあり、フランス、スウェーデン、アメリカ合
衆国、イギリス等の先進諸国中最低レベルである。

（主要国の合計特殊出生率の推移）

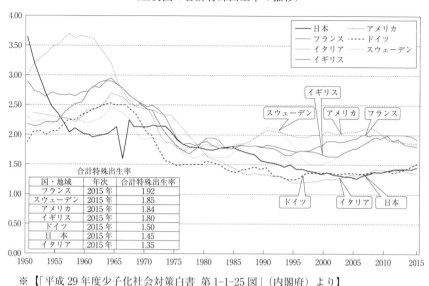

合計特殊出生率

国・地域	年次	合計特殊出生率
フランス	2015 年	1.92
スウェーデン	2015 年	1.85
アメリカ	2015 年	1.84
イギリス	2015 年	1.80
ドイツ	2015 年	1.50
日　本	2015 年	1.45
イタリア	2015 年	1.35

※【「平成 29 年度少子化社会対策白書 第 1-1-25 図」（内閣府）より】

（3）少子化と高齢化の影響

　出生率の低下、すなわち少子化は、労働力の中心となる生産年齢人口の減少と人口減少をもたらす。

　すなわち、少子化の進行により、労働力の中心となる生産年齢人口（15〜64 歳の人口）が減少する。我が国の総人口に占める生産年齢人口の割合は、2010 年の 63.8％ から減少を続けており、2016 年：約 60％→2060 年：50.9％ となると推計されている。

　労働力人口も、2014 年：約 52％（6,587 万人）→ 2060 年：約 44％（3,795 万人）と、加速度的に減少していくと推計されている。

　少子化の進行は、人口減少の要因にもなる。我が国の総人口は、2008 年（約 1 億 2,800 万人）を境に減少局面に入っている。減少スピードは今後加速度的に高まっていき、2020 年代初めは毎年 60 万人程度の減少であるが、それが 2040 年代頃には毎年 100 万人程度の減少スピードにまで加速し、このままでは 2100 年には人口が 5,000 万人を切ることが推

計されている。

　人口減少・労働力人口の減少に伴い、経済規模の縮小、基礎自治体の担い手の減少といった問題が発生している。

　我が国では、少子化による労働力人口の減少と高齢化が同時に進行している。このため、いわゆる「肩車社会」（後述する）による医療・介護費等の社会保障給付と負担の間のアンバランスが問題となっている。

(4) 生産年齢人口の減少

　「生産年齢人口」とは、15歳～64歳の人口である。

　「生産年齢人口」は、仕事をしない者を含め、生産活動に従事しうる年齢の人口ということができる。

　我が国の生産年齢人口は、1997年にピークを迎え（約8,699万人）、その後減少が続いている（2018年に約7,484万人）（総務省「住民基本台帳に基づく人口、人口動態及び世帯数（平成30年1月1日現在）」）。

　我が国の人口の長期推移をみると、総人口は、1986年：約1億2,166万人→2018年：約1億2,771万人と、約605万人の増加となっているのに対し、生産年齢人口は、1986年：約8,315万人→2018年：約7,484万人で、約831万人の減少となっており、生産年齢人口の減少は深刻な問題となっている（総務省「住民基本台帳に基づく人口、人口動態及び世帯数（平成30年1月1日現在）」）。

　生産年齢人口の減少が続くことにより、現状の労働参加率のままだと、就業者数は、2015年：6,376万人→2020年：6,046万人→2030年：5561万人と激減していくと推計されている。労働参加率を向上したとしても、生産年齢人口の減少が加速し続けると、就業者数は、2015年：6,401万人→2020年：6,381万人→2030年：6,169万人と減少するものと推計されている。

　なお、2000年を100とした生産年齢人口の推移を国際的にみると、2015年は、米国：113.5、英国：108.8、ドイツ：94.9と増加又は微減となっているのに対し、我が国は89.8であり（働き方改革実行計画参考資料）、我が国の生産年齢人口の減少傾向は他の先進国と比べて顕著である。

　2017 年の調査でも、我が国の 15 歳〜64 歳人口の割合は 60.0％ と他
国よりも低く、一方で 65 歳以上人口の割合は 27.7％ と他国よりも高
い。我が国は国際的にみても顕著な少子高齢化社会に突入しているとい
える。

(国別の年齢別人口割合)

国　名	年齢（3区分）別割合（%）		
	0〜14 歳	15〜64 歳	65 歳以上
世界	26.1	65.7	8.3
日本	12.3	60.0	27.7
ドイツ	12.9	65.9	21.2
イタリア	13.7	63.9	22.4
韓国	14.0	72.9	13.1
スペイン	14.9	66.3	18.8
ポーランド	14.9	69.5	15.5
シンガポール	15.5	72.8	11.7
カナダ	16.0	67.9	16.1
ロシア	16.8	69.9	13.4
中国	17.2	73.2	9.6
スウェーデン	17.3	62.8	19.9
イギリス	17.8	64.5	17.8
フランス	18.5	62.4	19.1
アメリカ合衆国	19.0	66.3	14.8
アルゼンチン	25.2	63.9	10.9
インド	28.8	65.6	5.6
南アフリカ共和国	29.2	65.7	5.0

※【「平成 29 年度少子化社会対策白書 第 1-1-27 図」（内閣府）より。諸外国は 2015 年、
　日本は 2017 年時点の数値】

3　女性の活躍に関する現状
(1) 女性が活躍できる環境の必要性
　今後、少子高齢化の進展に伴い労働力人口が本格的に減少していくこ
とが見込まれる中、将来にわたり安心して暮らせる活力ある社会を実現
するためには、就業率・就業者数を上昇させ、持続可能な全員参加型社
会を構築していくことが必要である。

　そこで、いわゆる「Ｍ字カーブ」（後述する）の解消と女性の就業率向上が重要な課題となっている。

(2) 男女の雇用者数と管理職の割合

　2006年（平成18年）以降の雇用者数について、男性は2008年（平成20年）から停滞の傾向であるが、女性は増加が続き、2012年〜2018年（平成24〜30年）の6年間に女性の就業者数は182万人増加し（男性は78万人増加）、女性の就業が拡大した（総務省「労働力調査」）。

　これにより、就業者に占める女性の割合は44.2％（平成30年総務省「労働力調査」）と、欧米諸国とほぼ同水準となった。

　他方で、管理的職業従事者における女性の割合は、長期的に上昇傾向にあるものの、13.2％と低い水準にとどまり、欧米諸国（米国：43.4％、英国：36.0％等）のほか、アジア諸国（シンガポール：34.2％、フィリピン：49.0％等）と比べてもかなり低い（内閣府「平成30年版　男女共同参画白書」）。

(3) 離職後の再就職の問題と男女の非正規の割合

　我が国では、女性は出産・育児等による離職後の再就職にあたって非正規雇用者となることが多く、結婚等で退職した正社員女性の再就職にあたっての雇用形態の割合は、正規：12％、非正規88％である（2015年）。しかし、派遣社員やパートなどの非正規雇用から正規雇用に移行したいと考える女性は少なくない。

　このように、正社員だった女性が育児等で一旦離職すると、パート等の非正規で復帰せざるを得ないという現実がある。

　なお、2018年における役員を除く女性雇用者の正規の職員・従業員と非正規の職員・従業員の割合は、44.0％：56.0％と非正規が上回っている（総務省「労働力調査」（平成30年）の「雇用形態別役員を除く雇用者の推移」のデータに基づく）。

　これに対し、役員を除く男性雇用者の正規：非正規の割合は、77.8％：22.2％と正規が非正規を大きく上回っており（同上）、正規と非正

規の割合は、男性と女性で状況が全く異なる。

　このほか、男女間の賃金格差は、縮小傾向にあるものの、男性一般労働者の給与水準を 100 としたときの女性一般労働者の給与水準は 73.4 と、依然として格差がある（内閣府「平成 30 年版　男女共同参画白書」）。

（4）M 字カーブ（M 字型カーブ）

　「M 字カーブ（M 字型カーブ）」とは、年齢層別にみた我が国の女性の労働力率※が、25〜29 歳（82.4％）と 45 歳〜47 歳（79.9％）を 2 つのピークとし、その間の 30 代半ば（74.2％）を底とする M 字型のカーブを描くことである（内閣府「平成 30 年版　男女共同参画白書」）。

　　※「労働力率」とは、15 歳以上人口に占める「労働力人口」（就業者＋完全失業者）の割合である。

　　・労働力率（％）＝労働力人口／15 歳以上人口×100

　M 字カーブは、結婚・出産期にあたる年代にいったん離職・非労働力化し、育児が落ち着いた時期に再び働き出す女性が多いことを反映しており、我が国における継続就業の難しさを示している。

　近時は、M 字の谷にあたる 30 代半ばの女性の就業率が上昇し（1995 年の谷は 53.7％ であったが、2017 年の谷は 74.2％）、M 字の谷の部分が浅くなりつつあるが、更なる改善が必要である。

　政府の「子育て安心プラン」（2017 年 6 月）では、2017 年度末までの「待機児童解消加速化プラン」に続き、2018 年度から 2〜3 年間＋2 年間の「新たなプラン」によって、待機児童を解消するための受け皿整備の予算確保などにより、遅くとも 2020 年度末までの 3 年間で全国の待機児童を解消し、更に、2022 年度末までの 5 年間で女性就業率 80％ を達成し、M 字型カーブを解消するとしている。

　なお、妊娠・出産を機に退職した理由については、「家事・育児に専念するため、自発的にやめた」という回答が最も多いもの（非正社員の約 40％、正社員の約 30％）、「仕事を続けたかったが、仕事と育児の両立の難しさでやめた（就業を継続するための制度がなかった場合も含

む）」がこれに続いており（非正社員の約17％、正社員の約25％）、出産・育児と仕事の両立が困難な現状がみられる（三菱UFJリサーチ&コンサルティング「平成27年度仕事と家庭の両立支援に関する実態把握のための調査研究事業報告書」）。

4　日本型雇用慣行の特徴

　日本型雇用は、「メンバーシップ型」であるといわれる。

　大企業で典型的にみられる形態として、長期雇用、年功賃金を前提として、職務や勤務地が原則無限定という雇用慣行である。賃金は勤続年数や能力を基準に決定され、定期昇給もある。事業撤退等により職務が消滅しても配置転換等により雇用が維持されやすい。

　これに対し、欧州（アジア諸国も）は「ジョブ型」といわれる。

　ジョブ型では、職務や勤務地が原則限定され、賃金は職務ごとに決定し、定期昇給はない。職務が消滅すれば金銭的な補償等の上で解雇されやすい。

　なお、日本型雇用（メンバーシップ型）は、中高齢期に多くの支出が必要となる労働者の生活に適合した賃金体系であるとか、職務が消滅しても雇用が維持され雇用安定に資するといったメリットがある。他方で、職務が無限定のため長時間労働になりがちである。また、女性、中小企業の労働者、非正規労働者は日本型雇用の恩恵にあずかりにくいといったデメリットが指摘されている。

（メンバーシップ型とジョブ型の比較）

	日本（メンバーシップ型）	欧州（ジョブ型）
採用・人事	• 新卒一括採用 • 職務・勤務地が無限定 • 長期雇用のもと配置転換を繰り返しながら昇格	• 欠員補充・増員による特定職務での採用 • 職務・勤務地が限定 • 長期雇用は前提とせず、職務変更する場合は労働契約を結び直す
労働条件	就業規則による統一的な設定	労働者ごとに労働契約（個別合意）
労働時間	職務無限定のため長時間労働になりがち	• 職務を果たせば帰宅 • 幹部層は長時間労働
賃金	• 勤続年数や能力を基準に決定（職能給） • 定期昇給あり	• 職務ごとに決定（職務給） • 定期昇給なし • 同じ職務なら他社も同程度の水準
解雇	事業撤退等により職務が消滅しても、配置転換等により雇用が維持されやすい	• 職務が消滅すると、金銭的補償・再就職支援の上で解雇 • 公的職業訓練が充実
労働組合	• 企業単位 • 賃金は企業ごとに決定	• 産業別（企業横断） • 正規・非正規とも産業別に設定される協約賃金が適用

5　労働生産性の問題

(1) 労働生産性

　「労働生産性」とは、労働者一人当たりの付加価値額である。

　働き方実行計画参考資料では、“一労働者あたりの名目GDP”を「労働生産性」としている。

　労働生産性は、労働の効率性を計る尺度であり、労働生産性が高い場合は、投入された労働力が効率的に利用されているといえる。

　我が国にとっては、少子高齢化による労働力人口の減少を克服することが大きな課題であり、そのためには資本投入の増加に加え、一人ひとりが生み出す付加価値の向上、すなわち労働生産性の向上が必要不可欠であるとされている。

　また、労働生産性の上昇は賃金の上昇に結びつくなど労働者にとってプラスとなる効果が大きい。

(2) 労働生産性の現状

　我が国の労働生産性は、フランス、ドイツ、米国、英国といった OECD 主要国の中では低い水準にあり、特に、時間あたり労働生産性が低く、主要国との差は拡大傾向にある。

　すなわち、一労働者一時間あたり労働生産性の推移をみると、各国とも増加傾向にはあるが、2017 年の数値は、米国：72.0、フランス：67.8、ドイツ：69.8、英国：53.5 に対し、日本は 47.5 にとどまっている（公益財団法人日本生産性本部「労働生産性の国際比較 2018」）。

　我が国の労働生産性の水準が低い原因として、正規・非正規という 2 つの働き方の不合理な処遇の差による非正規雇用労働者の意欲低下や長時間労働等の問題が指摘されている。「働き方改革」は、これらの問題を解決するための改革であり、「働き方改革実行計画」は、「働き方改革こそが、労働生産性を改善するための最良の手段である」としている。

（主要先進 7 カ国の名目労働生産性の推移）

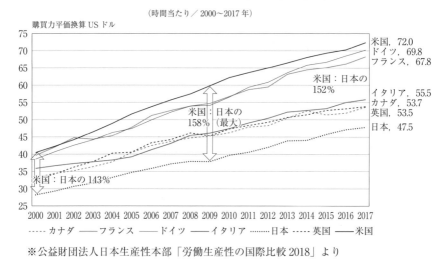

※公益財団法人日本生産性本部「労働生産性の国際比較 2018」より

(3) 労働時間と労働生産性の関係

　一人あたりの総労働時間と時間あたりの労働生産性には、負の相関関

係がある（労働時間が長くなるほど労働生産性が低くなる）といわれる。

　すなわち、国際的にみると、一人あたりの労働時間が短い国ほど、一人あたりの労働生産性が高い。

　2015 年時点の OECD 諸国の中で最も一人あたりの労働時間が短いドイツは総労働時間が 1,300 時間であり、我が国の総労働時間の約 8 割に相当する。他方、労働生産性（労働者一人あたりの名目 GDP 額）は、ドイツは我が国の水準を 50 ％ 近く上回っている（平成 29 年度年次経済財政報告）。

　そして、一人あたり・時間あたりの名目 GDP の額が日本より大きな国の多く（アイルランド、ベルギー、デンマーク、フランス、オランダ、ドイツ、スイス、スウェーデン、オーストラリア、英国、カナダ等次のページの図で濃い丸で表示されている国）は、一人あたり年間総労働時間が日本よりも短い（公益財団法人日本生産性本部「労働生産性の国際比較 2018」）。

（労働者一人あたり年間総労働時間と時間あたり名目 GDP）

（名目 GDP（購買力平価ドル換算）／労働時間）

$y = -0.0735x + 178.57$
$R^2 = 0.6268$

（労働者一人当たり年間総労働時間）

※【「働き方改革実行計画」（参考資料）p.7 より】

第3章　働き方改革に関連する事項

第1節　働き方改革の理解に役立つ用語

1　労働力人口と非労働力人口

（1）労働力人口

「労働力人口」とは、「就業者」※1と「完全失業者」※2をあわせたものである（就業者＋完全失業者）。

　※1「就業者」とは、「従業者」（収入を伴う仕事をしている者）と「休業者」（仕事を持っていながら病気などのため休んでいる者）をあわせたものである。既に仕事を持っている者ということができる。

　※2「完全失業者」は、これから仕事を持とうと求職活動している者である（【3

完全失業者と完全失業率】を参照）。

　労働力人口は、既に仕事を持っている者とこれから仕事を持とうと求職活動している者の合計といえるから、労働市場において供給側に立つ者の集まりということができる。すなわち、一国の経済が財やサービスの生産のために利用できる人口ということになる。

（2）非労働力人口

　「非労働力人口」とは、15歳以上人口のうち、労働力以外の者である。

　非労働力人口は、少しも仕事をしない者（ただし、仕事を休んでいる者や仕事を探している者は除く）が主に何をしていたかにより、「通学」、「家事」、「その他（高齢者など）」の3つに分類される。

（就業状態の分類）

※【労働力調査の解説（総務省統計局）の「就業状態の分類方法」を参照して作成】

2　就業率

　「就業率」とは、15歳以上人口に占める「就業者」（従業者＋休業者）の割合である。

　　　・就業率（％）＝就業者数／15歳以上人口×100

　就業者数は、従業者（収入を伴う仕事をしている者）と休業者（仕事を持っていながら病気などのため休んでいる者）を合わせたものなので、就業率は、15歳以上人口のうち、実際に労働力として活用されている割合を示しているといえる。

　今日の人口減少社会の下では、労働市場の動向について、人口減の影響も加味して見る場合の指標として就業率があり、近年では完全失業率と合わせて注目すべき数字となっている。

　2013年から2018年まで6年連続で就業者数が増加したことから、就業率も6年連続で上昇し、2018年の年平均は60.0％となっている（労働力調査（平成30年））。

3　完全失業者と完全失業率
(1)　完全失業者

　「完全失業者」とは、①仕事がないが、②仕事があればすぐ就くことができる者で、③仕事を探す活動をしている者である。

　「失業」という言葉を使っているが、何らかの求職活動を行っていること（労働市場に参入していること）が必要である。従って、新規学卒者、結婚・育児などで一時離職したが再び仕事を始めようとする者、より良い仕事を求めて離職した者等は、すぐに就業可能で求職活動をしていれば「完全失業者」に分類される。一方、会社が倒産して仕事を失ったとしても、求職活動をしていなければ労働市場への参入者とはならないので、「完全失業者」ではない。

　完全失業者数は、2009年に年平均336万人であったが、2018年には年平均166万人にまで減少している。

(2)　完全失業率

　「完全失業率」とは、労働力人口に占める完全失業者の割合である。

　　　・完全失業率（％）＝完全失業者数／労働力人口×100

　完全失業者は、労働力人口のうち実際には活用されていない部分であるといえるから、その割合を示す完全失業率は、労働市場に供給されている人的資源の活用の度合いを示す指標といえる。

　2000年代の完全失業率は、リーマンショック（2008年）直後に一気に増加したが（2009年・2010年に年平均5.1％）、基本的に減少傾向にあり、

2011年から2018年まで、8年連続で低下し、2018年の年平均は2.4%となっている（完全失業率の推移については、後述する）。

4　労働参加率

「労働参加率」は、生産年齢人口（15歳〜64歳の人口）に占める労働力人口（就業者＋完全失業者）の割合である。

　　　・労働参加率（％）＝労働力人口／生産年齢人口×100

「労働参加率」は、生産活動に従事しうる年齢層のうちどの程度の割合が労働市場に参加しているかを示す指標であるといえる。

　我が国では、労働参加率は上昇傾向にあり、女性の労働参加率の伸びが大きい（2000年：59.6％→2018年71.3％）。

　65歳以上の高齢者の労働参加率については、我が国は国際的に高水準にあるため、大きな変化はない（2000年：22.6％→2017年：22.8％）。

　少子高齢化と人口減少による労働力減少が経済成長に及ぼす影響を軽減させるためには、労働参加率の上昇による「量の増加」が、生産性の向上による「質の改善」とともに重要であるといわれている。

　「量の増加」について、とりわけ伸びしろがあると考えられるのは女性や高齢者の労働市場への参加である。女性や高齢者の労働参加を阻害している要因を除くことで、その労働参加が促されることが期待できる。

5　肩車社会

「肩車社会」とは、高齢者と高齢者を支える現役世代の人口が1対1に近づいた社会である。

　高齢者1人を支える現役世代の人数（生産年齢人口）は、1960年では11.2人であったが（「おみこし型」と表現することもある）、少子高齢化により、1980年：7.4人→2014年：2.4人（「騎馬戦型」と表現することもある）と激減した。

　現状が継続した場合、2060年、2110年時点では高齢者1人に対して現役世代が約1人となると推計されている。なお、仮に、合計特殊出生

率が回復する場合であれば、2060年に1.6人、2110年には2.1人で支えることになると推計されている。

　少子高齢化の進行による「肩車社会」の到来に伴い、医療・介護費を中心に社会保障に関する給付と負担の間のアンバランスは一段と強まることとなる。

6　GDP
(1) GDPとは

　「GDP（国内総生産）」（Gross Domestic Product）とは、国内で一定期間内に生産されたモノやサービスの付加価値の合計額を表す指標である。日本国内の景気を測る指標として重視され、内閣府により四半期ごとに発表されている。

　GDPは、市場で取引されたものを対象としているため、家事労働やボランティアなどは含まれない。また、「国内」のため、日本企業が海外支店等で生産したモノやサービスの付加価値は含まない。

(2) 名目GDPと実質GDP

　「名目GDP」とは、その時の市場価格に基づいて推計されたGDPである。従って、名目GDPは物価の変動を反映した指標である。

　「実質GDP」とは、名目GDPから物価変動の影響を取り除いたものである。

　国内の経済活動の規模や動向を見る場合には名目GDPを参照することが多いが、名目GDPはインフレ・デフレによる物価変動の影響を受けるため、経済成長率を見るときは実質GDPを参照することが多い。

　内閣府は、名目GDPと実質GDPの両方を発表している（2016年度の名目GDPは537.9兆円、実質GDPは523.5兆円）。

　働き方実行計画参考資料では、“一労働者あたりの名目GDP”を「労働生産性」とし、我が国の低水準な労働生産性を改善する方法として、働き方改革を提唱している。

　また、政府は、名目GDPを600兆円に引き上げるという目標を掲

げ、次の「3つの課題」をあげている（「日本再興戦略 2016」）。

　①潜在需要を掘り起こし、600 兆円に結びつく新たな有望成長市場の
　　創出・拡大（「官民戦略プロジェクト 10」）
　②人口減少社会、人手不足を克服するための生産性の抜本的向上
　③新たな産業構造への変化を支える人材強化

7　有効求人倍率

　「有効求人倍率」とは、「月間有効求人数」※1 を「月間有効職者
数」※2 で除して得た求人倍率である。

　厚生労働省が「職業安定業務統計（一般職業紹介状況）」で、毎月、
有効求人倍率を発表している。

　「有効求人倍率」は、ハローワークでの求職者 1 人あたり何件の求人
があるかを示している。

　有効求人倍率は、リーマンショック直後の 2009 年に年平均最低
（0.47 倍）を記録して以降、増加傾向を続け、2018 年平均の有効求人倍
率は 1.61 倍となった（厚生労働省「一般職業紹介状況平成 30 年分」）。

　完全失業率も減少しており（前述した）、雇用情勢は「売り手市場」の
状況にあるといえる。

　完全失業率の減少と有効求人倍率の増加といった雇用情勢の改善を受
けて、2018 年平均の雇用者数は前年より 117 万人増加した（5,936 万人）。
このうち、正規の従業員・職員は 53 万人増加し（3,485 万人）、非正規の
職員・従業員も 84 万人増加した（2,120 万人）（総務省「労働力調査」（平成
30 年））。

　このため、非自発的失業者や長期失業者は減少し、不本意非正規雇用
労働者も減少している。

　※1「月間有効求人数」は、前月から繰越された有効求人数（前月末日現在にお
　　　いて、求人票の有効期限が翌月以降にまたがっている未充足の求人数）と当月
　　　の「新規求人数」の合計数をいう。
　※2「月間有効求職者数」は、前月から繰越された有効求職者数（前月末日現在
　　　において、求職票の有効期限が翌月以降にまたがっている就職未決定の求職者

数）と当月の「新規求職申込件数」の合計数をいう。

（完全失業率と有効求人倍率の推移）

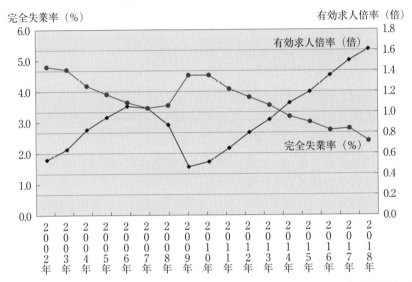

※【「労働力調査結果」（総務省統計局）および「一般職業紹介状況」（厚生労働省）を
もとに作成】

第2節　働き方改革に関連する政策等

1　ワーク・ライフ・バランス

(1) ワーク・ライフ・バランスとは

　「ワーク・ライフ・バランス（仕事と生活の調和）」は、老若男女誰も
が、仕事、家庭生活、地域生活、個人の自己啓発など、様々な活動につ
いて、自ら希望するバランスで展開できる状態である。

　政府より、2007年に、「仕事と生活の調和（ワーク・ライフ・バラン
ス）憲章」（「憲章」）と「仕事と生活の調和推進のための行動指針」が公
表されている。

　憲章では、仕事と生活の調和が実現した社会を、「国民一人ひとりが
やりがいや充実感を感じながら働き、仕事上の責任を果たすとともに、
家庭や地域生活などにおいても、子育て期、中高年期といった人生の各

段階に応じて多様な生き方が選択・実現できる社会」としている。また、憲章は、仕事と生活の調和と経済成長は車の両輪であり、若者が経済的に自立し、性や年齢などに関わらず誰もが意欲と能力を発揮して労働市場に参加することは、我が国の活力と成長力を高め、ひいては、少子化の流れを変え、持続可能な社会の実現にも資することとなるとしている。

(2) ワーク・ライフ・バランスの内容

仕事と生活の調和が実現した社会は、具体的には、以下が実現された社会である。

①就労による経済的自立が可能な社会

　経済的自立を必要とする者、とりわけ若者がいきいきと働くことができ、かつ、経済的に自立可能な働き方ができ、結婚や子育てに関する希望の実現などに向けて、暮らしの経済的基盤が確保できる。

②健康で豊かな生活のための時間が確保できる社会

　働く人々の健康が保持され、家族・友人などとの充実した時間、自己啓発や地域活動への参加のための時間などを持てる豊かな生活ができる。

③多様な働き方・生き方が選択できる社会

　性や年齢などにかかわらず、誰もが自らの意欲と能力を持って様々な働き方や生き方に挑戦できる機会が提供されており、子育てや親の介護が必要な時期など個人の置かれた状況に応じて多様で柔軟な働き方が選択でき、しかも公正な処遇が確保されている。

上記①～③を実現するための手段として、日本の労働制度と働き方を改革するために、「働き方改革」が唱えられているということもできる。したがって、次に述べるワーク・ライフ・バランスの取り組みは、働き方改革実行計画における検討テーマと、その多くが重なっている。

(3) ワーク・ライフ・バランスの取組みの例

「ワーク・ライフ・バランス」の取組みとして、次のものがあげられる。

①非正規雇用の処遇改善

②長時間労働の是正

③有給休暇の取得向上

④柔軟な働き方の導入（テレワーク、フレックスタイム制度、短時間
　　正社員制度、副業・兼業など）

⑤勤務間インターバル制度の導入

⑥仕事と出産・育児の両立を推進する制度の導入

⑦介護等と仕事の両立を推進する制度の導入

2　一億総活躍社会と日本一億総活躍プラン

(1)　一億総活躍社会

　「一億総活躍社会」とは、女性も男性も、お年寄りも若者も、一度失
敗を経験した人も、障害や難病のある人も、家庭で、職場で、地域で、
あらゆる場で、だれもが活躍できる、いわば全員参加型の社会である。

　2016年6月に閣議決定された「ニッポン一億総活躍プラン」で提唱
された。

(2)　ニッポン一億総活躍プラン

　「ニッポン一億総活躍プラン」は、我が国の経済成長の隘路の根本に
ある少子高齢化の問題に真正面から取り組み、日本経済への好循環を形
成するため、それまでの経済政策を一層強化するとともに、広い意味で
の経済政策として、子育て支援や社会保障の基盤を強化し、それが経済
を強くする、そのような新たな経済社会システムづくりに挑戦していく
政府計画である。

　同プランでは、「働き方改革」「子育ての環境整備」「介護の環境整備」
「すべての子供が希望する教育を受けられる環境の整備」「『介護離職ゼ
ロ』に向けたその他取組」「『戦後最大の名目GDP 600兆円』に向けた
取組」が掲げられている。そして、2021年度までまたは2025年度まで
のロードマップで、①希望出生率1.8の実現、②介護離職ゼロの実現、
③名目GDP 600兆円の実現という3つの大きな目標について、どのよ

うな施策をいつ実行するかが定められている。

　「働き方改革実行計画」では、そのロードマップを効果的に実施していくため、「ニッポン一億総活躍プラン」その他の政府計画と連携して取り組んでいくものとされている。

3　新 3 本の矢

　「新・3 本の矢」は、2015 年 9 月に政府が発表した経済財政政策であり、「アベノミクスの第 2 ステージ」として、従来の「3 本の矢」を強化・拡充し、「希望を生み出す強い経済」（新・第 1 の矢）、「夢をつむぐ子育て支援」（新・第 2 の矢）、「安心につながる社会保障」（新・第 3 の矢）を一体的に推進して、成長と分配の好循環を強固なものとすることをめざしている。

　①新・第 1 の矢（希望を生み出す強い経済）

　　　成長戦略を含む旧・3 本の矢を強化し、名目 GDP を現在の約500 兆円から戦後最大の 600 兆円に引き上げることを実現する。

　②新・第 2 の矢（夢をつむぐ子育て支援）

　　　結婚や出産等の希望が満たされることにより希望出生率 1.8 がかなう社会を実現する。

　　　待機児童解消、幼児教育の無償化の拡大（多子世帯への重点的な支援）等

　③新・第 3 の矢（安心につながる社会保障）

　　　介護離職者数ゼロを実現する。

　　　多様な介護基盤の整備、介護休業等を取得しやすい職場環境整備、「生涯現役社会」の構築　等

　政府の「経済財政運営と改革の基本方針 2017 〜人材への投資を通じた生産性向上〜」（2017 年 6 月。「骨太方針」）では、「新・3 本の矢」を一体的に推進することにより、アベノミクスが生み出した経済の好循環を一時的なものに終わらせることなく、成長し、富を生み出し、それが国民に広く享受される成長と分配の好循環を創り上げていくとしている。

　そして、政府の骨太方針は、「働き方改革」を、日本経済の潜在成長

力の底上げにもつながる、旧・第3の矢における構造改革の柱となる改革であると位置付けるとともに、働き方改革により生産性を向上させ、その成果を働く人に分配することで、成長と分配の好循環の構築にもつながるとしている。

4　ダイバーシティ経営

　「ダイバーシティ経営」は、多様な属性の違いを活かし、個々の人材の能力を最大限引き出すことにより、付加価値を生み出し続ける企業を目指して、全社的かつ継続的に進めていく経営上の取組みである。

　米国では、「女性人材の確保・活用」と「人種平等」という思想から端を発して、企業の自主的な動きを中心として拡大し、1990年代からは、ダイバーシティがもたらす生産性や収益性への効果が認識されるようになった。欧州では、「女性の社会進出」と「雇用・労働形態やライフスタイルの多様性の容認」を図る視点から、雇用機会の創出・確保を目的とした労働政策の一環としてダイバーシティ経営が促進され、2000年代からは、経営戦略としてダイバーシティを促進する動きが強まった。

　我が国でも、ダイバーシティ経営への取り組みが推進されており、経済産業省の「競争戦略としてのダイバーシティ経営（ダイバーシティ2.0）の在り方に関する検討会」が、2017年3月に「ダイバーシティ2.0検討会報告書〜競争戦略としてのダイバーシティの実践に向けて〜」を公表している。

　同報告書は、「経営改革」には「人材戦略の変革」が必須となるという認識のもと、「人材戦略の変革の柱」としてダイバーシティを位置付けている。

　また、同報告書は、「働き方改革」が、働き手の労働条件の改善に繋がる取組であるだけでなく、従来型の「日本型雇用システム」にメスを入れ、人材戦略を変革する「経営改革」という側面があり、ダイバーシティと根幹を同じくするとしている。

5　イノベーション

　「イノベーション」とは、技術の革新にとどまらず、これまでとは全く違った新たな考え方、仕組みを取り入れて、新たな価値を生み出し、社会的に大きな変化を起こすことである。

　このためには、従来の発想、仕組みの延長線上での取組では不十分であるとともに、基盤となる人の能力が最大限に発揮できる環境づくりが最も大切であるといっても過言ではない。そして、政府の取組のみならず、民間部門の取組、さらには国民一人ひとりの価値観の大転換も必要となる。

　政府は、2007 年に「長期戦略指針『イノベーション 25』について」を閣議決定し、2025 年までを視野に入れ、豊かで希望に溢れる日本の未来をどのように実現していくか、そのための研究開発、社会制度の改革、人材の育成等短期、中長期にわたって取り組むべき政策を示した。

　働き方改革実行計画では、「イノベーション」について、次の言及をしている。

　「我が国の経済成長の隘路の根本には、少子高齢化、生産年齢人口減少すなわち人口問題という構造的な問題に加え、イノベーションの欠如による生産性向上の低迷、革新的技術への投資不足がある。日本経済の再生を実現するためには、投資やイノベーションの促進を通じた付加価値生産性の向上と、労働参加率の向上を図る必要がある。そのためには、誰もが生きがいを持って、その能力を最大限発揮できる社会を創ることが必要である。一億総活躍の明るい未来を切り拓くことができれば、少子高齢化に伴う様々な課題も克服可能となる。家庭環境や事情は、人それぞれ異なる。何かをやりたいと願っても、画一的な労働制度、保育や介護との両立困難など様々な壁が立ちはだかる。こうした壁を一つひとつ取り除く。これが、一億総活躍の国創りである。」

Ⅱ　働き方改革と働き方改革実行計画

第1章　働き方改革とは

1　総説

　「働き方改革」は、働く人一人ひとりが、より良い将来の展望を持ちうるようにするとともに、労働生産性を改善して生産性向上の成果を働く人に分配し、より多くの人が心豊かな家庭を持てるようにするために、働く人の視点に立って、日本の労働制度と働き方について、日本の企業文化、日本人のライフスタイル、日本の働くということに対する考え方そのものに手を付けていく改革である。

　2017年3月に政府の働き方改革実現会議が「働き方改革実行計画」を決定・公表した。

　我が国の経済成長の隘路の根本には、少子高齢化、生産年齢人口の減少という構造的問題に加え、イノベーションの欠如による生産性向上の低迷、革新的技術への投資不足がある。日本経済の再生を実現するためには、投資やイノベーションの促進を通じた付加価値生産性の向上と、労働参加率の向上を図る必要がある。

　そのために、画一的な労働制度、保育や介護と仕事の両立困難など様々な壁を一つひとつ取り除き、誰もが生きがいを持って、その能力を最大限発揮できる一億総活躍の国創りをする。これを目指すのが、「働き方改革」である。

　「働き方改革」は、「一億総活躍社会をひらく最大のチャレンジである」と位置づけられている。

2　働き方改革の基本的な視点

　我が国は、少子高齢化とそれに伴う生産年齢人口の減少という日本社会が抱える構造的な問題と、正規と非正規の格差や長時間労働を一因とする低水準な労働生産性という日本の労働制度と働き方が抱える課題が解決できないために、経済成長の隘路から抜け出せないでいるとい

える。

　そこで、生産年齢人口の減少に対しては、就業者数・就業率（労働参加率）を上昇させる「量の増加」で対応することが必要になる。方法としては、出生率を向上させることはもちろんだが、それは容易ではないため、まずは、これまで労働市場への参加が比較的少なかった女性と高齢者を積極的に労働市場に呼び込む（女性と高齢者の就業率を高める）ことによって「量の増加」を図ることが考えられる。

　また、低水準な労働生産性に対しては、正規と非正規の格差をなくして労働者の意欲を高めるとともに、長時間労働をなくして労働の効率を高める「質の改善」が考えられる。

　これらの実現を目指すのが、働き方改革である。

　特に、女性を積極的に労働市場に呼び込むためには、仕事と育児・介護等を両立できる労働環境の整備や柔軟な働き方の導入等によって、女性の労働参加を阻害している要因を除くことで、その労働参加を促すことが求められる。正規と非正規の格差をなくすこともその一環といえる。

　正規と非正規の格差をなくすことは、女性にとどまらず、非正規雇用にとどまる労働者の将来を安定させることにもつながる重要な施策である。このため、働き方改革は、世の中から「非正規」という言葉を一掃することを謳っており、正規と非正規という区別をなくす、すなわち、無期・フルタイム雇用、有期フルタイム雇用、パートタイム雇用というように、契約期間や労働時間等による差異があるだけで、それ以外の労働条件の差異をなくすことを目指しているといえる。そして、これまでの日本の労働慣行が正社員を中心とした単線型のキャリアパスを前提としていたことを改め、働く人がライフステージにあった仕事の仕方を選択できるようにすることになる。このように、働き方改革は、「非正規」という扱いをなくすことを目指していることに着目しておく必要がある。これまでの、「非正規だから正規社員よりも待遇が劣って当然。そのための非正規。」というような考え方は根本的に改めなければならない。

　また、働き方改革は、長時間労働についても、長時間労働を自慢するかのような風潮が蔓延・常識化している現状を変えることを目指してい

る。長時間労働は、労働者の健康の問題やワーク・ライフ・バランスの問題だけでなく、低水準の労働生産性の原因となっているとも指摘されている。雇用主の側にとっては、一人ひとりが長時間働くことが収益につながるといった発想から、短い時間で効率的に働ける職場を構築するというように、発想の転換が求められるのである。

第2章　働き方改革実行計画

1　働き方改革実行計画とは

「働き方改革実行計画」（実行計画）は、2017年3月に政府の働き方改革実現会議が決定・公表した働き方改革実現のための政府計画である。

実行計画は、働く人の視点に立ち、次の課題を提示している。

・仕事ぶりや能力の評価に納得して、意欲を持って働きたい
・ワーク・ライフ・バランスを確保して、健康に、柔軟に働きたい
・病気治療、子育て・介護などと仕事を、無理なく両立したい
・ライフスタイルやライフステージの変化に合わせて、多様な仕事を選択したい
・家庭の経済事情に関わらず、希望する教育を受けたい

2　実行計画が提示する検討テーマと具体的な対応策

実行計画が提示する前記課題については、次の9つの検討テーマと19の具体的な対応策が提示されている（実行計画の「工程表」）。

なお、具体的な対応策の一部については、2018年に公布された働き方改革関連法により、法改正という形で対応が実現している。

　1．非正規雇用の処遇改善
　　①同一労働同一賃金の実効性を確保する法制度とガイドラインの整備
　　②非正規雇用労働者の正社員化などキャリアアップの推進
　2．賃金引上げと労働生産性向上
　　③企業への賃上げの働きかけや取引条件改善・生産性向上支援など賃上げしやすい環境の整備
　3．長時間労働の是正

④法改正による時間外労働の上限規制の導入

⑤勤務間インターバル制度導入に向けた環境整備

⑥健康で働きやすい職場環境の整備

4．柔軟な働き方がしやすい環境整備

⑦雇用型テレワークのガイドライン刷新と導入支援

⑧非雇用型テレワークのガイドライン刷新と働き手への支援

⑨副業・兼業の推進に向けたガイドライン策定やモデル就業規則改定などの環境整備

5．病気の治療、子育て・介護等と仕事の両立、障害者就労の推進

⑩治療と仕事の両立に向けたトライアングル型支援などの推進

⑪子育て・介護と仕事の両立支援策の充実・活用促進

⑫障害者等の希望や能力を活かした就労支援の推進

6．外国人材の受入れ

⑬外国人材受入れの環境整備

7．女性・若者が活躍しやすい環境整備

⑭女性のリカレント教育など個人の学び直しへの支援や職業訓練などの充実

⑮パートタイム女性が就業調整を意識しない環境整備や正社員女性の復職など多様な女性活躍の推進

⑯就職氷河期世代や若者の活躍に向けた支援・環境整備の推進

8．雇用吸収力の高い産業への転職・再就職支援、人材育成、格差を固定化させない教育の充実

⑰転職・再就職者の採用機会拡大に向けた指針策定・受入れ企業支援と職業能力・職場情報の見える化

⑱給付型奨学金の創設など誰にでもチャンスのある教育環境の整備

9．高齢者の就業促進

⑲継続雇用延長・定年延長の支援と高齢者のマッチング支援

実行計画には、これら 19 項目からなる対応策について、項目ごとに、①「働く人の視点に立った課題」、②「今後の対応の方向性」、③「具体的な施策」が記載され、2017 年度から 2026 年度の 10 年間をロード

マップの年次とし、各年度において施策をどのように展開していくかについて、可能な限り指標を掲げつつ示されている（実行計画の「工程表」）。

　実行計画は、そのロードマップを効果的に実施するため、ニッポン一億総活躍プランその他の政府計画と連携して取り組んでいくものとされている。

第3章　働き方改革関連法による法改正

第1節　働き方改革関連法とは

　2018年7月に、「働き方改革を推進するための関係法律の整備に関する法律」（働き方改革関連法。平成30年法律第71号）が可決成立し公布された。

　働き方改革関連法は、働き方改革の主要施策を実現すべく、8つの労働関連法規（雇用対策法、労働基準法、労働時間等設定改善法、労働安全衛生法、じん肺法、パートタイム労働法、労働契約法及び労働者派遣法）を改正する法律である。

第2節　法改正の概要

　働き方改革関連法による8つの労働関連法規の改正の概要は、次のとおりである。

1　雇用対策法の改正

　雇用対策法は、働き方改革の理念を盛り込んだ基本法とするため、法律名が「労働施策の総合的な推進並びに労働者の雇用の安定及び職業生活の充実等に関する法律」（労働施策総合推進法）に変更された。

　そして、働き方改革に係る基本的考え方を明らかにするとともに、国は、改革を総合的かつ継続的に推進するための「基本方針」（閣議決定）を定めることとする等の規定が追加された。

2　労働基準法の改正

　労働基準法の改正の内容は、長時間労働の是正と意欲と能力ある労働者の自己実現の支援に関するものである。改正の概要は以下のとおりであるが、詳細な解説については、後述する。

(1) 長時間労働の是正に関連する法改正

　36協定で定めることができる時間外労働の限度時間、特別条項付き協定で定めることができる時間外・休日労働の時間の上限規制（改正後36条2〜5項）や、36協定により行わせた時間外・休日労働の上限規制（改正後36条6項）が導入された。

　また、中小事業主における月60時間超の時間外労働への割増賃金率（50％）の適用猶予措置が廃止された（138条の削除）。

　また、年次有給休暇の時季指定義務が導入された（改正後39条7項8項）。

(2) 意欲と能力ある労働者の自己実現の支援に関連する改正

　フレックスタイム制の清算期間の上限を3か月に延長するとともに、清算期間が1か月を超える場合の規制を設けた（改正後32条の3、32条の3の2）。

　また、高度プロフェッショナル制度（特定高度専門業務・成果型労働制）を創設した（改正後41条の2）。

3　労働時間等設定改善法の改正

　勤務間インターバル制度導入の努力義務の規定が新設された（改正後2条1項）。

　このほかに、衛生委員会または安全衛生委員会を労働時間等設定改善委員会とみなす措置の廃止（7条2項の削除）や、労働時間等設定改善企業委員会の新設と同委員会の決議を代替休暇・時間単位年休・計画年休のための労使協定に代えることができる規定が設けられた（改正後7条の2）。

4　労働安全衛生法の改正

健康で働きやすい職場環境の整備を進める改正が行われた。まず産業医・産業保健機能を強化する改正が行われた（改正後13条3項〜6項、13条の2第2項、13条の3、101条2項3項）。

このほかに、新たな技術、商品又は役務の研究開発に係る業務に従事する労働者に対する面接指導、代替休暇の付与等の健康確保措置の規定が新設された（改正後66条の8の2）。

また、医師による面接指導（66条の8の2第1項）を実施するため、労働安全衛生規則で定める方法により、労働時間の状況を把握しなければならない義務も新設された（改正後66条の8の3）。

さらに、高度プロフェッショナル制度の導入に伴い、対象者に対する面接指導等を定める規定が新設された（改正後66条の8の4）。

5　じん肺法の改正

労働者の心身の状態に関する情報の取扱い等に関する規定が改正された。

6　パートタイム労働法の改正

パートタイム労働法（「短時間労働者の雇用管理の改善等に関する法律」）は、法律名を「短時間労働者及び有期雇用労働者の雇用管理の改善等に関する法律」（パートタイム・有期雇用労働法）に改め、有期雇用労働者も同法による保護対象となった。

さらに、短時間・有期雇用労働者と通常の労働者の不合理な待遇差の禁止（改正後8条）や、通常の労働者と同視すべき短時間・有期雇用労働者に対する差別的取扱いの禁止（改正後9条）の改正により、同一労働同一賃金の趣旨が明確にされた。

また、短時間・有期雇用労働者と通常の労働者との間の待遇の相違の内容・理由等についての説明義務が追加された（改正後14条2項・3項）。

このほかに、均衡待遇調停会議による調停等の対象に、これまで対象とされていなかった短時間・有期雇用労働者と通常の労働者の不合理な

待遇差の禁止（8条）を加える改正も行われた（改正後22条〜26条）。

7　労働契約法の改正

　有期雇用労働者の不合理な待遇差の禁止規定（労働契約法20条）が削除された。これは、有期雇用労働者が改正後パートタイム・有期雇用労働法の保護対象となり、同法8条・9条が適用されることになったことで、労働契約法20条が不要になったためである。

8　労働者派遣法の改正

　労働者派遣法（「労働者派遣事業の適正な運営の確保及び派遣労働者の保護等に関する法律」）は、同一労働同一賃金のための改正が行われた。

　すなわち、派遣元事業主における、派遣労働者と派遣先の通常の労働者の不合理な待遇差の禁止（改正後30条の3第1項）と派遣元事業主における、派遣先の通常の労働者と同視すべき派遣労働者に対する差別的取扱いの禁止（改正後30条の3第2項）が新設された。ただし、一定の要件を満たす労使協定を定めたときは、労使協定で待遇が定められる派遣労働者については、派遣先の通常の労働者との均衡待遇・均等待遇の規定（30条の3）を適用しないという「労使協定方式」の規定も新設された（改正後30条の4）。

　さらに、派遣元に対する、雇入れようとするとき・派遣しようとするとき・求めがあったときの説明義務（改正後31条の2第2項〜5項）が新設された。

　また、派遣先事業主に対する派遣先の通常の労働者の待遇に関する情報の派遣元事業者への提供義務（改正後31条の2）も新設された。

　また、紛争調整委員会による調停等の規定（改正後47条の7〜9）が新設された。

第3節　改正法の施行時期

1　施行時期のばらつき

　改正法の施行時期は、原則として2019年（平成31年）4月1日とさ

れている（働き方改革関連法附則1条）。

　ただし、行政や事業主等の対応準備の余裕を確保するため、次の表のように、施行時期を遅らせているものがあるので、注意が必要である。

（改正法の施行時期）

法律	項目	中小事業主以外	中小事業主
労働基準法	時間外労働等の上限規制	2019年4月1日	2020年4月1日（附則3条1項）
	年次有給休暇の時季指定義務 フレックスタイム制の見直し 高度プロフェッショナル制度	2019年4月1日	
	中小企業に対する割増賃金率の適用猶予措置の廃止	－	2023年4月1日（附則1条3号）
労働安全衛生法 労働時間等設定改善法 じん肺法		2019年4月1日	
パートタイム労働法・労働契約法		2020年4月1日（附則1条2号）	2021年4月1日（附則11条1項）
労働者派遣法		2020年4月1日（附則1条2号）	

2　中小事業主
(1) 中小事業主とは

　「中小事業主」については、中小事業主以外（いわゆる大企業）よりも改正法への対応の困難が予想されるため、施行期日について、経過措置等が認められている（上記表を参照）。

　中小事業主とは、その資本金の額又は出資金の総額が3億円（小売業又はサービス業を主たる事業とする事業主については5,000万円、卸売業を主たる事業とする事業主については1億円）以下である事業主及びその常時使用する労働者の数が300人（小売業を主たる事業とする事業主については50人、卸売業又はサービス業を主たる事業とする事業主については100人）以下である事業主をいう（働き方改革関連法附則3条）。

（中小事業主）

	資本金の額または出資金の総額	常時使用する労働者数
小売業	5,000 万円以下	50 人以下
サービス業	5,000 万円以下	100 人以下
卸売業	1 億円以下	100 人以下
その他の事業	3 億円以下	300 人以下

(2) 中小事業主の判断方法

　事業主の「資本金の額または出資金の総額」か「常時使用する労働者数」のいずれかが上記基準を満たしていれば、中小事業主に該当することになる。

　「中小事業主」かどうかは、事業場単位ではなく、法人単位で判断する。グループ企業単位でもない。

　「常時使用する労働者」は、臨時的に雇い入れた労働者を除き、パート、アルバイトでも含まれる（派遣労働者は派遣元の労働者数に算入される）。

　資本金・出資金がない場合（個人事業主・医療法人等）は、常時使用する労働者数のみで判断することになる。

　なお、小売業等の業種の分類は、日本標準産業分類に従って判断することになる。日本標準産業分類（2014 年 4 月施行のもの）は、総務省のサイトで公表されている。

　(http://www. soumu. go. jp/toukei_toukatsu/index/seido/sangyo/index. htm)

Ⅲ　検討テーマごとにみる働き方改革

　本章では、働き方改革実行計画が提示した9つの検討テーマ（①非正規雇用の処遇改善、②賃金引上げと労働生産性向上、③長時間労働の是正、④柔軟な働き方がしやすい環境整備、⑤病気の治療、子育て・介護等と仕事の両立、障害者就労の推進、⑥外国人材の受入れ、⑦女性・若者が活躍しやすい環境整備、⑧雇用吸収力の高い産業への転職・再就職支援、人材育成、格差を固定化させない教育の充実、⑨高齢者の就業促進）について、法改正等に言及しつつ、その概要をみていく。

第1章　非正規雇用の処遇改善

第1節　非正規雇用とその処遇の現状
1　非正規雇用労働者、正規雇用労働者
　非正規雇用労働者（非正規労働者）は、いわゆる正規雇用労働者（正社員）ではない、短時間労働者（パート労働者）、有期雇用労働者（契約社員）、派遣労働者（派遣社員）などの総称である。

　アルバイトや嘱託社員（60歳定年後の継続雇用対象社員）も、その多くは短時間労働者や有期雇用労働者であり、非正規雇用労働者である。

　なお、正規雇用労働者（正社員）に関する法令上の明確な定義はないが、一般的に正社員は、無期雇用（期間の定めのない労働契約）かつフルタイム勤務であって、職務の内容および勤務地に限定がなく、事業主の基幹的業務に携わる者であるとされている。

2　正規と非正規の割合
　非正規雇用労働者（非正規の職員・従業員）の総数は、1995年に1,000万人を超えてその後も増加し、2014年以降は約2,000万人に達している（「労働力調査結果」（総務省））。他方で、正規雇用労働者数は減少しつづけてきた。

　しかし、近時は雇用情勢が改善し、完全失業率が減少し、有効求人倍率は増加しているため（前述した）、正規雇用労働者数が、2015年に8年ぶりに増加に転じた。

　他方で、非正規雇用労働者数も増加し続けており、非正規雇用労働者は、依然として、全雇用者の約4割を占めている（2018年は37.8％、「労働力調査平成30年結果」（総務省））。

3　正規と非正規の処遇差

　正規雇用労働者は、期間の定めのない労働契約のもとで、長期的に育成され、企業内で職業能力とキャリアを発展させ、処遇もそれに応じて向上し、解雇も原則として行われないのが通常である。

　これに対し、非正規雇用労働者は、正規雇用労働者とは区別されて、長期的なキャリアパスには乗せられず、配置、賃金、賞与、退職金において正規雇用労働者に比して低い取扱いを受け、雇用調整の安全弁として雇止めの対象とされやすかった。

　非正規雇用労働者については、次のような低処遇が問題とされている。

　①正規雇用労働者に比べ、賃金が低い。

　②正規雇用労働者に比べ、教育訓練の機会に恵まれない。

　③正規雇用労働者に比べ、各種制度の適用状況が大きく下回る。

　こうした待遇格差は、若い世代の結婚・出産への影響により少子化の一要因となるとともに、ひとり親家庭の貧困の要因となる等、将来にわたり社会全体へ影響を及ぼすに至っている。また、生産年齢人口が減少する中、能力開発機会の乏しい非正規雇用労働者が増加することは、労働生産性向上の障害ともなりかねないといわれる。

(1)　正規と非正規の賃金差

　一般的にみて、非正規雇用労働者は、正規雇用労働者に比べ、賃金が低く抑えられている。

　すなわち、2016年の1時間あたり所定内給与額（所定内給与額を所定内実労働時間数で除した額）についてみると、一般労働者（正社員・正職員）が

1,950 円であるのに対し、短時間労働者（正社員・正職員）：1,410 円、一般労働者（正社員・正職員以外）：1,299 円、短時間労働者（正社員・正職員以外）：1,060 円となっており（厚生労働省「賃金構造基本統計調査」（平成 28 年））、雇用態様によって賃金額に大きな差異がある。

　また、企業規模 1,000 人以上の大企業では正社員の賃金と非正規社員（契約社員・パート等）の賃金差が大きいのに対し、企業規模 5～9 人の企業では正社員の賃金と非正規社員の賃金差は大きくないという傾向にある。

（企業規模別にみる正規と非正規の賃金格差）

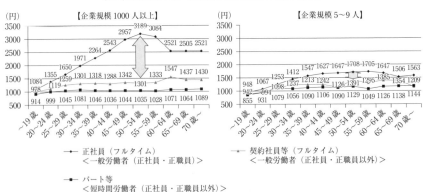

※【「働き方改革実行計画」（参考資料）p.2 より】

　国際的にみても、我が国は、フルタイム労働者に対し、パートタイム労働者の賃金水準が低い。

　諸外国のフルタイム労働者とパートタイム労働者の賃金水準比較によると、フルタイム労働者に対するパートタイム労働者の賃金水準が、ヨーロッパ諸国では 7～8 割程度であるのに対して、日本は 6 割弱にとどまる（働き方改革実行計画参考資料）。

　すなわち、フルタイム労働者の賃金を 100 とすると、パートタイム労働者の賃金は、フランス：86.6、スウェーデン：82.2、ドイツ：72.2、オランダ：74.3、英国：71.8、イタリア：66.4 であるのに対し、日本は 59.4 である（同）。

（フルタイムとパートタイムの賃金の国際比較）

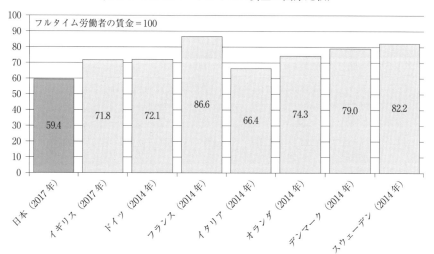

※独立行政法人労働政策研究・研修機構「データブック国際労働比較 2018」

(2) 正規と非正規の教育訓練の格差

　正社員以外に教育訓練を実施している事業所は、正社員に実施している事業所の約半数にとどまるという調査結果がある。

　すなわち、計画的な OJT も OFF-JT もともに、企業における非正規雇用労働者への実施は、正社員に比べて半数程度となっている。

　すなわち、正社員（フルタイムの無期契約労働者）は、計画的な OJT※の実施：60.3％、OFF-JT※の実施：75.4％ であるのに対し、非正規雇用労働者の場合は OJT の実施：30.1％、OFF-JT の実施：38.6％ にとどまっている（厚生労働省「平成 29 年度能力開発基本調査」）。

　　※「OJT」と「Off-JT」については、【P.158, 294 OJT と Off-JT】を参照

(3) 正規と非正規の各種制度の適用格差

　雇用保険の適用、手当の支給、福利厚生施設の利用といった事業所における各種制度の適用状況については、正社員（フルタイムの無期契約労

働者）と、正社員以外（契約社員、嘱託社員、出向社員、派遣労働者、臨時労働者、パートタイム労働者等正社員以外の者）とでは、次のとおり、実施状況に差がみられ、正社員に比べて正社員以外は大きく下回っている（厚生労働省「就業形態の多様化に関する総合実態調査」平成26年）。

（正社員と正社員以外の各種制度の適用割合）

(%)	雇用保険	健康保険	厚生年金	退職金制度	賞与支給制度
正社員	92.5	99.3	99.1	80.6	86.1
正社員以外	67.7	54.7	52.0	9.6	31.0

※【「非正規雇用」の現状と課題 より】

　また、「手当等、各種制度の実施状況及び福利厚生施設の利用状況別事業所割合」は、正社員とパートの両方を雇用している事業所を100として、正社員への実施とパートへの実施の状況をみると、以下のとおり大きな格差がある（厚生労働省「パートタイム労働者総合実態調査（事業所調査）」（平成28年））。

・賞与（正社員：84.6、パート：33.7）
・定期的な昇給（正社員：71.8、パート：32.3）
・役職手当（正社員：70.6、パート：7.3）
・通勤手当（正社員：90.4、パート：76.4）
・休憩室の利用（正社員：62.4、パート：56.9）
・慶弔休暇（正社員：80.7、パート：40.8）

4　不本意非正規とその現状

　「不本意非正規」とは、正社員として働く希望を持っていても正社員として働く機会がなく、非正規雇用で働いている労働者である。
　非正規雇用労働者が非正規の職に就いた理由をみると、「自分の都合のよい時間に働きたいから」（29.9%）、「家計の補助・学費等を得たいから」（19.7%）、「正規の職員・従業員の仕事がないから」（12.8%）、次い

で「家事・育児・介護等と両立しやすいから」(12.7%) があげられている。

　不本意非正規は、「学生」、「高齢者 (55歳以上)」や、「世帯主の配偶者である女性のパート・アルバイト」を除く層に多く、若年層 (25〜34歳)で割合が高い傾向にある。

　なお、「世帯主の配偶者である女性のパート・アルバイト」は、子育てや介護などとの両立を理由に、自ら非正規雇用を選択している者が多い。

　2016年1月に、政府により「正社員転換・待遇改善実現プラン」が公表されており、平成32年度 (2021年3月) までの5か年の計画で、不本意非正規雇用労働者の正社員転換や非正規雇用労働者の待遇改善などのための目標や取組みがまとめられている。2017年3月に公表された「働き方改革実行計画」の検討テーマのうち、「非正規雇用の処遇改善」は、「正社員転換・待遇改善実現プラン」の取組みを取り込んだものであるといえる。

第2節　働き方改革実行計画による非正規雇用の処遇改善

1　総論

　「正規」、「非正規」という2つの働き方の不合理な処遇の差は、正当な処遇がなされていないという気持ちを「非正規」労働者に起こさせ、頑張ろうという意欲をなくさせる。これに対し、正規と非正規の理由なき格差を埋めていけば、自分の能力を評価されていると納得感が生じる。納得感は労働者が働くモチベーションを誘引するインセンティブとして重要であり、それによって労働生産性が向上していく。

　このような視点のもと、働き方改革実行計画は、「仕事ぶりや能力の評価に納得して、意欲を持って働きたい」という働く人の視点に立った課題の検討テーマとして、「非正規雇用の処遇改善」をあげ、次の2つの対応策を提示している。

　①同一労働同一賃金の実効性を確保する法制度とガイドラインの整備
　②非正規雇用労働者の正社員化などキャリアアップの推進

参考知識：働き方改革実行計画が提示した、①と②の内容

対応策	具体的な施策
(1)同一労働同一賃金の実効性を確保する法制度とガイドラインの整備	①同一労働同一賃金の法整備 ・労働者が司法判断を求める際の根拠となる規定の整備 ・労働者に対する待遇に関する説明の義務化 ・行政による裁判外紛争解決手続の整備 ・派遣労働者に関する法整備 ②国家公務員の非常勤職員の処遇改善 ③地方公務員の非常勤職員の任用・処遇改善
(2)非正規雇用労働者の正社員化などキャリアアップの推進	①同一労働同一賃金の実現など非正規雇用労働者の待遇改善に向けた企業への支援 ・キャリアアップ助成金を活用し、諸手当制度の正規・非正規共通化に取り組む事業主に対する助成を創設する　等 ②労働契約法に基づく無期転換ルールの円滑な適用 ・労働契約法（18条）に基づく有期雇用契約の無期転換が2018年度から本格的に行われることを踏まえて、周知徹底（シンポジウムやセミナーの開催）、導入支援（モデル就業規則の作成等）、相談支援（社労士等によるコンサルティング）を実施 ③短時間労働者への被用者保険の適用拡大 ・短時間労働者への被用者保険の適用拡大の円滑な実施を図るとともに、2019年9月までに更なる適用拡大について必要な検討を行い、その結果に基づいて必要な措置を講ずる

　(1)の同一労働同一賃金の法整備については、2018年に公布された働き方改革関連法により、短時間労働者と有期雇用労働者についてはパートタイム労働法と労働契約法が改正され、派遣労働者については労働者派遣法が改正されて、それぞれ省令の改正、指針（ガイドライン）や通達類の整備がすすめられた。詳細については、P.46（パートタイム労働法と労働契約法の改正）およびP.56（労働者派遣法の改正）で解説する。

　なお、(2)に関連する事項は、P.64（非正規雇用労働者の正社員化などキャリアアップの推進等）で解説する。

2　同一労働同一賃金

　「同一労働同一賃金」とは、同一の事業主に雇用される通常の労働者と短時間・有期雇用労働者との間の不合理と認められる待遇の相違及び

差別的取扱いの解消並びに派遣先に雇用される通常の労働者と派遣労働者との間の不合理と認められる待遇の相違及び差別的取扱いの解消等を目指すものである。

　同一労働同一賃金は、同一企業における正規労働者と非正規労働者との均衡待遇および均等待遇を求める考え方であるということもできる。

　同一労働同一賃金を実現することで、正規と非正規の不合理な待遇の差がなくなる（「正規」と「非正規」という区分ではなく、無期フルタイム、有期フルタイム、無期パートタイム、有期パートタイムというように、契約期間や労働時間等の労働条件の区分とそれに伴う相違だけがあるという状態になる）。このことは、多様で柔軟な働き方を選択できることにつながり、女性や若者などの多様な働き方の選択の幅を広げることにもつながる。

　したがって、同一労働同一賃金の法整備は、働き方改革において、重要な位置にある施策である。

3　均衡待遇・均等待遇

　「均衡待遇」とは、正規と非正規の待遇について、待遇の性質や目的・趣旨にあたる事情に違いがある場合には、その相違に応じた取扱いを認めることである。働き方改革実行計画では、均衡待遇を、①業務の内容及び当該業務に伴う責任の程度（＝職務の内容）、②当該職務の内容及び配置の変更の範囲および③その他の事情を考慮して、不合理な待遇差を禁止することとしている。

　「均等待遇」とは、正規と非正規の待遇について、待遇の性質や目的・趣旨にあたる事情が同一である場合には、同一の取扱いを求めることである。働き方改革実行計画では、均等待遇を、①職務の内容と②当該職務の内容及び配置の変更の範囲が同じ場合は、差別的取扱いを禁止することとしている。

┌─ 参考知識 ─

　均衡待遇と均等待遇は、法令で明確に定義づけられた用語ではないため、解説

によってその意味や位置づけが異なっていることがある。

　働き方改革実行計画では、均衡待遇と均等待遇を次のように分類し、厚生労働省の解説にもそのように説明するものがみられるので、この説明が一般化するものと思われるが、改正後パートタイム・有期雇用労働法8条は均衡待遇規定であり、同法9条は均等待遇規定であると明確に分類しない解説もある。

　・均衡待遇
　　①業務の内容及び当該業務に伴う責任の程度（＝職務の内容）、②当該職務の内容及び配置の変更の範囲および③その他の事情を考慮して、不合理な待遇差を禁止すること（改正後パートタイム・有期雇用労働法8条）

　・均等待遇
　　①職務の内容と②当該職務の内容及び配置の変更の範囲が同じ場合は、差別的取扱いを禁止すること（改正後パートタイム・有期雇用労働法9条）

第3節　パートタイム労働法と労働契約法の改正

1　法改正の理由

　働き方改革関連法による法改正前は、働き方改革実行計画がいうところの均衡待遇規定（不合理な待遇差の禁止）は、短時間労働者についてはパートタイム労働法8条、有期雇用労働者については労働契約法20条に規定があった。しかし、これらの均衡待遇規定（不合理な待遇差の禁止の規定）は、その内容が不明確で解釈も定まっていないため、企業においても待遇格差の是正に向けて定まった対応がなされていないという問題があった。

　また、働き方改革実行計画がいうところの均等待遇規定（差別的取扱いの禁止）については、短時間労働者に関してはパートタイム労働法9条があるが、有期雇用労働者については特に規定がないという状態であった。

（同一労働同一賃金に関する法改正前の規定）

現行法	不合理な待遇差の禁止	差別的取扱いの禁止
パートタイム労働法（短時間労働者）	○（8条）	○（9条）
労働契約法（有期雇用労働者）	○（20条）	×

　また、同一労働同一賃金に関する事業主の説明義務は、有期雇用労働者については明文規定がなく、短時間労働者についての規定（パートタイム労働法 6 条、14 条）は、待遇の相違の内容や理由の説明義務までは課していなかった。このため、短時間労働者・有期雇用労働者が不合理な待遇の相違を争いたくても、待遇の相違の内容や理由の情報がなければ、訴訟を起こせないし、労使の話し合いも不利になるという状況にあった（待遇の相違の是正の実効性に乏しい）。

（説明義務に関する法改正前の規定）

法律	雇い入れたときの、法の規定により講ずべき措置の内容の説明	求めがあったときの、法の規定により講ずべき事項に関する決定にあたって考慮した事項の説明	求めがあったときの、待遇の相違の内容・理由等の説明	説明の求めをしたことを理由とする不利益扱いの禁止
パートタイム労働法（短時間労働者）	○ （14 条 1 項） ※不合理な待遇差の禁止(8条)は除外	○ （14 条 2 項） ※不合理な待遇差の禁止(8条)は除外	×	×
労働契約法（有期雇用労働者）	×	×	×	×

　そこで、働き方改革実行計画では、これらの問題を是正して、非正規雇用の待遇を改善すべく、同一労働同一賃金の趣旨を明確にした法改正と同一労働同一賃金ガイドライン案等による解釈の明確化を施策として掲げるととともに、労働者に対する待遇に関する説明の義務化、行政による裁判外紛争解決手続の整備も施策として掲げた。

　そして、2018 年に、パートタイム労働法、労働契約法及び労働者派遣法が改正されるとともに、同一労働同一賃金ガイドラインや省令、通達等が整備された（改正の内容の詳細については、後述する）。

　なお、この改正の施行時期は 2020 年 4 月 1 日であるが、中小事業主に対しては、パートタイム労働法と労働契約法の改正（パートタイム・有期雇用労働法）については、施行時期の猶予措置により 2021 年 4 月 1 日とされている（改正法の施行時期と中小事業主の意味については、Ⅱ　第 3 章

第3節（改正法の施行時期）で説明した）。したがって、施行日までは、改正前のパートタイム労働法と労働契約法の規定が適用される。

2　均衡待遇・均等待遇などに関する法改正の内容
(1) 総説
　働き方改革関連法により、パートタイム労働法（「短時間労働者の雇用管理の改善等に関する法律」）は、法律名が「短時間労働者及び有期雇用労働者の雇用管理の改善等に関する法律」（パートタイム・有期雇用労働法）に改められ、有期雇用労働者も同法による保護対象となった。

　さらに、短時間・有期雇用労働者と通常の労働者の不合理な待遇差の禁止（改正後8条）や、通常の労働者と同視すべき短時間・有期雇用労働者に対する差別的取扱いの禁止（改正後9条）の改正により、同一労働同一賃金の趣旨が明確にされた。

　また、同一労働同一賃金による是正の実効性を確保すべく、事業主に対する短時間・有期雇用労働者と通常の労働者との間の待遇の相違の内容・理由等についての説明義務が追加された（改正後14条2項・3項）。

　このほかに、均衡待遇調停会議による調停等の対象に、これまで対象とされていなかった短時間・有期雇用労働者と通常の労働者の不合理な待遇差の禁止（8条）が加えられた（改正後22条〜26条）。

　これらの改正により、有期雇用労働者の不合理な待遇差の禁止規定（労働契約法20条）は不要となったため、削除された。

(2) パートタイム労働法の規定の有期雇用労働者への適用
　改正後のパートタイム・有期雇用労働法では、改正前は短時間労働者に適用されていたパートタイム労働法の規定（1条、3条、4条、5条、6条、7条、8条、9条、10条、11条、12条、13条、14条、16条、17条、18条、19条、20条、21条、22条、23条、24条、25条、28条）が有期雇用労働者にも適用される。

（改正により有期雇用労働者にも適用される主な規定）

		パートタイム・有期雇用労働法によって有期雇用労働者にも適用されることになる主な条文
6		雇い入れたときの労働条件に関する文書の交付等による明示義務
7		就業規則の作成の手続に関する努力義務
8		不合理な待遇差の禁止
9		通常の労働者と同視すべき短時間・有期雇用労働者に対する差別的取扱いの禁止
10		通常の労働者との均衡を考慮しつつ賃金を決定する努力義務
11		職務内容同一短時間・有期雇用労働者に対する教育訓練実施義務等
12		短時間・有期雇用労働者に対しても福利厚生施設の利用機会を与える義務
13		通常の労働者への転換を推進するための措置義務
14	1項	短時間・有期雇用労働者を雇い入れたときに、8条から13条までの規定により講ずる措置の内容を説明する義務
	2項	求めがあったときは、当該短時間・有期雇用労働者と通常の労働者との間の待遇の相違の内容および理由ならびに6条から13条までの規定により講ずる措置に関する決定をするにあたって考慮した事項について、当該短時間・有期雇用労働者に説明する義務
	3項	前項の求めをしたことを理由とする不利益取扱いの禁止
16		短時間・有期雇用労働者からの相談のための体制の整備義務
17		短時間・有期雇用管理者選任の努力義務
18		報告の徴収、助言・指導、勧告
22		短時間・有期雇用労働者からの苦情の自主的解決の努力義務
24		都道府県労働局長に紛争の解決の援助を求めたことを理由とする不利益取扱いの禁止
25		均衡待遇調停会議の申請をしたことを理由とする不利益取扱いの禁止

(3) 均衡待遇・均等待遇の規定の改正

　パートタイム・有期雇用労働法8条（不合理な待遇差の禁止）と同法9条（通常の労働者と同視すべき短時間・有期雇用労働者に対する差別的取扱いの禁止）を改正し、均衡待遇・均等待遇を明確にするとともに有期雇用労働者にも適用する。それにともない、労働契約法20条（有期雇用労働者の不合理な待遇差の禁止規定）は削除された。

（改正のイメージ）

法律	不合理な接遇差の禁止	差別的取扱いの禁止
パートタイム労働法（短時間労働者）	○（8条）	○（9条）
労働契約法（有期雇用労働者）	○（20条）	×

法律	不合理な接遇差の禁止	差別的取扱いの禁止
パートタイム・有期雇用労働法（短時間労働者＋有期雇用労働者）	○（8条）	○（9条）
労働契約法	○（20条）	×

（8条の新旧比較）

パートタイム労働法の不合理な接遇差の禁止（8条）の新旧比較	
改正前パートタイム労働法8条（短時間労働者の待遇の原則）	短時間労働者の待遇を、当該事業所に雇用される通常の労働者の待遇と相違するものとする場合においては、当該待遇の相違は、 ① 当該短時間労働者及び通常の労働者の業務の内容及び当該業務に伴う責任の程度（以下「職務の内容」という。）、 ② 当該職務の内容及び配置の変更の範囲 ③ その他の事情 を考慮して、不合理と認められるものであってはならない。

パートタイム・有期雇用労働法8条（不合理な待遇差の禁止）	短時間・有期雇用労働者の基本給、賞与その他の待遇のそれぞれについて、当該待遇に対応する通常の労働者の待遇との間において、 ① 当該短時間・有期雇用労働者及び通常の労働者の業務の内容及び当該業務に伴う責任の程度（以下、「職務の内容」という。）、 ② 当該職務の内容及び配置の変更の範囲 ③ その他の事情 のうち、当該待遇の性質及び当該待遇を行う目的に照らして適切と認められるものを考慮して、不合理と認められる相違を設けてはならない。

（9条の新旧比較）

パートタイム労働法の差別的取扱いの禁止（9条）の新旧比較	
改正前パートタイム労働法9条（通常の労働者と同視すべき短時間労働者に対する差別的取扱いの禁止）	職務の内容が当該事業所に雇用される通常の労働者と同一の短時間労働者（「職務内容同一短時間労働者」という。）であって、当該事業所における慣行その他の事情からみて、当該事業主との雇用関係が終了するまでの全期間において、その職務の内容及び配置が当該通常の労働者の職務の内容及び配置の変更の範囲と同一の範囲で変更されると見込まれるもの（「通常の労働者と同視すべき短時間労働者」という。）については、短時間労働者であることを理由として、賃金の決定、教育訓練の実施、福利厚生施設の利用その他の待遇について、差別的取扱いをしてはならない。

パートタイム・有期雇用労働法9条（通常の労働者と同視すべき短時間・有期雇用労働者に対する差別的取扱いの禁止）	職務の内容が当該事業所に雇用される通常の労働者と同一の短時間・有期雇用労働者（「職務内容同一短時間・有期雇用労働者」という。）であって、当該事業所における慣行その他の事情からみて、当該事業主との雇用関係が終了するまでの全期間において、その職務の内容及び配置が当該通常の労働者の職務の内容及び配置の変更の範囲と同一の範囲で変更されることが見込まれるもの（「通常の労働者と同視すべき短時間・有期雇用労働者」という。）については、短時間・有期雇用労働者であることを理由として、基本給、賞与その他の待遇のそれぞれについて、差別的取扱いをしてはならない。

　パートタイム・有期雇用労働法8条および9条の内容を図示すると、下図のようになる。

（8条・9条の概念図）

<table>
<tr><td>（8条）
不合理な待遇差の禁止
①②③のうち、待遇の性質・待遇の目的に照らして適切と認められるものを考慮して、各待遇に不合理と認められる相違を設けてはならない</td><td>① 業務の内容及び当該業務に伴う責任の程度（職務の内容）</td><td>② 当該職務の内容及び配置の変更の範囲（変更範囲）</td><td>（9条）
差別的な取扱いの禁止
①が同じ＋②が同じと見込まれるもの（通常の労働者と同視すべき短時間・有期雇用労働者）については、各待遇について、差別的取扱いをしてはならない</td></tr>
<tr><td></td><td colspan="2">③その他の事情</td><td></td></tr>
</table>

(4) 8条・9条違反の効果

　パートタイム・有期雇用労働法8条または9条に違反した場合、そのような待遇差の定めは無効となり、不法行為（民法709条）として損害賠償請求の対象となる。例えば、通常の労働者と短時間・有期雇用労働者との間で通勤手当に不合理な相違がある場合は、短時間・有期雇用労働者について不合理な相違を定める就業規則等の規定が無効となり、短時間・有期雇用労働者は、通常の労働者の通勤手当との差額を損害賠償請求できる。

　なお、さらに進んで、通常労働者と短時間・有期雇用労働者が適用される就業規則が別々に定められている場合、通常の労働者の就業規則等が短時間・有期雇用労働者に適用される効力（補充的効力。これが認められると、短時間・有期雇用労働者は正社員就業規則の通勤手当の規定に従って、通勤手当の支給を求めることができる）までは認められないと解されている。

　ただし、例外的にではあるが、就業規則の合理的解釈（契約の合理的解釈）により、通常の労働者の就業規則等が適用できる場合はある。

(5) 関連する用語の意味

①　短時間労働者

　パートタイム・有期雇用労働法の「短時間労働者」とは、1週間の所定労働時間が、同一の事業主に雇用される通常の労働者の1週間の所定労働時間に比し短い労働者である（同法2条1項）。

　改正前のパートタイム労働法では、「短時間労働者」は、1週間の所定労働時間が「同一の事業所」に雇用される通常の労働者の1週間の所定労働時間に比し短い労働者とされていたが（2条）、改正により、事業所単位ではなく事業主（法人格）単位で判断されることとなった。

②　有期雇用労働者

　パートタイム・有期雇用労働法の「有期雇用労働者」とは、事業主と期間の定めのある労働契約を締結している労働者である（2条2項）。

　なお、労働契約法17条〜19条に規定されている「有期労働契約」を

締結している労働者は、有期雇用労働者である。

③　短時間・有期雇用労働者

「短時間・有期雇用労働者」とは、短時間労働者および有期雇用労働者をいう（パートタイム・有期雇用労働法 2 条 3 項）。

3　同一労働同一賃金ガイドライン

「同一労働同一賃金ガイドライン」は、正式名を「短時間・有期雇用労働者及び派遣労働者に対する不合理な待遇の禁止等に関する指針」といい、改正後のパートタイム・有期雇用労働法および労働者派遣法が施行されると、通常の労働者と、短時間・有期雇用労働者、派遣労働者との均等・均衡待遇に関する解釈指針となるものである（したがって、同一労働同一賃金ガイドラインの施行日は、2020 年 4 月 1 日（中小事業主は 2021 年 4 月 1 日）である）。

4　待遇の相違の内容・理由に関する事業主の説明義務

通常の労働者と短時間・有期雇用労働者との間の待遇の相違の内容や待遇の相違についての事業主の説明義務は、パートタイム労働法にも労働契約法にも規定がなかった。

また、パートタイム労働法には、雇い入れたときに、同法の規定（同法 9 条など）により講ずべき措置の内容を説明する義務（同法 14 条 1 項）や、短時間労働者から求めがあったときの、同法の規定により講ずべき事項に関する決定にあたって考慮した事項を説明する義務（同法 14 条 2 項）などの規定はあったが、不合理な待遇差の禁止（同法 8 条）に関する事項については、説明義務の対象から除外されていた。

しかし、短時間労働者や有期雇用労働者が不合理な待遇の相違を争いたくても、不合理な待遇差の禁止に関する情報や、待遇の相違の内容や理由に関する情報がなければ、訴訟を起こすのは困難になるし、労使の話し合いも不利になってしまう。

そこで、改正後のパートタイム・有期雇用労働法 14 条 1 項は、不合

理な待遇差の禁止の規定（同法8条）により講ずべき措置の内容も説明義務の対象とし、同法14条2項も、不合理な待遇差の禁止の規定（同法8条）により講ずべき事項に関する決定にあたって考慮した事項も説明義務の対象とした。

　さらに、パートタイム・有期雇用労働法14条2項の説明義務には、説明を求めた短時間・有期雇用労働者と通常の労働者との間の待遇の相違の内容および理由の説明も追加された。

　そして、同法14条2項の説明義務に実効性を持たせるために、同項の説明を求めたことを理由とする不利益扱いを禁止する規定が新設された（同法14条3項）。

（改正のイメージ）

法律	雇い入れたときの、法の規定により講ずべき措置の内容の説明	求めがあったときの、法の規定により講ずべき事項に関する決定にあたって考慮した事項の説明	求めがあったときの、待遇の相違の内容・理由等の説明	説明の求めをしたことを理由とする不利益扱いの禁止
パートタイム労働法（短時間労働者）	△（14条1項）※不合理な待遇差の禁止（8条）は除外	△（14条2項）※不合理な待遇差の禁止（8条）は除外	×	×
労働契約法（有期雇用労働者）	×	×	×	×

⬇

法律	雇い入れたときの、法の規定により講ずべき措置の内容の説明	求めがあったときの、待遇決定にあたっての考慮事項の説明	求めがあったときの、待遇の相違の内容・理由等の説明	説明の求めをしたことを理由とする不利益扱いの禁止
パートタイム・有期雇用労働法（短時間労働者・有期雇用労働者）	○（14条1項）※不合理な待遇差の禁止（8条）も含む	○（14条2項）※不合理な待遇差の禁止（8条）も含む	○（14条2項）	○（14条3項）

（パートタイム・有期雇用労働法 14 条の条文の概要）

14条	1項	短時間・有期雇用労働者を雇い入れたときに、不合理な待遇差の禁止（8条）、差別的取扱いの禁止（9条）、通常の労働者との均衡を考慮しつつ賃金を決定する努力義務（10条）、職務内容同一短時間・有期雇用労働者に対する教育訓練実施義務等（11条）、福利厚生施設の利用機会を与える義務（12条）、通常の労働者への転換を推進する措置義務（13条）により講ずる措置の内容を説明する義務
	2項	短時間・有期雇用労働者の求めがあったときは、当該短時間・有期雇用労働者と通常の労働者との間の待遇の相違の内容および理由ならびに、労働条件に関する文書の交付等による明示義務（6条）、就業規則作成の手続きに関する努力義務（7条）、8条から13条までの規定により講ずる措置に関する決定をするにあたって考慮した事項について、当該短時間・有期雇用労働者に説明する義務
	3項	求めをしたことを理由とする不利益取扱いの禁止

　なお、「待遇の相違の内容」として何を説明するかについてと、「待遇の相違の理由」として何を説明するかについて、そして説明の方法等については、「事業主が講ずべき短時間労働者及び有期雇用労働者の雇用管理の改善に関する措置等についての指針」（短時間・有期雇用労働指針）で解説されている。

5　行政による裁判外紛争解決手続の整備

　短時間労働者や有期雇用労働者が均衡待遇・均等待遇の規定に基づいて不合理な待遇差の是正を求める場合に、実際に裁判に訴えるのは相応の経済的負担を伴う。そこで、都道府県労働局などの行政における個別紛争解決において、均衡待遇・均等待遇に関する個別的労使紛争を無料で取り扱うことが必要になる。

　この点、改正前のパートタイム労働法には、都道府県労働局雇用均等室による紛争解決の援助の規定（同法24条）や都道府県労働局の均衡待遇調停会議による調停の規定（同法25条・26条）があったが、均衡待遇調停会議による調停の対象から不合理な待遇差の禁止（同法8条）が除外されていて、不十分であった。また、有期雇用労働者については、パートタイム労働法24条ないし26条に相当する規定がなく、不十分であった。

　働き方改革実行計画でも、裁判外紛争解決手段（行政 ADR）を整備し、均等・均衡待遇を求める当事者が身近に、無料で利用できるようにするとされていた。

　そこで、働き方改革関連法により、パートタイム労働法が改正されてパートタイム・有期雇用労働法となり、有期雇用労働者も、都道府県労働局雇用均等室による紛争解決の援助の規定（同法 24 条）と均衡待遇調停会議の規定（同法 25 条・26 条）の適用対象となるとともに、均衡待遇調停会議の対象に不合理な待遇差の禁止（同法 8 条）が加えられ、さらに事業主の説明義務（同法 14 条）に関する紛争もこれらの手続きの対象となる（同法 24 条〜26 条）。

（改正のイメージ）

		都道府県労働局雇用均等室による紛争解決の援助	都道府県労働局の均等待遇調停会議による調停
改正前	短時間労働者（パートタイム労働法）	○（24 条）	△（25 条・26 条）※不合理な待遇差の禁止（8 条）は対象外
	有期雇用労働者（労働契約法）	×	×
改正後	短時間・有期雇用労働者（パートタイム・有期雇用労働法）	○（24 条）	○（25 条・26 条）※不合理な待遇差の禁止（8 条）も対象

　なお、都道府県労働局雇用均等室による紛争解決の援助や、都道府県労働局の均衡待遇調停会議による調停については、後述する。

第 4 節　労働者派遣法の改正

1　法改正の理由等

　改正前の労働者派遣法には、均衡待遇・均等待遇を定める規定がなく、同法 30 条の 3 で、均衡を考慮した待遇の確保の配慮義務を定めるにとどまっている。

　しかし、派遣労働者においても、同一労働同一賃金の見地から、その

処遇の改善が求められることから、2018年に公布された働き方改革関連法により、労働者派遣法が改正された。

　なお、改正労働者派遣法の施行時期は、2020年4月1日である（改正法の施行時期については、Ⅱ　第3章　第3節（改止法の施行時期）で説明した）。

2　均衡待遇・均等待遇などに関する法改正の内容

　改正された労働者派遣法では、派遣元事業主は、①派遣先均等・均衡方式か、②労使協定方式のいずれかの方式により、派遣労働者の待遇を確保することが義務とされた。

　①派遣先均等・均衡方式（派遣先の通常の労働者との均等・均衡待遇を確保する）

　②労使協定方式（一定の要件を満たす労使協定に基づいて待遇を決定する）

（改正のイメージ）

労働者派遣法	通常の労働者と派遣労働者の不合理な待遇差の禁止	派遣先の通常の労働者と同視すべき派遣労働者に対する差別的取扱いの禁止
改正前	×（30条の3の配慮義務）	×
	⇩	
改正後	①　派遣先の通常の労働者との均等・均衡待遇の確保	
	○（30条の3第1項）	○（30条の3第2項）
	または	
	②　一定の要件を満たす労使協定による待遇の決定（30条の4）	

(1) 派遣先均等・均衡方式

　派遣先均等・均衡方式は、原則的な方式である。

　すなわち、労使協定方式によらない派遣元事業主は、この方式によることとなり、派遣先の通常の労働者と派遣労働者との間における、不合理な待遇差の禁止（30条の3第1項。均衡待遇）と差別的取扱いの禁止（30条の3第2項。均等待遇）の各規定を遵守して、派遣労働者の待遇を決定

しなければならない。

（条文の概要）

派遣先均等・均衡方式	
不合理な待遇差の禁止 （改正後30条の3第1項）	基本給、賞与その他の待遇のそれぞれについて、当該待遇に対応する派遣先の通常の労働者の待遇との間において、 ① 当該派遣労働者および通常の労働者の職務の内容 ② 当該職務の内容及び配置の変更の範囲 ③ その他の事情のうち、当該待遇の性質及び当該待遇を行う目的に照らして適切と認められるものを考慮して、不合理と認められる相違を設けてはならない
派遣先の通常の労働者と同視すべき派遣労働者に対する差別的取扱いの禁止 （改正後30条の3第2項）	① 職務の内容が派遣先の通常の労働者と同一の派遣労働者であって、 ② 当該労働者派遣契約及び当該派遣先における慣行その他の事情からみて、派遣就業が終了するまでの全期間において、職務の内容及び配置の変更の範囲と同一の範囲で変更されることが見込まれるものについては、正当な理由がなく、基本給・賞与その他の待遇のそれぞれについて、当該待遇に対応する派遣先の通常の労働者の待遇に比して不利なものとしてはならない

（派遣先均等・均衡方式のイメージ）

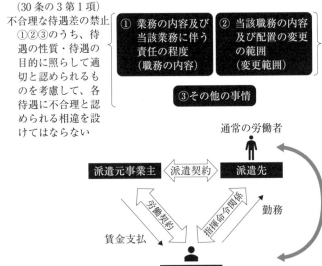

（30条の3第1項）
不合理な待遇差の禁止
①②③のうち、待遇の性質・待遇の目的に照らして適切と認められるものを考慮して、各待遇に不合理と認められる相違を設けてはならない

（30条の3第2項）
差別的取扱いの禁止
派遣先の通常の労働者と同視すべき短時間・有期雇用労働者（①が同じ＋②が同じと見込まれる）については、正当な理由がなく、各待遇について、不利なものとしてはならない

① 業務の内容及び当該業務に伴う責任の程度（職務の内容）
② 当該職務の内容及び配置の変更の範囲（変更範囲）
③その他の事情

通常の労働者

派遣元事業主　⇔派遣契約⇔　派遣先

労働契約　指揮命令関係　勤務

賃金支払

派遣労働者

均等・均衡待遇（30条の3）

(2) 労使協定方式

　派遣元事業主が、労働者の過半数で組織する労働組合又は労働者の過半数代表者と、派遣労働者を保護するための法定の要件を満たす書面による労使協定を締結し、労使協定を遵守しているときは、この労使協定に基づいて派遣労働者の待遇を決定することもでき、派遣先均等・均衡方式の規定は適用されない（改正後労働者派遣法30条の4第1項）。

　労使協定は、労働者に周知しなければならない（同条2項）。

　労使協定方式は、派遣先均等・均衡待遇方式を原則とすると、例外的な方式である。すなわち、原則として派遣先均等・均衡待遇方式によるべきであるが、この方式だと、派遣労働者がキャリアアップしていても、新たな派遣先に派遣され、その派遣先の通常の労働者の賃金が前の派遣先の通常の労働者よりも低額だとキャリアアップが無意味になりかねない。そこで、派遣先の通常の労働者との均等・均衡待遇を求めない方式として、労使協定方式が導入されたのである。

　労使協定の要件については、次ページ表を参照されたい。

（条文の概要）

労使協定方式	
一定の要件を満たす労使協定を遵守した待遇の決定（改正後30条の4）	次の事項を労使協定で定めたときは、労使協定で待遇が定められる派遣労働者については、派遣先の通常の労働者との均衡待遇・均等待遇の規定（30条の3）を適用しない（第1項） ●待遇が労使協定で定められる派遣労働者の範囲 ●前号に掲げる範囲に属する派遣労働者の賃金の決定の方法（次のイ及びロ（通勤手当その他の厚生労働省令で定めるものにあっては，イ）に該当するものに限る。） 　イ．派遣労働者が従事する業務と同種の業務に従事する一般の労働者の平均的な賃金の額として厚生労働省令で定めるものと同等以上の賃金の額となるものであること 　ロ．派遣労働者の職務の内容、職務の成果、意欲、能力又は経験その他の就業の実態に関する事項の向上があった場合に賃金が改善されるものであること ●派遣元事業主は、派遣労働者の賃金を決定するにあたっては、職務の内容、職務の成果、意欲、能力、経験その他の事項を公正に評価して決定すること ●派遣労働者の賃金を除く待遇の決定方法（派遣元事業者に雇われている通常の労働者の待遇との間において、①当該派遣労働者および通常の労働者の職務の内容、②当該職務の内容及び配置の変更の範囲、③その他の事情のうち、当該待遇の性質及び当該待遇を行う目的に照らして適切と認められるものを考慮して、不合理と認められる相違を設けてはならない） ●派遣労働者に教育訓練を実施すること ●その他厚労省令で定める事項
	労使協定は、労働者に周知しなければならない（第2項）

　同種業務に従事する一般労働者の平均的な賃金の額は、厚生労働省によって毎年発表されることになっている。

　なお、労使協定が無効とされる場合や、派遣元事業主が労使協定を遵守していない場合は、労使協定方式は適用できないから、派遣先均等・均衡方式によらなければならない。

（労使協定方式のイメージ）

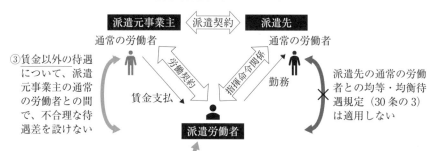

③賃金以外の待遇について、派遣元事業主の通常の労働者との間で、不合理な待遇差を設けない

派遣元事業主　〈派遣契約〉　派遣先

通常の労働者　　　　　　通常の労働者

労働契約　　　　　指揮命令関係

賃金支払　　　　　　　　勤務

派遣労働者

派遣先の通常の労働者との均等・均衡待遇規定（30条の3）は適用しない

①賃金が、同種業務に従事する一般労働者の平均的な賃金額以上
②職務内容、成果、意欲、能力又は経験等の向上があった場合に賃金を改善

④派遣労働者に対し、法定の教育訓練を実施

同種業務に従事する一般労働者

※同種業務に従事する一般労働者の平均的な賃金額（厚生労働省令で定める）は、毎年公表される

3　同一労働同一賃金ガイドライン

　派遣先均等・均衡方式による場合は、同一労働同一賃金ガイドライン（「短時間・有期雇用労働者及び派遣労働者に対する不合理な待遇の禁止等に関する指針」）に基づく対応が必要となる（派遣に関する同一労働同一賃金ガイドラインの施行日は、2020年4月1日である）。

4　待遇に関する説明義務の法改正

　均等待遇・均衡待遇の実現を求める派遣労働者が裁判（司法判断）で救済を受けることができるようにするためには、派遣労働者が待遇差に関する情報を得ている必要がある。また、裁判に至らずとも、労使の話合いの際に派遣労働者が不利になることのないようにするためにも、派遣労働者が情報を有していることは重要である。

　そこで、2018年の労働者派遣法の改正により、派遣元事業主及び派遣先が一定の情報提供の義務を負う規定が新設された。

(1) 派遣元事業主の派遣労働者に対する説明義務

　法改正前から、事業主は、雇用しようとする労働者に対する待遇内容（厚生労働省令で定める事項）の説明義務が課されていた（31条の2第1項）。改正により、これに加えて、雇入れ時にあらかじめ、労働条件に関する事項（厚生労働省令で定める事項）を明示するとともに、派遣先均等・均衡方式や労使協定方式に関する事項等に関し講ずる措置の内容を説明する義務が新設された（改正後31条の2第2項）。

　次に、派遣元事業主は、労働者派遣しようとするときにも、あらかじめ、労働条件に関する事項（厚生労働省令で定める事項）を明示するとともに、派遣先均等・均衡方式等に関し講ずる措置の内容を説明しなければならないとする義務が新設された（改正後31条の2第3項）。

　さらに、派遣元事業主は、その雇用する派遣労働者から求めがあった場合に、派遣労働者と比較対象労働者との間の待遇の相違の内容・理由と、派遣先均等・均衡方式や労使協定方式に関する事項等に関する決定をするにあたって考慮した事項を説明しなければならない義務が新設された（改正後31条の2第4項）。

（改正のイメージ）

改正前	雇用しようとする労働者に対する待遇内容（厚生労働省令で定める事項）の説明義務（31条の2第1項）	求めがあった場合に、均衡を考慮した待遇の確保の配慮事項に関する決定にあたり考慮した事項を説明する義務（31条の2第2項）	
改正後	同上（31条の2第1項）雇入れ時にあらかじめ、労働条件に関する事項（厚生労働省令で定める事項）を明示するとともに、派遣先均等・均衡方式や労使協定方式に関する事項等に関し講ずる措置の内容を説明する義務（改正後31条の2第2項）	労働者派遣しようとするときにあらかじめ、労働条件に関する事項（厚生労働省令で定める事項）を明示するとともに、派遣先均等・均衡方式等に関し講ずる措置の内容を説明する義務（改正後31条の2第3項）	求めがあった場合に、派遣労働者と比較対象労働者との間の待遇の相違の内容・理由と、派遣先均等・均衡方式や労使協定方式に関する事項等に関する決定をするにあたって考慮した事項を説明する義務（改正後31条の2第4項）

(2) 派遣先の派遣元事業主への比較対象労働者の待遇情報の提供義務

　派遣先均等・均衡方式や労使協定方式による派遣労働者の待遇確保を実効的なものとするため、派遣先は、労働者派遣契約を締結するにあたり、派遣元事業主に対して、派遣労働者が従事する業務ごとに、「比較対象労働者」の待遇に関する情報等を提供しなければならないとする義務も新設された（改正後26条7項）。

　「比較対象労働者」とは、派遣先に雇用される通常の労働者であって、①業務の内容及び当該業務に伴う責任の程度（職務の内容）および②当該職務の内容及び配置の変更の範囲が、当該派遣労働者と同一であると見込まれるものその他厚労省令で定めるものである。

参考知識：比較対象労働者の選定

派遣先は、次の優先順位により、比較対象労働者を選定する
①「職務の内容」と「職務の内容及び配置の変更の範囲」が同じ通常の労働者
②「職務の内容」が同じ通常の労働者
③「業務の内容」または「責任の程度」が同じ通常の労働者
④「職務の内容及び配置の変更の範囲」が同じ通常の労働者
⑤①〜④に相当する短時間・有期雇用労働者
⑥派遣労働者と同一の職務に従事させるために新たに通常の労働者を雇い入れたと仮定した場合における当該労働者

参考知識：派遣先が派遣元事業主に通知すべき比較対象労働者の待遇情報

■派遣先均等・均衡方式の場合
①比較対象労働者の職務の内容、職務の内容及び配置の変更の範囲、雇用形態
②比較対象労働者を選定した理由
③比較対象労働者の待遇のそれぞれの内容
④比較対象労働者の待遇のそれぞれの性質及び当該待遇を行う目的
⑤比較対象労働者の待遇のそれぞれを決定するにあたって考慮した事項
■労使協定方式の場合
①派遣労働者と同種の業務に従事する派遣先の労働者に対して、業務の遂行に必要な能力を付与するために実施する教育訓練（法40条2項の教育訓練）
②給食施設、休憩室、更衣室（法40条3項の福利厚生施設）

5　行政による裁判外紛争解決手続の整備

　派遣労働者と派遣元事業主の間で、派遣先の労働者との均等・均衡待遇方式に関する紛争や一定の要件を満たす労使協定による待遇決定方式に関する紛争、派遣元事業主の派遣労働者に対する説明義務に関する紛争などが生じた場合に、派遣労働者が実際に裁判に訴えるのは相応の経済的負担を伴う。そこで、都道府県労働局などの行政における個別紛争解決において、均衡待遇・均等待遇に関する個別的労使紛争を無料で取り扱うことが必要になる。

　この点、改正前の労働者派遣法にはパートタイム労働法における都道府県労働局雇用均等室による紛争解決の援助の規定（同法24条）や都道府県労働局の均衡待遇調停会議による調停の規定（同法25条・26条）がなく、不十分であった。そこで、働き方改革関連法により、労働者派遣法が改正され、上記紛争に関する都道府県労働局雇用均等室による紛争解決の援助の規定（改正後47条の6）と均衡待遇調停会議の規定（改正後47条の7〜9）が新設された。

　なお、都道府県労働局雇用均等室による紛争解決の援助や、都道府県労働局の均衡待遇調停会議による調停については、後述する。

第5節　非正規雇用労働者の正社員化などキャリアアップの推進等

　働きたい人が働きやすい環境を整備するとともに非正規雇用労働者の処遇を改善するために、法改正のほかに次の施策が考えられる。

1　厚生年金保険・健康保険の加入対象拡大

　短時間労働者の処遇を改善するため、次の通り、短時間労働者への被用者保険の適用が拡大されている。

　①2016年10月から、週30時間以上働く従業員に加え、従業員501人以上の会社で週20時間以上働く従業員などにも厚生年金保険・健康保険（社会保険）の加入対象が広がった。

　②2017年4月から、従業員500人以下の会社で働く従業員も、労使

　で合意すれば社会保険に加入できるようになった。

2　非正規雇用の人材育成に関する助成金

　非正規雇用労働者の人材育成・教育に関する助成金には、次のものがある。

　①キャリアアップ助成金
　②トライアル雇用助成金（一般トライアルコース）

(1) キャリアアップ助成金

　「キャリアアップ助成金」は、有期契約社員、パート、派遣労働者等の正規雇用化・処遇改善などに、ガイドライン（「有期契約労働者等のキャリアアップに関するガイドライン」）に沿って取り組む事業主を支援し、非正規雇用労働者の企業内でのキャリアアップを促進するための助成金である。

(2) トライアル雇用助成金（一般トライアルコース）

　「トライアル雇用助成金（一般トライアルコース）」は、ニート・フリーターをはじめとして、その職業経験、技能、知識等から安定的な就職が困難な者を、常用雇用に向けて原則 3 カ月間の有期雇用（試行雇用）で雇い入れた事業主を助成する制度である。

参考知識：トライアル雇用の対象者

　「トライアル雇用」の対象者は、紹介日時点で安定した就業、学校に在籍せず、事業等を行っておらず、次のいずれかの要件を満たした上で、本人がトライアル雇用を希望する者である。
　①紹介日時点で、就労経験のない職業に就くことを希望する者
　②紹介日時点で、学校卒業後 3 年以内で、卒業後、安定した職業に就いていない
　③紹介日の前日から過去 2 年以内に、2 回以上離職や転職を繰り返している
　④紹介日の前日時点で、離職している期間が 1 年を超えている
　⑤妊娠、出産・育児を理由に離職し、紹介日の前日時点で、安定した職業に就いていない期間が 1 年を超えている
　⑥就職の援助を行うに当たって、特別な配慮を要する（生活保護受給者、母子

家庭の母等、父子家庭の父、日雇労働者、季節労働者、中国残留邦人等永住帰国者、ホームレス、住居喪失不安定就労者）

第2章　賃金引き上げと労働生産性向上

第1節　賃金と労働生産性

1　賃金の現状

我が国では、賃金は数年にわたって上昇傾向にあるといわれる。

賃上げ率（毎年7月連合発表）については、2010年～2012年の平均が1.70％であったが、2013年：1.71％→2014年：2.07％→2015年：2.20％→2016年：2.00％→2018年：2.07％と、近時は2％程度の伸びを確保している。

また、最低賃金の全国加重平均額も上昇傾向にある。

（最低賃金の推移）

	2013	2014	2015	2016	2017	2018
時間額	764	780	798	823	848	874
引き上げ額	15	16	18	25	25	26

2　労働分配率の停滞

賃金は上昇傾向にあるものの、他方で、企業収益が高水準で推移する中で労働分配率が増加していない。

「労働分配率」とは、国民の生産活動によって新たに作り出された付加価値（国民所得）のうち、労働者にどれだけ報酬（賃金等の人件費）として分配されたかを示す指標である。付加価値に占める人件費の割合、企業の利益のうち労働者の取り分と表現されることもある。労働分配率は、人件費が減少すると低下し、企業収益が悪化すると上昇する傾向にある。

労働分配率の推移をみると、バブル崩壊直後は60％近傍の水準であったが、人件費が増加を続けたことに加えて、2010年にはリーマン

ショックに伴う企業収益の悪化がみられたことから 70％ を超える過去
最高水準に達した。その後、人件費の減少や企業収益の改善により水準
を下げ、近時では 70％ 近傍の推移となっている。

　近時における我が国の企業収益は高水準にあるといわれているが、労
働分配率は停滞していることから、高水準な企業収益が賃金の上昇につ
ながっていないと指摘されたり、景気回復の成果配分が適当でないと指
摘されたりしている。

　なお、労働分配率は、大企業の方が低い傾向にある（2015 年度は、中小
企業：77.1％ に対し、大企業：57.7％）。このため、大企業の収益を中小企
業・小規模事業者の収益や労働者の賃金に還元する必要があると指摘さ
れている。

第 2 節　賃金引上げと労働生産性向上に関連する事項

　賃金に関連する用語等については、後述する（「Ⅳ　第 2 編　第 10 章
賃金に関する規制」）。

参考知識：賃上げと労働生産性向上に関して働き方改革実行計画が提示した施策

対応策	具体的な施策
(1)企業への賃上げの働きかけや取引条件改善・生産性向上支援など賃上げしやすい環境の整備	①最低賃金の引上げ • 年率3%程度を目途として、各目GDPの成長率にも配慮しつつ引き上げていく。全国加重平均が1,000円となることを目指す ②最低賃金引上げ支援 • 生産性向上のために設備投資などを行い、事業場内で最も低い賃金を一定額以上引き上げた中小企業・小規模事業者に対し、設備投資などにかかった費用の一部を助成する制度（業務改善助成金）を拡充する ③賃金・生産性向上に向けた支援 • 雇用保険法を改正し、生産性向上要件を満たす場合に、優遇助成する仕組みを導入する。生産性向上要件の判断に際し、地域の金融機関による事業性評価の情報を活用する仕組みを設ける • 生産性向上に資する人事評価制度及び賃金制度を整備し、生産性の向上、従業員の賃金アップ、離職率低下を実現した企業を助成する制度を創設する（人事制度改善等助成金） • 所得拡大促進税制（賃上げを行う事業者に対する税額控除）について、中小企業向け支援を強化する ④下請等中小企業の取引条件の改善 • 強化された関係法令（下請法の運用基準を13年ぶりに抜本改定、下請代金の支払いについての通達を50年ぶりに見直し）の周知徹底、浸透を図る

参考知識：下請けいじめとその対策

　仕事や生産などを発注する大企業が、その優位な立場を利用して、受注側の中小事業者に不利な取引条件を押し付ける「下請けいじめ」により、中小事業者の資金繰りや経営基盤が安定せず、それが最低賃金額の上昇の阻害要因となっていると指摘されている。

　「働き方改革実行計画」でも、今後、下請取引の条件改善を進めることが明記されている。

　また、下請法は、中小事業者の取引条件を改善するため、親事業者に対し、次の規制を定めている。

　①取引条件を明確にするための書面交付等の義務

　②受領拒否の禁止、下請代金の支払い遅延の禁止、下請代金の減額の禁止、返品の禁止、買いたたき禁止等の禁止事項

> 下請代金支払遅延等防止法は、次の規制を定めている。
> ①下請取引における親事業者の下請代金支払い遅延の防止等のための義務
> ②買いたたきの禁止等

第3章　長時間労働の是正

第1節　長時間労働の現状

1　長時間労働の社会問題化

(1) 長時間労働の傾向

我が国では長時間労働が社会問題化している。

我が国は、長時間労働者の割合が欧米各国に比して高い。すなわち、週労働時間49時間以上の労働者の割合は、日本：20.1％に対し、米国：16.4％、英国：12.2％、フランス：10.5％、ドイツ：9.3％である（2016年）。

週労働時間が60時間以上の労働者の割合の政府目標（2020年）は5％以下に設定されているが、現状は6.9％（2018年）である。

（欧州諸国と比較して、長時間労働の傾向）

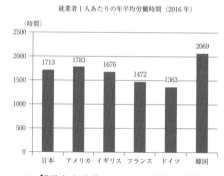

就業者1人あたりの年平均労働時間（2016年）

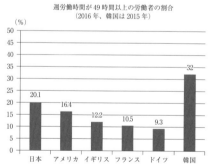

週労働時間が49時間以上の労働者の割合
（2016年、韓国は2015年）

※【「働き方改革について」（厚生労働省）より】

(2) パートタイム労働者の増加による年間総実労働時間の減少

我が国の全労働者の年間総実労働時間は、1995年ころに約1,900時間

だったものが 2015 年には約 1,700 時間となっており、減少傾向にある。しかし、これは個々の労働者の長時間労働が改善したことによるものではなく、正社員よりも所定労働時間の短いパートタイム労働者（短時間労働者）の比率が高まったことによる結果に過ぎない。

すなわち、一般労働者だけで総実労働時間をみると、年 2,000 時間前後で推移しており、一般労働者の長時間労働は改善していない。

その一方で、パートタイム労働者（総実労働時間は年 1,100 時間程度）の比率が、1995 年ころには約 15％ だったものが、2015 年には約 30％ にまで倍増している。このように、パートタイム労働者の比率が増加したことにより、一般労働者とパートタイム労働者を合わせた全労働者の年間総実労働時間が減少しているに過ぎないのである。

（総実労働時間の推移とパートタイム労働者比率の推移）

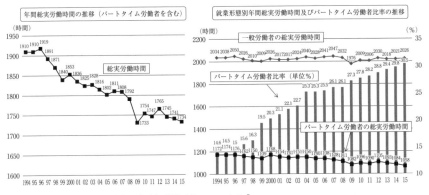

※【「働き方改革実行計画」（参考資料）p.5 より】

(3) 働き盛り世代の長時間労働

　長時間労働は、男性労働者、しかも 30 歳代から 40 歳代の「働き盛り世代」の男性労働者に顕著である。

　2014 年の調査では、労働時間が週 60 時間以上の雇用者の割合は、全産業平均では男性：13.1％、女性：3.3％ であり、男性の方が長時間労働の割合が高い。特に、35〜39 歳男性：17.1％、40〜49 歳男性：16.7

％となっており、「働き盛り世代」の男性の長時間労働の割合が高水準にある（総務省「労働力調査（平成 26 年)」)。

「働き盛り世代」の男性労働者の長時間労働により、長時間労働により心身の不調をきたす、育児や家事の負担が女性に偏る、ワーク・ライフ・バランスがとれなくなってしまうといった問題が生ずることが指摘されている。

2　長時間労働と法の遵守の現状

(1) 36 協定の締結状況

「36 協定」（時間外労働協定）を締結している企業は 84.1％ である。

締結していない企業の多くは「時間外労働がない」か「適用除外である」に該当している（平成 28 年度厚生労働省委託「過労死等に関する実態把握のための労働・社会面の調査研究事業報告書」。以下のデータも同じ)。

しかし、36 協定を締結しないまま、違法に法定時間外労働や休日労働を行わせている事業主が、労働基準監督署から監督指導を受ける事例も相当数みられる（時間外労働や休日労働をさせるためには 36 協定の締結等が必要であることについては、後述する)。例えば、全国の病院の少なくとも 9％ が 36 協定を締結しておらず、違法に残業させている可能性があるという報道もみられる（2019 年 2 月 5 日の朝日新聞)。

なお、36 協定を締結している企業のうち、「特別条項付き協定」※を締結している企業は 38.7％ に及ぶ。

> ※臨時的に限度時間を超えて時間外労働を行わなければならない特別の事情がある場合に、「時間外労働の限度に関する基準」が定める限度時間を超える延長時間を認める協定。「特別条項付き協定」を締結することで、1 か月 45 時間等の上限を超えた時間外労働が可能となる。

(2) 違法な時間外労働の実態

2018 時点において、労働基準監督署による監督の対象となる月 80 時間超の残業が疑われる事業場は約 2 万あり、そのうち実際に違法な時間外労働が行われている事業場が相当数ある。

　2017年4月～2018年3月の監督指導実施事業場数は25,676事業場で
あったが、そのうち違法な時間外・休日労働があった事業場は11,592
事業場（45.1％）に及ぶ（厚生労働省2018年8月発表）。

　しかも、違法な時間外・休日労働があった11,592事業場のうち、月
100時間を超えるものが5,960事業場もあった（同）。うち、100時間超
150時間以下が4,605事業場であるが、150時間超200時間以下が1,091
事業場、200時間超が264事業場あった（同）。

3　長時間労働が指摘されている業種

　長時間労働の状況は、業種によって違いがあるため、業種に応じた取
組が必要である。

　以下の業種では、特に長時間の労働が指摘されている。

(1) 自動車運送業

　2017年のデータであるが、「運輸業、郵便業」は、月末1週間の就業
時間が60時間以上の労働者の割合（17.7％）が、全産業平均（7.7％）よ
りも高率である（総務省「労働力調査（平成29年）」）。

　背景として、自動車運送業では、担い手が不足して少ない労働者に負
担がかかる状況になっていることや、特にトラック運送事業者は、荷主
と比べて立場が弱く、荷待ち時間の負担等を強いられているとの指摘も
ある（1運行あたり平均1時間45分の荷待ち時間が発生している（2015年度））。

(2) 建設業

　「建設業」も、月末1週間の就業時間が60時間以上の労働者の割合
（10.7％）が、全産業平均（7.7％）より高率である（総務省「労働力調査（平
成29年）」）。

　「建設業」における長時間労働については、発注者との取引環境もそ
の要因にあるため、関係者を含めた業界全体としての環境整備が必要で
ある。

(3) 医師

　医師（病院）の 1 か月の時間外労働時間数は、20 時間〜50 時間以下が 30.9％、50 時間超が 25.6％ となっており、長時間労働が指摘されている。

　その要因として、「緊急対応」（67.8％）や「手術や外来対応等の延長」（59.4％）が多い（平成 29 年度厚生労働省医療分野の勤務環境改善マネジメントシステムに基づく医療機関の取組に対する支援の充実を図るための調査・研究事業報告書）。

(4) IT 業界 （情報サービス業）

　情報通信業は、月末 1 週間の就業時間が 60 時間以上の雇用者の割合は 7.5％ である（総務省「労働力調査（平成 29 年）」）。

　また、年間総労働時間は、情報通信業は、1,940 時間と、全産業平均（1,724 時間）よりも長時間である（厚労省「毎月勤労統計調査（平成 28 年）」）。

　IT 業界の長時間労働の要因として、受発注の仕組みや IT エンジニアの仕事の特性があげられる。ソフトウェア開発は複数の IT エンジニアがプロジェクト・チームで仕事を行う、客先常駐（顧客先に常駐して業務にあたる）もある、開発プロセスのアウトソーシングにより元請け・一次請け・二次請け等の多重下請構造になることもあるといった特性により、関係者のコミュニケーション不足が作業の進捗管理を困難にし、長時間労働の要因となる。

4　長時間労働から生ずる問題
(1) 長時間労働の健康への悪影響

　長時間労働是正の第一の目的は、雇用者の心身の健康を確保することである。

　長時間労働は雇用者の心身の健康に悪影響を及ぼし、長時間労働等による過重業務が過労死の主たる要因であると指摘されている。

　時間外・休日労働の時間が長くなるほど、健康障害リスクは高まると

されている。例えば、厚生労働省「脳・心臓疾患の労災認定」では、脳や心臓疾患による過労死の労災認定基準として、発症前1か月間に約100時間、または発症前2〜6か月間に1か月あたり約80時間を超える時間外労働・休日労働が認められる場合、業務と脳・心臓疾患の発症との関連性が高まるとしている。1か月100時間、2〜6ヶ月間で平均80時間という時間を「過労死ライン」と呼ぶこともある。

(2) 長時間労働の仕事と家庭の両立への悪影響

　長時間労働は仕事と家庭の両立を困難にするとも指摘されている。

　男性の長時間労働は、フルタイム就労男性の配偶者が就労していない割合が大きいこともあり、男性の子供の世話や家事への参加率が5割以下（参加時間平均は1〜2時間程度）にとどまる要因となっている。

　なお、仕事と家庭の両立に限らず、長時間労働は、ワーク・ライフ・バランスを乱す最大要因であるといえる。

(3) 長時間労働のその他の影響

　長時間労働の健康や仕事と家庭の両立への悪影響は、若者の転職理由に影響している。すなわち、若者が転職しようと思う理由のうち、「労働時間・休日・休暇の条件がよい会社にかわりたい」が2009年：37.1%→2013年：40.6%と増加傾向にある。

　また、長時間労働は労働生産性に悪影響を及ぼすと指摘されている（一人あたりの総労働時間と時間あたりの労働生産性には、負の相関関係があることは、「Ⅰ　第2章5（3）労働時間と労働生産性の関係」で説明した。）。

5　長時間労働是正の効果

　長時間労働の是正により、直接的には、従業員の心身の健康を確保することができる。

　それにとどまらず、長時間労働の是正は、柔軟な働き方がしやすい環境の整備、非正規雇用の処遇改善、育児・介護との両立を支援する取組とあいまって、育児や介護をはじめ、各人が個々の状況に応じて働き続

けることを可能とし、幅広い層の労働参加を後押しすることにつながる。

　また、長時間労働の是正や柔軟な働き方の導入などワーク・ライフ・バランスの取組を進めることで、次のような効果を生じ、ひいては企業の労働生産性の向上につながるといわれる。

①従業員の士気が向上し、欠勤等も減少する。

②企業がワーク・ライフ・バランスの推進を社外にアピールすることで、企業に優秀な人材が集まりやすくなる。

③企業がワーク・ライフ・バランスを推進することにより、従業員が継続して就業しやすくなり、採用コストや初任者に対する教育研修コストが低下する。

④企業がワーク・ライフ・バランスの実現のために、業務の効率化への工夫や、業務分担の見直しを行うようになる。

6　長時間労働対策の現状

(1) 行政指導等

　行政指導等による長時間労働対策には、次のものがある。

①長時間労働が行われている事業場に対する監督指導

　　長時間労働が疑われる事業場等に対し、労働基準監督署による監督を実施し、監督の結果、違反・問題が認められた事業場に対しては是正勧告書等を交付し、指導する。

　　2016年より、監督対象が、月100時間超の残業が疑われる事業場から月80時間超の残業が疑われる事業場へと拡大された。

②監督指導・捜査体制の強化

　　2015年に、東京労働局と大阪労働局に、過重労働事案であって、複数の支店において労働者に健康被害のおそれがあるものや犯罪事実の立証に高度な捜査技術が必要となるもの等に対する特別チーム「過重労働撲滅特別対策班」（かとく）を設置し、悪質企業について書類送検を実施するなどしている。

　　2016年には、厚生労働省本省に「過重労働撲滅特別対策班」（本省かとく）を新設して広域捜査指導調整を行い、労働局計47局に

おいて長時間労働に関する監督指導等を専門とする「過重労働特別監督監理官」を任命している。

③企業名公表制度

※後述する

④情報の提供・収集

2014 年に、平日夜間・土日に労働条件に関する電話相談をうける「労働条件相談ほっとライン」が設置された。

2015 年から、インターネット上の求人情報等を監視・収集し、「労働条件に係る違法の疑いのある事業場情報」を、労働基準監督署による監督指導等に活用している。

⑤中小企業庁・公正取引委員会への通報制度

長時間労働の背景として、親事業者の下請法等の違反が疑われる場合に、中小企業庁・公正取引委員会に通報する制度である。

第2節　働き方改革実行計画による長時間労働の是正の施策

1　概要

我が国は欧州諸国と比較して労働時間が長く、この 20 年間フルタイム労働者の労働時間はほぼ横ばいである。

仕事と子育てや介護を無理なく両立させるためには、長時間労働を是正しなければならない。働く人の健康の確保を図ることを大前提に、それに加え、マンアワー当たりの生産性を上げつつ、ワーク・ライフ・バランスを改善し、女性や高齢者が働きやすい社会に変えていく必要がある。

長時間労働の是正については、2018 年に改正法が成立した（働き方改革関連法による労働基準法の改正）。しかし、労働基準法は、最低限守らなければならないルールを決めるものであり、企業に対し、それ以上の長時間労働を抑制する努力が求められる。長時間労働は、構造的な問題であり、企業文化や取引慣行を見直すことも必要である。

働き方改革実行計画は、長時間労働の是正により、労働参加と労働生産性の向上を図るとともに、働く人の健康を確保しつつワーク・ライ

フ・バランスを改善し、長時間労働を自慢する社会を変えていくとしている。そして、そのために次の具体的な施策を掲げている。

　①時間外労働の上限規制

　②長時間労働の是正に向けた業種ごとの取組等

　③意欲と能力ある労働者の自己実現の支援

　④公務員等の長時間労働対策

　⑤地域の実情に即した取組

　⑥プレミアムフライデー

　このうち、①と③については、2018 年の働き方改革関連法による労働基準法の改正により、法令による対応が実施されている。

2　プレミアムフライデー

　「プレミアムフライデー」とは、月末の金曜日を軸として、有給休暇の取得による 3 連休化やフレックス制度の活用による早期退社の導入などにより、個人が幸せや楽しさを感じられる体験（買物や家族との外食、観光等）や、そのための時間の創出を促す取組みである。

　官民で連携し、全国的・継続的な取組みとなるよう、2016 年 12 月に経済産業省が「プレミアムフライデー推進協議会」を設立し、働き方改革などライフスタイルの変革とあわせて推進することを謳っている。

　働き方改革実行計画では、「プレミアムフライデー」を「長時間労働の是正」の具体的施策と位置付け、「プレミアムフライデー」の促進により消費活性化のきっかけとすることも指摘している。

第 3 節　労働基準法の改正による時間外労働の上限規制

1　法改正の理由

(1) 改正の趣旨

　「働き方改革を推進するための関係法律の整備に関する法律による改正後の労働基準法の施行について」（H. 30. 9. 7 基発第 0907 第 1 号）は、時間外労働の上限規制の改正の趣旨を、次のとおりとしている。

　長時間労働は、健康の確保だけでなく、仕事と家庭生活との両立を困

難にし、少子化の原因や、女性のキャリア形成を阻む原因、男性の家庭参加を阻む原因となっている。これに対し、長時間労働を是正すれば、ワーク・ライフ・バランスが改善し、女性や高齢者も仕事に就きやすくなり、労働参加率の向上に結びつく。こうしたことから、時間外労働の上限について、労働基準法第36条第1項の協定で定める労働時間の延長の限度等に関する基準（平成10年労働省告示第154号。以下「限度基準告示」という。）に基づく指導ではなく、これまで上限無く時間外労働が可能となっていた臨時的な特別の事情がある場合として労使が合意した場合であっても、上回ることのできない上限を法律に規定し、これを罰則により担保するものであること。

(2) 解説

　働き方改革関連法により労働基準法が改正される前の時間外労働の規制は、次のようになっていた。

①原則として1日8時間、1週40時間を超えて労働させることを禁止する（労基法32条）。

②労働者の過半数で組織する労働組合または労働者の過半数を代表する者との書面による協定（36協定）を締結し、労基署に届け出た場合には、36協定の定めにしたがって時間外・休日労働をさせることができる（労基法36条1項）。

③36協定で定める時間外労働の限度を、厚生労働省の告示「時間外労働の限度に関する基準」（限度基準告示）で定める（時間外労働の上限を原則として月45時間、年360時間等とする）。

　しかし、改正前の時間外労働の規制では、36協定で定める時間外労働の限度に対する罰則による強制がない上、臨時的に限度時間を超えて時間外労働を行わなければならない特別の事情が予想される場合に、「特別条項つき労使協定」を締結することで、上限無く時間外労働が可能となっていた。

　そこで、労働基準法の改正により、限度基準告示を法律に格上げし、罰則による強制力を持たせることとした。また、従来、上限無く時間外

労働が可能となっていた「特別条項つき協定」について、上限を設定することとした。

（改正前の規制のイメージ）

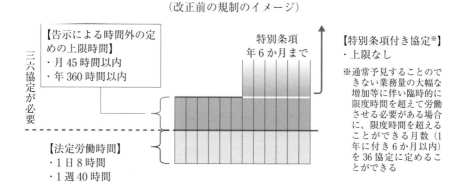

2　改正法による 36 協定の規制と労働時間の上限規制の内容

(1)　総説

　2018 年に可決・公布された働き方改革関連法により、労働基準法が改正された（施行日は、中小事業主が 2020 年 4 月 1 日、中小事業主以外が 2019 年 4 月 1 日）。

　この改正は、次の規制を新設した（改正後 36 条 2 項〜6 項）。

・36 協定で定めることができる時間外労働の限度時間を、月 45 時間以内、年 360 時間以内とする。

・臨時的な特別な事情がある場合に特別条項付き協定で定めることができる時間外・休日労働の時間の上限規制を設け、時間外・休日労働の時間の定めを月 100 時間未満、時間外労働の時間の定めを年 720 時間以内とする。

・36 協定や特別条項付き協定により行わせた時間外・休日労働の上限規制も設け、協定により行わせた時間外・休日労働の時間を、単月で 100 時間未満、複数月（2 か月、3 か月、4 か月、5 か月、6 か月）の平均で 80 時間以内とする。

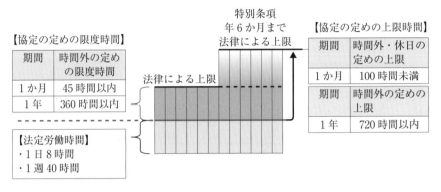

（改正後の規制のイメージ）

【36 協定により行わせた時間外・休日の労働時間の上限規制】

期間	時間外・休日労働させる時間の上限
1 か月	100 時間未満
複数月平均	80 時間以内

（2）36 協定に定めなければならない事項の定め（改正後 36 条 2 項）

　改正後の労基法 36 条 2 項では、36 協定に定めなければならない事項が定められている（下表を参照）。

（36 協定に定めなければならない事項）

36 協定に定めなければならない事項 （改正後労基法 36 条 2 項）	
1 号	時間外労働・休日労働をさせることができる労働者の範囲
2 号	対象期間（1 年間に限る）
3 号	時間外労働・休日労働をさせることができる場合
4 号	1 日、1 か月、1 年のそれぞれの期間において、時間外労働させることができる時間または休日労働させることができる日数
5 号	厚生労働省令で定める事項

(3) 36 協定に定めることができる時間外労働の限度時間（改正後 36 条3 項・4 項）

　改正後労基法 36 条 3 項は、36 協定に定めることができる時間外労働の時間は、通常予見される時間外労働の範囲内において、限度時間を超えない時間に限るとし、同 4 項は、前項の限度時間は、1 か月 45 時間、1 年 360 時間とする（3 か月を超え 1 年以内の単位の変形労働時間制の場合は、1 か月 42 時間、1 年 320 時間とする）と定めている。

（36 協定に定めることができる時間外労働の限度時間）

36 協定に定めることができる時間外労働の限度時間 （改正後労基法 36 条 3 項・4 項）	
3 項	36 協定に定めることができる時間外労働の時間は、通常予見される時間外労働の範囲内において、限度時間を超えない時間に限る
4 項	前項の限度時間は、 •1 か月 45 時間 •1 年 360 時間 とする（1 年単位の変形労働時間制の場合は、1 か月 42 時間、1 年 320 時間とする）

　36 協定に定めることができる時間外労働の上限時間の規制のため、36 協定で定める時間外労働の時間は、1 か月あたり 45 時間以内と定めなければならない。その場合は、時間外労働を 1 か月あたり 36 協定で定めた時間を超えてさせることはできない。

　また、36 協定で定める時間外労働の時間は、1 年 360 時間を超えてもいけないから、例えば、1 年 360 時間と定めなければならない。1 か月44 時間と定めていた場合は、44 時間×12 月＝528 時間だから、毎月 44時間の時間外労働をさせると、1 年 360 時間を超えてしまうので、実際には毎月 44 時間の時間外労働を命じることはできず、44 時間近い時間外労働をさせた月があれば、他の月の時間外労働を減らして調整しなければならない。

　1 年 360 時間と定めた場合の月平均は 30 時間（360 時間÷12 月＝30時間）だから、上記の例で、特別条項を用いない場合は、時間外労働の時間について、36 協定で定めた 1 か月 44 時間を超えないように注意す

るとともに、平均で1か月30時間を超えないように注意しなければならないということになる。

(4) 特別条項に定めなければならない事項と定めることができる時間外労働・休日労働の上限時間等（改正後36条5項）

　改正後労基法36条5項は、臨時的に限度時間（1か月45時間、1年360時間）を超えて労働させる必要がある場合に、いわゆる「特別条項」を労使で協定することで、時間外・休日労働をさせることができるとしつつ、特別条項で定めなければならない事項を規定するとともに、次の規制を定めた。

- ・1か月の時間外労働と休日労働の時間の定め：100時間未満の範囲内に限る。
- ・1年間について時間外労働させることができる時間の定め：720時間を超えない範囲内に限る。
- ・時間外労働が1か月45時間を超える月数：1年につき6か月以内に限る。

（特別条項に定めなければならない事項と定めることができる時間外労働・休日労働の上限時間等）

	特別条項に定めなければならない事項と定めることができる 時間外労働・休日労働の上限時間等（改正後労基法36条5項）
①	臨時的に第3項の限度時間を超えて労働させる必要がある場合に労働させることができる1か月の時間外労働と休日労働の時間
	上記の定めは、100時間未満の範囲内に限る
②	1年間について時間外労働させることができる時間
	上記の定めは、720時間を超えない範囲内に限る
③	時間外労働が1か月45時間を超える月数
	上記の定めは、1年につき6か月以内に限る

　特別条項によって、1か月45時間の限度時間を超えて時間外労働させることができるのは、年6回（6か月）に限られる。

　特別条項に定めることができる時間外労働・休日労働の上限時間の規

制に従って特別条項で時間外労働や休日労働の時間を定めたら、特別条項に定めた時間を超えて時間外・休日労働をさせることはできない。

　なお、特別条項を協定する場合には、「健康福祉確保措置」を協定しなければならず（健康福祉確保措置については、(8)で解説する）、また、限度時間を超えて労働させる場合の手続も協定しなければならない（限度時間を超えて労働させる場合の手続きについては、(9)で解説する）。

(5) 36 協定によって行わせた時間外・休日労働の上限規制（改正後 36 条 6 項）

　改正後労基法 36 条 6 項は、36 協定や特別条項の定めに従ってさせた時間外・休日労働の時間についても、上限規制を定めている。

　すなわち、36 協定によって時間外・休日労働を行わせる場合であっても、以下の要件を満たすものとしなければならない。

　・時間外労働・休日労働の合計時間が、1 か月について 100 時間未満であること
　・時間外労働・休日労働の合計時間が、複数月（2 か月、3 か月、4 か月、5 か月、6 か月）の各平均で、それぞれ 80 時間以内であること

　この上限規制は、いわゆる「過労死ライン」を意識した規制である。

　過労死ラインについては、後述する。（「Ⅳ　第 2 編　第 11 章　第 7 節　1　過労死ライン」）

（労基法 36 条 6 項の規制）

36 協定によって行わせた時間外・休日労働の上限規制 （改正後労基法 36 条 6 項）	
36 協定によって時間外・休日労働を行わせる場合であっても、以下の要件を満たすものとしなければならない	
2 号	時間外労働・休日労働の合計時間が、1 か月について 100 時間未満であること
3 号	時間外労働・休日労働の合計時間が、複数月（2 か月、3 か月、4 か月、5 か月、6 か月）の各平均で、それぞれ 80 時間以内であること
時間外・休日労働の上限規制に違反した場合の罰則（改正後労基法 119 条）	
36 条 6 項の違反は、6 か月以下の懲役又は 30 万円以下の罰金	

(6) 上限規制の違反と罰則

　労基法 119 条が改正され、労基法 36 条 6 項（36 協定によって行わせた時間外・休日労働の上限規制）の違反が追加された。これにより、労基法 36 条 6 項の違反は、6 か月以下の懲役又は 30 万円以下の罰金に処せられる。

　なお、36 条 1 項～5 項に違反した場合は、違反した 36 協定が無効となり、無効の協定によって行わせた時間外・休日は労基法 32 条（法定労働時間の規制）または 35 条（法定休日）の違反として、労基法 119 条により、6 か月以下の懲役又は 30 万円以下の罰金に処せられる。

(7) 適用猶予の業務等・適用除外業務

　改正法による規制を適用すると業務が成り立たない恐れがある業種については、次のような適用猶予や適用除外が認められている。

①　適用が猶予される業務等

　工作物の建設等の事業、自動車の運転の業務および医業に従事する医師については、2024 年 3 月 31 日までは改正労基法の上限規制（労基法 36 条 3 項から 5 項及び 6 項の 2 号・3 号に係る部分）を適用しない（適用猶予。労基法 139 条・労基則 69 条 1 項、労基法 140 条・労基則 69 条 2 項、労基法 141 条）。

　2024 年 4 月 1 日以降の対応については、次表を参照。

（適用猶予の業務等）

	適用猶予	2024 年 4 月 1 日以降
工作物の建設等の事業	2024 年 3 月 31 日までは上限規制（労基法 36 条 3 項から 5 項及び 6 項の 2 号・3 号に係る部分）を適用しない	・災害時における復旧・復興の事業を除き、上限規制が適用 ・災害時における復旧・復興の事業については、36 協定により行わせた時間外・休日の実労働時間の上限規制（時間外・休日合計月 100 時間、複数月平均 80 時間。労基法 36 条 6 項）を適用しない（H30・9・7 基発 0907 第 1 号）
自動車の運転の業務※1	（労基法 139 条・労規則 69 条 1 項、労基法 140 条・労規則 69 条 2 項、労基法 141 条）	・特別条項の定めにおける年間の時間外労働の上限を 960 時間とする（H30・9・7 基発 0907 第 1 号） ・36 協定により行わせた時間外・休日の実労働時間の上限規制（時間外・休日合計月 100 時間、複数月平均 80 時間。労基法 36 条 6 項）は適用しない（H30・9・7 基発 0907 第 1 号） ・特別条項の定めを 1 年につき 6 か月以内に限るとする規制（労基法 36 条 5 項）は適用しない（H30・9・7 基発 0907 第 1 号、時間外労働の上限規制わかりやすい解説—厚労省） ※1　四輪以上の自動車の運転の業務（厚生労働省労働基準局長が定めるものを除く。）に主として従事する者をいう （H30・9・7 基発 0907 第 1 号）
医業に従事する医師		・具体的な規制のあり方等については、別途厚生労働省令で定める（H30・9・7 基発 0907 第 1 号）

②　適用除外の業務

「新たな技術、商品又は役務の研究開発に係る業務」※は、改正労基法による上限規制を適用しない（労基法 36 条 11 項）。

※専門的、科学的な知識、技術を有する者が従事する新技術、新商品等の研究開発の業務をいう（H 30・9・7 基発 0907 第 1 号）

この業務は、労働時間による規制になじまないことなどから、上限規制の適用対象外とされた。

ただし、健康の確保は必要であるから、医師の面接指導、代替休暇の付与等の健康確保措置が設けられた（改正後労働安全衛生法 66 条の 8 の 2）。

(8) 特別条項と健康福祉確保措置

　労働基準法の改正とそれに伴い改正された労働基準法施行規則において、特別条項を締結する際の健康福祉確保措置に関する規定が新設された。

①　健康福祉確保措置

　36協定（特別条項）においては、限度時間※を超えて労働させる労働者に対する健康及び福祉を確保するための措置（健康福祉確保措置）を協定しなければならない（改正後労基法36条2項5号、改正後労基則17条1項5号）。

　　※限度時間＝36協定に定めることができる時間外労働の限度時間（月45時間、
　　　年360時間−改正後労基法36条3項。変形労働時間制は別）。

　健康福祉確保措置を協定するにあたっては、次に掲げるもののうちから協定することが望ましい（36協定指針8条。36協定指針については、「(9)の3 36協定指針」を参照）。

①労働時間が一定時間を超えた場合の医師による面接指導

②深夜労働させる回数を1か月について一定回数以内とすること（深夜労働の回数制限）

③終業から始業までの休息時間の確保（勤務間インターバル）

④代償休日又は特別な休暇の付与

⑤労働者の勤務状況及びその健康状態に応じて、健康診断を実施すること

⑥年次有給休暇についてまとまった日数連続して取得することを含めてその取得を促進すること

⑦心とからだの相談窓口の設置

⑧必要な場合には適切な部署に配置転換をすること

⑨必要に応じて、産業医等による助言・指導を受け、又は労働者に産業医等による保健指導を受けさせること

② 記録の保存義務

事業主は、健康福祉確保措置の実施状況に関する記録を、当該 36 協定の有効期間中及び当該有効期間の満了後 3 年間保存しなければならない（改正後労基則 17 条 2 項）。

(9) 特別条項と限度時間を超えて労働させる場合の手続

36 協定（特別条項）においては、限度時間を超えて労働させる場合における手続を協定しなければならない（改正後労基法 36 条 2 項 5 号、改正後労基則 17 条 1 項 7 号）。

限度時間を超えて労働させる場合の手続きは、労使当事者（使用者及び労働組合又は労働者の過半数を代表する者）が合意した協議、通告その他の所定の手続であり、1 か月ごとに限度時間を超えて労働させることができる具体的事由が生じたときに必ず行わなければならない（H. 30. 9. 7 基発第 0907 第 1 号）。

この所定の手続を経ることなく、限度時間を超えて労働時間を延長した場合は、法違反となる（同上）。

3 36 協定指針

長時間労働を是正するための労働基準法の改正にあわせて、厚生労働省から、「36 協定で定める時間外労働及び休日労働について留意すべき事項等に関する指針」（H. 30. 9. 7 厚労省告示第 323 号）が告示された（本書では「36 協定指針」と呼ぶこととする）。36 協定指針は、時間外・休日労働協定（36 協定）で定める労働時間の延長及び休日の労働について留意すべき事項、当該労働時間の延長に係る割増賃金の率その他の必要な事項を定めることにより、労働時間の延長及び休日の労働を適正なものとすることを目的とするものである。

36 協定指針が指摘する主な事項について、説明する。

(1) 労使当事者の責務（2 条）

・時間外・休日労働協定（36 協定）による労働時間の延長及び休日の

労働は必要最小限にとどめられるべきであること。

・労働時間の延長は原則として限度時間を超えないものとされていることから、労使当事者は、これらに十分留意した上で時間外・休日労働協定をするように努めなければならないものであること。

(2) 使用者の責務 (3条)

・使用者は、36協定において定めた範囲内で時間外・休日労働を行わせた場合であっても、労働契約法第5条の規定に基づく安全配慮義務を負うことに留意しなければならないこと。

　すなわち、36協定の範囲内で労働させている場合でも、労働者の健康確保に配慮する使用者の義務が免除されるわけではない。

・使用者は「脳血管疾患及び虚血性心疾患等の認定基準について」（厚労省 H.13.12.12 基発第 1063 号）の以下の記述に留意しなければならない。

（「脳血管疾患及び虚血性心疾患等の認定基準について」の記述）

長時間の過重労働と脳・心臓疾患の労災における業務関連性は、次のように評価できる

①発症前1か月〜6か月間平均で、月45時間を超える時間外労働が認められない場合は、業務と発症との関連性が弱い。

②月45時間を超えて時間外労働時間が長くなるほど、業務と発症との関連性が強まる。

③発症前1か月間におおむね100時間または発症前2か月間〜6か月間平均で、月おおむね80時間を超える時間外労働が認められる場合は、業務と発症との関連性が強い。

　すなわち、使用者は、労働時間が長くなるほど、過労死との関連性が強まるということに留意しなければならない。

　なお、③が、いわゆる「過労死ライン」といわれるものであり、

労働基準法の改正による上限規制に取り入れられた。

　③のラインに達している場合には、労災認定だけでなく、使用者の安全配慮義務違反の問題となる可能性が高いといえる。

　また、②にあてはまる場合は、例えば、休憩時間が形骸化しているような場合（休憩時間でも電話対応するなど、実際には労働していた疑いがある場合など）や、サービス残業が常態化しているような場合には、明確な労働時間が認定できなくても、使用者の安全配慮義務違反の問題となる可能性があるといえる。

(3) 業務区分の細分化（4条）

・時間外労働・休日労働を行う業務の区分を細分化し、業務の範囲を明確にしなければならないものであること

(4) 限度時間を超えて労働させる必要がある場合の具体化（5条）

・特別条項において、当該事業場における通常予見することのできない業務量の大幅な増加等に伴い臨時的に限度時間を超えて労働させる必要がある場合を、できる限り具体的に定めなければならない。

　したがって、「業務の都合上必要な場合」や「業務上やむを得ない場合」のような抽象的な定めにすることはできない。

・特別条項による時間外・休日労働の時間を、限度時間にできる限り近づけるよう努めなければならない。

(5) 休日労働の限定（7条）

・休日労働の日数・時間数をできる限り少なくするように努めなければならない。

(6) 健康福祉確保措置として協定すること（8条）

・健康福祉確保措置を協定するにあたっては、次に掲げるもののうちから協定することが望ましい。
①労働時間が一定時間を超えた場合の医師による面接指導

②深夜労働させる回数を1か月について一定回数以内とすること（深夜労働の回数制限）

③終業から始業までの休息時間の確保（勤務間インターバル）

④代償休日又は特別な休暇の付与

⑤労働者の勤務状況及びその健康状態に応じて、健康診断を実施すること

⑥年次有給休暇についてまとまった日数連続して取得することを含めてその取得を促進すること

⑦心とからだの相談窓口の設置

⑧必要な場合には適切な部署に配置転換をすること

⑨必要に応じて、産業医等による助言・指導を受け、又は労働者に産業医等による保健指導を受けさせること

(7) 適用猶予・適用除外の事業・業務の努力義務（9条）

・限度時間が適用除外・猶予されている事業・業務（「2（7）適用猶予の業務等・適用除外業務」を参照）についても、限度時間を勘案するとともに、限度時間を超えて時間外労働を行う場合は、健康福祉確保措置を協定するよう努めなければならない

第4節　中小事業主における月60時間超の割増賃金率の見直し

　法定労働時間（1日8時間、1週間40時間。労基法32条）を超えて時間外労働させた場合には、通常の労働時間または労働日の賃金の計算額に一定の割増率を乗じた割増賃金を支払わなければならない（労基法37条）。

　法定時間外労働の割増率は、次のとおり定められている。

①1か月合計60時間までの法定時間外労働については、25%（2割5分）以上の率

②1か月合計60時間を超えた法定時間外労働が行われた場合の60時間を超える時間外労働については、50%（5割）以上の率

②の割増率は、長時間労働を抑制するために2008年の労基法改正で

設けられたが、「中小事業主」については、当分の間、適用が猶予されてきた（改正前労基法138条）。なお、「中小事業主」の定義については、「Ⅱ　第3章　第3節　2（2）中小事業主の判断方法」で説明した。

　この適用猶予措置の規定は、長時間労働是正の流れに反するものであるから、2018年の働き方改革関連法により削除された。ただし、中小事業主の対応の便宜を考慮して、施行時期は2023年4月1日とされている（働き方改革関連法附則1条3号）。

第5節　長時間労働の是正に向けた業種ごとの取組等

　取引関係における立場の弱い中小企業等は、発注企業からの短納期要請や、顧客からの要求などに応えようとして長時間労働になりがちである。そこで、働き方改革実行計画では、長時間労働の是正に向けて、商慣習の見直しや取引条件の適正化を一層強力に推進することとし、自動車運送業、建設業、IT産業をあげて、それぞれの具体的な取組みを掲げている。

参考知識：長時間労働の是正に向けた自動車運送業の取組

　働き方改革実行計画は、長時間労働の是正に向けた自動車運送業の取組として、次のものを掲げている。

①関係省庁横断的な検討の場を設け、ITの活用等による生産性の向上、多様な人材の確保・育成等の長時間労働を是正するための環境を整備するための関連制度の見直しや支援措置を行うこととし、行動計画を策定・実施する。

②無人自動走行による移動サービスやトラックの隊列走行等の実現に向けた実証実験・社会実装等を推進するなど、クルマのICT革命や物流生産性革命を推進する。

特にトラック運送事業については、次の取組が掲げられている。

ⅰ）トラック運送事業者、荷主、関係団体、関係省庁等が参画する協議会等において、実施中の実証事業を踏まえて、2017年度〜2018年度にかけてガイドラインを策定する。

ⅱ）関係省庁と連携して、①下請取引の改善等取引条件を適正化する措置、②複数のドライバーが輸送行程を分担することで短時間勤務を可能にする等生産性向上に向けた措置や③荷待ち時間の削減等に対する荷主の協力を確保す

るために必要な措置、支援策を実施する。

┌ 参考知識：長時間労働の是正に向けた建設業の取組 ┐

　働き方改革実行計画は、長時間労働の是正に向けた建設業の取組として、次の
ものを掲げている。

①適正な工期設定や適切な賃金水準の確保、週休２日の推進等の休日確保な
　ど、民間も含めた発注者の理解と協力が不可欠であることから、発注者を含
　めた関係者で構成する協議会を設置するとともに、制度的な対応を含め、時
　間外労働規制の適用に向けた必要な環境整備を進め、あわせて業界等の取組
　に対し支援措置を実施する。

②技術者・技能労働者の確保・育成やその活躍を図るため制度的な対応を含め
　た取組を行うとともに、施工時期の平準化やICTを全面的に活用したi-
　Constructionの取組、書類の簡素化、中小建設企業への支援等により生産
　性の向上を進める。

┌ 参考知識：長時間労働の是正に向けた情報サービス業（IT業界）の取組 ┐

　働き方改革実行計画は、長時間労働の是正に向けた情報サービス業（IT業界）
の取組として、次のものを掲げている。

①官民共同で、実態把握、改善方策の推進等を行う。

②業界団体等による平均残業時間１日１時間以内、テレワーカー50％以上と
　いった数値目標をフォローアップし、働き方改革の取組を促す。

③ウェアラブル端末等最新の技術を活用した好事例の収集等を通じ、健康確保
　の在り方を検討する。

第6節　年次有給休暇の確実な取得

1　有給休暇取得率の現状

(1) 年次有給休暇

　「年次有給休暇（有給休暇、年休）」は、労働者に対し、休日のほかに
毎年一定日数の休暇を有給で保障する制度である（労基法39条）。

　一定期間勤続した労働者に対して、心身の疲労を回復しワーク・ライ
フ・バランス（仕事と生活の調和）を保障するために付与される。

(2) 有給休暇取得率

　2017 年 1 年間に企業が付与した年次有給休暇日数（繰越日数を除く）は、労働者 1 人平均 18.2 日であり、そのうち労働者が取得した日数は 9.3 日で、有給休暇取得率は 51.1％ にとどまる（厚労省「平成 30 年就労条件総合調査の概況」）。

　全体の約 3 分の 2 の労働者は、「みんなに迷惑がかかると感じるから」、「後で多忙になるから」、「職場の雰囲気で取得しづらいから」といった理由で、年次有給休暇の取得にためらいを感じているというデータもある。

　なお、有給休暇取得率の政府目標は、70％ 以上（2020 年）である。

(3) 年次有給休暇の取得促進のための取組み

　年次有給休暇に限らず、休暇の取得を促進することは、労働者にとっては長時間労働の改善による健康促進につながるだけでなく、ワーク・ライフ・バランスも確保できる。

　また、企業にとっては、休暇を促進することで、次のような効果があり、業務の効率化、人材の育成につながり、企業影響に好影響をもたらすといわれる（厚生労働省「有給休暇ハンドブック」）。

①休暇の取得に伴う業務の円滑な引継ぎのために、業務の内容、進め方などに関する棚卸しを行う過程で、業務の非効率な部分をチェックすることができる。

②代替業務をこなすために従業員の多能化促進の機会となる。

③交代要員が代替業務をこなすことができるかどうかの能力測定の機会となる。

④交代要員への権限委譲の契機となり、従業員の育成につながる。

⑤休暇の有効活用により、休暇取得者のキャリアアップを図ることができる。

　厚生労働省は、ワーク・ライフ・バランス（仕事と生活の調和）のための年次有給休暇の活用の取組として、「仕事休もっ化計画」を推進している。

年次有給休暇の取得促進のために、次のような取組みが提案されている。
①プラスワン休暇の導入
　　労使協調のもと、土日・祝日に年次有給休暇を組み合わせて、連休を実現する。
②年次有給休暇の計画的付与制度の活用
③年次有給休暇の時間単位取得制度の活用

(4) 年次有給休暇の計画的付与制度（計画年休）の導入状況

　「年次有給休暇の計画的付与制度」（計画年休）は、年次有給休暇の付与日数のうち、5日を除いた残りの日数については、労使協定を結べば、計画的に年次有給休暇取得日を割り振ることができる制度である（労基法39条6項）。計画年休制度は、事業主にとっては、労務管理がしやすく計画的な業務運営ができるというメリットがあり、従業員にとっても、ためらいを感じずに年次有給休暇を取得できるというメリットがある。

　しかし、年次有給休暇の計画的付与制度がある企業の割合は、2割程度にとどまる（2012年：19.6%というデータがある）。

　なお、計画年休導入の手続きや活用方法等については、後述する。

(5) 年次有給休暇の時間単位取得制度の導入状況

　「年次有給休暇の時間単位取得制度」（時間単位年休）は、労使協定を結べば、5日の範囲内で年次有給休暇取得日を時間単位で与えることができる制度である（労基法39条4項）。

　時間単位取得制度を導入している企業の割合は、18.7%となっている（厚労省「平成29年度就労条件総合調査」）。

2　改正法による年次有給休暇の時季指定義務の導入
(1) 法改正の理由

　年次有給休暇は、本来、労働者の請求する時季に与えなければならない（労基法39条5項）。なお、年次有給休暇の時季指定権や時季変更権等

については、後述する。

　ところが、我が国においては、有給休暇取得率は51.1％にとどまるというデータがあり、年次有給休暇の取得促進が求められている。

　そこで、2018年に成立した働き方改革関連法による労働基準法の改正により、事業主に対する年次有給休暇の時季指定義務（労基法39条7項）が導入された。改正法の施行時期は、2019年4月1日である。労働者による時季指定を待つのではなく、事業主に一定日数の時季指定を義務付けることで、年次有給休暇の確実な取得を目指したのである。

(2) 時季指定義務の原則

　事業主は、付与する有給休暇の日数が10日以上の労働者については、付与する日数のうち5日については、有給休暇を付与した日（基準日）から1年以内に、取得時季を指定して与えなければならない（労基法39条7項）。

　労基法39条7項違反は、30万円以下の罰金に処せられる（労基法120条）。

　労基法39条の改正にあわせて、労働基準法施行規則も改正され（労基則24条の5、24条の6、24条の7）、労働時間等設定改善指針（平成20年厚生労働省告示第108号）も改正された。

（フルタイム労働者（週所定労働時間30時間以上かつ週所定労働日数5日）の場合のイメージ）

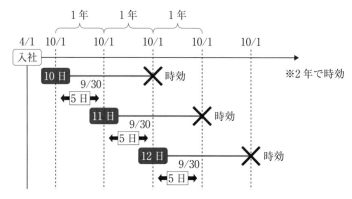

　なお、いわゆるパートタイム労働者（週所定労働時間30時間未満かつ週所定労働時間4日以下）であっても、10日以上の有給休暇が付与される場合があり、その場合には時季指定義務の対象となる。

（時季指定義務の対象となる場合（網掛け部分））

週所定労働時間	週所定労働日数	1年間の所定労働日数	雇入れ日から起算した継続勤務期間						
			6か月	1年6か月	2年6か月	3年6か月	4年6か月	5年6か月	6年6か月以上
30時間以上	5日	217日以上	10日	11日	12日	14日	16日	18日	20日
または									
30時間未満	4日	169日～216日	7日	8日	9日	10日	12日	13日	15日
	3日	121日～168日	5日	6日	6日	8日	9日	10日	11日
	2日	73日～120日	3日	4日	4日	5日	6日	6日	7日
	1日	48日～72日	1日	2日	2日	2日	3日	3日	3日
かつ									

(3) 5日から控除できる日数

　労働者の請求する時季に与えた日数（39条5項）と、計画的付与により与えた日数（39条6項）は、5日から控除することができる（その日数分は、時季を指定して与えることを要しない）。

　なお、時間単位年休（39条4項）は控除することができる日数に含まれていない。

（控除できる日数のイメージ）

5日から控除できる日数	時季指定して与えなければならない日数
労働者が自ら請求して2日取得した	3日指定（2日控除）
計画年休2日を付与した	3日指定（2日控除）
労働者が自ら請求して5日取得した	時季指定付与を要しない
計画年休2日を付与＋労働者が自ら3日を取得	時季指定付与を要しない

(4) 労働者の意見聴取義務

　年次有給休暇は、本来、労働者の請求する時季に与えなければならないものである（労基法 39 条 5 項）ことから、事業主は、改正後労基法 39 条 7 項により時季を指定して年次有給休暇を付与する場合は、あらかじめ、年次有給休暇を与えることを当該労働者に明らかにした上で、その時季について当該労働者の意見を聴かなければならない（改正後労働基準法施行規則 24 条の 6 第 1 項）。

　そして、年次有給休暇の時季を定めるにあたっては、できる限り労働者の希望に沿った時季指定となるよう、聴取した意見を尊重するよう努めなければならない（同 2 項）。

（イメージ）

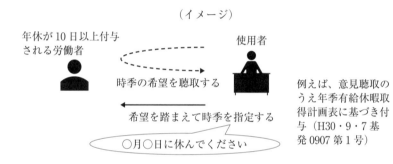

年休が 10 日以上付与される労働者

使用者

時季の希望を聴取する

希望を踏まえて時季を指定する

○月○日に休んでください

例えば、意見聴取のうえ年季有給休暇取得計画表に基づき付与（H30・9・7 基発 0907 第 1 号）

(5) 年次有給休暇管理簿と年次有給休暇取得計画表

① 年次有給休暇管理簿

　年次有給休暇を与えたときは、時季、日数（取得日数）及び基準日を労働者ごとに明らかにした年次有給休暇管理簿を作成し、当該年次有給休暇を与えた当該期間の満了後 3 年間保存しなければならない（改正後労働基準法施行規則 24 条の 7）。

　なお、労働時間等設定改善指針では、事業主は、年次有給休暇管理簿の確認を行い、取得状況を労働者・指揮命令者に周知することとされている（改正後労働時間等設定改善指針）。

②　年次有給休暇取得計画表

　労働時間等設定改善指針では、事業主は、業務量を正確に把握した上で、労働者ごとの基準日や年度当初等に聴取した希望を踏まえた個人別の年次有給休暇取得計画表の作成、年次有給休暇の完全取得に向けた取得率の目標設定の検討及び業務体制の整備を行うとともに、取得状況を把握することとされている（改正後労働時間等設定改善指針）。

(7) 基準日を揃える場合

┌─ 参考知識 ─────────────────────────────────

　年次有給休暇は、雇入れ日から起算して６か月継続勤務し、全労働日の８割以上出勤した労働者に、継続勤務期間に応じて付与するものであるから（労基法39条）、労働者それぞれの雇入れ日ごとに年次有給休暇の基準日が異なり（例えば、４月１日入社の新卒社員の基準日は10月１日、９月１日入社の中途入社社員の基準日は３月１日）、個々の労働者の年次有給休暇の管理が煩雑となってしまう。

　そこで、例えば、法定の基準日より繰り上げて（前倒しして）年次有給休暇を付与することとして、例えば、入社２年目は全社的に４月１日を基準日として年次有給休暇を付与することで、基準日を揃えることができる。

　このように、法定の基準日よりも繰り上げて年次有給休暇を付与する場合の５日の時季指定義務の処理については、改正後労基法39条７項但書きおよび改正後労基法施行規則24条の５に定められている。

└───────────────────────────────────────

第７節　勤務間インターバル導入の努力義務

1　勤務間インターバルの取組みの状況

(1) 勤務間インターバルとは

　「勤務間インターバル」は、勤務終了後、次の勤務までの間に一定時間の休息時間を確保することである。

　「勤務間インターバル」は、労働者が日々働くにあたり、必ず一定の休息時間を取れるようにするというものであり、「働き方改革」において、労働者が十分な生活時間や睡眠時間を確保しつつ、ワーク・ライフ・バランスを保ちながら働き続けることができるようにするために重要な制度であると位置づけられている。

(2) 勤務間インターバルの現状

　EU では、労働時間指令により、加盟国は、役員等一定の労働者を除くすべての労働者に、24 時間ごとに、最低でも連続 11 時間の休息期間を確保するために必要な措置をとるものとするとされ、11 時間（独・仏・英など）または 12 時間（ギリシャ・スペイン）の勤務間インターバル制度が導入されている。これに対し、わが国では、2018 年の働き方改革関連法による法改正前は、勤務間インターバル制度を導入する企業の割合は少なく、導入企業の割合は 1.8% でしかなく、「導入する予定又は検討している」は 9.1% にとどまり、「導入予定はなく、検討もしていない」は 89.1% にもなっていた（「就労条件総合調査」(2018 年)）。

　そこで、政府の過労死等防止対策大綱は、2018 年の見直しにおいて、次の数値目標を追加した。

　　・「2020 年までに、勤務間インターバル制度を知らなかった企業割合
　　　を 20% 未満とする」
　　・「2020 年までに、勤務間インターバル制度を導入している企業割合
　　　を 10% 以上とする」

　なお、勤務間インターバル制度を導入する企業における勤務間インターバルの時間については、8 時間以下：38.5%、8 時間超 11 時間以下：12.9%、11 時間超 28.2% というように様々である。

2　労働時間等設定改善法の改正

　2018 年に公布された働き方改革関連法によって改正された労働時間等設定改善法 2 条は、事業者は、前日の終業時刻と翌日の始業時刻の間に一定時間の休息の確保に努めなければならないと定め、勤務間インターバル制度導入の努力義務が新設された。改正法の施行日は、2019 年 4 月 1 日である。

　一定時間を設定するに際しては、労働者の通勤時間、交替制勤務等の勤務形態や勤務実態等を十分に考慮し、仕事と生活の両立が可能な実効性ある休息が確保されるよう配慮することとされている（改正後労働時間等設定改善指針）。

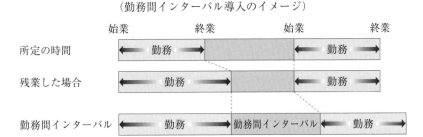

（勤務間インターバル導入のイメージ）

勤務間インターバルの他に、一定の時刻以降の残業を禁止し、やむを得ない場合は始業前の朝の時間帯に業務を処理する等の「朝型の働き方」の導入についても、検討することとされている（同指針）。この場合に、次の始業前の時間帯での勤務も禁止すれば、勤務間インターバルとなる。

　なお、勤務間インターバルは、36協定の特別条項に定めなければならない健康福祉確保措置の一例として考えられている（「P.86（8）特別条項と健康福祉確保措置」を参照）。

第8節　意欲と能力ある労働者の自己実現の支援

1　総説

　働き方改革実行計画は、創造性の高い仕事で自律的に働く個人が、意欲と能力を最大限に発揮し、自己実現をすることを支援する労働法制が必要であるとしている。

　2018年の働き方改革関連法による労働基準法の改正事項は、長時間労働を是正し、働く人の健康を確保しつつ、その意欲や能力を発揮できる新しい労働制度の選択を可能とするものとして、フレックスタイム制の拡充や高度プロフェッショナル制度の創設が含まれている。なお、裁量労働制も意欲と能力ある労働者の自己実現の支援の制度とされているが、2018年の法改正時には裁量労働制（特に企画業務型裁量労働制）の見直しは見送られた。

2　フレックスタイム制の見直し

(1) フレックスタイム制について

　フレックスタイム制は、一定の期間（清算期間）の総所定労働時間（総労働時間）を定めておき、労働者がその範囲内で始業と就業の時刻を選択して働くことができる制度である（変形労働時間制の一種）。

　導入するためには、就業規則の定めと労使協定の締結が必要である（労基法32条の3）。原則として、労使協定の労基署への届出までは要しない。

（モデル例）

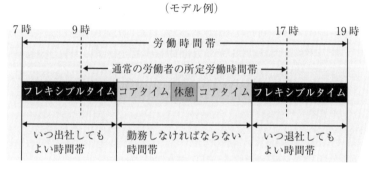

　フレックスタイム制の詳細については、後述する。

(2) 法改正の理由

　フレックスタイム制においては、清算期間における総所定労働時間（総労働時間）を、当該清算期間における法定労働時間の総枠（例えば、31日の月では177.1時間、30日の月では171.4時間）を超えないように設定し、その範囲内で労働する限り、特定の日、特定の週に法定労働時間を超えて労働することがあっても、法定時間外労働にはならない。

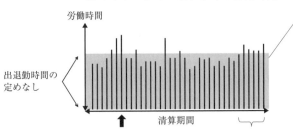

（フレックスタイム制における労働時間のイメージ）

労働時間

総労働時間（清算期間における総所定労働時間）を、平均して週の法定労働時間を超えないように（当該清算期間の法定労働時間の総枠を超えないように）設定

出退勤時間の定めなし

清算期間

1日の法定労働時間（8時間）を超える日があっても時間外労働にならない

1週間の法定労働時間（40時間）を超える週があっても時間外労働にならない

　他方で、フレックスタイム制をとる労働者が当該清算期間における法定労働時間の総枠を超過して労働する場合は、法定時間外労働となる。

　そして、行政解釈では、当該清算期間に発生した時間外労働を翌清算期間に持ち越して、翌期の労働時間を減らすことはできないとされている。

（イメージ）

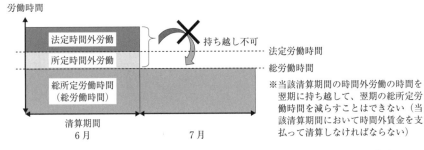

労働時間

法定時間外労働

所定時間外労働

総所定労働時間
（総労働時間）

持ち越し不可

法定労働時間

総労働時間

清算期間
6月

7月

※当該清算期間の時間外労働の時間を翌期に持ち越して、翌期の総所定労働時間を減らすことはできない（当該清算期間において時間外賃金を支払って清算しなければならない）

　改正前は、フレックスタイム制における清算期間は1か月以内とされていた（改正前労基法32条の3）。

　このため、例えば、6月に時間外労働をして、その分7月の労働時間を減らしたくても、6月分の時間外を7月に持ち越せないことから、7月に労働時間を減らしたら欠勤扱いになってしまう。これでは柔軟性に欠けるとの指摘があった。

　そこで、2018年に公布された働き方改革関連法による労働基準法の改正により、清算期間の上限が3か月にまで延長された（改正後労働基準法32条の3第1項2号）。改正法の施行日は、2019年4月1日である。

(3) 改正の内容

　清算期間が1か月を超える場合に、当該清算期間で過重労働すること
になって労働者の健康が害されることを防ぐため、清算期間が1か月を
超える場合は、以下の規制が定められた。

　　・清算期間が1か月を超える場合は、各月で、週平均労働時間が50
　　　時間（※時間外労働が月45時間弱となる時間に相当）を超えない
　　　範囲内でなければならない（改正後32条の3第2項）。

　　・清算期間が1か月を超える場合は、各月の労働時間数の実績を対象
　　　労働者に通知等することが望ましい（H30・9・7基発0907第1号）。

　　・清算期間が1か月を超える場合は、労基署への労使協定の届出が必
　　　要（改正後32条の3第4項）

（改正後のイメージ）

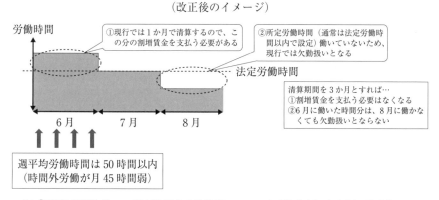

労働時間

①現行では1か月で清算するので、この分の割増賃金を支払う必要がある

②所定労働時間（通常は法定労働時間以内で設定）働いていないため、現行では欠勤扱いとなる

法定労働時間

清算期間を3か月とすれば…
①割増賃金を支払う必要はなくなる
②6月に働いた時間分は、8月に働かなくても欠勤扱いとならない

6月　　7月　　8月

週平均労働時間は50時間以内
（時間外労働が月45時間弱）

　※【「労働基準法等の一部を改正する法律案について」（労政審）を参照し作成】

3　高度プロフェッショナル制度

(1) 総説

　2018年に公布された働き方改革関連法によって改正された労働基準
法で、いわゆる「高度プロフェッショナル制度」が創設された（改正後
労基法41条の2）。改正法の施行日は、2019年4月1日である。

　「高度プロフェッショナル制度」とは、高度の専門的知識等を必要と
し、その性質上従事した時間と従事して得た成果との関連性が通常高く

ないと認められる対象業務に就く労働者について、一定の要件のもと、労働時間、休憩、休日、深夜の割増賃金等の規定の適用除外とできる制度である（改正後労基法41条の2第1項）。

(2) 対象業務

　高度プロフェッショナル制度は、労働時間、休憩、休日、深夜の割増賃金等の規定の適用除外とできる特別な制度であるから、対象業務が以下の業務に限定されている（改正後労基法施行規則）。

　　・金融工学等の知識を用いて行う金融商品の開発の業務
　　・金融ディーラー
　　・アナリスト
　　・コンサルタント
　　・研究開発（新たな技術、商品又は役務の研究開発の業務）

(3) 対象労働者の要件

　高度プロフェッショナル制度の対象労働者の要件も限定されており、①使用者との間の合意に基づき職務が明確に定められており、しかも②年収が基準年間平均給与額の3倍を相当程度上回る水準として厚労省令で定める額（年収1,075万円以上）でなければならない（改正後労基法41条の2第1項第2号）。

(4) 健康管理時間

　高度プロフェッショナル制度の対象労働者の業務は、その性質上従事した時間と従事して得た成果との関連性が通常高くないものであるから、「労働時間」という概念になじまず、時間外割増賃金等の適用対象外でもあるから、事業主が労働時間を把握する必要性は高くない。

　ただし、対象労働者の健康を確保する必要性はあるから、「労働時間」ではなく、事業場内にいた時間と事業場外において労働した時間との合計の時間である「健康管理時間」を事業主が把握することにして、対象労働者の健康確保が図られるように配慮されている（後述する）。

　高度プロフェッショナル制度は、労働者の健康を確保するために、従来型の労働時間の上限規制や割増賃金の支払いによる労働時間規制というアプローチはとらずに、休日の確保や医師による面接指導等の健康を確保するための規制という面からアプローチする制度であるといえる。

(5) 導入の要件

　高度プロフェッショナル制度の導入の要件は、次のとおりである（改正後労基法 41 条の 2 第 1 項）。
　①労使委員会の設置と同委員会の委員の 5 分の 4 以上の多数による決議
　②労使委員会による決議の労働基準監督署への届出
　③対象労働者の書面による同意

(6) 導入後に事業主が対応すべきこと

　高度プロフェッショナル制度を導入した事業主は、労働基準監督署に実施状況を 6 か月以内ごとに定期報告しなければならない（改正後労基法 41 条の 2 第 2 項）。
　また、健康管理時間（事業場内にいた時間と事業場外において労働した時間との合計の時間）が、1 週間あたり 40 時間を超えた場合におけるその超えた時間が月 100 時間を超える場合には、医師による面接指導を受けさせなければならない（労安衛法 66 条の 8 の 4）。

(7) 健康確保措置を講ずる義務

　労使委員会による決議では、以下の事項を定めなければならないので、事業主は、これらの事項を実施しなければならない。
　①健康管理時間を把握する措置を講ずること
　②年間 104 日以上かつ 4 週で 4 日以上の休日を確保すること
　③選択的健康確保措置を講ずること
　③の「選択的健康管理措置」は、以下のイ. ないしニ. のいずれかの措置である。
　イ. 11 時間以上の勤務間インターバル確保+月 4 回以内とする深夜業

　　　制限

ロ．健康管理時間の上限措置（1週間あたりの健康管理時間が40時間を超えた場合におけるその超えた時間が月あたり100時間または3か月あたり240時間を超えない範囲内とする）

ハ．1年に1回以上連続した2週間の休日（年休を除く）を与える

ニ．臨時の健康診断実施（1週間あたりの健康管理時間が40時間を超えた場合におけるその超えた時間が月あたり80時間を超えたこと又は対象労働者から申出があった場合）

第9節　柔軟な働き方

1　総説

　柔軟な働き方がしやすい環境を整備することは、長時間労働の是正、非正規雇用の処遇改善、育児・介護と仕事の両立を支援する取組とあいまって、各人が、育児や介護等、個々の状況に応じて働き続けることを可能とする。また、創造性の高い仕事で自律的に働く個人が、意欲と能力を最大限に発揮し、自己実現をすることを支援することにもなる。

　柔軟な働き方の例として、次のものがあげられる。

①テレワークの導入

②副業・兼業の許容

③短時間正社員制度

④フレックスタイム制度

2　内容

　柔軟な働き方がしやすい環境の整備については、後述する（→「Ⅲ第4章　柔軟な働き方がしやすい環境の整備」）。

第10節　労働者が働きやすい職場環境の整備

1　総説

　労働者が健康に働くための職場環境を整備するためには、まず、労働時間管理の厳格化が求められる。

　それに加え、上司や同僚との良好な人間関係づくりや、産業医・産業保健機能の充実等も必要である。

2　現状

(1) メンタルヘルスとパワーハラスメントの相談の増加

　近時は、社内の相談窓口に寄せられる相談において、メンタルヘルスの相談とパワーハラスメントの相談が増加している。

（社内の相談窓口への相談の状況）

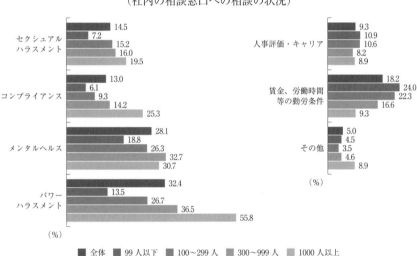

　※【「相談の多いテーマ」（「明るい職場応援団」サイト）より】

(2) メンタルヘルス対策の現状

　市場の競争激化と不安定化、雇用情勢の悪化などの環境変化のもと、雇用人事管理や職場の人間関係が労働者のストレスを増大させ、メンタル面での不調に陥る労働者が増加している。このため、労働者の心の健康対策は企業にとって重要な課題となっている。

　心の健康対策に取組んでいる事業所の割合は58.4％（2017年）である（政府目標は80％（2022年））。

　事業所規模別にみると、100 人以上のすべての規模で 9 割を超える取組みとなっており、50 人以上のすべての規模で 8 割を超える取組みとなっているのに対し、30〜49 人の規模では 67.0%、10〜29 人の規模では 50.2% の取組みにとどまっており（厚生労働省「平成 29 年労働安全衛生調査（実態調査）の概況」）、小規模事業者における取組みの遅れが目立つ。

　メンタルヘルス対策の取組内容（複数回答）をみると、「労働者のストレスの状況などについて調査票を用いて調査（ストレスチェック）」が 64.3% と最も多く、次いで「メンタルヘルス対策に関する労働者への教育研修・情報提供」が 40.6%、「メンタルヘルス対策に関する事業所内での相談体制の整備」が 39.4% となっている（厚生労働省「平成 29 年労働安全衛生調査（実態調査）」の概況）。

3　「健康で働きやすい職場環境の整備」の具体的な施策

---- 参考知識 ----

　働き方改革実行計画は、以下のとおり、「健康で働きやすい職場環境の整備」の具体的な施策を提示している。

対応策	具体的な施策
(3) 健康で働きやすい職場環境の整備	①長時間労働の是正等に関する政府の数値目標の見直し ②メンタルヘルス・パワーハラスメント防止対策の取組強化 　•精神障害で複数の労災認定があった場合に、企業本社に対してパワーハラスメント防止を含む個別指導を行う仕組み 　•産業医に対し月 80 時間超の時間外・休日労働をする労働者の労働時間等の情報を事業者が提供する仕組みの新設 ③監督指導の徹底 　•「過重労働撲滅特別対策斑」（かとく）等による厳正な対応 　•違法な長時間労働等を複数の事業場で行うなどの企業に対する全社的な是正指導の実施 　•是正指導段階での企業名公表制度の強化 　•36 協定未締結事業場に対する監督指導を徹底 ④労働者の健康確保のための取組強化 　•産業医・産業保健機能の強化を図るための方策を検討し、必要な法令・制度の改正を行う

4　労働安全衛生法の改正

　2018 年に公布された働き方改革関連法によって労働安全衛生法が改正され、産業医・産業保健機能の強化が図られるとともに、事業主に対する労働時間の状況の把握義務が新設された。改正法の施行日は、2019年 4 月 1 日である。

(1) 産業医・産業保健機能の強化

　主な改正点は、次のとおりである。

・産業医を選任した事業者は、産業医に対し、労働者の労働時間に関する情報その他の産業医が労働者の健康管理等を適切に行うために必要な情報を提供しなければならない（改正後労安衛法 13 条 4 項）。
　産業医に提供する情報は、以下のとおり（改正後労安衛則 14 条の 2）。

　・健康診断の実施後の就業上の措置の内容、長時間労働者の医師による面接指導の実施後の就業上の措置の内容、ストレスチェックの実施後の就業上の措置の内容等

　・時間外・休日労働時間が月 80 時間を超えた労働者の氏名・超過時間等

　・労働者の業務に関する情報であって産業医等が健康管理等を行うために必要と認めるもの

・産業医を選任した事業者は、産業医の勧告を受けたときは、衛生委員会に対し、産業医が行った労働者の健康管理等に関する勧告の内容等を報告し、当該勧告の内容・それを受けて講じた措置の内容を記録し保存しなければならない（改正後労安衛法 13 条 6 項、安衛則第 14 条の 3 第 2 項）。

・産業医を選任した事業者は、産業医の業務の内容等を、労働者に周知しなければならない（改正後労安衛法 101 条）。

(2) 労働時間の状況の把握義務

①　改正の概要

　労働安全衛生法の改正前は、労働者の労働時間の状況の把握を義務付

ける明確な法規定はなかった。

　労働基準法のガイドラインである「労働時間の適正な把握のために使用者が講ずべき措置に関するガイドライン」には、事業主が労働者の労働時間の適切な把握を行うものとすることが定められているものの、管理監督者等やみなし労働時間が適用される者は「労働者」から除外されている。

　そこで、労働者の健康管理のため、労働安全衛生法が改正されて、医師による面接指導を実施するため、労働安全衛生規則で定める方法により（後述する）、労働者の労働時間の状況を把握しなければならないとされた（改正後労安衛法66条の8の3）。

　改正後労働安全衛生法66条の8の3の「労働者」は、高度プロフェッショナル制度の対象労働者を除く全労働者であり、管理監督者も裁量労働制の対象者も研究開発業務に従事する労働者も含まれる。

　なお、高プロ制度の対象者については、「健康管理時間」を把握する措置を講ずることが求められる（労基法41条の2第1項3号）。

（改正のイメージ）

改正前	事業者は労働者の労働時間の適切な把握を行うものとする	ガイドライン
	⇩	
改正後	医師による面接指導を実施するため、労安衛則で定める方法により、労働者の労働時間の状況を把握しなければならない	労安衛法66条の8の3
	労働時間の状況の把握義務違反の罰則はない（医師による面接指導の実施義務の違反の罰則はある）	―

　改正後労働安全衛生法66条の8の3違反（労働時間の把握義務違反）の罰則はない。

　もっとも、医師による面接指導の実施義務違反の罰則もあり（後述する）、労働時間把握義務違反の事実は安全配慮義務違反の判断に影響するといえる（例えば、労働時間把握義務に違反しつつ長時間労働させたために労働者が健康を害した場合などは、使用者に安全配慮義務（労働契約法5条）の違反が認められるとして、民事の損害賠償が認められる可能性が高まる）。

②　労働時間の状況を把握する方法

改正後労働安全衛生法66条の8の3が定める、労働時間の状況を把握するための労働安全衛生規則で定める方法は、次のとおりである（改正後労安衛則52条の7の3）。

・タイムカードによる記録、パーソナルコンピュータ等の電子計算機の使用時間の記録等の客観的な方法その他の適切な方法とする。
・把握した労働時間の状況の記録を作成して3年間保存しなければならない。

(3) 産業医への情報提供義務

2018年の改正前は、事業主は、労働時間が1週間あたり40時間を超えた場合の超えた時間が月100時間を超えた労働者の情報を産業医に提供しなければならないとされていた（労安衛則52条の2第3項）。

この産業医への情報提供義務が拡充されて、労働時間が1週間あたり40時間を超えた場合の超えた時間が月80時間を超えた労働者の情報を産業医に提供しなければならないとされた（労安衛法13条4項、労安衛則14条の2第1項）。

なお、「労働時間が1週間あたり40時間を超えた場合の超えた時間」は、一般の労働者の場合、時間外・休日労働の時間に相当する。

上記にしたがって事業主から情報提供を受けた産業医は、医師による面接指導の要件に該当する労働者に対して、医師による面接指導の申出を行うよう勧奨することができる（労安衛則52条の3第4項）。

（改正のイメージ）

改正前	労働時間が1週間あたり40時間を超えた場合の超えた時間が月100時間を超えた労働者の情報を産業医に提供しなければならない	労安衛則52条の2第3項
改正後	労働時間が1週間あたり40時間を超えた場合の超えた時間が月80時間を超えた労働者の情報を産業医に提供しなければならない	労安衛法13条4項、労安衛則14条の2第1項

(4) 長時間労働者に対する通知義務

　2018年の改正により、労働時間が1週間あたり40時間を超えた場合の超えた時間が月80時間を超えた労働者に対し、速やかに、当該超えた時間に関する情報を通知しなければならないとの規定が労働安全衛生規則に新設された（労安衛則52条の2第3項）。

　ここにいう「労働者」は、①研究開発業務に従事する労働者および②高度プロフェッショナル制度の対象労働者で、医師による面接指導が義務付けられるもの（後述（6））を除く全労働者である（平成30.9.7基発第0907第2号）。

　この長時間労働者に対する通知義務があるため、事業者は、1月あたりの時間外・休日労働時間の算定を、毎月1回以上、一定の期日を定めて行う必要がある（H.30.12.28基発1228第6号）。

（改正のイメージ）

改正前	長時間労働の労働者に対する情報の通知に関する規定はない	―
改正後	労働時間が1週間あたり40時間を超えた場合の超えた時間が月80時間を超えた労働者に対し、速やかに、当該超えた時間に関する情報を通知しなければならない	労安衛則52条の2第3項

(5) 長時間労働者への医師による面接指導に関する規定等の拡充

　2018年の改正前は、労働時間が1週間あたり40時間を超えた場合の超えた時間が月100時間を超え、かつ疲労の蓄積が認められる労働者の申出により、遅滞なく、医師による面接指導を行わなければならないとされていた（労安衛法66条の8第1項、労安衛則52条の2・52条の3）。

　改正により、労働時間が1週間あたり40時間を超えた場合の超えた時間が月80時間を超え、かつ疲労の蓄積が認められる労働者の申出により、遅滞なく、医師による面接指導を行わなければならないことになった（改正後労安衛法66条の8、労安衛則52条の2・52条の3）。

　「疲労の蓄積が認められる」に関しては、医師による面接指導の申出

の手続きをとった労働者については「疲労の蓄積が認められる」と取り扱うものとされている（平成 18. 2. 24 基発第 0224003）。

（改正のイメージ）

改正前	労働時間が 1 週間あたり 40 時間を超えた場合の超えた時間が月 100 時間を超え、かつ疲労の蓄積が認められる労働者の申出により、遅滞なく、医師による面接指導を行わなければならない	労安衛法 66 条の 8 第 1 項、労安衛則 52 条の 2・52 条の 3

改正後	労働時間が 1 週間あたり 40 時間を超えた場合の超えた時間が月 80 時間を超え、かつ疲労の蓄積が認められる労働者の申出により、遅滞なく、医師による面接指導を行わなければならない	労安衛法 66 条の 8、労安衛則 52 条の 2・52 条の 3

(6) 労働者の申出がなくても医師による面接指導を要する場合

　長時間労働者の医師による面接指導は、原則として当該労働者の申し出をうけて実施される。

　しかし、次の場合には、労働者の申出がなくても、医師の面接指導を受けさせなければならない。当該労働者も面接指導を受ける義務がある。

- ・新たな技術、商品または役務の研究開発に係る業務に従事する労働者の労働時間が、1 週間あたり 40 時間を超えた場合の超えた時間が月 100 時間を超えたとき（改正後安衛則 52 条の 7 の 2）。
- ・高度プロフェッショナル制度の対象労働者であって、健康管理時間（事業場内に所在していた時間と事業場外で労働した時間の合計）が 1 週間あたり 40 時間を超えた場合におけるその超えた時間が月 100 時間を超える場合（改正後労安衛法 66 条の 8 の 4）

(7) まとめ

　改正後の労働安全衛生法による労働者の労働時間の把握と医師による面接指導の実施の流れは、下図のようになる（網掛けが改正された部分）。

（労働時間の把握と面接指導の流れ）

労働者の労働時間の状況を把握しなければならない（労安衛法66条の8の3）

タイムカードによる記録、パーソナルコンピュータ等の電子計算機の使用時間の記録等の客観的な方法その他の適切な方法（労安衛則52条の7の3第1項）

把握した労働時間の状況の記録を作成して3年間保存しなければならない
（労安衛則52条の7の3第2項）

1週間あたり40時間を超えた部分の労働時間が月80時間を超えた労働者に対し、速やかに、当該超えた時間に関する情報を通知しなければならない（労安衛則52条の7の3第2項）

上記労働時間が月80時間を超えた労働者の情報を産業医に提供しなければならない
（労安衛法13条4項、労安衛則14条の2第1項）

産業医は、医師による面接指導の要件に該当する労働者に対して、医師による面接指導の申出を行うよう勧奨することができる（労安衛則52条の3第4項）

1週間あたり40時間を超えた部分の労働時間が月80時間を超えた労働者からの申出（労安衛法66条の8第1項、労安衛則52条の2・52条の3）

遅滞なく（申出後おおむね1月以内）

医師による面接指導の実施（労安衛法66条の8第1項・2項）

医師が労働者の勤務の状況・疲労の蓄積の状況等について確認（労安衛則52条の4）

原則として事業者が指定した医師（労安衛法66条の8第2項）

医師からの意見徴収（労安衛法66条の8第4項）

面接指導の結果の記録を作成（労安衛法66条の8第3項）

面接指導の結果の記録は5年間保存しなければならない（労安衛則52条の6）

事後措置の実施（労安衛法66条の8第5項）

第4章　柔軟な働き方がしやすい環境の整備

1　人的資本の減少と柔軟な働き方の整備の必要性

(1) 我が国の人的資本投資の状況

　「人的資本」とは、1人当たりの生涯賃金の現在価値の国全体の合計である。これに対し、「物的資本」とは、人口増加率、平均的な経済成長率、減価償却率を加味して推計した資本ストックである。

　国連の試算によると、日本の人的資本は、世界で2番目の水準であるが、一人当たりベースや物的資本に対する比率でみると、他の先進国の水準を下回る（働き方改革実行計画参考資料）。

　すなわち、2010年における各国の人的資本と物的資本の比較によると、日本は人的資本（33.6兆ドル）・物的資本（20.7兆ドル）とも米国に次いで世界第2位である。しかし、日本の1人あたり人的資本は26.6万ドルであり、米国（32.1万ドル）、英国（30.8万ドル）、フランス（30.4万ドル）、ドイツ（29.9万ドル）に及ばない。

　人的資本の物的資本比率（人的資本／物的資本）も、日本（1.6）は、英国（3.1）、米国（2.8）、フランス（2.6）、ドイツ（2.5）に及ばない（「人的資本の国際比較」（内閣府））。

(2) 人的資本の減少と「働き方改革」

　日本は、高齢化（就業者の高齢化に伴う残存勤務年数減少による生涯雇用者報酬の減少）や人口減少により、人的資本が減少傾向にある。

　このような状況において人的資本を増加させるためには、女性と高齢者の労働参加拡大、離職やパートの減少、教育の質の向上と仕事におけるスキルの活用等が有効であるとされる。しかし、日本はこのような人的資本投資に遅れがみられるため、「働き方改革」の焦点の一つとなっている。

　女性や高齢者が各人の状況に応じて働き続けられるような柔軟な働き方がしやすい環境を整備することで、女性や高齢者等、幅広い層の労働参加を促進することが求められている。

　柔軟な働き方がしやすい環境を整備することは、長時間労働の是正、非正規雇用の処遇改善、育児・介護と仕事の両立を支援する取組とあいまって、各人が、育児や介護等、個々の状況に応じて働き続けることを可能とする。これにより、幅広い層の労働参加を後押しすることになり、人手不足解消に貢献する。

　柔軟な働き方がしやすい環境の整備として、働き方改革において推奨されているのは、次のものである。

①テレワークの導入
②短時間正社員制度の導入
③副業・兼業の許容
④フレックスタイム制度の導入
⑤雇用関係によらない働き方の促進

2　テレワーク

(1) テレワークとは

　「テレワーク」とは、ICT（Information and Communication Technology：情報通信技術）等を活用して、普段仕事を行う事業所・仕事場とは違う場所で仕事をすることである。ICT 等を活用し、普段仕事を行う事業所・仕事場とは違う場所で仕事をする者を「テレワーカー」という。

　「働き方改革実行計画」では、テレワークを、「時間や空間の制約にとらわれることなく働くことができるため、子育て、介護と仕事の両立の手段となり、多様な人材の能力発揮が可能となる」柔軟な働き方であり、その普及を図っていくことが重要であるとしている。

(2) テレワークの態様

①　雇用型テレワーク

　雇用型のテレワークには、次の態様がある。

①在宅勤務（在宅型）

　　労働時間の全部又は一部について、自宅で業務に従事するテレ

ワークである。

②サテライトオフィス勤務（サテライト型）

　　労働者が属する部署があるメインのオフィスではなく、住宅地に近接した地域にある小規模なオフィス、複数の企業や個人で利用する共同利用型オフィス、コワーキングスペース等で行うテレワークである。

③モバイルワーク（モバイル型）

　　ノートパソコン、携帯電話等を活用して、顧客先・訪問先・外回り先、喫茶店・図書館・出張先のホテルまたは移動中に臨機応変に選択した場所で行うテレワークである。

（雇用型テレワークの態様）

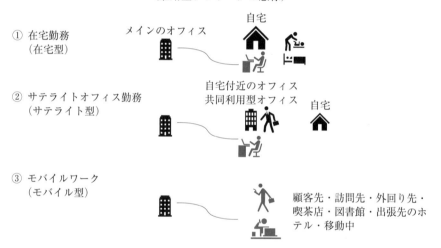

① 在宅勤務
（在宅型）
メインのオフィス
自宅

② サテライトオフィス勤務
（サテライト型）
自宅付近のオフィス
共同利用型オフィス
自宅

③ モバイルワーク
（モバイル型）
顧客先・訪問先・外回り先・喫茶店・図書館・出張先のホテル・移動中

② 　自営型テレワーク

　非雇用型のテレワークは、パソコンやインターネットなどの情報通信技術を活用し、雇用契約ではなく請負契約に基づいて在宅で行う仕事である。

　「雇用関係によらない働き方」の一態様であり、自営型テレワーク、在宅ワークということもある（「5（3）自営型テレワーク」で解説する）。

(3) 雇用型テレワークの普及状況

　我が国では、週1日以上終日在宅で就業する雇用型在宅型テレワーカーの数は約160万人と推計され（2015年）、全労働者に占める割合は2.7%にすぎない（国土交通省「平成27年度テレワーク人口実態調査」）。

　テレワークを実施したいと考えている者は30.1%（2016年）いるが、一方で、テレワークを導入していない企業は83.8%（2015年末）であり、実際にテレワークを実施できている労働者は少ない（「働き方改革実行計画」）。

　また、テレワークは知っている人ほど利用の意向が強いが、我が国ではテレワークの認知も不足している。例えば、テレワーク認知状況と認知状況別の利用意向（2016年）をみると、「認知あり」（22.2%）の場合には、「利用したい」が65%になるのに対し、「認知なし」（77.8%）の場合には、「利用したい」が20%にとどまるというデータがある。なお、米国はテレワークの認知度が高く、認知あり：58%（認知なし42%）となっている。

　なお、自宅以外でテレワークを実施する理由（複数回答可）は、「業務効率向上」（45.9%）が最も高く、次いで、「空き時間の有効活用」（32.4%）、「移動中の時間を無駄にしたくない」（31.9%）となっている。

　業種別でテレワーカーの割合をみると、情報通信業が雇用型（33.8%）・自営型（40.0%）とも突出して高い（雇用型2位は学術研究、専門・技術サービス業の27.0%、自営型2位も学術研究、専門・技術サービス業38.6%。国土交通省「平成29年度テレワーク人口実態調査」）。

(4) テレワークにおける労働関係法令の適用

　テレワークを行う労働者は、労働者であることに変わりはないから、労働基準法、労働契約法、最低賃金法、労働安全衛生法、労働者災害補償保険法等の労働関係法令が適用される。

　労働基準法上注意すべき点は、次のとおりである。

①労働条件の明示

　　労働契約を締結する者に対し在宅勤務を行わせることとする場合

においては、労働契約の締結に際し、就業の場所として、労働者の自宅であることを書面（労働条件通知書等）で明示しなければならない（同法施行規則 5 条 2 項）。

②労働時間

　　テレワークでも通常の労働時間制（1 日 8 時間、週 40 時間）が適用される（同法 32 条）。

　　ただし、変形労働時間制やフレックスタイム制（同法 32 条の 2 〜 4）、裁量労働制（同法 38 条の 3、4）を活用することができる。また、事業場外みなし労働時間制（同法 38 条の 2）も利用できる。

③就業規則の定め等

　　テレワークを行う労働者について、通常の労働者と異なる賃金制度等を定める場合には、当該事項について就業規則を作成・変更し、届け出なければならない（同法 89 条 2 号）。

　　テレワークを行う労働者に情報通信機器等、作業用品その他の負担をさせる定めをする場合には、当該事項について就業規則に規定しなければならない（同法 89 条 5 号）。

　　テレワーク勤務を行う労働者について、社内教育や研修制度に関する定めをする場合には、当該事項について就業規則に規定しなければならない（同法 89 条 7 号）。

労働契約法上注意すべき点は、次のとおりである。

・テレワークを導入する場合は、できる限り書面により確認するものとする（労働契約法 4 条 2 項）。

労働安全衛生法上注意すべき点は、次のとおりである

・通常の労働者と同様に、テレワークを行う労働者についても、その健康保持を確保する必要があり、必要な健康診断を行うとともに（同法 66 条 1 項）、テレワークを行う労働者を雇い入れたときは、必要な安全衛生教育を行う必要がある（同法 59 条 1 項）。

労働者災害補償保険法上注意すべき点は、次のとおりである。

・労働者災害補償保険においては、自宅であっても、業務が原因である災害については、業務上の災害として保険給付の対象となる。

(5) 雇用型テレワークのガイドライン刷新

雇用型テレワークについては、労務管理の困難さから長時間労働を招きやすいことや、セキュリティの問題が指摘されている。

例えば、終日在宅のテレワークの問題・課題（2014年。複数回答可）として、進捗管理が難しい：36.4%、労働時間管理が難しい：30.9%、コミュニケーションに問題あり：27.3%、情報セキュリティ確保：27.3%などがあげられている。

働き方改革実行計画でも、「雇用型テレワークのガイドライン刷新と導入支援」として、「労務管理に関するガイドラインの刷新」や「セキュリティに関するガイドラインの刷新」が対応策として示されていた。

①　テレワークガイドラインの改定

働き方改革実行計画が提示した対応策を実現するために、厚生労働省は、2018年に、「情報通信機器を活用した在宅勤務の適切な導入及び実施のためのガイドライン」（テレワークガイドライン）を改定した。

参考知識：テレワークガイドラインの概要

■通常の労働時間制度による場合
・労働時間の適正な把握
　　使用者は、労働時間について適切に把握する責務を有し、みなし労働時間制や管理監督者等の場合を除き、「労働時間の適正な把握のために使用者が講ずべき措置に関するガイドライン」に基づき、適切に労働時間管理を行わなければならない。
・中抜け時間
　　いわゆる中抜け時間は、労働者が労働から離れ、自由利用が保障されている場合は、休憩時間や時間単位の年次有給休暇として取扱うことが可能である。
・通勤時間・出張旅行中の移動時間中のテレワーク
　　使用者の明示又は黙示の指揮命令下で行われるものは労働時間に該当する。
・勤務時間の一部をテレワークとする際の移動時間等
　　使用者が移動することを労働者に命ずることなく、単に労働者自らの都合により就業場所間を移動し、自由利用が保障されている場合は、労働時間に該当しない。
・フレックスタイム制

テレワークもフレックスタイム制を活用可能である。

フレックスタイム制は、始業・終業の時刻を労働者に委ねる制度のため、ガイドラインに基づき労働時間の適正な把握が必要である。

■事業場外みなし労働時間制を適用する場合

・適用要件

事業場外みなし労働時間制の要件である「使用者の具体的な指揮監督が及ばず、労働時間を算定することが困難なとき」といえるためには、次の①②が必要である。

①情報通信機器が、使用者の指示により常時通信可能な状態におくこととされていないこと

②随時使用者の具体的な指示に基づいて業務を行っていないこと

・健康確保

使用者は、労働者の健康確保のために、制度の対象となる労働者の勤務状況を把握し、適正な労働時間管理を行う責務を有する。

■裁量労働制を適用する場合

・健康確保

使用者は、労働者の健康確保のために、対象となる労働者の勤務状況を把握し、適正な労働時間管理を行う責務を有する。

■休憩時間

休憩時間は一斉付与が原則であるが（労基法34条2項）、労使協定により休憩時間の一斉付与の原則を適用除外できる（同法34条2項但書）。

■長時間労働対策

長時間労働の対策として、①メール送付の抑制、②システムへのアクセス制限、③テレワークを行う際の時間外・休日・深夜労働の原則禁止等、④長時間労働等を行う者への注意喚起などが考えられる。

■労働災害の補償に関する留意点

テレワーク勤務における災害は労災保険給付の対象となる。

②　テレワークセキュリティガイドラインの改定

働き方改革実行計画が提示した対応策を実現するために、総務省は、2018年に、「テレワークセキュリティガイドライン第4版」を公表した。

同ガイドラインは、テレワーク導入時に必要なセキュリティ面の対応を明確化する指針であるが、最新のICT利用環境（Wi-Fi、クラウド

環境、スマートフォン、タブレットの普及等）を踏まえた機器利用ルール・利用者への教育・システムの性能のバランスがとれたセキュリティ対策の充実と、在宅勤務以外のサテライトオフィス勤務、モバイルワークの実態を踏まえた経営者・システム管理者・テレワーク勤務者の実施すべきセキュリティ対策の充実の観点から、第3版の内容が刷新された。

3　限定正社員制度
(1)　意義等
「限定正社員」とは、職種や勤務地、労働時間等が限定された正社員である。

限定正社員は、優秀な人材の確保、従業員の定着を図る（モチベーションアップ）、仕事と育児や介護の両立といった目的で導入される。

限定正社員制度には、次のような態様がある。

①一般職社員

　　主に事務を担当し、非管理職層として勤務することを前提としたキャリアコースが設定された正社員（金融・保険業に多い）

②職種限定正社員

　　運輸業や医療福祉のように資格を必要とする業務に従事する正社員

③勤務地限定正社員

　　特定の事業所において、または転居しないで通勤可能な範囲にある事業所においてのみ就業することを前提に雇用する正社員

④短時間正社員

　　後述する。

⑤勤務時間限定社員

　　所定勤務時間のみ就業することを前提に雇用している正社員

限定正社員は、次のような「転換制度」でも利用される。

①パート社員から短時間正社員への転換制度

②育児・介護等の事情に応じたフルタイム正社員から短時間正社員への転換制度（育児・介護が終了した場合には短時間正社員からフルタイム正社員への転換）

③育児・介護等の事情に応じた正社員から勤務地限定正社員への転換
　制度

（転換制度のイメージ）

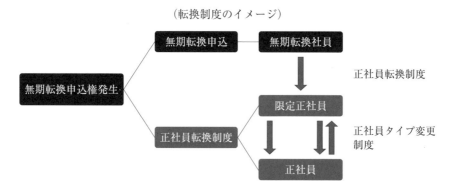

(2) 短時間正社員

①　意義等

「短時間正社員」とは、①期間の定めのない労働契約（無期労働契約）を締結し、②時間当たりの基本給及び賞与・退職金等の算定方法等がフルタイム正社員と同等であるが、フルタイム正社員と比較して、1週間の所定労働時間が短い労働者である。

「フルタイム正社員」は、1週間の所定労働時間が40時間程度（1日8時間・週5日勤務等）で、期間の定めのない労働契約を締結した正社員である。

短時間正社員の仕組みは、育児・介護等と仕事を両立したい社員、決まった日時だけ働きたい入職者、定年後も働き続けたい高齢者、キャリアアップをめざすパートタイム労働者等、様々な人材に、勤務時間や勤務日数をフルタイム正社員よりも短くしながら活躍してもらうための柔軟な働き方である。

すなわち、短時間正社員は、子育て、介護、自己啓発、ボランティア活動、心身の健康不全等の事情により、従来のフルタイム正社員としての働き方では活躍できなかった意欲・能力の高い人材を正社員として確保・活用できる制度である。また、高年齢者雇用安定法や改正労働契約

法の「無期労働契約への転換」への対応策としても有効である。

　労働者にとっても、ワーク・ライフ・バランスの実現や正社員登用を通じたキャリア形成の実現、処遇の改善、職場全体の長時間労働の解消といったメリットが考えられる。

②　短時間正社員制度により対応できる人材活用上の課題

　企業は、次のような人材活用上の課題について、短時間正社員制度の導入により対応できる。

①子育て期のフルタイム正社員の離職を防止したい（正社員のままで短時間勤務）

②親等の介護を行うフルタイム正社員の離職を防止したい（介護と両立しながら働く）

③自己啓発やボランティア活動等の機会を提供することで、フルタイム正社員の働き方やキャリアの幅を広げ、社員のモチベーションや定着率を向上させたい（自己啓発やボランティア活動等に必要な時間を確保しながら働く）

④心身の健康不全にあるフルタイム正社員にスムーズな職場復帰を促したい（短時間正社員制度の適用により、スムーズな職場復帰を徐々に図る）

⑤フルタイムでは働けない意欲・能力の高い労働者を新たに正社員として入社させたい

⑥60歳以上の高齢者のモチベーションを維持・向上させ、高年齢者雇用安定法により早く対応したい（定年を65歳まで引き上げ、60歳以降は希望に応じて短時間正社員を選択できるようにする等）

⑦意欲・能力の高いパートタイム労働者のモチベーションを向上させ、定着を促したい（短時間正社員へのキャリアアップ）

⑧有期契約労働者の無期労働契約への転換により早く対応したい（無期転換する社員の仕事・処遇の見直しを行い、短時間正社員制度を導入する）

③　短時間正社員制度の導入・利用状況

　短時間正社員制度（育児・介護のみを理由とする短時間・短日勤務は除く）がある事業所の割合は、20.8％である（厚労省「平成29年度雇用均等基本調査」）。

　短時間正社員制度の規定がある事業所において、2016年10月1日から2017年9月30日までの間に制度を利用した者の割合は2.8％であった。男女別にみると、女性は5.0％、男性は1.0％となっている。また、制度の利用者の男女比は、女性79.7％、男性20.3％であった（同）。

　これらのデータから、短時間正社員制度の導入企業は多くなく、導入企業でも利用者は極めて少ないうえ、利用者のほとんどは女性であることがわかる。

④　短時間正社員促進のための施策

　厚生労働省は、「短時間正社員制度」を企業が導入・活用することを促進し、企業の人材活用上の課題を解決するとともに、時間に制約がある人材が、ワーク・ライフ・バランスを実現しつつ、生き生きと能力を発揮できる職場環境の整備につなげるため、次の施策を講じている。

　①「短時間正社員制度導入支援マニュアル」の策定・公表
　②「短時間正社員制度導入支援ナビ」の運用

4　副業・兼業
(1) 副業・兼業の原則自由化

　「副業・兼業」とは、労働者が、勤務時間外において、他の会社等の業務に従事することである。

　「働き方改革」では、副業や兼業を、柔軟な働き方に位置づけて、「新たな技術の開発、オープンイノベーションや起業の手段、そして第2の人生の準備として有効である」とし、その普及を図っていくことが重要であるとしている。

　かつては、副業・兼業は禁止とする企業が多かった。すなわち、2014

年の中小企業における副業・兼業の取扱いをみると、副業・兼業容認企業は全体の 14.7% にすぎなかった（中小企業庁「副業・兼業に係る取組み実態調査事業」（2014 年））。

そこで、2018 年に「副業・兼業の促進に関するガイドライン」（厚生労働省）が公表され、「裁判例では、労働者が労働時間以外の時間をどのように利用するかは、基本的には労働者の自由であり、各企業においてそれを制限することが許されるのは、労務提供上の支障となる場合、企業秘密が漏洩する場合、企業の名誉・信用を損なう行為や信頼関係を破壊する行為がある場合、競業により企業の利益を害する場合と考えられる」とし、副業・兼業を原則自由化することが明確にされた（同ガイドラインの概要については、後述する）。

また、厚生労働省が公表している「モデル就業規則」を改定して、それまでのモデル就業規則における労働者の遵守事項の「許可なく他の会社等の業務に従事しないこと。」という規定が削除され、副業・兼業を原則自由（届出制）とする規定を新設している。

（モデル就業規則の副業・兼業に関する規定）

（旧）「許可なく他の会社等の業務に従事しないこと。」

（新）「67 条　労働者は、勤務時間外において、他の会社等の業務に従事することができる。

　　　2　労働者は、前項の業務に従事するにあたっては、事前に、会社に所定の届出を行うものとする。

　　　3　第 1 項の業務に従事することにより、次の各号のいずれかに該当する場合には、会社は、これを禁止又は制限することができる。

　　　①労務提供上の支障がある場合

　　　②企業秘密が漏洩する場合

　　　③会社の名誉や信用を損なう行為や、信頼関係を破壊する行為がある場合

　　　④競業により、企業の利益を害する場合

なお、副業・兼業が原則自由であるとしても、労務提供上の支障や企

業秘密の漏洩等がないか、また、長時間労働を招くものとなっていないか確認する観点から、モデル就業規則のように、副業・兼業の内容等を労働者に申請・届出させ、一定の場合に副業・兼業を禁止・制限することは可能である。

(2) 副業・兼業の促進に関するガイドライン

　「副業・兼業の促進に関するガイドライン」(厚生労働省 2018 年) は、副業・兼業に関わる現行の法令や解釈をまとめたガイドラインである。

　同ガイドラインでは、労働者が労働時間以外の時間をどのように利用するかは、基本的には労働者の自由であり、各企業においてそれを制限することが許されるのは、労務提供上の支障となる場合、企業秘密が漏洩する場合、企業の名誉・信用を損なう行為や信頼関係を破壊する行為がある場合、競業により企業の利益を害する場合と考えられるとする裁判例を踏まえ、原則、副業・兼業を認める方向とした。

　したがって、副業・兼業を禁止したり一律許可制にしている企業は、副業・兼業が自社での業務に支障をもたらすものかどうかを今一度精査したうえで、そのような事情がなければ、労働時間以外の時間については、労働者の希望に応じて、原則、副業・兼業を認める方向で検討することが求められる。

　その上で、同ガイドラインは、留意すべき事項として、以下の諸点をあげている。

・副業・兼業を認める場合、労務提供上の支障や企業秘密の漏洩等がないか、また、長時間労働を招くものとなっていないか確認する観点から、副業・兼業の内容等を労働者に申請・届出させることも考えられる。

・労働基準法 38 条では「労働時間は、事業場を異にする場合においても、労働時間に関する規定の適用については通算する。」と規定されており、「事業場を異にする場合」とは事業主を異にする場合をも含む (労働基準局長通達 (昭和 23 年 5 月 14 日基発第 769 号))。

このため、事業主は、当該労働者が他の事業場で労働していることを

確認した上で契約を締結すべきである。時間外労働に関する義務の適用
は、次のとおりである。

①原則として、時間的に後から労働契約を締結した使用者が、時間外
労働に関する義務（36協定の締結、割増賃金支払）を負う、

（1日の法定労働時間の例）

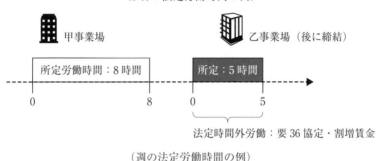

（週の法定労働時間の例）

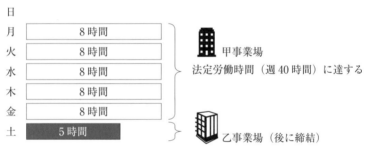

②通算した所定労働時間が既に法定労働時間に達していることを知り
ながら労働時間を延長するときは、先に労働契約を締結していた使
用者も含め、延長させた各使用者が時間外労働に関する義務を負う。

（先に締結した使用者が労働時間を延長した結果時間外になった場合の例）

(3) 副業・兼業と雇用保険等の問題

━━| 参考知識 |━━

　兼業・副業と雇用保険等については、次の課題が残っている。
・雇用保険では、1週間の所定労働時間が20時間未満の者は被保険者とならず、兼業・副業している労働者の労働時間が複数事業所で合わせて週20時間以上になっても同様である。
・社会保険（厚生年金保険と健康保険）では、適用要件は事業所ごとに判断されるため、兼業・副業している労働者がいずれの事業所でも適用要件をみたさない場合は適用できない（短時間労働者の場合、従業員501人以上であれば週所定労働時間20時間以上・所定内賃金月額8.8万円以上、500人以下の中小企業の場合は週所定労働時間30時間以上等の一定の要件を満たす場合に適用される）。
・複数就業者への労災保険給付額は、事故が発生した就業先の賃金のみに基づき算定しており、全ての就業先の賃金を合算した額を基に補償することはできない。

(4) ハイブリッド起業（副業起業）とその現状

　「ハイブリッド起業」（副業起業）は、勤務しながらの起業である。
　起業する場合のパターンは、一般的には勤務を辞めてから起業するもの（「専業起業」）であるが、勤務しながら起業するパターン（「ハイブ

リッド起業」、「副業起業」）も存在する。

　起業者のうち、「専業起業」の者は71.2％を占め、「副業起業」は28.8％を占める（「起業と起業意識に関する調査」）。

　「副業起業」については、その後勤務をやめて事業者に移行する「専業移行」と現在も勤務を続けている「副業継続」がある。事業者の「事業は軌道に乗っている」割合は、「専業起業」が34％に対し、専業移行は47.4％となっている。「専業移行」は「専業起業」よりも業績は総じて良好であり、副業起業は失敗のリスクを小さくするための選択肢であるといえる。

5　雇用関係によらない働き方
(1)　意義

　「雇用関係によらない働き方」は、雇用契約によらない形で（企業の指揮命令を受けず）、請負契約・業務委託契約などで企業の仕事を受注する働き方である。

　「雇用関係によらない働き方」は、副業・兼業やテレワークとともに、時間と場所を選ばない柔軟な働き方であり、出産・育児や介護などにより時間的な制約が生じる働き手や、企業への従属関係によらず自らの意思で働きたい働き手にとって、重要な選択肢となりうる。このような働き方が一つの選択肢として確立していくことは、柔軟な働き方による「一億総活躍社会」実現の鍵を握るといわれている。

　雇用関係によらない働き手には、次の態様がある。
　①雇用関係が全くない働き手
　②雇用関係があるが副業としてフリーランスを行う働き手
　③雇用関係が複数以上あり副業・兼業を行う働き手

(2)　雇用関係によらない働き方の状況

　「雇用関係によらない働き方」の働き手は、「労働者」ではないから、業務の遂行に関して企業からの指揮命令を受けず、働く時間や場所等も自律的に決めることが可能で、企業との取引関係においては、通常の取

引当事者同様、企業と対等な立場に立っているものと想定されている。

　このような自律性・非従属性の裏返しとして、雇用関係によらない働き方の働き手は、「労働者」と比較すると、法律面や社会保障面での保護が薄い。

　そこで、雇用関係によらない働き手が、そのメリットである自律性を失わない範囲で、より円滑に働けるようにし、「雇用関係によらない働き方」を働き方の選択肢として確立していくために、働き手の報酬の適正化、セーフティネット（労災や育休・産休のような休業時等の補償制度）の拡充等の環境整備が必要である。

　また、働き手が自ら能力・スキルを継続的に形成できるために、働き手の教育・訓練の場を提供することや、働き手の経費負担の軽減等の措置も必要である。

(3) 自営型テレワーク

① 意義等

　「自営型テレワーク」（在宅ワーク、非雇用型テレワークということもある）とは、パソコンやインターネットなどの情報通信技術を活用し、雇用契約ではなく請負契約に基づいて在宅で行う仕事である。

　「データ入力」、「テープ起こし」、「ホームページ作成」、「翻訳」、「設計・製図」などを行うことが多い。

　自営型テレワークは、パソコン等の情報通信機器を活用し、インターネットを通じて仕事の受注や納品をやりとりすることを前提としているという点で、家内労働法の適用を受ける「家内労働者」とは異なる。

参考知識：家内労働者

　家内労働法で保護される「家内労働者」は、物品の製造等を業とする者等から委託を受けて、物品の製造・加工等に従事する者であって、その業務について同居の親族以外の者を使用しないことを常態とするものをいう（家内労働法2条2項）。

　このため、物品の製造・加工等に従事するわけではない自営型テレワークの従事者は、家内労働法の保護を受けることができない。

自営型テレワークは、請負契約に基づく仕事であり、労働契約に基づく「在宅勤務」とは異なる。自営型テレワーカー（在宅ワーカー）は、労働者ではなく個人事業主である。

②　自営型テレワークの現状

時間と場所の制約を受けない働き方である自営型テレワークは、仕事と家庭の両立をはじめ、通勤負担の軽減、ゆとりの創出等、より柔軟かつ多様な働き方の実現のための手段として、社会的な期待や関心も大きい。

自営型テレワークを始めとする雇用契約によらない働き方については、ICT※の進展により、クラウドソーシング（インターネットを通じた仲介事業）が急速に拡大し、仕事の機会が増加している。

　※「ICT」（Information and Communication Technology）：情報通信技術

自営型テレワーカーは、2013 年には 126.4 万人（専業：91.6 万人、副業：34.8 万人）に達している。

また、国内クラウドソーシングサービス市場は、215 億円（2013 年）→408 億円（2014 年）→650 億円（2015 年）と増加し続けており、2020 年までの成長見込みは平均＋45.4％／年となっている。

③　自営型テレワークの課題

自営型テレワークについては、契約条件をめぐるトラブルのリスクがある、契約の一方的な打ち切りのリスクがある、安定的な仕事の確保が難しい等の問題点が指摘されている。

クラウドソーシング等の仲介事業者（プラットフォーマー）を通じた取引は緒に就いたばかりであり、契約を巡る様々なトラブルが発生している。発注者とのトラブル経験がある非雇用型テレワーカーが経験したトラブルは、仕事内容の一方的な変更：25.1％、報酬の支払遅延：17.9％、不当に低い報酬額の決定：15.3％ となっている（2012 年）。

また、自営型テレワークは、雇用契約によらない働き方であるから、

雇用者向け支援（退職金、企業内研修、教育訓練給付等）を受けることができず、教育訓練機会などが限定的であり、基本的に労働関係法令が適用されない。

(4) 自営型テレワークに関する施策

　厚生労働省では、自営型テレワーカーが安心してテレワークを行えるよう、自営型テレワークについて、以下の施策を実施している。

①「自営型テレワークの適正な実施のためのガイドライン」策定

　　　自営型テレワークの契約に係る紛争を未然に防止し、かつ、自営型テレワークを良好な就業形態とするために必要な事項を示すことを目的として、2018年に公表された。

②「ホームワーカーズウェブ」運営その他の「在宅就業者支援事業」

　　　「ホームワーカーズウェブ」において自営型テレワーカーの再就職・就業に役立つ情報や発注者に向けた情報を提供するとともに、各種支援事業を実施する。

┌─ 参考知識：「自営型テレワークの適正な実施のためのガイドライン」の概要 ─

　「自営型テレワークの適正な実施のためのガイドライン」に示されている事項のポイントは、次のとおりである。

・「自営型テレワーク」は、

　「請負」だけでなく準委任契約等の「役務の提供」も含む

　「自宅」だけでなく、「自宅に準じた自ら選択した場所」での就労も含む

・「注文者」に求められるルールを規定した

　・募集に関する事項（募集内容の明示、募集内容に関する問合せへの対応、取得した提案等の取扱い（応募者に無断で使用しない等）、「コンペ式」の場合、納品後に成果物の大幅な修正指示等過大な要求をすることは望ましくないこと等）

　・契約条件の文書明示等（契約条件を明らかにした文書を交付し、3年間保存）

　・契約条件の変更等（十分協議の上、文書を交付する、テレワーカーに不利益が生ずるような変更をテレワーカーに強要しない、契約解除に関する事項を定める）

　・「仲介事業者」に求められるルールを規定した

・注文者が適切に募集内容を明示するための支援等、仲介手数料等を徴収する場合には、事前に明示してから徴収すること等、テレワーカーや応募者の個人情報の取扱いに関する事項、苦情処理体制の整備に関する事項　等

第5章　病気の治療、子育て・介護等と仕事の両立、障害者就労の推進

1　病気の治療と仕事の両立

(1)　病気の治療と仕事の両立の現状等

　近年、労働環境の変化などにより脳・心臓疾患や精神疾患などを抱える労働者が増加していることや、医療技術の進歩によりこれまで予後不良とされてきた疾患の生存率が向上していることなどを背景に、治療をしながら仕事を続けることを希望する労働者のニーズが高くなっている。我が国では、罹患しながら働く人数が2,007万人（2013年）あり、労働人口の約3人に1人が何らかの疾病を抱えながら働いている。また、病気を抱える労働者の就業希望は92.5％（2013年度）に及ぶ。

　しかし、疾患を抱える労働者に働く意欲や能力があっても、治療と仕事の両立に向けた柔軟な休暇制度・勤務制度の整備が進んでおらず、治療しながら就業を継続したり、休職後に復職することが困難な状況にある。常用雇用者30人以上の民営企業における病気休暇制度のある企業割合は22.4％（2012年）、常用雇用者50人以上の民営企業における病気休業からの復帰支援プログラムのある企業割合も11.5％（2012年）にとどまっている。

　そこで、治療と仕事を両立できない労働者は多く、治療のため離職した人の割合（がん）は約34％（うち依願退職30％、解雇4％）にのぼる（2013年）。がん罹患後に離職した主な理由は、仕事を続ける自信の喪失、職場に迷惑をかけることへの抵抗感があげられている（2013年）。

　このため、治療と仕事が両立できる雇用環境の整備や、病気によって就労が困難になった際の主治医や会社と連携したコーディネータによる支援体制、病院とハローワークの連携による身近な相談支援体制の整備などが望まれている。

(2) 治療と仕事の両立に向けたトライアングル型支援などの推進

　病気を治療しながら仕事をする者は労働人口の3人に1人と多数いるが、病気を理由に仕事を辞めざるを得ない者や、仕事を続けていても職場の理解が乏しいなど、治療と仕事の両立が困難な状況に直面している者は多い。

　そこで、働き方改革実行計画は、この問題の対応策として、「治療と仕事の両立に向けたトライアングル型支援などの推進」を掲げ、今後の対応の方向性を次のように説明する。

　がん等の病気を抱える患者や不妊治療を行う夫婦が活躍できる環境を整備する。治療状況に合わせた働き方ができるよう、患者に寄り添いながら継続的に相談支援を行い、患者・主治医・会社間を調整する両立支援コーディネーターを配置し、主治医、会社とのトライアングル型サポート体制を構築する。あわせて会社、労働者向けの普及・啓発を行い、企業文化の抜本改革を促す。

　そして、働き方改革実行計画は、次の具体的な施策を掲げている。

　①トライアングル型サポート体制の構築
　②不妊治療と仕事の両立に関する相談支援の充実
　③企業文化の抜本改革
　④労働者の健康確保のための産業医・産業保健機能の強化

(3) トライアングル型サポート体制

　「トライアングル型サポート体制」（トライアングル型支援）は、治療と仕事の両立に向けて、主治医、会社・産業医と、患者に寄り添う両立支援コーディネーターのトライアングル型のサポート体制である。

　働き方改革実行計画は、トライアングル型サポート体制の構築として、以下の取組を進めるとしている。

　①主治医と会社の連携の中核となり、患者に寄り添いながら、個々の患者ごとの治療・仕事の両立に向けた治療と仕事両立プランの作成支援などを行う両立支援コーディネーターを育成・配置する。
　②治療と仕事両立プランの記載内容・作成方法等の具体化を進め、主

治医、会社、産業医が効果的に連携するためのマニュアルの作成・普及を行う。

③がん・難病・脳卒中・肝疾患等について、疾患ごとの治療方法や症状（倦怠感、慢性疼痛やしびれなどを含む）の特徴や、両立支援に当たっての留意事項等を示した、会社向けの疾患別サポートマニュアル等の作成・普及を行う。

（トライアングル型サポート体制のイメージ）

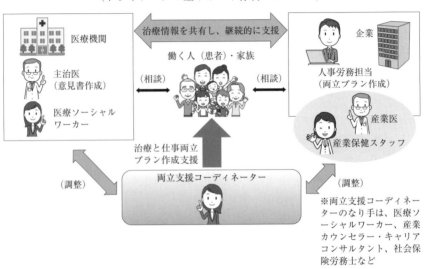

※【働き方改革実行計画 p.21「図2」より】

(4) 事業場における治療と職業生活の両立支援のためのガイドライン

　2016 年に、厚生労働省が「事業場における治療と職業生活の両立支援のためのガイドライン」を公表した（同ガイドラインの概要については、後述する）。

2　子育てと仕事の両立
(1) 仕事と育児の両立の現状

　妊娠・出産、育児と仕事の両立は大きな問題である。少子高齢化が進み

労働力人口の減少が予測される中、育児と仕事を両立できる雇用環境の整備や結婚等で退職した女性が再就職できる支援体制の整備等により、女性が活躍しやすい全員参加型社会を構築していくことが必要である。

　出産後も仕事を続けたい女性が65.1%（2015年）いるが、第1子の出産前に就業していた女性のうち、出産後に就業を継続した女性の割合は53.1%（2010〜2014年）となっており、育児休業を利用して就業を継続した女性の割合も上昇傾向にある（2010年〜2014年で39.2%）。

　妊娠・出産を期に退職した女性は多く（33.9%）、その理由については、正社員では、「家事・育児に専念するため、自発的やめた」（30.3%）のほかに「仕事を続けたかったが、仕事と育児の両立の難しさでやめた」（22.5%）が多い（「平成30年版　少子化社会対策白書」（内閣府））。

　また、非労働人口の女性のうち就労を希望する者は262万人であるが（2017年）、そのうち25〜44歳の年齢階級が132万人（50.4%）に及ぶ。結婚等で退職した女性が、子育て等が落ち着いた後に再就職を希望する場合が多いためである。

　しかし、退職前に正社員だった女性が正規雇用で再就職できるのは、12%（非正規が88%）にとどまり、妊娠・出産を機に退職した女性の正社員での再就職は困難な現状にある。

　また、子育て等が落ち着いた後に復職できる制度を設けている企業はあるが、広がりは限定的であり、退職社員の復職（再雇用）制度がある企業は12%にとどまる（2012年）。

(2) 待機児童

　「待機児童」とは、保育園等に保育の申込が提出されており、入所要件に該当しているが、入所できない児童である。

　待機児童数は、2010年に2万6千人を突破して社会問題化した。

　そこで、2013年4月から、政府の「待機児童解消加速化プラン」が実施された。同プランでは、2013年度から2017年度末までの5年間で新たに50万人分の保育の受け皿を確保して待機児童解消を図るとされ、2013年度から2015年度までの3年間で合計約31.4万人分の受け入れ

枠拡大が実現し、2011 年以降 2014 年まで 3 年連続の減少を記録し、一定の成果がみられた。他方で、保育を必要とする子どもの人数も増えたことにより、2015 年には待機児童数が増加し、待機児童数は 2 万人を超える水準で推移していた（2017 年時点）。

　政府の「子育て安心プラン」（2017 年 6 月）では、2017 年度末までの「待機児童解消加速化プラン」に続き、2018 年度から 2〜3 年間＋2 年間の「新たなプラン」によって、待機児童を解消するための受け皿整備の予算確保などにより、遅くとも 2020 年度末までの 3 年間で全国の待機児童を解消するとしており、2018 年 4 月には 4 年ぶりに待機児童数が減少し、2008 年以来 10 年ぶりに待機児童数が 2 万人を下回った（厚生労働省「保育所等関連状況とりまとめ」）。

　なお、「子育て安心プラン」では、更に、2022 年度末までの 5 年間で女性就業率 80% を達成し、「M 字カーブ」を解消するとしている。

(3) 育児休業の取得状況

　育児休業取得率（2017 年）は、女性：83.2% に対し、男性：5.14% となっており、育児休業の取得は圧倒的に女性が多い状況にある。別のデータでは、平成 27 年 10 月 1 日から平成 28 年 9 月 30 日までの間に、在職中に出産した女性がいた事業所に占める女性の育児休業者がいた事業所の割合は 88.5% であったのに対し、同時期に配偶者が出産した男性がいた事業所に占める男性の育児休業者がいた事業所の割合は 7.5% でしかなかった（「平成 29 年度雇用均等基本調査」（厚労省））。

　このように、男性の育児への関わりが進んでいない現状がある。

(4) 待機児童と育児休業

　待機児童の影響で、希望する期間の育児休業を取得できない場合もある。

　0〜2 歳の低年齢児の待機児童数が多いことなどから、4 月に保育園等に入所するために、子が 1 歳になる前に育児休業を途中で切り上げざるをえないといったケースがみられた。

　また、育児休業から復帰したくても、保育園等に子を預けられないなどのため復帰が困難なケースもあった。そこで、2017 年 10 月に施行された改正育児・介護休業法により、最長 2 年までの育児休業の再延長が導入された。

　すなわち、育児休業期間（原則 1 歳まで）は、一定の場合に 1 歳 6 ヶ月まで延長することが可能であったが（育児・介護休業法 5 条 3 項）、2017 年 10 月から施行された改正育児・介護休業法 5 条 4 項により、一定の場合に最長 2 歳まで育児休業の再延長が可能となった。

　これに伴い、雇用保険における育児休業給付の支給期間も 2 歳まで延長する法改正が行われた。

(5) 仕事と育児の両立のための制度

　仕事と育児を両立するために、育児・介護休業法により、次の制度・措置が定められている。

　①育児休業制度（5 条〜10 条）

　②子の看護休暇制度（16 条の 2〜16 条の 3）

　③育児のための所定外労働の制限（16 条の 8）

　④育児のための時間外労働の制限（17 条）

　⑤育児のための深夜業の制限（19 条）

　⑥育児休業に関連してあらかじめ定めるべき事項等（21 条）

　⑦所定労働時間の短縮措置（短時間勤務制度。23 条 1 項）

　⑧育児休業制度に準ずる措置又は始業時刻変更等の措置（23 条 2 項）

　⑨小学校就学前の子を養育する労働者に関する措置（24 条 1 項）

　⑩ハラスメントの防止措置（25 条）

　⑪労働者の配置に関する配慮（26 条）

　⑫再雇用特別措置等（27 条）

　⑬不利益取扱いの禁止（10 条等）

(6) 男性の育児・介護等への参加促進

　女性の就業が進む中で、依然として育児・介護の負担が女性に偏って

いる現状や男性が希望しても実際には育児休業の取得等が進まない実態を踏まえ、働き方改革実行計画は、男性の育児参加を徹底的に促進するためあらゆる政策を動員するとし、次の具体的指針を掲げる。

- ・「くるみん認定」の男性の育児休業取得に関する認定基準を引き上げる（くるみん認定と次世代育成対策推進法については後述する）。
- ・男性による育児休業の取得状況の見える化を推進する観点から、次世代育成支援対策推進法の一般事業主行動計画の記載事項の見直しを 2017 年度に行うとともに、同法の改正後 5 年に当たる 2020 年度までに、男性の育児参加を促進するための更なる方策を検討する。
- ・「イクボス」のロール・モデル集を作成し、男性の育児参加の意識を広げていく。
- ・「男の産休」取得を促進する。

3　介護と仕事の両立
(1)　仕事と介護の両立の現状

　仕事と介護の両立も問題であり、「介護離職」が社会問題になっている。

　高齢者人口の増加とともに、要支援・要介護認定者数は増加している。介護者は、とりわけ働き盛り世代で、企業の中核を担う労働者であることが多く、企業において管理職として活躍する者や職責の重い仕事に従事する者も少なくない。そうした中、介護は育児と異なり突発的に問題が発生することや、介護を行う期間・方策も多種多様であることから、仕事と介護の両立が困難となることも考えられる。

　家族の介護・看護のために前職を離職した者は、平成 28 年 10 月〜29 年 9 月までに 9 万 9 千人（過去 1 年間に前職を離職した者に占める割合 1.8%）で、うち男性は 2 万 4 千人、女性は 7 万 5 千人となっており、女性が約 8 割を占めている（総務省「平成 29 年就業構造基本調査」）。

　なお、平成 28 年 4 月 1 日から平成 29 年 3 月 31 日までの間に介護休業を取得した者がいた事業所の割合は 2.0% でしかなかった（「平成 29 年度雇用均等基本調査」（厚労省））。

　このように、介護を続けながら仕事を続ける環境が整っているとは言い難い現状がある。

(2) ダブルケア問題

　晩婚化・晩産化等を背景に、育児期にある者（世帯）が、親の介護も同時に担う、いわゆる「ダブルケア」問題が指摘されている。

　ダブルケアを行う者の人口は、約25万人と推計され（女性約17万人、男性約8万人）、ダブルケアを行う者は、30代〜40代が多く、男女ともに全体の約8割がこの年代である（「育児と介護のダブルケアの実態に関する調査」（内閣府））。

(3) 仕事と介護の両立のための制度

　仕事と介護を両立するために、育児・介護休業法により、次の制度・措置が定められている。

　①介護休業制度（11条〜16条）

　②介護休暇制度（16条の5〜16条の7）

　③介護のための所定外労働の制限（16条の9）

　④介護のための時間外労働の制限（18条）

　⑤介護のための深夜業の制限（20条）

　⑥介護休業に関連してあらかじめ定めるべき事項等（21条）

　⑦介護のための所定労働時間の短縮等の措置（23条3項）

　⑧家族の介護を行う労働者に対する措置（24条2項）

　⑨ハラスメントの防止措置（25条）

　⑩労働者の配置に関する配慮（26条）

　⑪再雇用特別措置等（27条）

　⑫不利益取扱いの禁止（16条等）

3　障害者雇用

(1) 障害者雇用の現状

　民間企業では、平成30年時点で、雇用障害者数（約53万4,769.5人で

前年比 7.9% 増)、実雇用率 (2.05% で前年比 0.08 ポイント上昇) ともに、毎年過去最高を更新中である。法定の障害者雇用率達成企業割合は 45.9％ (前年比 4.1 ポイント減少) となっている (厚生労働省「平成 30 年度障害者雇用状況の集計結果」)。また、就労系障害福祉サービスから一般就労への移行者数も毎年増加しており、平成 27 年度では約 1.2 万人の障害者が一般企業へ就職している。

　もっとも、依然として、障害者の雇用義務がある企業の約 3 割が障害者を全く雇用していないといった現状もある。

(2) 障害者等の希望や能力を活かした就労支援の推進

　障害者等に対する就労支援を推進するにあたっては、時間、空間の制約を乗り越えて、障害者の意欲や能力に応じた仕事を提供するなど、障害者等が希望や能力、適性を十分に活かし、障害の特性等に応じて活躍でき、障害者と共に働くことが当たり前の社会を目指していく必要がある。

　近年、障害者の雇用環境は改善してきているが、依然として雇用義務のある企業の約 3 割が障害者雇用ゼロとなっているほか、経営トップを含む社内理解や作業内容の改善等にも課題が残されている。また、就労に向けた関係行政機関等の更なる連携も求められている状況にある。

　そこで、働き方改革実行計画は、障害者等が希望や能力、適性を十分に活かし、障害の特性等に応じて最大限活躍できることが普通になる社会を目指すとしている。このため、長期的寄り添い型支援の重点化等により、障害者雇用ゼロ企業を減らしていくとともに、福祉就労の場を障害者がやりがいをより感じられる環境に変えていき、また、特別な支援を必要とする子供について、初等中等・高等教育機関と福祉・保健・医療・労働等の関係行政機関が連携して、就学前から卒業後にわたる切れ目ない支援体制を整備することとしている。

　そして、次の具体的な施策を掲げている。

・長期的寄り添い型支援の重点化
・障害者の一般就労に向けた在学中からの一貫した支援

・在宅就業支援制度の活用促進

・農業と福祉の連携強化

参考知識：「障害者等の希望や能力を活かした就労支援の推進」の具体的な
施策

働き方改革実行計画は、「障害者等の希望や能力を活かした就労支援の推進」のために、次の具体的な施策を掲げる。

・長期的寄り添い型支援の重点化

障害者雇用ゼロ企業が障害者の受入れを進めるため、実習での受入れ支援や、障害者雇用に関するノウハウを付与する研修の受講などを進める。また、障害者雇用に知見のある企業OB等の紹介・派遣を行う。

・障害者の一般就労に向けた在学中からの一貫した支援

発達障害やその可能性のある方も含め、障害の特性に応じて就労に向けて、在学中から希望・能力に応じた一貫した修学・就労の支援を行うよう、各教育段階において、教育委員会や大学と福祉、保健、医療、労働等関係行政機関、企業が連携した切れ目のない支援体制を整備し、企業とも連携したネットワークを構築する。また、一般就労移行後に休職した障害者について、その期間に就労系障害福祉サービスの利用を認めることを通じた、復職を支援する仕組みを創設するほか、福祉事業から一般就労への移行を推進する。更に、聴覚に障害のある人が電話を一人でかけられるよう支援する電話リレーサービスの実施体制を構築する。また、障害者の職業生活の改善を図るための最新技術を活用した補装具の普及を図る。

・在宅就業支援制度の活用促進

障害者の在宅就業等を促進するため、在宅就業する障害者と発注企業を仲介する事業のモデル構築や、優良な仲介事業の見える化を支援するとともに、在宅就業支援制度（在宅就業障害者に仕事を発注した企業に特例調整金等を支給）の活用促進を図る。

・農業と福祉の連携強化

農業に取り組む障害者就労施設に対する6次産業化支援や耕作放棄地の積極的活用など、農福連携による障害者の就労支援について、全都道府県での実施を目指す。

第6章　外国人材の受入れ

1　我が国の外国人労働者の現状

　我が国の外国人労働者数は増加傾向にあり、2018年には146万人となっている。そのうち、専門的・技術的分野の在留資格を持った労働者（高度人材）は276,770人、専門外活動（留学・家族滞在等）による労働者が298,461万人である。かつては、高度人材の数が専門外活動の数を上回っていたが、2014年を境に逆転し、現在は専門外活動の数が上回っている。

　グローバル競争においては、高度IT人材のように、高度な技術、知識等を持った外国人材のより積極的な受入れを図り、イノベーションの創出等を通じて我が国経済全体の生産性を向上させることが重要であるから、外国人材にとっても魅力ある就労環境等を整備していく必要がある。

　また、外国人の家事支援人材は女性の活躍推進や家事支援ニーズへの対応等の観点から必要性があるし、「強い農業」を実現するために農業分野における専門外国人材の活用を図ることが喫緊の課題であるといわれている。

2　外国人労働者の受け入れに関する制度等

　※出入国管理及び難民認定法による規制については、「Ⅳ　第3編　第2章　第4節　外国人労働政策・外国人労働者の雇用管理」で説明する。

3　外国人材の受入れ

(1)「外国人材の受け入れの環境整備」の今後の対応の方向性

　グローバル競争においては、高度IT人材のように、高度な技術、知識等を持った外国人材（高度外国人材）のより積極的な受入れを図り、イノベーションの創出等を通じて我が国経済全体の生産性を向上させることが重要である。他方で、専門的・技術的分野とは評価されない分野の外国人材の受入れについては、ニーズの把握や経済的効果の検証だけでなく、日本人の雇用への影響、産業構造への影響、教育、社会保障等

の社会的コスト、治安など幅広い観点から、国民的コンセンサスを踏まえつつ検討すべき問題である。

　そこで、働き方改革実行計画では、「外国人材の受け入れの環境整備」の今後の対応の方向性を次のように説明する。

　専門的・技術的分野の外国人材については、我が国の経済社会の活性化に資することから、積極的に受け入れることが重要である。他方、専門的・技術的分野とは評価されない分野の外国人材の受入れについては、ニーズの把握や経済的効果の検証だけでなく、日本人の雇用への影響、産業構造への影響、教育、社会保障等の社会的コスト、治安など幅広い観点から、国民的コンセンサスを踏まえつつ検討を進める。

　そして、次の具体的な施策を掲げる。

・外国人材受入れの在り方の検討

・外国人のための生活・就労環境の整備

・高度外国人材の更なる活用

・国家戦略特区の活用

・外国人介護福祉士の活用

参考知識：「外国人材受入れの環境整備」の具体的な施策

　働き方改革実行計画では、「外国人材受入れの環境整備」のために、次の具体的な施策を掲げる。

・外国人材受入れの在り方の検討

　　外国人材にとっても魅力ある就労環境等を整備していくため、企業における職務等の明確化と公正な評価・処遇の推進など、高度外国人材を更に積極的に受け入れるための就労環境の整備を図っていく。

・外国人のための生活・就労環境の整備

　　外国人子弟の日本語教育を含む教育環境整備、医療機関、銀行等における外国語対応等の生活環境の整備を図るほか、職務等の明確化、公正な能力評価・処遇、英語等でも活躍できる環境などの高度外国人材の受入環境の整備とともに、外国人留学生に対する日本語教育、インターンシップ、雇用管理に関する相談支援の充実などの就職支援を進める。

・高度外国人材の更なる活用

　　高度外国人材の永住許可申請に要する在留期間を現行の5年から大幅に短縮する世界最速級の日本版高度外国人材グリーンカードを創設し、あわせ

て、高度人材ポイント制をより活用しやすいものとする。
・国家戦略特区の活用
　　国家戦略特区法に基づく家事支援外国人材の活用を適切に進めていく。また、国家戦略特区において、関係自治体及び関係府省による監査等適切な管理体制の下で、適切な雇用管理を行い得る企業等に雇用され、即戦力として一定水準以上の技能等を有する外国人材が農作業等に従事することを可能とするための法整備を進める（特例措置等の必要な規定を盛り込んだ特区法改正等）。
・外国人介護福祉士の活用
　　経済連携協定（EPA）に基づく専門的介護人材の活用を着実に進めるとともに、在留資格「介護」を創設する出入国管理及び難民認定法の一部を改正する法律の施行後、これらの仕組みに基づく外国人材の受入れについて、それぞれの制度趣旨に沿って積極的に進めていく。

第7章　女性・若者の人材育成など活躍しやすい環境整備

1　女性の活躍

(1)　女性の家事や育児の負担

　我が国における週労働時間が60時間以上の労働者の割合について、全産業平均では、男性：13.1％、女性：4.3％であり、男性の長時間労働の割合が高水準にある。

　男性の長時間労働は、男性の子供の世話や家事への参加率が5割ないしそれ以下（参加時間平均は1〜2時間程度）にとどまる要因となっている。

　もっとも、女性の場合には、フルタイムであってもパートタイムであっても、家事や子供の世話への参加率は9割ないしそれ以上であり、その費やす時間についても働き方によって大きな差は生じていない。すなわち、フルタイムで働く女性は、家事や子どもの世話に時間を割いているが、男性はあまり割いていない（平成29年度年次経済財政報告）。このことは、働く女性に家事や育児の負担が偏っていることを示唆している。

(2) 女性の就業調整

　パートタイム労働者の中には、税制、社会保障制度、勤務先の手当などを意識して、就業調整を行う者がいる。

　就業調整をしているパートタイム労働者（配偶者のある女性に限る）の調整理由（2016年）をみると、「自分の所得税の非課税限度額（103万円）を超えると税金を支払わなければならないから」が55.1%、次いで「一定額（130万円）を超えると配偶者の健康保険、厚生年金保険等の被扶養者からはずれ、自分で加入しなければならなくなるから」54.0%、「一定額を超えると配偶者の税制上の配偶者控除が無くなり、配偶者特別控除が少なくなるから」44.8% の順で高い割合となっている（厚生労働省「平成28年パートタイム労働者総合実態調査の概況」）。

　パートタイム労働者が就業調整を意識せずに働ける環境を整備して、パートタイム労働者の労働参加を促すことで、人手不足解消に貢献する可能性があると指摘されていたため、2018年に、「配偶者特別控除」の収入要件が103万円から150万円に引き上げられた。

(3) 女性の活躍のための法整備

　労働者が性別により差別されることなく、また、働く女性が母性を尊重されつつ、その能力を十分に発揮できる雇用環境を整備することが重要であり、そのために以下のような法整備が行われている。

　①女性活躍推進法

　　※女性活躍推進法の概要については、「Ⅳ 第2編 第3章 第2節 4女性活躍推進法」で説明する。

　②男女雇用機会均等法

　　※男女雇用機会均等法の概要については、「Ⅳ 第2編 第3章 第2節 2男女雇用機会均等法」で説明する。

　③育児・介護休業法

　　※育児・介護休業法の概要については、「Ⅳ 第2編 第13章 第1節 育児・介護休業法」で説明する。

2　若者の活躍

(1) 就職氷河期世代や若者の活躍に関する現状

①　完全失業率

若年層（15〜34歳）の完全失業者は、2016年平均で78万人である（総務省「労働力調査」）。若年層の失業率（2016年平均4.5%）は、減少傾向にあるものの、全年齢（3.1%）と比べると依然として高い。

②　無業者

若年層の無業者（「就業者」・「完全失業者」以外の者で、家事も通学もしていない者）は、就職氷河期（1993年〜2005年ころ）に大きく増加して社会問題化したが、2016年平均で57万人（若年層人口に占める割合は2.2%）に及ぶ（総務省「労働力調査」）。

③　若者の非正規雇用

若年層就業者のうち、非正規雇用の数は約520万人（若年層就業者の約33.0%）である。非正規雇用に就いた理由として「正規の職員・従業員の仕事がないから」とする「不本意非正規」の割合が、他の年齢に比べて若年層では高くなっている。

就職氷河期には、正社員としての就職に至らなかった卒業者が多く、このため、就職氷河期世代（就職氷河期に卒業した者。2016年時点で33歳〜45歳程度）は、フリーター等の数が60万人前後で高止まりしており、離転職を繰り返す等不安定な就労を続けているケースも多い。

④　高校中退者

就職内定率は、高校新卒者が約9割に対して、中学新卒者は約3割である（2016年）。また、高卒資格があると就職に有利であり、高卒資格が必要と考える高校中退者の割合が78.4%にのぼるというデータもある。

このように高校中退者は就職・キャリアアップにおいて不利な立場にある。

⑤　地元就職

　地元就職を希望する大学生等の割合が 65.0％（2017 年卒）あるのに対して、地域限定採用を実施している企業（東証一部上場企業）の割合は 19.4％、地方独自採用している企業（同）の割合も 9.4％ にとどまっているというデータもあり、地元就職を希望する新規大卒者等の受け皿が不十分な状況にある。

(2) 若年者雇用対策

　若者の雇用対策に関する法律としては、「若者雇用促進法」がある。

　　※若者雇用促進法については、「P. 464 若者雇用促進法」で説明する。

　厚生労働省等では、以下を中心とした施策を講じてきた。

①新卒者・既卒者等の就職支援に関すること

　・新卒応援ハローワーク

　　　大学院・大学・短大・高専・専修学校などの学生や、これらの学校の卒業生を対象とした就職支援

②フリーターや若年失業者等に対する就職支援に関すること

　・わかものハローワーク

　　　正社員就職を目指す若者（おおむね 45 歳未満）を対象とした就職支援

　・ジョブカフェ

　　　都道府県が主体的に設置する、若者の就職支援をワンストップで行う施設

③若者の採用・育成に積極的な企業の支援

　・ユースエール認定制度

　・「若者応援宣言」事業

　・「若者雇用促進総合サイト」の運営

3　女性のリカレント教育など個人の学び直しへの支援や職業訓練などの充実

(1) リカレント教育

　「リカレント教育」の本来の意味は、職業上必要な知識・技術を修得するために、フルタイムの就学とフルタイムの就職を繰り返すことであるが、我が国では、より広く、働きながら学ぶ場合や、心の豊かさや生きがいのために学ぶ場合、学校以外の場で学ぶ場合も「リカレント教育」に含めて用いられている。

　我が国では、長期雇用の慣行から、本来の意味での「リカレント教育」が行われることはまれである。

　近時は、育児等で離職した女性の学び直しと再就職を支援するリカレント教育課程が注目されている。

(2) 今後の対応の方向性

　我が国では、正社員だった女性が育児で一旦離職すると、復職や再就職を目指す際に、過去の経験、職業能力を活かせない職業に就かざるを得ないことが多く、労働生産性の向上の点でも問題を生じさせている。大学等における職務遂行能力向上に資するリカレント教育を受け、その後再就職支援を受けることで、一人ひとりのライフステージに合った仕事を選択しやすくする。

　そこで、働き方改革実行計画は、「女性のリカレント教育など個人の学び直しへの支援などの充実」の今後の対応の方向性を、次のように説明する。

　個人、企業、政府による人材投資を抜本強化、集中投資を行う。子育て等により離職した女性のリカレント教育や高度な IT など個人の主体的な学び直しを通じたキャリアアップ・再就職への支援を抜本的に拡充する。あわせて、企業による教育訓練の実施拡大、長期の離職者訓練の拡充を図る。また、実践的な職業教育を行う専門職大学を創設するとともに、体系的なキャリア教育を推進する。

　そして、次の具体的な施策を掲げる。

・女性のリカレント教育など個人の主体的な学び直し講座の受講支援
・学び直し講座の充実・多様化
・女性リカレント講座の増設等
・企業による教育訓練の実施拡大
・体系的なキャリア教育の推進と実践的な職業教育を行う専門職大学
　の創設など職業教育の充実

参考知識：「女性のリカレント教育など個人の学び直しへの支援などの充実」
　　　　　の具体的な施策

　働き方改革実行計画は、「女性のリカレント教育など個人の学び直しへの支援
などの充実」のために、次の具体的な施策を掲げる。
・女性のリカレント教育など個人の主体的な学び直し講座の受講支援
　　雇用保険法を改正し、雇用保険の専門実践教育訓練給付を拡充し、①給付
　率：最大6割→最大7割、上限額：年間48万円→56万円と引き上げる、②
　受給可能期間は、子育てによる離職後4年以内→離職後10年以内に延長する。
・学び直し講座の充実・多様化
　　子育て女性のためのリカレント教育やITなど就業者増が見込まれる分野
　の講座等の増設や、完全eラーニング講座を新設するなど、講座の多様化、
　利便性の向上を図る。
　　高度なIT分野を中心に、今後求められる能力・スキルに係る教育訓練講
　座を経済産業大臣が認定する制度を創設し、専門実践教育訓練給付の対象と
　することを検討する。
　　非正規雇用労働者等を対象として、国家資格の取得等を目指し、正社員就
　職を実現する長期の離職者訓練コースを新設、拡充する。
・女性リカレント講座の増設等
　　大学等の女性リカレント講座の全国展開を図るため、カリキュラムや就職
　支援の枠組みについて産業界や地方公共団体等と連携してモデル開発を行
　い、その普及を図るとともに、講座開拓や職業実践力育成プログラム認定講
　座の拡大を進める。また、子育て女性等がより受講しやすいよう短期プログ
　ラムの認定制度を創設し、これらの講座について教育訓練給付の対象とする
　ことを検討する。
　　女性のリカレント教育において、インターンシップや企業実習といった企
　業連携プログラムの実施を推進する。また、マザーズハローワークの拠点数
　を拡充する。

　　託児サービス付き訓練や保育士や看護師の職場復帰を支援する訓練（ハ
　　ロートレーニング）を充実する。
　・企業による教育訓練の実施拡大
　　先進企業の好事例を活用したオーダーメイド型訓練などにより、中小企業
　　等の生産性向上に資する人材育成を支援する。また、従業員のキャリア形成
　　に関する先進的な事例の収集、表彰により経営トップの意識改革を図る。
　・体系的なキャリア教育の推進と実践的な職業教育を行う専門職大学の創設な
　　ど職業教育の充実

4　パートタイム女性が就業調整を意識しない環境整備や正社員女性の復職など多様な女性活躍の推進

(1) 今後の対応の方向性

　我が国には、ポテンシャルを秘めている女性が数多くおり、一人ひと
りの女性が自らの希望に応じて活躍できる社会づくりを加速することが
重要である。政府は、「女性が輝く社会」をつくることを最重要課題の
1つとして位置づけ、女性活躍推進法※の制定（2016年4月から施行）など
の取組を進めてきた。女性の就業者数は2016年までの4年間で約150
万人増加するとともに、出産を経ても継続して就業する女性の割合につ
いても近年上昇するなど、女性の活躍の機運が急速に高まっている。し
かし、就業を希望しつつも家庭との両立が困難で働けない女性や、就業
調整を意識して働いている女性などのため、今後、更に女性の活躍を推
進することが必要不可欠である。

　※「女性活躍推進法」については、P.197を参照

　働き方改革実行計画は、「パートタイム女性が就業調整を意識しない
環境整備や正社員女性の復職など多様な女性活躍の推進」の今後の対応
の方向性を、次のとおり説明する。

　子育て等により離職した女性の復職や再就職の支援を強化するととも
に、就業調整を意識しないで働くことができるよう環境整備を行うな
ど、子育てや介護など多様な経験を持つ女性が活躍できる環境を整え
る。また、女性リーダーの育成を支援する。

そして、次の具体的な施策を掲げる。

①パートタイム女性が就業調整を意識せずに働ける環境整備

②子育て等により離職した正社員女性等の復職の推進

③女性活躍に関する情報の見える化・活用促進

④ワーク・ライフ・バランス等を加点評価する調達の推進

⑤女性リーダーの育成等

参考知識：「パートタイム女性が就業調整を意識せずに働ける環境整備」
　　　　　の具体的な施策

働き方改革実行計画は、「パートタイム女性が就業調整を意識せずに働ける環境整備」のため、次の具体的な施策を掲げる。

・短時間労働者が就業調整を意識せずに働くことができるよう、配偶者控除等について、配偶者の収入制限を103万円から150万円に引き上げる（この点については、2018年に、配偶者特別控除について、配偶者の収入制限が103万円から150万円に引き上げられた）。なお、若い世代や子育て世帯に光を当てていく中で、個人所得課税の改革について、その税制全体における位置づけや負担構造のあるべき姿について検討し、丁寧に進めていく。

・短時間労働者への被用者保険の適用拡大の円滑な実施を図るとともに、2019年9月までに更なる適用拡大について必要な検討を行い、その結果に基づいて必要な措置を講ずる。

・企業の配偶者手当に配偶者の収入制限があることも、就業調整の大きな要因の一つであり、労使の真摯な話し合いの下、前向きな取組が行われるよう、働きかけていく。国家公務員の配偶者に係る扶養手当の見直しについて、着実に実施する。

参考知識：「子育て等により離職した正社員女性等の復職の推進」の具体的な施策

働き方改革実行計画は、「子育て等により離職した正社員女性等の復職の推進」のため、次の具体的な施策を掲げる。

・復職制度をもつ企業の情報公開を推進するため、復職制度の有無について、ハローワークの求人票に項目を新設するほか、女性活躍推進法の情報公表項目に盛り込むことを検討する。

・復職制度を導入して希望者を再雇用した企業を支援する助成金を創設する。

┌───┐
参考知識：「女性活躍に関する情報の見える化・活用促進」の具体的な施策

　働き方改革実行計画は、「女性活躍に関する情報の見える化・活用促進」のため、次の具体的な施策を掲げる。
・労働時間や男性の育児休業の取得状況、女性の管理職比率など、女性が活躍するために必要な個別の企業の情報が確実に公表されるよう、2018年度までに女性活躍推進法の情報公表制度の強化策などについての必要な制度改正を検討する。
・女性や若者が働きやすい企業の職場情報について、ワンストップで閲覧できるサイトを構築するとともに、ESG投資※を行う投資家、企業、就職希望者による活用を促す。
　※「ESG投資」は、ESG要素、すなわち、環境（Environment）、社会（Social）、ガバナンス（Governance）を考慮する投資である。「S」の例として、女性従業員の活躍や従業員の健康などがあげられる。
・女性活躍推進法に基づく女性が働きやすい企業（えるぼし）、次世代育成支援対策推進法に基づく子育てしやすい企業（くるみん）、若者雇用促進法に基づく若者が働きやすい企業（ユースエール）といった認定制度などを活用し、働き方改革の好事例の横展開を図る。
└───┘

5　就職氷河期世代や若者の活躍に向けた支援・環境整備の推進
(1)　就職氷河期世代

　就職氷河期に学校を卒業して、正社員になれず非正規のまま就業又は無業を続けている者が40万人以上いる。こうした就職氷河期世代の視点に立って、格差の固定化が進まぬように、また働き手の確保の観点からも、対応が必要である。

(2)　就職氷河期世代や若者の活躍に向けた支援・環境整備

┌───┐
参考知識：「就職氷河期世代や若者の活躍に向けた支援・環境整備の推進」の具体的な施策

　働き方改革実行計画は、「就職氷河期世代や若者の活躍に向けた支援・環境整備の推進」の今後の対応の方向性について、次の通り説明する。
　就職氷河期世代の正社員化に向けた集中的な支援を行うとともに、高校中退者やひきこもりの若者等に対し、教育・就労にわたる切れ目ない支援を提供し、就
└───┘

労・自立の実現につなげる。また、多様な採用機会を拡大し、単線型の日本の
キャリアパスを変えていく。

　そして、次の具体的な施策を掲げる。

・就職氷河期世代への支援

　　就職氷河期世代で現在もフリーター等として離転職を繰り返す者の正社員
　化に向けて、短期・集中セミナーの実施、わかものハローワークにおける就
　職支援、事業主への助成措置の創設など、個々の対象者に応じた集中的な支
　援を行う。

・高校中退者等に対する就労・自立支援

・多様な選考機会の促進

　　希望する地域等で働ける勤務制度の導入等を促進するため、若者雇用促進
　法の指針を改正し、経済界に要請する。また、学生の地元での就職活動を促
　進するため、東京圏在住の地方出身者等に対し、地元企業でのインターン
　シップを支援する。

・若者の「使い捨て」が疑われる企業等への対応策の強化

　　職業安定法を改正し、ハローワークや職業紹介事業者の全ての求人を対象
　に、一定の労働関係法令違反を繰り返す求人者等の求人を受理しないことを
　可能とする。また、求人情報の提供を行う事業者に対し、実際の労働条件と
　異なる求人情報を提供しないこと等を内容とする業務運営の指針を策定する
　とともに、必要に応じて指導等を実施できるよう、法整備を行う。

　　高等学校・大学等と労働局が連携し、学生・生徒に対する労働関係法令や
　相談・通報窓口等の周知徹底を図る。また、求人情報の提供を行う事業者に
　対し、労働者を守る労働ルールの周知を行うよう要請する。

第8章　雇用吸収力の高い産業への転職・再就職支援、人材育成、格差を固定化させない教育の充実

1　転職・再就職の支援

(1)　転職・再就職の現状

　転職による入職については、一般労働者（パートタイム以外の常用労働
者）はパートタイム労働者よりも少なく、パートタイム労働者の転職入
職率が17.2％であるのに対し、一般労働者の転職入職率は8.5％にと
どまる（平成27年度雇用動向調査）。

　転職する労働者には、様々な課題が存在する。転職・再就職にあたっ

ての障害については、男女とも「応募できる求人がない」、「新しい職場になじむのに不安がある」を共通して多くあげており、それ以外では、男性は「賃金が下がる」、女性は「スキルがない」を多くあげている。

　我が国の労働市場や企業慣行は、新卒一括採用、長期雇用という単線型のキャリアパスを前提とする傾向が強いため、転職・再就職が不利になり、ライフステージに合った仕事の仕方を選択しにくいという問題が指摘されている。

(2) 雇用情勢の改善とミスマッチ

　有効求人倍率が全ての都道府県で1倍超えとなるなど（2017年1月時点）、雇用情勢は着実に改善が進んでいる。

　しかし、分野によって偏りがあり、ミスマッチが生じている。例えば、職業別有効求人倍率（2017年1月時点）は、保安：7.13倍、建設・採掘：3.66倍、介護：3.50倍、サービス：3.21倍となっている。

(3) 中高年の転職

　中高年の転職は容易ではない。一度でも中高年を採用した実績のある企業の採用意欲は高いが、実績がない企業では低いといわれる（実績あり：66.1％、実績なし：34.9％）。

　年齢とともに転職後賃金は減少する。すなわち、「変わらない」「増加」の合計が、若年層（15〜34歳）：70％以上、35〜49歳：約65％、50〜59歳：約62％であるのに対し、60〜64歳：28％、65歳以上：38.4％となっており（平成27年度雇用動向調査）、高齢層は転職により賃金が減少する傾向が強い。

　そのこともあり、転職率も年齢とともに低下している（25〜34歳：7.1％、35〜44歳：4.3％、45〜54歳：3.2％、55〜64歳：3.6％、65歳〜：1.9％。同上）。

2　人材育成
(1) 人材育成に関する現状
①　教育訓練費の停滞
　民間企業における一人当たりの教育訓練費は漸減傾向にあり、1991年に 1,670 円／人・月で最大となって以降は低下・横ばいで推移し、2011 年には 1,038 円／人・月となった（厚生労働省「人的資源の最大活用について②（人的資本形成関係）」）。

②　社会人の学び直し
　社会人の半数が学び直しを希望しているが、我が国の社会人学生は2.5％（2016 年）と、OECD 平均の 16.7％（2014 年）と比べると低水準であり、社会人の学び直しの環境整備が課題となっている。

③　正社員と非正社員の格差
　正社員の能力開発は企業側で実施すべきという考えが強いが（労働者側で実施すべきとする企業は 2 割程度）、非正社員の能力開発については、労働者側で実施すべきと考える企業は多い（3 割以上。厚生労働省「平成 29 年度能力開発基本調査」）。このことから、企業には、依然として、卒業後に正社員として入社した者に対して、将来同じ企業に勤め続けることを念頭に置いて職業訓練を実施する傾向があることがうかがえる。
　このように、正社員と非正社員は、賃金格差だけでなく、教育訓練の機会にも格差がある。このため、学校卒業後すぐの就職で非正社員として就業し、しばらく正社員として勤務しなかった場合は、学校卒業後すぐの就職で正社員として就業した者に比べると、その後正社員として就業する確率が低くなる（同）。そのような者は、正社員としての人的資本形成（教育訓練等によるスキル向上）の機会に恵まれず、将来にわたって正社員の賃金よりも低い賃金に直面する可能性が高くなる。

(2) OJT と Off-JT
①　OJT
「OJT（On the Job Training）」は、適格な指導者の指導の下（常時指導者がつく体制の下）、労働者に仕事をさせながら行う職業訓練である。

OJT は、日常の業務に就きながら行われる教育訓練であり、助成金の対象となる場合は、教育訓練に関する計画書を作成するなどして教育担当者、対象者、期間、内容などを具体的に定めて、段階的・継続的に実施することが要求される。

②　Off-JT
「Off-JT（Off the Job Training）」は、業務命令に基づき、通常の業務を離れて行う職業訓練（研修）である。

Off-JT も助成金の対象となる場合がある。

(3) キャリアプラン
①　キャリアプラン（職業生活設計）
「キャリアプラン（職業生活設計）」とは、労働者が、自らその長期にわたる職業生活における職業に関する目的を定めるとともに、その目的の実現を図るため、その適性、職業経験その他の実情に応じ、職業の選択、職業能力の開発及び向上のための取組みその他の事項について自ら計画することをいう（職業能力開発促進法2条4項）。

働き方や職業能力開発の目標や計画ということもできる。

②　キャリアコンサルティング
「キャリアコンサルティング」とは、労働者の職業の選択、職業生活設計又は職業能力の開発及び向上に関する相談に応じ、助言及び指導を行うことである（職業能力開発促進法2条5項）。

「キャリアコンサルティング」は、労働者が、その適性や職業経験等に応じて自ら職業生活設計を行い、これに即した職業選択や職業訓練の受講等の職業能力開発を効果的に行うことができるよう、労働者の希望

に応じて実施される。

③　ジョブ・カード

「ジョブ・カード」とは、「生涯を通じたキャリア・プランニング」及び「職業能力証明」の機能を担うツールである。

個人のキャリアアップや、多様な人材の円滑な就職等を促進するため、労働市場インフラとして、キャリアコンサルティング等の個人への相談支援のもと、求職活動、職業能力開発などの各場面において活用される。

「ジョブ・カード」は、「キャリア・プランシート」、「職務経歴シート」、「職業能力証明シート」等の様々な様式（シート）から構成されており、労働者が自身で作成・管理する。

ジョブ・カードの様式は、厚生労働省「ジョブ・カード制度総合サイト」からダウンロードでき、記入例も同サイトで参照することができる。

参考知識：ジョブ・カードのメリット

労働者、求職者、学生は、ジョブ・カードを作成・利用することで、次のようなメリットがある。
- ・自分の能力や職業意識の整理ができ、職業人生設計を容易にする。
- ・目標・職業能力開発の必要性が明確になり、職業能力開発の効果を高めることが期待できる。
- ・資格以外にも自分のPRポイントが明確になり、求職時の職業能力の証明を容易にする。

企業は、ジョブ・カードを活用することで、次のようなメリットがある。
- ・求人では、履歴書だけではわかりにくい応募者の職業能力に関する情報を得ることができる。
- ・雇用型訓練では、訓練成果を業界共通の「ものさし」によって訓練の評価をすることができ、一定の要件を満たせば助成金が受けられる。
- ・在職労働者の労働能力の評価では、在職労働者のキャリア形成の促進と、職業能力の見える化の促進を図ることができる。
- ・キャリアコンサルティングでは、訓練の必要性が明確になり、一定の要件を満たせば助成金が受けられる。
- ・在職労働者（45歳以上65歳未満）が離職することとなり、事業主が高年齢

者等の雇用の安定等に関する法律に基づく「求職活動支援書」の作成を行う場合に、ジョブ・カードの情報を活用することができ、円滑な求職活動を支援することができる。

3　教育

教育に関する現状

参考知識：学歴と就職格差

　学校卒業後に非正社員として就職する確率は、高校卒業者：30.4％、大学卒業者：25.4％ というように、学歴によって異なっている（総務省「平成24年就業構造基本調査」）。

　このような差が、正社員と非正社員の職業訓練の機会の差とも相まって、学歴で将来の賃金差が生じる一因となっている。学歴別生涯賃金（男性、引退まで、退職金を含む）は、大学・大学院卒：3億2,030万円に対し、高校卒：2億4,490万円というデータもある。

参考知識：家庭状況による教育格差等

　世代を超えた格差の固定化を防ぐには、教育が重要な役割を担うといわれている。

　格差を示す指標である相対的貧困率は減少している（2009年：10.1％→2014年：9.9％）。それでも、家庭の経済事情等により進学を断念せざるを得ない場合が問題となっている。世帯収入別高校卒業後の4年制大学進学率をみると、1,000万円超：62.4％ に対し、400万円以下：27.8％ となっており、収入格差がみられる。家庭状況別大学等進学率でも、全体：73.2％ に対し、ひとり親世帯：41.6％、生活保護世帯：31.7％、児童養護施設：23.3％ となっており、家庭状況による格差がみられる。

　大学等の学生生活費の月額平均は、国立・自宅：9.4万円、私立・下宿：17.3万円となっており、進学費用のために多額の奨学金貸与を受けるといった過度な負担のケースもみられる。また、無利子奨学金の残存適格者（基準を満たしているのに予算不足で貸与されない者）が約2.4万人（2016年）という状況の解消が課題となっている。

参考知識：不登校や中退等による格差

　中学3年で不登校であった者の高校進学率は85.1％（一般98.7％）、高校中退率は14.0％（一般1.4％）、大学進学率22.8％（一般54.7％）、非就学・非就業

率18.1％（一般7.0％）となっており、不登校であった者は、その後の就学・就業でも困難を抱える傾向にある。

　高校中退者は、41.6％がフリーター層であり、正社員層は7.7％にとどまるというデータや、高校新卒者の就職内定率が約9割であるのに対して、中学新卒者の就職内定率は約3割（2016年）といったデータもある。

　高卒資格は就職に有利であり、高卒資格が必要と考える高校中退者の割合が78.4％にのぼるというデータにみられるように、高校中退者は就職・キャリアアップにおいて不利な立場にある。

4　転職・再就職者の採用機会拡大に向けた指針策定・受入れ企業支援と職業能力・職場情報の見える化

(1) 今後の対応の方向性

参考知識：「転職・再就職者の採用機会拡大に向けた指針策定・受入れ企業支援と職業能力・職場情報の見える化」の今後の対応の方向性

　単線型の日本のキャリアパスを変え、再チャレンジが可能な社会としていくためには、転職・再就職など新卒以外の多様な採用機会の拡大が課題である。転職が不利にならない柔軟な労働市場や企業慣行を確立できれば、労働者にとっては自分に合った働き方を選択してキャリアを自ら設計できるようになり、企業にとっては急速に変化するビジネス環境の中で必要な人材を速やかに確保できるようになる。雇用吸収力や付加価値の高い産業への転職・再就職を支援することは、国全体の労働参加率や生産性の向上につながる。

　そこで、実行計画は、「転職・再就職者の採用機会拡大に向けた指針策定・受入れ企業支援と職業能力・職場情報の見える化」の今後の対応の方向性について、次のとおり説明する。

　転職・再就職者の採用機会拡大に向けては、転職が不利にならない柔軟な労働市場や企業慣行を確立することが重要であり、年齢にかかわりない多様な選考・採用機会の拡大のための指針の策定を図るとともに、成熟企業から成長企業への転職支援を集中的に実施する。また、地方企業の経営改革と人材還流に対する支援を行い、ハローワークに専門窓口を設置するなど雇用吸収力の高い分野へのマッチング支援を推進し、職業能力や職場情報の見える化を実施する。

　そして、次の具体的な施策を掲げる。
　・転職・再就職者の採用機会拡大のための指針の策定
　・成長企業への転職支援

> ・地方の中堅・中小企業等への人材支援、雇用吸収力の高い分野へのマッチング支援
> ・職業能力・職場情報の見える化

参考知識：「転職・再就職者の採用機会拡大に向けた指針策定・受入れ企業支援と職業能力・職場情報の見える化」の具体的な施策

働き方改革実行計画は、「転職・再就職者の採用機会拡大に向けた指針策定・受入れ企業支援と職業能力・職場情報の見える化」のために、次の具体的な施策を掲げる。

・転職・再就職者の採用機会拡大のための指針の策定

　　年齢にかかわりない多様な選考・採用機会の拡大に向けて、転職者の受入れ促進のための指針を策定し、経済界に要請する。

　　転職・再就職向けのインターンシップについて、ガイドブックの作成を行うなど、企業と大学の実践的な連携プログラムを支援するとともに、受入れ企業への支援を行う。

・成長企業への転職支援

　　転職者採用の評価や処遇の制度を整備し、中高年齢者の採用開始や転職・再就職者採用の拡大を行い、生産性向上を実現させた企業を支援する。また、成熟企業から成長企業へ移動した労働者の賃金をアップさせた場合の支援を拡充する。

　　雇用保険の受給者が離職後早期に再就職し、賃金が低下した場合、雇用保険の再就職手当により、低下した賃金の最大6か月分を支給する。

・地方の中堅・中小企業等への人材支援、雇用吸収力の高い分野へのマッチング支援

　　各道府県のプロフェッショナル人材戦略拠点において、日本人材機構等と連携して、地方の中堅・中小企業の経営改革と都市圏の人材の採用・兼業者としての受入れを支援する。

　　人材確保のニーズが高い地域のハローワークに人材確保支援の総合専門窓口を創設し、業界団体と連携してマッチング支援を強化する。また、産業雇用安定センターの出向・移籍あっせん事業において、経済団体等との連携体制強化や、事業の周知徹底を図る。

・職業能力・職場情報の見える化

　　AI等の成長分野も含め、仕事の内容、求められる知識・能力・技術、平均年収といった様々な職業情報、資格情報等を総合的に提供するサイト（日本版O-NET）を創設する。あわせて、女性や若者が働きやすい企業の職場

情報をワンストップで閲覧できるサイトを創設する。

　今後需要の増加が見込まれる人材の需給予測と能力・スキルの明確化を行うとともに、データ分析など今後主流となる新たな人材類型や技術に対応するため、ITスキル標準を2017年度中に全面的に改訂する。

　技能検定を雇用吸収力の高い産業分野における職種に拡大するとともに、若者の受検料を減免する。

参考知識：「給付型奨学金の創設など誰にでもチャンスのある教育環境の整備」の今後の対応の方向性

　子供たちの誰もが、家庭の経済事情に関わらず、未来に希望を持ち、それぞれの夢に向かって頑張ることができる社会を創るためには、公教育の質の向上とともに、誰もが希望すれば、高校にも、専修学校にも、大学にも進学できる環境を整えなければならない。

　そこで、実行計画は、「給付型奨学金の創設など誰にでもチャンスのある教育環境の整備」の今後の対応の方向性について、次の通り説明する。

　我が国は高等教育の漸進的な無償化を規定した国際人権規約を批准しており、財源を確保しつつ、確実に子供たちの進学を後押しできるような高等教育の経済的負担軽減策を推進する。また、義務教育段階から学力保障のための教育環境の充実を進める。返還不要、給付型の奨学金を創設するなど奨学金制度の拡充を図るとともに、幼児期から高等教育まで切れ目ない教育費負担軽減を図る。あわせて、義務教育段階から貧困等に起因する学力課題の解消を図るなど未来を担う子供達への投資を拡大し、格差が固定化せず、誰にでもチャンスがある教育環境の整備を進める。

　そして、次の具体的な施策を掲げる。
・給付型奨学金の創設等
・教育費負担の軽減
・学力保障等のための教育環境の充実
・社会総掛かりで子供たちの学びを支える環境の整備
・不登校児童生徒等に対する教育機会の確保

参考知識：「給付型奨学金の創設など誰にでもチャンスのある教育環境の整備」の具体的な施策

　働き方改革実行計画は、「給付型奨学金の創設など誰にでもチャンスのある教育環境の整備」のために、次の具体的な施策を掲げる。

・給付型奨学金の創設等

　給付型奨学金を創設し、低所得世帯の進学者 2 万人に対し、国公私や通学形態の違いにより月額 2 万円から 4 万円を給付する。特に経済的に厳しい者に対して 2017 年度から一部先行実施し、2018 年度進学者から本格実施する。

　無利子奨学金について、基準を満たしていながら貸与を受けられていない残存適格者を解消するとともに、低所得世帯の子供については成績基準を実質的に撤廃し、必要とする全ての子供たちが受給できるようにする。

　貸与型の奨学金の返還について、2017 年度進学者から返還月額を卒業後の所得に連動させる制度を導入する※とともに、既に返還を開始している者についても減額返還制度を拡充することにより、大幅な負担軽減を図る。

※2017 年 4 月から、「所得連動返還型奨学金制度（所得連動返還方式）」が始まった。それまでの借りた総額により返還月額が決まる「定額返還方式」と異なり、課税対象所得に基づき毎年度返還月額を見直す制度である。

・教育費負担の軽減

　幼児教育無償化の段階的な推進や国公私立を通じた義務教育段階の就学支援、高校生等奨学給付金、大学等の授業料減免の充実等

・学力保障等のための教育環境の充実

・社会総掛かりで子供たちの学びを支える環境の整備

・不登校児童生徒等に対する教育機会の確保

第 9 章　高齢者の就業促進

1　高齢者の就業について

(1)　高齢者の就業の現状

　今後、少子高齢化の進展に伴い労働力人口が本格的に減少していくことが見込まれる中、将来にわたり安心して暮らせる活力ある社会を実現するためには、就業率・就業者数を上昇させ、持続可能な全員参加型社会を構築していくことが必要である。労働力人口（または就業者数）の減少を克服するためには、限られた人材がその能力を発揮し、誰もが活躍できる社会を構築することが重要である。そして、高齢者については、その数の増加が見込まれるから、高齢者の活躍が期待されている。

　15 歳〜64 歳の労働力人口は減少傾向にあるのに対し、65 歳以上の労働力人口は増加している（2015 年は、15 歳〜64 歳の労働力人口が前年に比べ

38 万人減少したのに対し、65 歳以上の労働力人口は 48 万人増加した。総務省「労働力調査（平成 28 年））。

　60 歳以上の就業者数は、847 万人（1996 年）→937 万人（2006 年）→1,286 万人（2016 年）と推移しており、「働く高齢者」は増加傾向にある。

　他方で、65 歳を超えても働きたいという希望のある高齢者は 65.9%（2013 年）であるのに対し、65 歳以上の就業率は 22.3%（2016 年）にとどまっており、「働きたいが働いていない高齢者」が 65 歳以上で顕著であるという現実もある。

　なお、高年齢者が就業する理由については、「経済上の理由」が最も多く（68.1%）、次いで「生きがい、社会参加のため」（38.7%）、「健康上の理由」（23.2%）となっている（厚生労働省「厚生労働白書　平成 28 年版」p.73）。

(2) 高齢者の働き方の現状
① 雇用態様・収入
　「非正規雇用」を希望する高齢者の割合（2015 年）は、60〜64 歳：79%、65〜69 歳：80%、70〜74 歳：70% と高い。

　また、月収について「10 万円未満」を希望する高齢者の割合（2015 年）は、60〜64 歳：48%、65〜69 歳：58%、70〜74 歳：59% と高い。

　このように、高齢者は、「非正規雇用」による働き方を希望する傾向が強く、希望する月収も「10 万円未満」が過半を占めている。このような高齢者のニーズに応えた柔軟な働き方を選択できる労働環境の整備が必要である。

② 労働時間
　高齢者には労働時間を抑制する傾向がみられる（65 歳以上の非正規の職員・従業員の雇用者が現在の雇用形態に就いた主な理由は、「自分の都合のよい時間に働きたいから」が 31.7% と最も多く、次いで「家計の補助・学費等を得たいから」が 20.1%、「専門的な技能等をいかせるから」が 14.9% となっている。厚生労働省「厚生労働白書　平成 28 年版」）。

　他方で、近時は、65 歳以上の層で、追加的に就業を希望し労働時間を抑制しない者の割合に増加傾向がみられる。

　このため、長時間労働の是正や柔軟な働き方がしやすい環境の整備により、高齢者が現状よりも長い時間を継続的に働けるような環境が整えば、人手不足解消に貢献する可能性がある。

③　雇用ではない働き方

　高齢者が雇用ではない働き方を選択する場合が増えており、「起業した者」のうち「60 歳以上」の割合は、8%（1982 年）→14%（1992 年）→25%（2002 年）→32%（2012 年）と大幅に増人している。

　高齢者がこれまで培ってきた経験を活かし、年齢にかかわりなく活躍できる場として、起業の支援も必要である。

(3) 高齢者の就業促進に関する制度

　高齢者の就業促進に関しては、次の制度がある。

①高年齢者雇用安定法

　※高年齢者雇用安定法の概要については、「Ⅳ　第 3 編　第 2 章　第 1 節　高年齢者の雇用促進」以下で解説する。

②募集・採用における年齢制限の原則禁止（労働施策総合推進法 9 条）

③高齢者の就業促進に関する助成金

2　継続雇用延長・定年延長の支援と高齢者のマッチング支援
(1) 今後の対応の方向性

　高齢者の就業促進のポイントは、年齢に関わりなく公正な職務能力評価により働き続けられる「エイジレス社会」の実現であり、これが、企業全体の活力の増進にもつながる。高齢者の 7 割近くが、65 歳を超えても働きたいと願っているが、実際に働いている人は 2 割にとどまっている。労働力人口が減少している中で我が国の成長力を確保していくためにも、意欲ある高齢者がエイジレスに働くための多様な就業機会を提供していく必要がある。

　このような視点の下、働き方改革実行計画は、「継続雇用延長・定年延長の支援と高齢者のマッチング支援」の今後の対応の方向性を次のように説明する。

　2020年度までの期間を65歳以降の継続雇用延長・65歳までの定年引上げ促進の集中支援期間と位置付け、将来的に継続雇用年齢等の引上げを進めていくための環境整備を図る。また、エイジレスに働くためのキャリアチェンジや雇用ではない働き方を促進するとともに、高齢期の生活困窮を防ぐため就労支援の強化を図ることにより、意欲ある高齢者に多様な就業機会を提供していく。

　そして、次の具体的な施策を掲げる。

・継続雇用延長等に向けた環境整備
・マッチングによるキャリアチェンジの促進
・雇用ではない働き方の促進
・高齢期の生活困窮を防ぐ就労支援の強化

参考知識：「継続雇用延長・定年延長の支援と高齢者のマッチング支援」の
　　　　　具体的な施策

　働き方改革実行計画は、「継続雇用延長・定年延長の支援と高齢者のマッチング支援」のために、次の具体的な施策を掲げる。

・継続雇用延長等に向けた環境整備
　　将来的に継続雇用年齢等の引上げを進めていくため、2020年度までの期間を企業等により65歳以降の継続雇用延長等の促進の集中支援期間と位置付け、65歳を超える継続雇用や65歳までの定年引上げ等を支援する助成措置を強化するとともに、定年引上げや継続雇用等の手法を紹介するマニュアル、好事例集を新たに作成し、企業を訪問して相談・援助を実施する。
　　2020年度に高齢者就業のインセンティブ効果と実態を検証し、継続雇用延長等に係る制度の在り方を再検討する。

・マッチングによるキャリアチェンジの促進
　　ハローワークにおいて、65歳以上が就業可能な短時間の求人開拓を強化するとともに、求人票において年齢に関わりなく職務に基づく公正な評価により働ける企業を見える化する。
　　ハローワークと経済団体等地域の関係者が連携して、U・I・Jターンで地方で働くための全国マッチングネットワークを新たに構築する。

・雇用ではない働き方の促進

　　高齢者による起業時の雇用助成措置を強化する。

　　健康づくりやフレイル※対策を進めつつ、シルバー人材センターやボランティアなど、多様な社会参加を推進する。

　※「フレイル」は、健常と要介護状態との中間的な段階であり、生活機能障害や死亡などの転帰に陥りやすい状態である。フレイルは身体機能問題のみならず、精神・心理的問題や社会的問題も含まれる包括的概念である。

・高齢期の生活困窮を防ぐ就労支援の強化

Ⅳ　働き方に関する労働法の理解

第1編　労働法総論

第1章　労働法の意義等

1　労働法の意義

　「労働法」は、労働関係に関するルールを定める法律である。

　もっとも、「労働法」という名前の法律があるわけではない。労働基準法、労働組合法、男女雇用機会均等法、最低賃金法など、労働市場、個別的労働関係および団体的労使関係に関する法律を総体として「労働法」と呼んでいる。

　労働者が労働に従事し、使用者がこれに対してその報酬を支払う契約である「雇用契約」（民法623条）は、労働条件等の契約内容を使用者と労働者の合意で決めるのが基本である（契約自由の原則）。

　しかし、契約自由の原則を放任すると、立場の弱い労働者が、雇ってもらうために、低賃金や長時間労働などの劣悪な労働条件での契約を締結せざるを得ないことがありうる。労働法は、そのようなことにならないよう、労働条件について種々の規制を設けて労働者を保護している。

　そこで、労働法では、労働者と使用者の契約について、「労働契約」という用語を用いている（労働契約法6条、労働組合法16条等。もっとも、一般的には「雇用契約」と「労働契約」は明確に区別せず用いられており、裁判例も同様である）。

2　日本型雇用慣行の特徴

　日本型雇用は、「メンバーシップ型」であるといわれる。大企業の正

社員で典型的にみられる形態として、長期雇用、年功賃金を前提として、職務や勤務地が原則無限定という雇用慣行である。賃金は勤続年数や能力を基準に決定され、定期昇給もある。事業撤退等により職務が消滅しても配置転換等により雇用が維持されやすい。

これに対し、欧州（アジア諸国も）は「ジョブ型」といわれる。職務や勤務地が原則限定され、賃金は職務ごとに決定され、定期昇給はない。職務が消滅すれば金銭的な補償等の上で解雇されやすい。

日本型雇用は、中高齢期に多くの支出が必要となる労働者の生活に適合した賃金体系である、職務が消滅しても雇用が維持され雇用安定に資するといったメリットがある。他方で、職務が無限定のため長時間労働になりがちである、女性、中小企業の労働者、非正規労働者は日本型雇用の恩恵にあずかりにくいといったデメリットが指摘されている。

第2章　労働関係の当事者

第1節　労働者

1　労働者

「労働者」の定義は、次のように、個別法でそれぞれ定められている。

・労働基準法

「職業の種類を問わず、事業又は事務所に使用される者で、賃金を支払われる者」（労基法9条）

・労働契約法

「使用者に使用されて労働し、賃金を支払われる者」（労働契約法2条1項）

・労働組合法

「職業の種類を問わず、賃金、給料その他これに準ずる収入によって生活する者」（労働組合法3条）

労働法全体で考えると、労働法の保護を受ける「労働者」には、雇われて働いている人は全て含まれ、正社員、契約社員（労働契約にあらかじめ契約期間が定められている労働者）、パートタイム労働者（1週間の所定労働

時間が、通常の労働者（正社員）と比べて短い労働者）、アルバイトのほか、派遣社員（派遣会社と労働契約を結んだ上で、別の会社に派遣され、その指揮命令下で働く労働者）も、「労働者」として労働法の適用を受ける。

　他方で、「業務委託」や「請負」に基づく働き方をする「事業主」（個人事業者）は、基本的に労働法の保護を受けない。

2　労働基準法・労働契約法等における労働者の判断基準

　労働基準法や労働契約法、最低賃金法が適用される「労働者」は、使用者に使用されて労働し、賃金を支払われる者である。

　「使用者に使用されて労働し、賃金を支払われている」といえるか（＝労働者性の判定）については、労働基準法に関連する監督行政や裁判例では、労働提供の形態等の諸事情を総合的に判断し、使用従属関係（使用従属性）が認められるか否かにより判断され、使用従属関係が認められる場合には、「労働者」に該当するというのが確立した判断方法となっている。

　つまり、労務供給者が労働法の適用がない「個人事業者」か、それとも「労働者」といえるかは、「請負」や「委任」などの契約の形式（文言）によって決められるのではない。形式的には請負契約・委任契約等によっていても、労働関係の実態において使用従属関係（使用従属性）が認められれば、「労働者」といえる。

　「労働者」に該当するとされる場合は、労働基準法・最低賃金法・労働契約法が適用されるから、労働時間の規制や時間外労働・休日労働等の割増賃金、年次有給休暇などの適用があり、「報酬」は最低賃金を遵守しなければならず、解約・解任等の契約関係の解消も解雇権濫用法理等が適用されることになるので、「労働者」性の判断が事業主に及ぼす影響は大きい。

3　使用従属関係（使用従属性）の判断要素

　使用従属関係（使用従属性）の判断における判断要素としては、次のものをあげるのが一般である。

（主要な判断要素）
　　①仕事の依頼への諾否の自由
　　②業務遂行上の指揮監督
　　③時間的・場所的拘束性
　　④代替性
　　⑤報酬の算定・支払方法
（補充的な判断要素）
　　⑥機械・器具の負担、報酬の額等に現れた事業者性
　　⑦専属性等

―――参考知識：役員と「労働者」―――

　株式会社の取締役や監査役、指名委員会等設置会社における執行役、一般社団法人・一般財団法人・公益社団法人・公益財団法人等の理事や監事などの役員は、「労働者」にあたらない（法人との関係は労働契約ではなく委任）。

　使用人兼務取締役（監査役）は、法人の役員としての地位と労働者としての地位が認められる。それが社内の制度として明確化されていれば問題がないが、明確でなく、従業員から昇任して「取締役」となったが実際には従業員のときの業務も行っている場合がある。この場合に労働者としての地位も認められるかについては、使用従属関係が認められるかを考慮するが、特に、取締役就任後の業務内容や業務遂行方法の変化、報酬の基準や額（賃金も含まれているとみることができるか）、就任時に労働者としての退職金を受領したかといった事情を考慮して、労働者としての関係を清算して役員となったといえるかを判断することになる。

　法的な制度ではない「執行役員」は、「労働者」とみるのが一般であり、「労働者」と認める下級審裁判例が複数ある。

―――参考知識：個人事業者と「労働者」―――

　証券会社・保険会社の外交員や、カスタマーエンジニア・システムエンジニア、芸能人、在宅勤務者、建設業の一人親方、傭車運転手（自己所有のトラック持ち込みで運送業務に従事）、フランチャイズ店の店長などは、雇用契約ではなく委任契約か請負契約の形式（個人事業者としての扱い）がとられる例がみられる。

　これらの者が「労働者」といえるかについては、契約の形式で決まるものではなく、使用従属関係が認められるかで判断するため、事案によってはこれらの者

が「労働者」と認定されることがある。

　最高裁判例では、特定の企業の業務に専属的に従事する傭車運転手や一人親方の大工が労働基準法上の「労働者」には該当しないと判断したものがある。しかし、使用従属関係は個々の事例の事情で判断されるので、最高裁判例によって傭車運転手や一人親方が全て「労働者」に該当しないとされたわけではなく、あくまでもその裁判例の事例においての判断であることに注意しなければならない。

　下級審裁判例には、吹奏楽団員、映画製作の撮影技師、県民共済のパンフレット配布を行う普及員、クラブのホステス、高齢者集合住宅に居住して高齢者の世話をする生活協力員、芸能プロダクションのタレント志願者、パソコン教室の店長、LPガスボンベの配送・保安点検者、NHKの地域スタッフ、保険代理店の保険勧誘員の「労働者」性を認めたものがある。

　他方で、下級審裁判例には、証券会社の外交員、NHKの受信料集金受託者、フランチャイズ契約によるパン販売店の店長、新聞社のフリーランス記者、モーターサイクルのレースライダー、トラック持ち込み運転手、日本相撲協会の力士、知的障害者の寮の住み込み世話人、ボディケアを行うセラピストについて、「労働者」性を否定したものがある。

┌─ 参考知識：専門的労務供給者と「労働者」

　医師、弁護士、一級建築士、研究者など、高度の専門的知識・資格等を持つ者が特定の事業主に労務提供する場合に、業務遂行において具体的な指揮命令を受けず裁量が認められていることなどを理由に労働者として扱われていないケースがある。しかし、職務の内容等から使用者の指揮命令の下で労務を提供しているという関係にあれば、「労働者」といえるので、注意が必要である。

　最高裁判例には、研修医（医師国家試験に合格して大学病院で臨床研修に従事）について、教育的側面のみならず病院のための労務提供の側面を有している等として最低賃金が支払われるべき「労働者」に該当すると判断したものがある。

　また、社内弁護士と会社との関係を労働契約と認めた下級審裁判例もある。

┌─ 参考知識：インターンシップと「労働者」

　「インターンシップ」とは、学生が在学中に自らの専攻、将来のキャリアに関連した就業体験を行うことである。インターンシップには、大学・学生にとってはキャリア教育・専門教育、高い職業意識の育成、自主性・独創性のある人材の育成といった意義があり、受け入れる企業にとっては実践的な人材の育成、企業に対する理解の促進、魅力発信といった意義が認められる。

インターンシップは本来、大学等の教育の一環として位置付けられるものであるが、インターンシップと称して就職・採用活動開始時期前に就職・採用活動そのものが行われるといった問題も指摘されている。

また、インターンシップは、見学や体験的なものが原則といえるが、それを超えて、対象となる学生が直接生産活動に従事するなど当該作業による利益・効果が当該事業場に帰属し、かつ、事業場と学生の間に使用従属関係が認められる場合には、当該学生は「労働者」（労働基準法9条）に該当し、受け入れ企業が労働関係法令を遵守しなければならないことに注意が必要である。

第2節　労働組合

「労働組合」とは、労働者が主体となって自主的に労働条件の維持改善その他経済的地位の向上を図ることを主たる目的として組織する団体またはその連合団体である（労働組合法2条）。

労働組合は、労働者が主体となって自主的に組織するものでなければならないから、使用者が労働者に命じて組織させた場合などは労働組合とはいえない。

第3節　使用者

労働契約法における「使用者」は、その使用する労働者に対して賃金を支払う者をいう（労働契約法2条2項）。一般に「使用者」という場合は、労働契約法における「使用者」と同じ意味で用いられることが多い。

これに対し、労働基準法では、労働契約法上の「使用者」に相当する者を「事業主」（労働基準法10条）と定めている。男女雇用機会均等法、育児・介護休業法、労働災害補償保険法、労働者派遣法なども、「事業主」を義務の主体としている。

なお、労働基準法では、「使用者」は、事業主のために行為をする全ての者と定められている（労働基準法10条）。この場合の使用者は、工場長や部課長などを指す。

第 4 節　社会保険労務士（社労士）

　「社会保険労務士（社労士）」は、社会保険労務士法に基づく国家資格者である。社労士は、企業の人材に関する専門家であり、「労働及び社会保険に関する法令の円滑な実施に寄与するとともに、事業の健全な発達と労働者等の福祉の向上に資すること」（社会保険労務士法 1 条）を目的として、業務を行う。

　社労士の業務は、次のように広範囲にわたり、労働法務の分野に限らず、企業の成長にとって不可欠な人材に関する分野について大きな役割を果たしている。

・労働・社会保険手続業務

　　労働・社会保険業務の代行、労働・社会保険の適用・年度更新・算定基礎届の処理、各種助成金の申請、労働者名簿や賃金台帳の調製、就業規則・36 協定の作成、変更など

・労務管理の相談指導業務

　　雇用管理・人材育成などに関する相談、人事・賃金・労働時間の相談、就業規則や法定帳簿等の書類関係や実際の運用状況等についての経営労務監査など

・年金相談

　　年金の加入期間・受給資格などの確認、裁定請求書の作成・提出、年金相談センターなど

・補佐人

　　労働・社会保険に関する行政訴訟や、個別労働関係紛争に関する民事訴訟で、弁護士と連携し、弁護士とともに裁判所に出頭して意見陳述することができる。

・紛争解決手続業務

　　「特定社会保険労務士（特定社労士）」は、労使に関するトラブルについて、裁判によらず当事者双方の話し合いによる解決を目指すあっせんや調停の ADR（裁判外紛争解決手続）において、代理業務（依頼者の紛争の相手方との和解のための交渉及び和解契約の締結の代理を

含む）を行うことができる。

参考知識：特定社労士

　「特定社労士」は、厚生労働大臣が定める研修を修了し「紛争解決手続代理業務試験に合格後に、その旨を社会保険労務士連合会に備える社会保険労務士名簿に付記した社労士である。

参考知識：特定社労士の主な業務内容

・個別労働関係紛争について厚生労働大臣が指定する団体が行う裁判外紛争解決手続の代理（紛争価額が120万円を超える事件は弁護士の共同受任が必要）
・個別労働関係紛争解決促進法に基づき都道府県労働局が行うあっせんの手続の代理
・男女雇用機会均等法、育児・介護休業法及びパートタイム労働法に基づき都道府県労働局が行う調停の手続の代理
・個別労働関係紛争について都道府県労働委員会が行うあっせんの手続の代理

第3章　労働契約と権利義務

第1節　労働契約と権利・義務

1　労働契約

　「労働契約」は、労働者が使用者に使用されて労働し、使用者がこれに対して賃金を支払うことについて、労働者及び使用者が合意することによって成立する契約である（労働契約法6条）。

　労働契約を締結することにより、基本的な権利義務関係として、労働者は労務を提供する義務などを負い、使用者は約束した賃金を支払うなどの義務を負うこととなる。

2　使用者の権利・義務
(1)　労務指揮権・業務命令権

　「労務指揮権」は、労働者の労務提供義務の遂行について使用者が有する指揮命令の権限である。

　「業務命令権」は、使用者が、労務の指揮にとどまらず、業務の遂行

全般について労働者に対し必要な指示・命令を発する権限である。この業務命令が就業規則の合理的な規定に基づく相当な命令であるかぎり、就業規則の労働契約規律効（労働契約法7条）によって、労働者は、その命令に従う義務を負う。

(2) 人事権

「人事権」とは、広義には、労働者を企業組織の構成員として受け入れ、組織のなかで活用し、組織から放逐する一切の権限を指し、狭義には、採用、配置、異動、人事考課、昇進、昇格、降格、休職、解雇など、企業組織における労働者の地位の変動や処遇に関する使用者の決定権限を指すとされている。

人事権は、法律で定義されている権限ではないが、使用者は、労働契約に基づき、人事権を有していると解されている。

人事権は、労働契約に基づく権限であるから、労働協約、就業規則、個別の合意などに沿って行使しなければならない。また、人事権があるといっても、権利の濫用は禁止されており（労働契約法3条5項）、具体的には、解雇権濫用法理、均等待遇原則、女性の機会平等、不当労働行為の禁止、短時間労働者に対する差別待遇の禁止等の法規制がある。

(3) 安全配慮義務

「安全配慮義務」とは、「使用者は、労働契約に伴い、労働者がその生命、身体等の安全を確保しつつ労働することができるよう、必要な配慮をするものとする」義務である（労働契約法5条）。

使用者が、労働契約に基づいて、本来の債務である賃金支払義務を負うが、このほかに、労働契約に定めがなくても、付随義務として安全配慮義務を負うと解されてきたことから、労働契約法に規定された。

「生命、身体等の安全」には、心身の健康も含まれる。

「必要な配慮」については、使用者に特定の措置を求めるものではないが、労働者の職種、労務内容、労務提供場所等の具体的な状況に応じて、必要な配慮をすることが求められるとされている。

　なお、労働安全衛生法をはじめとする労働安全衛生関係法令において、事業主の講ずべき具体的な措置が規定されている。

3　労働者の義務

(1) 職務専念義務・誠実労働義務

　労働者は、使用者に労務を提供する義務を負い、この義務を債務の本旨に従って履行しなければならない（民法493条）。

　このため、労働者は、労務提供義務の履行にあたって、職務に専念する義務（職務専念義務）を負い、誠実に労働しなければならない（誠実労働義務）。

(2) 秘密保持義務

①　在職中の秘密保持義務

　労働者は、労働契約の存続中は、信義誠実の原則（労働契約法3条4項）に基づく付随義務として、使用者の営業上の秘密を保持する義務を負う。

　在職中の労働者が秘密保持義務に違反したときは、就業規則の規定に従って、懲戒処分、解雇、債務不履行・不法行為に基づく損害賠償請求などがなされうる。

②　退職後の秘密保持義務

　労働関係の終了後は、就業規則の規定や個別的な特約によって営業秘密保持の合意がある場合には、その合意が公序良俗違反とされない限り、損害賠償請求等が可能とされている（東京地判H14・8・30等）。

(3) 競業避止義務

　労働者は、労働契約の存続中は、信義誠実の原則（労働契約法3条4項）に基づく付随義務として、使用者の利益に著しく反する競業行為を差し控える義務がある（競業避止義務）。

　したがって、そのような行為がなされた場合には、就業規則の規定に

従った懲戒処分や損害賠償請求がなされうる。

(4) 労働者の損害賠償責任

労働者が労働義務または付随的義務に違反して使用者に損害を与えた場合、債務不履行に基づく損害賠償責任を負う（民法 415 条・416 条）。

労働者の行為が不法行為（民法 709 条）の要件を満たせば、損害賠償責任を負う。

また、労働者が第三者に損害を及ぼしたときに、使用者が使用者責任（民法 715 条 1 項）により損害賠償した場合は、使用者による労働者に対する求償権行使（同条 3 項）も認められる。

第4章　労働契約の内容の決定

1　合意の原則

「合意の原則」とは、労働契約の内容は、当事者である労働者と使用者との合意によって決定されるという原則である。

労働者の合意により契約が成立することは契約の一般原則であり（私的自治の原則）、労働契約法 1 条及び 6 条は、この「合意の原則」が労働契約についてもあてはまることを確認している。

但し、労働者と使用者は力関係に差があるため、合意の原則は、労働法規の規定や裁判例によって、多くの修正が行われている。

労働法規の規定の多くは強行法規であり、これに違反する合意は無効となる。

なお、労働基準法や最低賃金法などの労働法規は行政監督と罰則により法の遵守を確保しているが、労働契約法は行政監督・罰則ではなく労使での解決を基本としている。

2　労働協約

「労働協約」とは、労働組合と使用者またはその団体との間の労働条件その他に関する協定であって、書面に作成され、両当事者が署名または記名押印したものである（労働組合法 14 条）。

　「労働条件その他の労働者の待遇に関する基準」を定めた労働協約については、これに反する労働契約の定めはその部分については無効となり、無効となった部分は労働協約の基準がこれに代わることとされており、「労働契約に定めがない場合」も同様とされている（労働組合法16条）。従って、労働協約の「労働者の待遇」に関する定めはそのまま労働契約上の合意と同じ意義を有することになる（「規範的効力」）。

　労働協約は労働組合と使用者との協定であるから、その効力は、原則として労働組合に所属する労働組合員に限られる。ただし、工場事業場単位の労働協約において、同種の労働者の4分の3以上が1つの労働協約の適用を受けるに至った場合には、残りの同種の労働者も当該労働協約の適用を受ける（労働組合法17条。「一般的拘束力」）。

3　就業規則

　「就業規則」とは、労働者の賃金や労働時間などの労働条件や、職場内の規律などについて定めた職場における規則集である。

　我が国においては、個別合意である労働契約では詳細な労働条件は定められず、就業規則によって統一的に労働条件を設定することが広く行われている。

　労働者が安心して働ける明るい職場を作るためは、あらかじめ就業規則で労働時間や賃金をはじめ、人事・服務規律など、労働者の労働条件や待遇の基準を明確に定め、個別労使関係紛争が生じないようにしておくことが大切である。

4　労使協定

　「労使協定」とは、労働者の過半数で組織される労働組合（過半数組合）がある場合は過半数組合、過半数組合がない場合は労働者の過半数を代表する者（過半数代表者）と使用者との書面による協定である。

　労使協定は、変形労働時間（労基法32条の2・4・5）・フレックスタイム（同法32条の3）、休憩時間の一斉付与の例外（同法34条2項但書）、時間外労働（同法36条1項。36協定）、事業場外みなし労働時間（同法38条の2）、

専門型裁量労働（同法38条の3第1項）、時間単位年休（同法39条4項）、計画年休（同法39条6項）などの制度を導入するために締結される。

　法定労働時間（労働基準法32条）、休憩時間（同法34条）等の労働基準法による規制の多くは罰則を伴い、また強行法規（違反する合意は無効）であるから、過半数組合または過半数代表者との書面の合意によることを条件として、時間外労働などの本来は労働基準法による規制に抵触する制度を導入できることとしたのである。

　労働協約の効力は原則として労働組合に所属する労働組合員に限られるのに対し、労使協定は事業場の全労働者に効力が及ぶ。

　　※労使協定を締結する「過半数代表者」の要件等については、【P.260 過半数組合・過半数代表者】を参照

5　労使慣行

　「労使慣行」とは、労働条件、職場規律、組合活動などについて、就業規則、労働協約などの成文の規範に基づかない一般的な取扱いの慣行がある場合に、それが使用者と労働者にとって事実上の規範として機能するようになったものである。

> 参考知識：労使慣行の要件と効力
>
> 　労使慣行が規範としての効力を認められるためには、①ある一般的な取扱いが長期間にわたって反復継続し、②当該一般的取扱いに対して労使双方が明示的に異議をとどめず、③当該事項について決定権限又は裁量権を有する者がこのような一般的取扱いを規範として意識し、それに従ってきたことを要すると解されている。
>
> 　そして、労使慣行には、次のような効力が認められるとされている。
> ①労使慣行が労働契約の内容となっていると認められる場合、その取扱いには労働契約としての効力が認められる。
> ②労使慣行は、それに反する使用者の権利行使を「権利の濫用」として無効にする効果をもつことがある。
> ③労使慣行のなかには、労働協約や就業規則の不明確な規定に具体的な意味を与え、就業規則や労働協約の規定の解釈基準となり、それらと一体の効力を与えられることがある。

第2編　雇用関係法

第1章　労働基準法と労働契約法

第1節　労働基準法と関連事項

1　意義

「労働基準法」は、労働条件の原則や決定について、労働条件の最低基準を定める法律である。

労働基準法が定める基準は、正社員だけでなく、契約社員（有期雇用労働者）、アルバイトやパートタイマーなどの短時間労働者、派遣労働者に対しても、適用される。

労働基準法が定める労働条件の最低基準については、その実効性を担保するために、罰則が定められているほか、労働基準監督官による監督指導の対象となる。

2　労働基準法の効力

労働基準法は、「この法律で定める基準に達しない労働条件を定める労働契約は、その部分については無効とする。この場合において、無効となった部分は、この法律で定める基準による」（13条）と定めている。

労働基準法の定める基準に達しない労働条件を定める労働契約の該当部分を無効とする効力を「強行的効力」という。また、無効になった部分を労働基準の定める基準に置き換える効力を「直律的効力」という。

強行的効力と直律的効力により、労働基準法は、労働条件の最低基準を定める法律であるということになる。

また、労働基準法は、その実効性を確保するために、労働基準監督官による監督指導の規定や個別条項違反の罰則が定められている。

3　労働基準監督署・労働基準監督官

(1)　労働基準監督署

　「労働基準監督署（労基署）」は、労働基準法（及びその関係法規）に基づいて事業場に対する監督及び労災保険の給付等を行うために各都道府県管内に置かれる厚生労働省の行政監督機関である。

　労働基準法の実行性を確保するため、行政監督制度が設けられており、行政監督機関として、厚生労働大臣の下に、厚生労働省に労働基準局、各都道府県に労働局、各都道府県管内に労働基準監督署が設置されている（労働基準法97条1項）。

(2)　労働基準監督官

　「労働基準監督官」は、行政監督機関に置かれる専門職の監督行政官である。

　労働基準監督官は、労働基準法や労働安全衛生法などの関係法規に基づき、定期的にあるいは労働者からの申告を契機として、事業場に立ち入り、機械・設備や帳簿などを調査して労働条件を確認する。その結果、法違反が認められた場合には、事業主などに対し是正を指導するほか、危険性の高い機械・設備などについては、その場で使用停止などを命ずる行政処分を行う。是正を確認すれば指導は終了するが、度重なる指導にもかかわらず是正を行わない場合など、重大・悪質な事案については、労基法などの違反事件として取調べ等の任意捜査や捜索・差押え、逮捕などの強制捜査を行い、検察庁に送検することもできる。

> 参考知識：監督権限の実効性確保
>
> 　労基法101条の規定による労働基準監督官の臨検を拒み、妨げ、若しくは忌避し、その尋問に対して陳述をせず、もしくは虚偽の陳述をし、帳簿書類の提出をせず、または虚偽の記載をした帳簿書類の提出をした者は30万円以下の罰金に処せられる（同法120条）。
>
> 　労働者が違反の事実を行政官庁または労働基準監督官に申告したことを理由とする不利益扱いは禁止されている（同法104条）。

┌ 参考知識：監督行政の実効性確保のための使用者の義務 ┐
①使用者は、労基法などの法令の要旨、就業規則及び事業場の労使協定等を、常
　時各作業場の見やすい場所への掲示等によって、労働者に周知しなければなら
　ない（労働基準法106条）
②使用者は、事業場ごとに労働者名簿を調製し、適宜訂正していかなければなら
　ない（同法107条）
③使用者は，事業場ごとに賃金台帳を調製し、賃金計算の基礎となる事項及び賃
　金額などを賃金支払いのつど遅滞なく記入しなければならない（同法108条）
④使用者は、労働者名簿、賃金台帳および雇入れ、解雇、災害補償、賃金その他
　労働関係に関する重要な書類を3年間保存しなければならない（同法109条）
⑤行政官庁または労働基準監督官は、労基法の施行のため必要があるときは、使
　用者または労働者に対して、必要な事項を報告させ、または出頭を命ずること
　ができる（同法104条の2）
└──────────────────────────────┘

第2節　労働契約法

1　意義

　「労働契約法」は、個別的労働関係紛争の解決について予測可能性を
高めるために、労働契約に関する民事的なルールを明らかにする法律で
ある。

　労働契約法には、これまでに蓄積され形成されてきた判例法理が成文
化されている。

　労働契約法は民法の特別法と位置付けられており、雇用契約に関する
民法のルールを補充・修正する法律である。

　労働基準法と同じく、労働契約法の規定の多くは強行法規であり、こ
れに違反する合意は無効となる。

　しかし、労働基準法とは異なり、労働契約法には労働基準監督官によ
る監督指導や罰則は定められておらず、労使間での民事的な解決を原則
としている。

第3節　労働契約における原則

1　労働契約における5原則

労働基準法や労働契約法により、労働契約に関して以下の5原則が定められている。

①労使対等の原則（労働基準法2条1項、労働契約法3条1項）

②均衡考慮の原則（労働契約法3条2項）

③仕事と生活の調和への配慮の原則（労働契約法3条3項）

④信義誠実の原則（労働基準法2条2項、労働契約法3条4項）

⑤権利濫用の禁止の原則（労働契約法3条5項）

2　労使対等の原則

「労使対等の原則」とは、労働契約は、労働者および使用者が対等な立場での自主的交渉において合意することによって締結し、変更されなければならないという原則である（労働基準法2条1項、労働契約法3条1項）。

当事者の合意により契約が成立し、変更されることは、契約の一般原則であるが（私的自治の原則）、個別の労働者と使用者には力関係に差がある。そこで、労働基準法及び労働契約法は、労働契約における労使対等の基本原則を確認している。

すなわち、労働条件は、労働者と使用者が、対等の立場において決定すべきものである（労働基準法2条1項）。また、労働契約は、労働者及び使用者が対等の立場における合意に基づいて締結し、または変更すべきものである（労働契約法3条1項）。

3　均衡考慮の原則

「均衡考慮の原則」とは、「労働契約は、労働者及び使用者が、就業の実態に応じて、均衡を考慮しつつ締結し、又は変更すべきものとする」という原則である（労働契約法3条2項）。

4　仕事と生活の調和への配慮の原則

「仕事と生活の調和への配慮の原則」とは、「労働契約は、労働者及び使用者が仕事と生活の調和にも配慮しつつ締結し、又は変更すべきものとする」という原則である（労働契約法3条3項）。

ワーク・ライフ・バランスの重要性の認識を促す原則である。

　※ワーク・ライフ・バランスについては、「P.22 働き方改革に関連する政策等」で詳説した。

5　信義誠実の原則

「信義誠実の原則」とは、「権利の行使及び義務の履行は、信義に従い誠実に行わなければならない」という原則である。

信義誠実の原則は、もともと民法1条2項に定められており、労働契約にも適用される一般原則である。この信義誠実の原則は、個別労働関係紛争を防止するために重要な原則であることから、労働基準法及び労働契約法においても、信義誠実の原則を確認している。

すなわち、「労働者及び使用者は、労働協約、就業規則及び労働契約を遵守し、誠実に各々その義務を履行しなければならない」（労働基準法2条2項）。また、「労働者及び使用者は、労働契約を遵守するとともに、信義に従い誠実に、権利を行使し、及び義務を履行しなければならない」（労働契約法3条4項）。

信義誠実の原則は、労働協約、就業規則及び労働契約の合理的解釈の根拠とされることがある。

6　権利濫用の禁止の原則

「権利濫用の禁止の原則」とは、当事者が契約に基づく権利を濫用してはならないという契約の一般原則である。

権利濫用の禁止については、民法1条3項に「権利の濫用は、これを許さない」として定められており、労働契約にも適用される。個別的労働関係紛争の中には、使用者が優越的な立場で権利濫用に該当する指揮命令などを行うことがみられることから、労働契約法は、「権利濫用の

禁止の原則」を確認している。

すなわち、「労働者及び使用者は、労働契約に基づく権利の行使に当たっては、それを濫用することがあってはならない」(労働契約法3条5項)。

なお、労働契約法では、出向命令権、懲戒権、解雇権の濫用法理について、それぞれ特別に権利濫用の禁止を規定しているから(14条・15条・16条)、出向命令、懲戒、解雇については、同法14条・15条・16条の権利濫用の禁止が適用される。

配転命令権、指揮命令権、業務命令権、人事考課権などについては、個別の権利濫用の禁止規定がないので、労働契約法3条5項の権利濫用の禁止規定が適用される。

第2章　憲法上の人権規定

1　勤労の権利

「勤労の権利」とは、憲法27条1項「すべて国民は、勤労の権利を有し、義務を負ふ」と定められた基本的人権である。勤労権・労働権ともいう。

勤労権には、勤労の自由を侵害されないという自由権的側面と就労の機会を与えられるという社会権的側面とがある。社会権的側面については、職のない国民が国に対して就労の機会を求める具体的権利まで認めるものではなく、国に対して、国民に就労の機会が与えられるように立法・行政上の施策を講じる政治的義務を課したものにすぎないと解するのが一般である。

勤労権の趣旨を具体化する法律として、職業安定法、職業能力開発促進法、雇用保険法、労働施策総合推進法(旧雇用対策法)が制定されている。

2　勤労の義務

憲法27条1項には、「すべて国民は・・・勤労の義務を負う」と定めている。この勤労の義務は、国は労働意欲のない者のために生存を確保

するための施策を講ずる必要がないことを表明したものであるとされている。

3　勤労条件の基準の法定

　憲法 27 条 2 項は、「賃金、就業時間、休息その他の勤労条件に関する基準は、法律でこれを定める」としている。この規定に基づき、労働基準法、労働者災害補償保険法、船員法、最低賃金法、じん肺法、労働安全衛生法、賃金の支払いの確保等に関する法律、労働契約法などが制定されている。

第 3 章　労働者の人権保障

第 1 節　労働基準法が規定する人権擁護規定
1　男女同一賃金の原則
①　意義
　「男女同一賃金の原則」とは、「使用者は、労働者が女性であることを理由として、賃金について、男性と差別的取扱いをしてはならない」（労働基準法 4 条）という原則である。

②　労働基準法 4 条違反の効果
　労働基準法 4 条に違反した者は、6 か月以下の懲役または 30 万円以下の罰金に処せられる（労働基準法 119 条）。

　労働基準法 4 条に違反する取扱いが法律行為（解雇、配置転換、懲戒処分等）であれば、無効となる。

　また、同条違反の差別的取扱いは、不法行為として損害賠償責任を生じる。

2　不当な人身拘束の禁止
(1) 内容
　労働基準法は、使用者が労働者を不当に人身拘束することを防ぐため

に、以下の規制を定めている。

- ・強制労働の禁止（5条）
- ・違約金・賠償予定の禁止（16条）
- ・前借金相殺の禁止（17条）
- ・強制貯金の禁止（18条）
- ・寄宿舎における私生活の自由の保障等（94条）

(2) 強制労働の禁止

「強制労働の禁止」とは、使用者は、暴行、脅迫、監禁その他精神または身体の自由を不当に拘束する手段によって、労働者の意思に反して労働を強制してはならないという規制である（労働基準法5条）。

封建的な強制労働（いわゆる「タコ部屋」など）を禁止するものであり、違反者には労働基準法の中で最も重い刑罰（1年以上10年以下の懲役または20万円以上300万円以下の罰金）が科される（同法117条）。

(3) 違約金・賠償予定の禁止

「違約金・賠償予定の禁止」とは、使用者は、労働契約の不履行について違約金を定め、または損害賠償額を予定する契約をしてはならないという規制である（労働基準法16条）。

民法上は、債務不履行について賠償額の予定や違約金の定めが認められている（民法420条）。しかし、違約金や賠償額の予定が労働者の足止めに利用される等の危険があることから、労働関係における違約金・賠償予定が禁止された。

従って、「途中で退職したら違約金を支払う」「会社に損害を与えたら○○円を支払う」といった合意は無効となる。しかし、現実に労働者の責任によって使用者に発生した損害について賠償を請求することまでは禁止されていない。

労働基準法16条に違反した者は、6か月以下の懲役または30万円以下の罰金に処せられる（労働基準法119条）。

(4) 前借金相殺の禁止

「前借金（ぜんしゃくきん）相殺の禁止」とは、使用者は、前借金その他労働することを条件とする前貸の債権と賃金とを相殺してはならないという規制である（労働基準法17条）。

労働基準法17条に違反した者は、6か月以下の懲役または30万円以下の罰金に処せられる（労働基準法119条）。

(5) 強制貯金の禁止

「強制貯金の禁止」とは、使用者は、労働契約に付随して、貯蓄の契約をさせ、また貯蓄金を管理する契約をしてはならないという規制である（労働基準法18条1項）。

労働基準法18条1項に違反した者は、6か月以下の懲役または30万円以下の罰金に処せられる（労働基準法119条）。

3　中間搾取の排除

「中間搾取の排除」は、何人も、法律に基づいて許される場合の外、業として他人の就業に介入して利益を得てはならないとする原則である（労働基準法6条）。いわゆる「ピンハネ」の排除である。

違反した者は、1年以下の懲役または50万円以下の罰金に処せられる（同法118条）。

なお、職業安定法の規定により厚生労働大臣の許可を得て行う有料職業紹介業、委託募集および労働者供給事業は、「法律に基づいて許される場合」に該当し、労働基準法6条違反とならない。

人材派遣業による派遣は、派遣元が派遣労働者と労働契約を締結し、派遣先と派遣労働者との間の関係に介入するわけではないから、労働基準法6条違反には該当しない。

4　公民権行使の保障

使用者は、労働者が労働時間中に、選挙権その他公民としての権利を行使し、または公の職務を執行するために必要な時間を請求した場合に

おいては、拒んではならない。ただし、権利の行使または公の職務の執行に妨げがないかぎり、請求された時刻を変更することができる（労働基準法7条）。

第2節　雇用における男女の平等・母性保護

1　男女同一賃金

「男女同一賃金原則」とは、使用者は、労働者が女性であることを理由として、賃金について男性と差別的取扱いをしてはならないとする原則である（労働基準法4条）。

労働基準法4条に違反した者は、6か月以下の懲役または30万円以下の罰金に処せられる（同法119条）。

なお、労働基準法4条が禁止するのは「賃金について」の差別的取扱いにとどまるが、採用・配置・昇進・教育訓練等の差別は、男女雇用機会均等法で規制されている。

2　男女雇用機会均等法

(1) 意義

「男女雇用機会均等法」（雇用の分野における男女の均等な機会及び待遇の確保等に関する法律）は、雇用の分野における男女の均等な機会及び待遇の確保を図るとともに、女性労働者の就業に関して妊娠中及び出産後の健康の確保を図る等の措置を推進することを目的とする法律である。

男女雇用機会均等法の主な規定は次の通りである。

①性別を理由とする差別の禁止
- ・募集・採用の差別の禁止（5条）
- ・配置・昇進・降格・教育訓練等の差別の禁止（6条）
- ・間接差別の禁止（7条）
- ・女性労働者に係る措置に関する特例（8条。ポジティブ・アクション）

②婚姻、妊娠・出産等を理由とする不利益取扱いの禁止等（9条）

③セクシュアルハラスメント対策（11条）

④職場における妊娠・出産等に関するハラスメント対策（11条の2）

⑤母性健康管理措置（12条・13条）

(2) 性別を理由とする差別の禁止の内容

①　募集・採用の差別の禁止

事業主は、労働者の募集および採用について、その性別にかかわりなく均等な機会を与えなければならない（男女雇用機会均等法 5 条）。

②　配置・昇進・降格・教育訓練等の差別の禁止

事業主は、次の点について、労働者の性別を理由として、差別的取扱いをしてはならない（男女雇用機会均等法 6 条 1 項）。

・労働者の配置（業務の配分および権限の付与を含む）、昇進、降格
・一定範囲の福利厚生（厚生労働省令で定めるもの）
・職種、雇用形態の変更
・退職の勧奨、定年、解雇、労働契約の更新

③　間接差別の禁止

「間接差別」とは、①性別以外の事由を要件とする措置であって、②当該要件を満たす男性および女性の比率を勘案すると実質的に性別を理由とする差別となるおそれがあると考えられるものを、③合理的な理由がある場合でないときに講ずることである。

これに対して、女性であるがゆえの伝統的な差別は、直接差別または意図的差別と呼ばれる。

間接差別については、男女雇用機会均等法により、労働者の性別以外の事由を要件とする措置のうち、実質的に性別を理由とする差別となるおそれがあるものとして厚生労働省令で定める措置について、合理的な理由がない場合は、これを講ずることが禁止されている（同法 7 条）。

「厚生労働省令で定める措置」は次のとおりである。

・労働者の募集または採用にあたり、労働者の身長、体重または体力を要件とすること
・労働者の募集もしくは採用、昇進、または職種の変更に関する措置

であって、労働者の住居の移転を伴う配置転換に応じることができることを要件とするもの
・労働者の昇進にあたり、労働者が勤務する事業場と異なる事業場に配置転換された経験があることを要件とするもの

④　女性労働者に係る措置に関する特例（ポジティブ・アクション）
「ポジティブアクション」とは、雇用の場で男女労働者間に事実上生じている格差を解消することを目的として行う、女性のみを対象とした取扱いや女性を優遇する取扱いである。
男女雇用機会均等法8条はポジティブアクションを許容している。

(3) 禁止される差別に関する指針
厚生労働省は、男女雇用機会均等法により禁止される差別の内容を具体的に示した指針である「労働者に対する性別を理由とする差別の禁止等に関する規定に定める事項に関し、事業主が適切に対処するための指針」（平成18年厚生労働省告示第614号）を策定・公表している。

┌ 参考知識：指針が定める募集・採用に関し禁止される措置の例
①募集・採用にあたって、その対象から男女のいずれかを排除すること
②募集・採用にあたっての条件を男女で異なるものとすること
③採用選考において、能力および資質の有無等を判断する場合に、その方法や基準について男女で異なる取扱いをすること
④募集・採用にあたって男女のいずれかを優先すること
⑤求人の内容の説明等募集または採用に係る情報の提供について、男女で異なる取扱いをすること

┌ 参考知識：指針が定める配置に関して禁止される措置の例
①一定の職務への配置に当たって、その対象から男女のいずれかを排除すること
②一定の職務への配置に当たっての条件を男女で異なるものとすること
③一定の職務への配置に当たって、能力及び資質の有無等を判断する場合に、その方法や基準について男女で異なる取扱いをすること
④一定の職務への配置に当たって、男女のいずれかを優先すること

⑤配置における業務の配分に当たって、男女で異なる取扱いをすること

⑥配置における権限の付与に当たって、男女で異なる取扱いをすること

⑦配置転換に当たって、男女で異なる取扱いをすること

参考知識：指針が定める昇進に関して禁止される措置の例

①一定の役職への昇進に当たって、その対象から男女のいずれかを排除すること

②一定の役職への昇進に当たっての条件を男女で異なるものとすること

③一定の役職への昇進に当たって、能力及び資質の有無等を判断する場合に、その方法や基準について男女で異なる取扱いをすること

④一定の役職への昇進に当たり男女のいずれかを優先すること

参考知識：指針が定める降格に関して禁止される措置の例

①降格に当たって、その対象を男女のいずれかのみとすること

②降格に当たっての条件を男女で異なるものとすること

③降格に当たって、能力及び資質の有無等を判断する場合に、その方法や基準について男女で異なる取扱いをすること

④降格に当たって、男女のいずれかを優先すること

参考知識：指針が定める教育訓練に関して禁止される措置の例

①教育訓練に当たって、その対象から男女のいずれかを排除すること

②教育訓練を行うに当たっての条件を男女で異なるものとすること

③教育訓練の内容について、男女で異なる取扱いをすること

参考知識：指針が定める福利厚生に関して禁止される措置の例

①福利厚生の措置の実施に当たって、その対象から男女のいずれかを排除すること

②福利厚生の措置の実施に当たっての条件を男女で異なるものとすること

参考知識：指針が定める職種の変更に関して禁止される措置の例

①職種の変更に当たって、その対象から男女のいずれかを排除すること

②職種の変更に当たっての条件を男女で異なるものとすること

③一定の職種への変更に当たって、能力及び資質の有無等を判断する場合に、その方法や基準について男女で異なる取扱いをすること

④職種の変更に当たって、男女のいずれかを優先すること

⑤職種の変更について男女で異なる取扱いをすること

参考知識：指針が定める雇用形態の変更に関して禁止される措置の例

①雇用形態の変更に当たって、その対象から男女のいずれかを排除すること
②雇用形態の変更に当たっての条件を男女で異なるものとすること
③一定の雇用形態への変更に当たって、能力及び資質の有無等を判断する場合
　に、その方法や基準について男女で異なる取扱いをすること
④雇用形態の変更に当たって、男女のいずれかを優先すること
⑤雇用形態の変更について、男女で異なる取扱いをすること

参考知識：指針が定める退職の勧奨に関して禁止される措置の例

①退職の勧奨に当たって、その対象を男女のいずれかのみとすること
②退職の勧奨に当たっての条件を男女で異なるものとすること
③退職の勧奨に当たって、能力及び資質の有無等を判断する場合に、その方法や
　基準について男女で異なる取扱いをすること
④退職の勧奨に当たって、男女のいずれかを優先すること

参考知識：指針が定める定年に関して禁止される措置の例

①定年の定めについて、男女で異なる取扱いをすること

参考知識：指針が定める解雇に関して禁止される措置の例

①解雇に当たって、その対象を男女のいずれかのみとすること
②解雇の対象を一定の条件に該当する者とする場合において、当該条件を男女で
　異なるものとすること
③解雇に当たって、能力及び資質の有無等を判断する場合に、その方法や基準に
　ついて男女で異なる取扱いをすること
④解雇に当たって、男女のいずれかを優先すること

参考知識：指針が定める労働契約の更新（雇止め）に関して禁止される措置の例

①労働契約の更新に当たって、その対象から男女のいずれかを排除すること
②労働契約の更新に当たっての条件を男女で異なるものとすること
③労働契約の更新に当たって、能力及び資質の有無等を判断する場合に、その方
　法や基準について男女で異なる取扱いをすること
④労働契約の更新に当たって男女のいずれかを優先すること

(4) 実効性を確保するための制度

　男女雇用機会均等法には、その実効性を確保するために、次の制度が定められている。

　①苦情の自主的解決（同法15条）

　　　事業主は、男女雇用機会均等法に定める事項に関し、労働者から苦情の申出を受けたときは、事業主の代表者及び労働者の代表者により構成される苦情処理機関に苦情の処理をゆだねる等その自主的な解決を図るように努めなければならない。

　②都道府県労働局長による紛争解決の援助（同法17条）

　　　都道府県労働局長は、男女雇用機会均等法に定める事項に関する紛争について、当該紛争の当事者（労働者・事業主）の双方または一方からその解決につき援助を求められた場合には、当該紛争の当事者に対し、必要な助言、指導または勧告をすることができる。

　③機会均等調停会議による調停（同法18条・19条）

　　　男女雇用機会均等法に定める事項に関する紛争について、当事者（労働者・事業主）の双方または一方から申請があった場合で、都道府県労働局長がその紛争の解決に必要と認めた場合、学識経験者などの専門家で構成される第三者機関である「紛争調整委員会」（紛争調整委員会）に調停を行わせることができる。

　④報告徴収・勧告等（同法29条）

　　　厚生労働大臣が男女雇用機会均等法の施行に関し必要と認めるときは、事業主に対する報告徴収、助言、指導、勧告をすることができる。

　⑤企業名公表制度（同法30条）

　　　厚生労働大臣は、男女雇用機会均等法の規定に違反している事業主に対する勧告に事業主が従わない場合には、企業名を公表できる。

　⑥過料（同法33条）

　　　厚生労働大臣による報告徴収に対し、報告をしない場合または虚偽の報告をした者は20万円以下の過料に処せられる。

　なお、男女雇用機会均等法は、労働基準法のような個別規定に違反した場合の罰則はない。

3　雇用における男女の平等に関する関連法令の規定

　男女雇用機会均等法以外にも、関連法令において、男女の均等な機会及び待遇の確保に関し、次の規制が定められている。

　①派遣先に対する男女雇用機会均等法の適用（労働者派遣法 47 条の 2）

　②深夜業に従事する女性労働者に対する措置（男女雇用機会均等法施行規則 13 条）

　③労働基準法の規制

　　・男女同一賃金の原則（4 条）

　　・母性保護措置に関する各種規定

4　女性活躍推進法
(1) 意義

　「女性活躍推進法」（「女性の職業生活における活躍の推進に関する法律」）は、女性の職業生活における活躍の推進について、事業主等の責務を明らかにする等により、女性の職業生活における活躍を推進することを目的とする法律である。

　女性活躍推進法は、2016 年 4 月に施行され、2026 年 3 月までの 10 年間の時限立法である。

　同法 8 条により、常時雇用する労働者 301 人以上の事業主は、次の義務を負う（300 人以下の事業主は努力義務）。

　①一般事業主行動計画の策定

　②一般事業主行動計画の都道府県労働局への届出

　③一般事業主行動計画の労働者への周知と公表

　④自社の女性の活躍に関する情報の公表

　なお、女性の活躍を促進するために、各種の助成金が設けられている。

(2) 一般事業主行動計画

①　一般事業主行動計画の策定

　一般事業主（「国・地方公共団体以外の事業主」）であって常時雇用する労働者が300人を超えるものは、「一般事業主行動計画」を定めなければならない（女性活躍推進法8条1項）。

　常時300人以下の労働者を雇用する一般事業主は、努力義務とされている（同法8条7項8項）。

参考知識：一般事業主行動計画に定めるべき事項

　「一般事業主行動計画」では、計画期間、達成目標、取組みの内容および実施時期を定めなければならず、また、①採用者に占める女性の割合（雇用区分ごと）、②男女の勤続年数の差異（雇用管理区分ごと）、③各月ごとの平均残業時間等の長時間労働の状況、④管理職（課長級以上）に占める女性の割合、その他のその事業における女性の活躍状況を把握したうえで、その結果を勘案して、①～④やその他の数値を用い定量的に定めなければならない（同法8条2項3項）。

---

②　届出

　一般事業主であって常時雇用する労働者が300人を超えるものは、策定した一般事業主行動計画を厚生労働大臣に届け出なければならない（女性活躍推進法8条1項）。具体的には、都道府県労働局に届け出る。

③　周知・公表

　一般事業主は、「一般事業主行動計画」を定め、または変更したときは、これを労働者に周知させるための措置を講じなければならず、また公表しなければならない（同法8条4項5項）。

(3) えるぼしマーク

　厚生労働大臣は、「一般事業主行動計画」を届け出た一般事業主からの申請に基づき、省令の定めるところにより、当該事業主について、女性の職業生活における活躍の推進に関する取組みについて、当該取組みの実施の状況が優良なものであること、その他政令で定める基準に適合

するものである旨の認定を行うことができる（女性活躍推進法 9 条）。

　女性活躍推進の取組みに優れた事業主としての認定を受けた事業主には、「えるぼし」マークの使用が認められる。

（えるぼしマーク）

(4) 自社の女性の活躍に関する情報の公表

　常時 300 人を超える労働者を雇用する一般事業主は、厚労省令で定めるところにより、職業生活を営みまたは営もうとする女性の職業選択に資するよう、その事業における女性の職業生活における活躍に関する情報を定期的に公表しなければならない（女性活躍推進法 16 条 1 項）。

　常時 300 人以下の労働者を雇用する一般事業主については、努力義務とされる（16 条 2 項）。

5　母性保護
(1) 母性保護の規定
①　労働基準法
労働基準法には、母性保護に関する下記の各種規定が置かれている。
①妊娠中の女性等の坑内業務の就業制限（64 条の 2）
②妊産婦の母性機能に有害な業務への就業制限（64 条の 3）
③産前産後休業（65 条 1 項・2 項）
④妊娠中の軽易業務への転換（65 条 3 項）
⑤妊産婦の労働時間、休日労働等の制限（66 条）
⑥ 1 歳未満の生児を育てる女性の育児時間（67 条）
⑦生理休暇（68 条）

生理日の就業が著しく困難な女性が休暇を請求したときは、生理日に就業させてはならない。

⑧罰則

　①に違反した者は、1年以下の懲役または50万円以下の罰金に処されられる（118条）。

　②〜⑥に違反した者は、6か月以下の懲役または30万円以下の罰金に処せられる（119条）。

　⑦に違反した者は、30万円以下の罰金に処せられる（120条）。

②　男女雇用機会均等法

男女雇用機会均等法には母性の健康管理に関する各種規定が置かれている（内容については後述する）。

③　育児・介護休業法

育児に関しては、育児・介護休業法に多くの規定がある（後述する）。

(2) 労働基準法における母性保護の規定

①　母性機能に有害な業務への就業制限

使用者は、妊産婦（妊娠中の女性および産後1年を経過しない女性）を、重量物を取り扱う業務、有害ガスを発散する場所における業務その他妊産婦の妊娠・出産・保育などに有害な業務に就かせてはならない（労働基準法64条の3第1項）。

これらの就業禁止業務のうち、女性の妊娠・出産機能に有害な業務については、妊産婦以外の女性にも準用される（同条2項）。

有害業務の範囲及び就業禁止が準用される者の範囲は、厚生労働省（女性労働基準規則2条）で定められている。

労働基準法64条の3に違反した者は、6か月以下の懲役または30万円以下の罰金に処せられる（同法119条）。

②　産前産後休業

ア．産前休業

使用者は 6 週間（多胎妊娠の場合は 14 週間）以内に出産する予定の女性が休業を請求した場合には、その者を就業させてはならない（産前休業・労働基準法 65 条 1 項）。

産前休業は、出産予定日の 6 週間前（多胎妊娠の場合は 14 週間）から、請求すれば取得でき、出産日は産前休業に含まれる。

出産が予定より早ければそれだけ産前休業は短縮され、予定日より遅れればその遅れた期間も産前休業として取り扱われる。

イ．産後休業

使用者は、産後 8 週間を経過しない女性を就業させてはならない。ただし、産後 6 週間を経過した女性が請求した場合において、その者について医師が支障ないと認めた業務に就かせることはさしつかえない（産後休業・同条 2 項）。

産後休業は、実際の出産日の翌日から始まり、6 週間経過までは強制休業である。

産後休業の「出産」とは、妊娠 4 か月以上の分娩をいい、「死産」や「流産」も含まれる。

ウ．罰則

労働基準法 65 条に違反した者は、6 か月以下の懲役または 30 万円以下の罰金に処せられる（同法 119 条）。

（産前産後休業と育児休業の概念図）

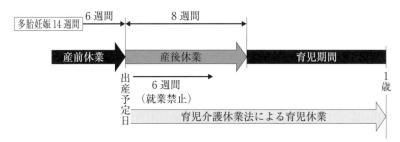

※育児・介護休業法による育児休業については、【P.371 育児休業】を参照

エ．産前産後休業と解雇の禁止

産前産後休業の期間およびその後の 30 日間は、使用者は当該女性労働者を解雇してはならない（労働基準法 19 条 1 項）。

違反者は、6 か月以下の懲役または 30 万円以下の罰金に処せられる（同法 119 条）。

③　妊娠中の軽易業務への転換

使用者は、妊娠中の女性が請求した場合には、他の軽易な業務に転換させなければならない（労働基準法 65 条 3 項）。

軽易業務の種類などについては特に規定はなく、原則として女性が請求した業務に転換させる趣旨であるとされている。

また、業務内容の転換だけでなく、労働時間帯の変更も含むと解されている。

労働基準法 65 条に違反した者は、6 か月以下の懲役または 30 万円以下の罰金に処せられる（同法 119 条）。

④　母性保護・育児のための時間外労働等の制限

労働基準法には母性保護のための妊産婦の時間外労働等の制限の定めがある。なお、育児・介護休業法には、育児・介護のための時間外労働等の制限の定めがある。

ア．妊産婦の労働時間、休日労働等の制限（労働基準法 66 条）

妊産婦が請求した場合は、時間外・休日労働、深夜業をさせてはならない（同条 2 項・3 項）。変形労働時間制を採用していても、法定労働時間を超えて労働させてはならない（同条 1 項）。

労働基準法 66 条に違反した者は、6 か月以下の懲役または 30 万円以下の罰金に処せられる（同法 119 条）。

イ．育児・介護休業法による時間外労働の制限（育児・介護休業法 17 条・18 条）

小学校就学前の子を養育する労働者および要介護状態にある家族を介護する労働者が請求したときは、使用者は、事業の正常な運営を

妨げる場合を除き、1 月 24 時間、1 年 150 時間をこえて労働時間を
延長してはならない。

ウ．育児・介護休業法による深夜業の規制（育児・介護休業法 19 条・20
条）

小学校就学前の子を養育する男女労働者が請求したときは、使用者
は、事業の正常な運営を妨げる場合を除き、1 回の請求につき、1
か月以上 6 か月以内の期間で、深夜（午後 10 時から午前 5 時まで）
に労働させてはならない。

⑤　育児時間

使用者は、1 歳未満の生児を育てる女性が請求したときは、法定の休
憩時間のほか、1 日 2 回それぞれ少なくとも 30 分の育児時間を与えな
ければならない（労働基準法 67 条）。

育児時間中は、労働協約や就業規則で有給と規定されないかぎりは無
給である。

労働基準法 67 条に違反した者は、6 か月以下の懲役または 30 万円以
下の罰金に処せられる（同法 119 条）。

(3) 女性の深夜業に対する指針

女性を深夜業に従事させる場合については、「深夜業に従事する女性
労働者の就業環境等の整備に関する指針」が定められている。

①通勤および業務遂行の際における安全の確保（送迎バス、防犯灯、防
犯ベル、1 人作業の回避等）、②子の養育または家族の介護等の事情に関す
る配慮、③仮眠室、休養室の整備、④健康診断等の事項を、事業主の行
動指針として提示している。

(4) 男女雇用機会均等法における母性健康管理措置

男女雇用機会均等法は、母性保護のため、以下の規定を置いている。

①　保健指導・健康診査を受けるための時間の確保（12条）

　事業主は、女性労働者が妊産婦のための保健指導または健康診査を受診するために必要な時間を確保することができるようにしなければならない。

```
┌─ 参考知識：健康診査等を受診するために確保しなければならない回数 ──┐
│                                                                  │
│ ○妊娠中                                                          │
│ 　・妊娠 23 週までは 4 週間に 1 回                                │
│ 　・妊娠 24 週から 35 週までは 2 週間に 1 回                      │
│ 　・妊娠 36 週以後出産までは 1 週間に 1 回                        │
│ ○産後（出産後 1 年以内）                                         │
│ 　・医師等の指示に従って必要な時間を確保する                     │
│                                                                  │
└──────────────────────────────────────────────────────────────────┘
```

②　指導事項を守ることができるようにするための措置（13条）

　妊娠中及び出産後の女性労働者が、健康診査等を受け、医師等から指導を受けた場合は、その女性労働者が受けた指導を守ることができるようにするために、事業主は、勤務時間の変更、勤務の軽減等必要な措置を講じなければならない。

```
┌─ 参考知識：指導事項を守ることができるようにするための措置 ──┐
│                                                              │
│ ○妊娠中の通勤緩和（時差通勤、勤務時間の短縮等の措置）         │
│ ○妊娠中の休憩に関する措置（休憩時間の延長、休憩回数の増加等の措置） │
│ ○妊娠中または出産後の症状等に対応する措置（作業の制限、休業等の措置） │
│                                                              │
└──────────────────────────────────────────────────────────────┘
```

③　妊娠・出産等を理由とする不利益取扱いの禁止（9条）

　事業主は、女性労働者が妊娠・出産・産前産後休業の取得、妊娠中の時差通勤など男女雇用機会均等法による母性健康管理措置や深夜業免除など労働基準法による母性保護措置を受けたことなどを理由として、解雇その他不利益取扱いをしてはならない。

第 3 節　年少者の保護

年少者等の保護に関する規定

　労働基準法は、未成年者（20 歳未満の者）、年少者（18 歳未満の者）、児童（15 歳未満の者）の労働に関して、特別の保護規定を置いている。

参考知識：年少者等の保護のための規定

①最低年齢（56 条）

　原則として、中学生以下の児童（満 15 歳に達した日以後の最初の 3 月 31 日が終了するまでの児童）を使用することはできない。

　ただし、健康・福祉に有害でない軽易な業務に限り、労働基準監督署長の許可を条件に新聞配達等について、修学時間外に働かせることができる。

　同法 56 条違反の罰則は、1 年以下の懲役または 50 万円以下の罰金である（同法 118 条）。

②年齢証明等（57 条）

　年少者については、年齢証明書（住民票記載事項証明書等）を事業所に備えつけなければならず、労基署長の許可を受けて使用する児童については、修学に差し支えないことを証明する学校長の証明書及び親権者の同意書を事業場に備えておかなければならない。

　同法 57 条違反の罰則は、30 万円以下の罰金である（同法 120 条）。

③未成年者の労働契約締結（58 条 1 項）・賃金請求権（59 条）

　労働契約は本人自身と締結しなければならず、親権者・代理人が未成年者に代わって労働契約を締結してはならない。

　未成年者は独立して賃金を請求することでき、親権者または後見人は未成年の賃金を代わって受け取ってはならない。

　同法 58 条・59 条違反の罰則は、30 万円以下の罰金である（同法 120 条）。

④年少者の労働時間及び休日（60 条）

　年少者は、原則として時間外・休日労働を行わせることができず、各種の変形労働時間制のもとで労働させることもできない。

⑤年少者の深夜業（60 条）

　年少者は、原則として、深夜時間帯（午後 10 時から翌日午前 5 時）に労働させることはできない。

⑥年少者の危険有害業務の制限（62 条・63 条）

　年少者を危険または有害な業務（重量物（30 kg 以上）の取扱業務、有害ガスの発散する場所における業務、5 m 以上の高所作業（墜落のおそれのある場

所等）に就業させることはできない。

　同法 62 条違反の罰則は 6 か月以下の懲役または 30 万円以下の罰金であり（同法 119 条）、同法 63 条違反の罰則は 1 年または 50 万円以下の罰金である（同法 118 条）。

第 4 節　募集・採用における年齢差別の禁止

募集・採用における年齢にかかわりない均等な機会の確保

　高年齢者や年長フリーターなど、一部の労働者の応募機会が閉ざされている状況にあったことを受けて、労働者一人一人に、より均等な働く機会が与えられるよう、募集及び採用における年齢制限は禁止されている。

　すなわち、事業主は、労働者がその有する能力を有効に発揮するために必要であると認められるときは、労働者の募集・採用について、原則として、その年齢にかかわりなく均等な機会を与えなければならない（労働施策総合推進法 9 条）。

　このため、労働者の募集及び採用の際には、例外事由に該当しない限り、年齢を不問としなければならない。

　労働施策総合推進法 9 条違反の場合は、助言、指導、勧告等の対象となるとともに（労働施策総合推進法 33 条）、ハローワークや職業紹介事業者において求人の受理を拒否されることがある（職業安定法 5 条の 5 但書）。

参考知識：求人票の記載例

　下記例外事由に該当しない限り、募集にあたって年齢制限はできないから、次のような求人票の記載は許されない。
・「若者向けの洋服の販売職として、30 歳以下の方を募集」
　この場合は、次のように、業務内容を明示するといった工夫が必要になる。
・「10 歳代後半から 20 歳代前半までの若者向けの洋服の販売であり、宣伝を兼ねてその商品を着用して店舗に出て接客する業務です。」

参考知識：例外事由

　以下の例外事由に該当する場合は、例外的に、募集・採用において年齢制限を

行うことが認められる（労働施策総合推進法施行規則 1 条の 3 第 1 項）。

①定年年齢を上限として、当該上限年齢未満の労働者を期間の定めのない労働契約の対象として募集・採用する場合

②労働基準法等法令の規定により年齢制限が設けられている場合

③長期勤続によるキャリア形成を図る観点から、若年者等を期間の定めのない労働契約の対象として募集・採用する場合

④技能・ノウハウの継承の観点から、特定の職種において労働者数が相当程度少ない特定の年齢層に限定し、かつ、期間の定めのない労働契約の対象として募集・採用する場合

⑤芸術・芸能の分野における表現の真実性等の要請がある場合

⑥60 歳以上の高年齢者または特定の年齢層の雇用を促進する施策（国の施策を活用しようとする場合に限る。）の対象となる者に限定して募集・採用する場合

なお、上記例外事由のいずれかに該当する場合において、上限（65 歳未満のものに限る。）を定める場合には、求職者、職業紹介事業者等に対して、その理由を書面や電子媒体により提示することが義務付けられている（高年齢者雇用安定法 18 条の 2 第 1 項）。

第 5 節　障害者差別の禁止

1　障害者差別解消法

「障害を理由とする差別の解消の推進に関する法律」（障害者差別解消法）は、全ての障害者が、障害の有無によって分け隔てられることなく、相互に人格と個性を尊重し合いながら共生する社会の実現に向け、障害を理由とする差別の解消を推進することを目的とし、2016 年 4 月に施行された法律である。

主務大臣は、同法 8 条に規定する「障害を理由とする差別を解消するための措置」に関し、事業者が適切に対応するために必要な指針（「対応指針」）を定めるものとされている（11 条）。これに基づき、関係府省庁が、各所管事業分野における障害を理由とする差別の解消の推進に関する「対応指針」を策定・公表している。

なお、法定雇用率による障害者雇用の促進については、第 3 編 第 2 章 第 3 節「障害者の雇用促進」で解説する。

2　障害を理由とする差別を解消するための措置

　障害者差別解消法では、「障害を理由とする差別を解消するための措置」として、事業者に対し、以下の義務・努力義務を課している（8条）。

(1)「不当な差別的取扱いの禁止」の義務（1項）

　事業者は、その事業を行うに当たり、障害を理由として障害者でない者と不当な差別的取扱いをすることにより、障害者の権利利益を侵害してはならない。

(2)「合理的配慮の提供」の努力義務（2項）

　事業者は、その事業を行うに当たり、障害者から現に社会的障壁の除去を必要としている旨の意思の表明があった場合において、その実施に伴う負担が過重でないときは、障害者の権利利益を侵害することとならないよう、当該障害者の性別、年齢及び障害の状態に応じて、社会的障壁の除去の実施について必要かつ合理的な配慮をするように努めなければならない。

(3)　実効性の確保

　障害を理由とする差別を解消するための措置の実効性を確保するため、主務大臣は、特に必要があると認めるときは、対応指針に定める事項について、当該事業者に対し、報告を求め、または助言、指導若しくは勧告をすることができる（同法12条）。

　なお、障害者雇用促進法では、雇用分野における障害者に対する差別の禁止を定める他、雇用の分野における障害者と障害者でない者との均等な機会の確保等を図るための措置を講ずる義務を事業主に課している（後述する）。

第6節　職場におけるハラスメント等

1　セクシュアルハラスメント

(1) セクシュアルハラスメントとは

「職場におけるセクシュアルハラスメント（セクハラ）」とは、職場において行われる性的な言動に対するその雇用する労働者の対応により、当該労働者がその労働条件につき不利益を受け、又は当該性的な言動により当該労働者の就業環境が害されることである（男女雇用機会均等法11条1項）。

厚生労働省のセクハラ措置指針※は、セクハラを次の2類型に分けている。

①対価型セクシュアルハラスメント

職場において行われる労働者の意に反する性的な言動に対する労働者の対応により、当該労働者が解雇、降格、減給等の不利益を受けること

②環境型セクシュアルハラスメント

職場において行われる労働者の意に反する性的な言動により労働者の就業環境が不快なものとなったため、能力の発揮に重大な悪影響が生じる等当該労働者が就業する上で看過できない程度の支障が生じること

※セクハラ措置指針：「事業主が職場における性的な言動に起因する問題に関して雇用管理上講ずべき措置についての指針」

(2) セクシュアルハラスメントの要件

①　職場

男女雇用機会均等法が規定するセクシュアルハラスメントは、「職場において行われる」性的な言動によるものである。

「職場」は、事業主が雇用する労働者が業務を遂行する場所を指す。

労働者が通常就業している場所以外の場所であっても、取引先の事務所や顧客の自宅、出張先等、労働者が業務を遂行する場所であれば「職

場」に含まれる（セクハラ措置指針）。

　［「職場」に該当する場合の例］

　　・取引先の事務所

　　・取引先と打合せをするための飲食店

　　・顧客の自宅等であるが、当該労働者が業務を遂行する場所

　なお、勤務時間外の「宴会」などであっても、実質上職務の延長と考えられるものは「職場」に該当するが、その判断に当たっては、職務との関連性、参加者の範囲、参加が強制的か任意かといったことを考慮して個別に行う必要がある。

　事業主が対応すべき「職場」におけるハラスメントかどうかの判断にあたっては、使用者責任（民法715条）に関する裁判例が、職務（事業）と密接な関連性がある行為であれば、使用者の「事業の執行について」行われたと判断していることが参考になる。

②　性的な言動

　「性的な言動」とは、性的な内容の発言及び性的な行動を指す。

> **参考：性的な内容の発言**
>
> 　「性的な内容の発言」には、性的な事実関係を尋ねることや、性的な内容の情報を意図的に流布することも含まれる（セクハラ措置指針）。
>
> 　［例］
>
> 　・「スリーサイズはいくつ？」「恋人はいるの？」などと執拗に尋ねる。
>
> 　・恋愛経験を執拗に尋ねる。
>
> 　・性的な発言をしばしば口にする。
>
> 　・執拗に性的な内容のメールを送信する。

> **参考：性的な行動の内容**
>
> 　「性的な行動」には、性的な関係を強要すること、必要なく身体に触ること、わいせつな図画を配布すること等が含まれる（セクハラ措置指針）。

　なお、被害労働者が拒否の姿勢を明確にしていなくても、客観的に見て「性的な言動」といえる言動があれば、セクハラに該当しうる。

　職場におけるセクハラ行為については、被害者が内心でこれに著しい不快感や嫌悪感等を抱きながらも、職場の人間関係の悪化等を懸念して、加害者に対する抗議や抵抗ないし会社に対する被害の申告を差し控えたり、躊躇したりすることが少なくないからである（最高裁 H.27.2.26 判決参照）。

③　労働者

　職場におけるセクシュアルハラスメントの対象である「労働者」は、事業主が雇用する労働者のすべてをいい、いわゆる非正規労働者も含む（セクハラ措置指針）。

　なお、派遣労働者については、派遣元事業主のみならず、労働者派遣の役務の提供を受ける者（派遣先事業主）も、その指揮命令の下に労働させる派遣労働者を雇用する事業主とみなされるため（労働者派遣法 47 条の 2）、自ら雇用する労働者と同様に、セクシュアルハラスメントに関し事業主が雇用管理上講ずべき措置を講ずる必要がある。

　なお、セクハラの対象となる「労働者」は女性に限らないから、女性だけでなく男性も対象となり、同性に対するものも含まれる。

(3)　対価型セクシュアルハラスメントの例

　「対価型セクシュアルハラスメント」は、職場において行われる労働者の意に反する性的な言動に対する労働者の対応により、当該労働者が解雇、降格、減給等の不利益を受けることである。

　対価型セクシュアルハラスメントの状況は多様であるが、典型的な例として、次のものがあげられる（セクハラ措置指針）。

①事務所内において事業主が労働者に対して性的な関係を要求したが、拒否されたため、当該労働者を解雇すること

②出張中の車中において上司が労働者の腰、胸等に触ったが、抵抗されたため、当該労働者について不利益な配置転換をすること

③営業所内において事業主が日頃から労働者に係る性的な事柄について公然と発言していたが、抗議されたため、当該労働者を降格する

こと

(4) 環境型セクシュアルハラスメントの例

　環境型セクシュアルハラスメントは、職場において行われる労働者の意に反する性的な言動により労働者の就業環境が不快なものとなったため、能力の発揮に重大な悪影響が生じる等当該労働者が就業する上で看過できない程度の支障が生じることである。

　環境型セクシュアルハラスメントの状況も多様であるが、典型的な例として、次のものがあげられる（セクハラ措置指針）。

　①事務所内において上司が労働者の腰、胸等に度々触ったため、当該労働者が苦痛に感じてその就業意欲が低下していること

　②同僚が取引先において労働者に係る性的な内容の情報を意図的かつ継続的に流布したため、当該労働者が苦痛に感じて仕事が手につかないこと

　③労働者が抗議をしているにもかかわらず、事務所内にヌードポスターを掲示しているため、当該労働者が苦痛に感じて業務に専念できないこと

(5) セクシュアルハラスメントに関連する法制度（男女雇用機会均等法）

　男女雇用機会均等法には、セクハラに関し、次の制度の定めがある。

①　職場における性的な言動に起因する問題に関する雇用管理上の措置

　事業主は、職場において行われる性的な言動に対するその雇用する労働者の対応により当該労働者がその労働条件につき不利益を受け、又は当該性的な言動により当該労働者の就業環境が害されることのないよう、当該労働者からの相談に応じ、適切に対応するために必要な体制の整備その他の雇用管理上必要な措置を講じなければならない（11条）。

②　苦情の自主的解決

　事業主は、「性別を理由とする差別」「婚姻、妊娠、出産等を理由とす

る不利益取扱い」「妊娠中及び出産後の健康管理」（労働者の募集及び採用に係るものを除く。）に関し、労働者から苦情の申出を受けたときは、事業主を代表する者及び当該事業場の労働者を代表する者を構成員とする当該事業場の労働者の苦情を処理するための「苦情処理機関」に対し当該苦情の処理をゆだねる等その自主的な解決を図るように努めなければならない（15条）。

③　紛争解決の援助

「性別を理由とする差別」「婚姻、妊娠、出産等を理由とする不利益取扱い」「職場における性的な言動に起因する問題」「職場における妊娠、出産等に関する言動に起因する問題」「妊娠中及び出産後の健康管理」を起因とする労働者と事業主間の紛争に関し、当該紛争の当事者の双方又は一方は、都道府県労働局長に対し、その解決につき援助を求めることができる（17条1項）。都道府県労働局長は、援助の求めがあったときは、当事者双方の意見を聴取し、問題解決に必要な具体策の提示（助言・指導・勧告）をし、紛争の解決を図る。

なお、事業主は、労働者が17条1項の援助を求めたことを理由として、当該労働者に対して解雇その他不利益な取扱いをしてはならない（17条2項）。

紛争解決の援助は、簡単な手続きで、迅速に、行政機関の援助により紛争解決を図る制度であるといえる。

④　機会均等調停会議による調停

「性別を理由とする差別」「婚姻、妊娠、出産等を理由とする不利益取扱い」「職場における性的な言動に起因する問題」「職場における妊娠、出産等に関する言動に起因する問題」「妊娠中及び出産後の健康管理」についての労働者と事業主との間の紛争（労働者の募集及び採用についての紛争を除く）に関し、当該紛争の当事者（「関係当事者」）は、都道府県労働局（雇用均等室）に調停（機会均等調停会議）の申請ができる（18条1項）。

　事業主は、労働者が18条1項の調停申請をしたことを理由として、当該労働者に対して解雇その他不利益な取扱いをしてはならない（18条2項）。

　調停は、弁護士や大学教授、家庭裁判所家事調停委員、社会保険労務士等の労働問題の専門家3人で構成される調停委員が行い、機会均等調停会議（非公開）を開催して、関係当事者からの意見聴取等を行い、調停案の作成や調停案の受諾勧告等をし、紛争の解決を図る。

　調停会議による調停は、公平、中立性の高い第三者機関の援助により、紛争解決を図る制度であるといえる。

(6) 職場における性的な言動に起因する問題に関し事業主が雇用管理上講ずべき措置の内容

　男女雇用機会均等法11条により事業主が職場における性的な言動に起因する問題に関し雇用管理上講ずべき措置として、事業主が、セクシュアルハラスメントを防止するため、雇用管理上講じなければならない措置については、セクハラ措置指針※において、次のように定められている。

　　※セクハラ措置指針：事業主が職場における性的言動に起因する問題に関して雇用管理上講ずべき措置についての指針（平成18年厚生労働省告示第615号）

（セクハラ措置指針が定める雇用管理上講じなければならない措置）

(1) 事業主の方針等の明確化及びその周知・啓発 　　事業主は、職場におけるセクシュアルハラスメントに関する方針の明確化、労働者に対するその方針の周知・啓発として、次の措置を講じなければならない。 　　なお、周知・啓発をするに当たっては、職場におけるセクシュアルハラスメントの防止の効果を高めるため、その発生の原因や背景について労働者の理解を深めることが重要である。その際、セクシュアルハラスメントの発生の原因や背景には、性別役割分担意識に基づく言動もあると考えられ、こうした言動をなくしていくことがセクシュアルハラスメントの防止の効果を高める上で重要であることに留意することが必要である。	
イ　職場におけるセクシュアルハラスメントの内容・セクシュアルハラスメントがあってはならない旨の方針を明確化し、管理監督者を含む労働者に周知・啓発すること。	［事業主の方針を明確化し、労働者に周知・啓発していると認められる例］ ① 就業規則その他の職場における服務規律等を定めた文書において、職場におけるセクシュアルハラスメントがあってはならない旨の方針を規定し、当該規定と併せて、職場におけるセクシュアルハラスメントの内容及び性別役割分担意識に基づく言動がセクシュアルハラスメントの発生の原因や背景となり得ることを、労働者に周知・啓発すること。 ② 社内報、パンフレット、社内ホームページ等広報又は啓発のための資料等に職場におけるセクシュアルハラスメントの内容及び性別役割分担意識に基づく言動がセクシュアルハラスメントの発生の原因や背景となり得ること並びに職場におけるセクシュアルハラスメントがあってはならない旨の方針を記載し、配布等すること。 ③ 職場におけるセクシュアルハラスメントの内容及び性別役割分担意識に基づく言動がセクシュアルハラスメントの発生の原因や背景となり得ること並びに職場におけるセクシュアルハラスメントがあってはならない旨の方針を労働者に対して周知・啓発するための研修、講習等を実施すること。
ロ　職場におけるセクシュアルハラスメントに係る性的な言動を行った者については、厳正に対処する旨の方針及び対処の内容を就業規則その他の職場における服務規律等を定めた文書に規定し、管理監督者を含む労働者に周知・啓発すること。	［対処方針を定め、労働者に周知・啓発していると認められる例］ ① 就業規則その他の職場における服務規律等を定めた文書において、職場におけるセクシュアルハラスメントに係る性的な言動を行った者に対する懲戒規定を定め、その内容を労働者に周知・啓発すること。 ② 職場におけるセクシュアルハラスメントに係る性的な言動を行った者は、現行の就業規則その他の職場における服務規律等を定めた文書において定められている懲戒規定の適用の対象となる旨を明確化し、これを労働者に周知・啓発すること。

(2) 相談（苦情を含む。以下同じ。）に応じ、適切に対応するために必要な体制の整備

　　事業主は、労働者からの相談に対し、その内容や状況に応じ適切かつ柔軟に対応するために必要な体制の整備として、次の措置を講じなければならない。

イ　相談への対応のための窓口（以下「相談窓口」という。）をあらかじめ定めること。	［相談窓口をあらかじめ定めていると認められる例］ ① 相談に対応する担当者をあらかじめ定めること。 ② 相談に対応するための制度を設けること。 ③ 外部の機関に相談への対応を委託すること。
ロ　イの相談窓口の担当者が、相談に対し、その内容や状況に応じ適切に対応できるようにすること。	［相談窓口の担当者が適切に対応することができるようにしていると認められる例］ ① 相談窓口の担当者が相談を受けた場合、その内容や状況に応じて、相談窓口の担当者と人事部門とが連携を図ることができる仕組みとすること。 ② 相談窓口の担当者が相談を受けた場合、あらかじめ作成した留意点などを記載したマニュアルに基づき対応すること。
相談窓口においては、職場におけるセクシュアルハラスメントが現実に生じている場合だけでなく、その発生のおそれがある場合や、職場におけるセクシュアルハラスメントに該当するか否か微妙な場合であっても、広く相談に対応し、適切な対応を行うようにすること。 　　例えば、放置すれば就業環境を害するおそれがある場合や、性別役割分担意識に基づく言動が原因や背景となってセクシュアルハラスメントが生じるおそれがある場合等が考えられる。	
ハ　職場における妊娠、出産等に関するハラスメント、職場における育児休業等に関するハラスメントその他のハラスメントの相談窓口と一体的に、職場におけるセクシュアルハラスメントの相談窓口を設置し、一元的に相談に応じることのできる体制を整備することが望ましいこと。	［一元的に相談に応じることのできる体制を整備していると認められる例］ ① 相談窓口で受け付けることのできる相談として、職場におけるセクシュアルハラスメントのみならず、妊娠、出産等に関するハラスメント等も明示すること。 ② 職場におけるセクシュアルハラスメントの相談窓口が妊娠、出産等に関するハラスメント等の相談窓口を兼ねること。

（3）職場におけるセクシュアルハラスメントに係る事後の迅速かつ適切な対応
　　事業主は、職場におけるセクシュアルハラスメントに係る相談の申出があった場合
において、その事案に係る事実関係の迅速かつ正確な確認及び適正な対処として、次
の措置を講じなければならない。

イ　事案に係る事実関係を迅速かつ正確に確認すること。	［事案に係る事実関係を迅速かつ正確に確認していると認められる例］ ① 相談窓口の担当者、人事部門又は専門の委員会等が、相談を行った労働者（以下「相談者」という。）及び職場におけるセクシュアルハラスメントに係る性的な言動の行為者とされる者（以下「行為者」という。）の双方から事実関係を確認すること。 　　また、相談者と行為者との間で事実関係に関する主張に不一致があり、事実の確認が十分にできないと認められる場合には、第三者からも事実関係を聴取する等の措置を講ずること。 ② 事実関係を迅速かつ正確に確認しようとしたが、確認が困難な場合などにおいて、男女雇用機会均等法（以下、「法」という。）第 18 条に基づく調停の申請を行うことその他中立な第三者機関に紛争処理を委ねること。
ロ　イにより、職場におけるセクシュアルハラスメントが生じた事実が確認できた場合においては、速やかに被害者に対する配慮のための措置を適正に行うこと。	［措置を適正に行っていると認められる例］ ① 事案の内容や状況に応じ、被害者と行為者の間の関係改善に向けての援助、被害者と行為者を引き離すための配置転換、行為者の謝罪、被害者の労働条件上の不利益の回復、管理監督者又は事業場内産業保健スタッフ等による被害者のメンタルヘルス不調への相談対応等の措置を講ずること。 ② 法第 18 条に基づく調停その他中立な第三者期間の紛争解決案に従った措置を被害者に対して講ずること。
ハ　イにより、職場におけるセクシュアルハラスメントが生じた事実が確認できた場合においては、行為者に対する措置を適正に行うこと。	［措置を適正に行っていると認められる例］ ① 就業規則その他の職場における服務規律等を定めた文書における職場におけるセクシュアルハラスメントに関する規定等に基づき、行為者に対して必要な懲戒その他の措置を講ずること。 　　あわせて事案の内容や状況に応じ、被害者と行為者の間の関係改善に向けての援助、被害者と行為者を引き離すための配置転換、行為者の謝罪等の措置を講ずること。 ② 法第 18 条に基づく調停その他中立な第三者機関の紛争解決案に従った措置を行為者に対して講ずること。
ニ　改めて職場におけるセクシュアルハラスメントに関する方針を周知・啓発する等の再発防止に向けた措置を講ずること。	［措置を適正に行っていると認められる例］ ① 職場におけるセクシュアルハラスメントがあってはならない旨の方針及び職場におけるセクシュアルハラスメントに係る性的な言動を行った者について厳正に対処する旨の方針を、社内報、パンフレット、社内ホームページ等広報又は啓発のための資料等に改めて掲載し、配布等すること。 ② 労働者に対して職場におけるセクシュアルハラスメントに関する意識を啓発するための研修、講習等を改めて実施すること。

職場におけるセクシュアルハラスメントが生じた事実が確認できなかった場合においても、同様の措置を講ずること。	

(4)　(1)から(3)までの措置と併せて講ずべき措置

　　　(1)から(3)までの措置を講ずるに際しては、併せて次の措置を講じなければならない。

| イ　職場におけるセクシュアルハラスメントに係る相談者・行為者等の情報は当該相談者・行為者等のプライバシーに属するものであることから、相談への対応又は当該セクシュアルハラスメントに係る事後の対応に当たっては、相談者・行為者等のプライバシーを保護するために必要な措置を講ずるとともに、その旨を労働者に対して周知すること。 | ［相談者・行為者等のプライバシーを保護するために必要な措置を講じていると認められる例］
① 相談者・行為者等のプライバシーの保護のために必要な事項をあらかじめマニュアルに定め、相談窓口の担当者が相談を受けた際には、当該マニュアルに基づき対応するものとすること。
② 相談者・行為者等のプライバシーの保護のために、相談窓口の担当者に必要な研修を行うこと。
③ 相談窓口においては相談者・行為者等のプライバシーを保護するために必要な措置を講じていることを、社内報、パンフレット、社内ホームページ等広報又は啓発のための資料等に掲載し、配布等すること。 |
| ロ　労働者が職場におけるセクシュアルハラスメントに関し相談をしたこと又は事実関係の確認に協力したこと等を理由として、不利益な取扱いを行ってはならない旨を定め、労働者に周知・啓発すること。 | ［不利益な取扱いを行ってはならない旨を定め、労働者にその周知・啓発することについて措置を講じていると認められる例］
① 就業規則その他の職場における職務規律等を定めた文書において、労働者が職場におけるセクシュアルハラスメントに関し相談をしたこと、又は事実関係の確認に協力したこと等を理由として、当該労働者が解雇等の不利益な取扱いをされない旨を規定し、労働者に周知・啓発をすること。
② 社内報、パンフレット、社内ホームページ等広報又は啓発のための資料等に、労働者が職場におけるセクシュアルハラスメントに関し相談をしたこと、又は事実関係の確認に協力したこと等を理由として、当該労働者が解雇等の不利益な取扱いをされない旨を記載し、労働者に配布等すること。 |

(7)　セクシュアルハラスメントと損害賠償責任

①　行為者の責任

　セクハラを直接禁じた法律はないが、セクハラに該当する行為が不法行為となる場合は、加害者である上司や同僚等は、被害労働者に対し、

身体・名誉感情、人格権などの侵害による不法行為責任を負い、損害賠償義務を負う（慰謝料が一般的だが、ハラスメント行為により退職に追い込まれた場合には再就職までの賃金相当額などの逸失利益の支払い義務まで認められることもある）。

② 使用者の責任

従業員によりセクハラが行われた場合は、会社も損害賠償義務を負うことがある。

　ａ．使用者責任（民法715条）

　　「ある事業のために他人を使用する者は、被用者がその事業の執行について第三者に加えた損害を賠償する責任を負う」（民法715条本文）。

　　この責任を「使用者責任」といい、使用者は加害者と連帯して損害賠償責任を負う。

　ｂ．使用者固有の損害賠償責任

　　使用者は、労働者の安全に配慮する義務を負い（「安全配慮義務」。労働契約法5条）また、労働者が働きやすい職場環境を整備し保つように配慮すべき義務・良好な職場環境を整備すべき義務（「職場環境配慮義務」・「職場環境整備義務」等）を負うとされている。

　　セクハラ行為に対し、使用者がこれらの義務を怠ったといえる場合には、使用者は、被害労働者に対し、使用者固有の損害賠償義務（債務不履行責任または不法行為責任）を負う。

(8) セクシュアルハラスメントに関連する事項

① ジェンダーハラスメント

「ジェンダーハラスメント」とは、「男らしさ」「女らしさ」という固定的な性差概念（ジェンダー）に基づく性差別である。

参考知識：ジェンダーハラスメントの例

・「男なんだから根性みせろよ。お客様が女性には任せられないというから、男

> である君に任せたんだぞ。」
> ・（「いま手が離せないので」と上司の依頼を断ったところ）「頼むよ。女の子は
> ね、こういうときに気持ちよくやってくれると、いいなーってなるんだよ」

　セクシュアルハラスメントは、ジェンダーハラスメントの延長線上に
あるといえる。ジェンダーハラスメントを無意識に繰り返すことによ
り、セクシュアルハラスメントを引き起こしている場合がある。

　セクシュアルハラスメントの発生の原因や背景には、性別役割分担意
識に基づく言動もあると考えられ、こうした言動をなくしていくことが
重要である（セクハラ措置指針）。

②　LGBT に対するハラスメント

　「LGBT」は、レズビアン、ゲイ、バイセクシャル、トランスジェン
ダー（性同一性障害者）などの性的マイノリティを総称する用語である。

　近年、LGBT に対する人権保障の動きが世界的に広がっている。

　厚労省のセクハラ措置指針は、2016 年の改正時に、被害者の「性的
指向又は性自認にかかわらず、当該者に対する職場におけるセクシュア
ルハラスメントも、本指針の対象となるものである」との一文が追加さ
れた。

　従って、企業は、職場において行われる LGBT に関する対価型・環
境型のセクシュアルハラスメントについて、男女雇用機会均等法 11 条
に基づく雇用管理上の措置等を講ずる必要がある。

　なお、2018 年 10 月に東京都議会で可決された「東京都オリンピック
憲章にうたわれる人権尊重の理念の実現を目指す条例」は、「事業者は、
性自認及び性的指向を理由とする不当な差別的取扱いをしてはならな
い」と規定し、LGBT に対する不当な差別を禁止している（4 条）。

2　妊娠・出産、育児休業・介護休業等を理由とする不利益扱いの禁止

(1) 男女雇用機会均等法による婚姻・妊娠・出産等を理由とする不利益取扱いの禁止

　男女雇用機会均等法 9 条は、女性労働者に対する婚姻・妊娠・出産等を理由とする不利益取扱いの禁止として、次の不利益取扱いを禁止している。

　　1 項　婚姻・妊娠・出産を退職理由として予定する定め

　　　　「予定する定め」は、労働協約、就業規則または労働契約に定めることや、労働者が念書を提出する場合、婚姻・妊娠・出産した場合の退職慣行を事実上退職制度として運用している場合が含まれる（セクハラ措置指針）。

　　2 項　婚姻したことを理由とする解雇

　　3 項　妊娠・出産等を理由とする解雇その他不利益な取扱い（後述）

(2) 妊娠・出産・育児休業等を理由とする不利益取扱いの禁止

　男女雇用機会均等法や育児介護休業法は、妊娠・出産、育児・介護等に関する労働者の権利行使等を保障するため、妊娠・出産、育児・介護等に関する一定の事由を理由として、労働者（男女雇用機会均等法では女性労働者、育児介護休業法では男女労働者）に対して、解雇その他不利益な取扱いを行うことを禁止している（男女雇用機会均等法 9 条 3 項、育児・介護休業法 10 条・16 条の 4・16 条の 10・18 条の 2・20 条の 2・23 条の 2）。

　なお、この男女雇用機会均等法・育児介護休業法の規定は、労働者派遣の派遣先にも適用される（労働者派遣法 47 条の 2、47 条の 3）。

> ┌ 参考知識：裁判例 ┐
>
> 　医療機関に勤めていた理学療法士の女性が、妊娠した際に軽易業務への転換を請求したことを理由に副主任を免じられたことについて、軽易業務転換を契機として降格させる措置は、特段の事情がない限り、男女雇用機会均等法が禁止する不利益取扱いに当たり無効と判示した最高裁判例がある（最判 H 26・10・23）。

(3) 男女雇用機会均等法による不利益取扱いの禁止の対象となる「妊娠又は出産に関する事由」

男女雇用機会均等法9条3項および同法施行規則2条の3が定める不利益取扱いの禁止の対象となる「妊娠又は出産に関する事由」は、次の表のとおりである。

①	妊娠したこと（1号）
②	出産したこと（2号）
③	妊娠中及び出産後の健康管理に関する措置（母性健康管理措置）を求めたこと／受けたこと（男女雇用機会均等法12条、13条))
④	妊産婦の坑内業務の就業制限／危険有害業務の就業制限の規定により業務に就くことができないこと／これらの業務に従事しなかったこと（労基法64条の2第1号、64条の3第1項等)
⑤	産前休業／産後休業を請求したこと／利用したこと、産後の就業制限の規定により就業できないこと／産後の就業制限の規定による休業をしたこと（労基法65条1項・2項）
⑥	軽易な業務への転換を申し出た／転換したこと（妊娠中−労基法65条3項）
⑦	時間外労働、休日労働、深夜業の制限を請求した／利用したこと（妊産婦−労基法66条）
⑧	育児時間を請求した／利用したこと（1歳未満−労基法67条）
⑨	妊娠又は出産に起因する症状により労務の提供ができないこと若しくはできなかったこと又は労働能率が低下したこと（男女雇用機会均等法施行規則2条の3第9号）

※ 「妊娠又は出産に起因する症状」とは、つわり、妊娠悪阻、切迫流産、出産後の回復不全等、妊娠又は出産をしたことに起因して妊産婦に生じる症状をいう

(4) 育児介護休業法による不利益取扱いの禁止の対象となる「育児休業、介護休業その他の子の養育又は家族の介護に関する制度又は措置」

育児介護休業法25条および同法施行規則76条が定める不利益取扱いの禁止の対象となる「育児休業、介護休業その他の子の養育又は家族の介護に関する制度又は措置」は、次の表のとおりである。

①	育児休業（同法5条）
②	介護休業（同法11条）
③	子の看護休暇（小学校就学前−同法16条の2）
④	介護休暇（同法16条の5）
⑤	所定外労働の制限（3歳未満の育児−同法16条の8、介護−同法16条の9）
⑥	時間外労働の制限（小学校就学前−同法17条、介護−同法18条）
⑦	深夜業の制限（小学校就学前−同法19条、介護−同法20条）
⑧	育児のための所定労働時間の短縮措置（3歳未満・育児休業していない−法23条1項）
⑨	始業時刻変更等の措置（法23条2項）
⑩	介護のための所定労働時間の短縮等の措置（介護休業していない−法23条3項）

(5) 妊娠・出産、育児休業等を「理由として」

　妊娠・出産、育児休業等を「契機として」[※1]不利益取扱いが行われた場合は、原則として、妊娠・出産、育児休業等を「理由として」不利益取扱いがなされたと解される（最判H26・10・23。男女雇用機会均等法施行通達・育児・介護休業法施行通達）。

> ┌ 参考知識 ┐
>
> 　ただし、次の場合には、妊娠・出産、育児休業等を契機として不利益取扱いが行われていても、法違反にはあたらないとされている（上記最高裁判決。解釈通達同じ）。
> （例外1）
> ①業務上の必要性[※2]から支障があるため当該不利益取扱いを行わざるを得ない場合において、
> ②その業務上の必要性の内容や程度が、法の趣旨に実質的に反しないものと認められるほどに、当該不利益取扱いにより受ける影響の内容や程度を上回ると認められる特段の事情が存在すると認められるとき
> （例外2）
> ①契機とした事由又は当該取扱いにより受ける有利な影響が存在し、かつ、当該労働者が当該取扱いに同意している場合において、
> ②有利な影響の内容や程度が当該取扱いによる不利な影響の内容や程度を上回

り、事業主から適切に説明がなされる等、一般的な労働者であれば同意する
ような合理的な理由が客観的に存在するとき

［参考：※1「契機として」］

　妊娠・出産、育児休業等を「契機として」いるか否かの判断については、解
釈通達は、基本的に、妊娠・出産、育児休業等と不利益取扱いが時間的に近接
しているかで判断するとしている（男女雇用機会均等法施行通達・育児・介護
休業法施行通達）。

　具体的には、原則として、妊娠・出産、育児休業等の終了から1年以内に不
利益扱いがなされた場合は「契機として」いると判断される（妊娠・出産・育
児休業等を契機とする不利益取扱いに係るQ&A（厚労省））。

　ただし、1年を超えている場合でも、実施時期が事前に決まっている、また
は、ある程度定期的になされる措置（人事異動、人事考課、雇止め等）につい
ては、事由の終了後の最初のタイミングまでの間に不利益取扱いがなされた場
合は、「契機として」いると判断する（上記Q&A）。

［参考：※2「業務上の必要性」］

　「業務上の必要性」は、例えば、次のものが考えられる。

　・円滑な業務運営や人員の適正配置の必要性（育児・介護休業法施行通達）
　・経営状況（業績悪化等）や本人の能力不足（上記Q&A）。

(6)「不利益」な取扱いの例

　妊娠・出産、育児・介護等に関する一定の事由を理由として行っては
ならない「不利益」な取扱いは、次のものである（「労働者に対する性別を
理由とする差別の禁止等に関する規定に定める事項に関し、事業主が適切に対処す
るための指針（平成18年厚生労働省告示第614号）」）。

　ただし、以下は例示であり、これらに該当しない行為でも、例えば、
有期雇用労働者について更新後の労働契約の期間を短縮することのよう
に、不利益取扱いに該当するケースはありうる（育児・介護休業法施行通
達）。

　・解雇
　・雇い止め（有期雇用労働者の契約の更新をしないこと）
　・契約更新回数の引き下げ
　・退職や正社員を非正規社員とするような契約内容変更の強要

・降格

・減給

・賞与等における不利益な算定（賞与等には賃金・退職金も含む。不就労期間や労働能率の低下を考慮の対象とする場合において、同じ期間休業した疾病等や同程度労働能率が低下した疾病等と比較して、妊娠・出産等による休業や妊娠・出産等による労働能率の低下について不利に取り扱うことも不利益にあたる）

・不利益な配置変更（通常の人事異動のルールから十分に説明できる職務又は就業の場所の変更については、不利益にあたらない。しかし、妊娠・出産等に伴いその従事する職務において業務遂行が困難であり配置変更の必要がある場合でも、当該労働者を従事させることができる適当な他の職務があるにもかかわらず、特別な理由もなく、当該職務と比較して、賃金その他の労働条件、通勤事情等が劣ることとなる配置の変更を行うことは、不利益にあたる。産前産後休業等からの復帰にあたって、原職又は原職相当職に就けないことも不利益にあたる可能性がある。）

・不利益な自宅待機命令

・昇進・昇格の人事考課で不利益な評価を行う（不就労期間や労働能率の低下を考慮の対象とする場合において、同じ期間休業した疾病等や同程度労働能率が低下した疾病等と比較して、妊娠・出産等による休業や妊娠・出産等による労働能率の低下について不利に取り扱うことも不利益にあたる）

・労働者の希望する期間を超えて所定外労働の制限・時間外労働の制限をするなど仕事をさせない、もっぱら雑務をさせるなど就業環境を害する行為をする

・派遣先が当該派遣労働者に係る労働者派遣の役務の提供を拒むこと（派遣契約に定められた役務の提供ができると認められるにもかかわらず、派遣先が派遣元に対し、派遣労働者の交替を求めたり、派遣労働者の派遣を拒むことなどが該当する）

(7) 不利益な取扱いの効力

妊娠・出産、育児・介護等に関する事由を理由とした解雇その他の不

利益取扱い（男女雇用機会均等法9条3項、育児・介護休業法10条・16条の4・16条の10・18条の2・20条の2・23条の2に違反）は、民事上無効と解される（男女雇用機会均等法9条3項に関する最判 H. 26.10.23、男女雇用機会均等法施行通達・育児・介護休業法施行通達）。従って、例えば不利益な降格であれば、降格前の等級に復し、降格中の賃金減額があれば減額分の支給が認められる。また、慰謝料請求が認められる場合もある。

3　職場における妊娠・出産、育児休業等に関するハラスメント
(1) 職場における妊娠・出産等に関するハラスメント

　「職場における妊娠・出産等に関するハラスメント（マタニティハラスメント）」とは、職場において行われる、妊娠・出産したことや育児休業・介護休業等の利用に関する上司・同僚からの言動により、妊娠・出産した女性労働者や育児休業・介護休業等を申出・取得した男女労働者等の就業環境が害されることである。

　職場における妊娠、出産等に関するハラスメントには、①男女雇用機会均等法11条の2により規制される女性労働者に対する「職場における妊娠・出産等に関するハラスメント」と、②育児・介護休業法25条により規制される男女労働者に対する「育児休業等に関するハラスメント」がある。

　両者を合わせて、「職場における妊娠・出産・育児休業等に関するハラスメント」と呼ぶこともある。

　厚生労働省の指針※では、職場における妊娠、出産等に関するハラスメントを次の2類型に分けている。

　　※厚生労働省の指針：「事業主が職場における妊娠、出産等に関する言動に起因する問題に関して雇用管理上講ずべき措置についての指針」（平成28年厚生労働省告示第312号。妊娠・出産等ハラスメント措置指針）および「子の養育又は家族の介護を行い、又は行うこととなる労働者の職業生活と家庭生活との両立が図られるようにするために事業主が講ずべき措置に関する指針」（平成21年厚生労働省告示第509号。育児・介護休業等ハラスメント措置指針）

　①制度等の利用への嫌がらせ型

雇用する男女労働者による男女雇用機会均等法が対象とする制度・措置（産前休業、母性健康管理措置、育児時間等）又は育児・介護休業法が対象とする制度・措置（育児休業、子の看護休暇、所定労働時間の制限等）の利用に関する言動により、就業環境が害されるもの。

②状態への嫌がらせ型

雇用する女性労働者の妊娠又は出産に関する事由に関する言動により就業環境が害されるもの。

(2) 職場における妊娠・出産等に関するハラスメントの要件

①　職場

職場における妊娠・出産等に関するハラスメントは、「職場において行われる」言動によるものである。

「職場」についての解釈は、セクシュアルハラスメントの要件である「職場」と同じなので、セクハラの項を参照されたい。

②　労働者

職場における妊娠・出産等に関するハラスメントの対象となる「労働者」は、事業主が雇用する労働者のすべてをいい、いわゆる非正規労働者も含む（妊娠・出産等ハラスメント措置指針、育児・介護休業等ハラスメント措置指針）。

(3) 制度等の利用への嫌がらせ型の対象

制度等の利用への嫌がらせ型の対象となる労働者は、妊娠・出産に関する制度を利用する（利用しようとする）女性労働者と、育児・介護に関する制度等を利用する（利用しようとする）男女労働者である。

制度等の利用への嫌がらせ型の対象となる「制度等」は、次のものである（妊娠・出産等ハラスメント措置指針、育児・介護休業等ハラスメント措置指針）。

[男女雇用機会均等法が対象とする制度又は措置（同法施行規則2条の3）]

①	妊娠中及び出産後の健康管理に関する措置（母性健康管理措置―同法12条、13条）
②	坑内業務の就業制限及び危険有害業務の就業制限（労基法64条の2第1号、64条の3第1項等）
③	産前休業・産後休業（労基法65条1項・2項）
④	軽易な業務への転換（妊娠中―労基法65条3項）
⑤	変形労働時間制がとられる場合における法定労働時間を超える労働時間の制限、時間外労働及び休日労働の制限並びに深夜業の制限（妊産婦―労基法66条）
⑥	育児時間（1歳未満―労基法67条）

[育児介護休業法が対象とする制度又は措置（同法施行規則76条）]

①	育児休業（同法5条）
②	介護休業（同法11条）
③	子の看護休暇（小学校就学前―同法16条の2）
④	介護休暇（同法16条の5）
⑤	所定外労働の制限（3歳未満の育児―同法16条の8、介護―同法16条の9）
⑥	時間外労働の制限（小学校就学前―同法17条、介護―同法18条）
⑦	深夜業の制限（小学校就学前―同法19条、介護―同法20条）
⑧	育児のための所定労働時間の短縮措置（法23条1項）
⑨	始業時刻変更等の措置（法23条2項）
⑩	介護のための所定労働時間の短縮等の措置（法23条3項）

(4) 制度等の利用への嫌がらせ型の例

　制度等の利用への嫌がらせ型の状況は多様であるが、典型的な例として、次のものがあげられる（妊娠・出産等ハラスメント措置指針、育児・介護休業等ハラスメント措置指針）。

①　解雇その他不利益な取扱いを示唆するもの

　労働者が、制度等の措置の求め、請求又は申出（「制度等の利用の請求等」）をしたい旨を上司に相談したこと、制度等の利用の請求等をしたこと、又は制度等の利用をしたことにより、上司がその労働者に対し、解雇その他不利益な取扱いを示唆すること。

② 制度等の利用の請求等又は制度等の利用を阻害するもの

客観的にみて、言動を受けた労働者の制度等の利用の請求等又は制度等の利用が阻害されるものが該当する。

（イ）労働者が制度等の利用の請求等をしたい旨を上司に相談したところ、上司が当該労働者に対し、当該請求等をしないよう言うこと。

（ロ）労働者が制度等の利用の請求等をしたところ、上司が当該労働者に対し、当該請求等を取り下げるよう言うこと。

（ハ）労働者が制度等の利用の請求等をしたい旨を同僚に伝えたところ、同僚が当該労働者に対し、繰り返し又は継続的に当該請求等をしないよう言うこと（当該労働者がその意に反することを当該同僚に明示しているにもかかわらず、更に言うことを含む。）。

（ニ）労働者が制度等の利用の請求等をしたところ、同僚が当該労働者に対し、繰り返し又は継続的に当該請求等を取り下げるよう言うこと（当該労働者がその意に反することを当該同僚に明示しているにもかかわらず、更に言うことを含む。）。

③ 制度等の利用をしたことにより嫌がらせ等をするもの

客観的にみて、言動を受けた労働者の能力の発揮や継続就業に重大な悪影響が生じる等当該労働者が就業する上で看過できない程度の支障が生じるようなものが該当する。

・労働者が制度等の利用をしたことにより、上司又は同僚が当該労働者に対し、繰り返し又は継続的に嫌がらせ等（嫌がらせ的な言動、業務に従事させないこと又は専ら雑務に従事させることをいう。）をすること（当該労働者がその意に反することを当該上司又は同僚に明示しているにもかかわらず、更に言うことを含む。）。

(5) 状態への嫌がらせ型の対象

状態への嫌がらせ型の対象となる労働者は、妊娠等した女性労働者である。

　また、状態への嫌がらせ型の対象となる「妊娠又は出産に関する事由」（状態）は、次の事由である（男女雇用機会均等法施行規則2条の3）。

①	妊娠したこと
②	出産したこと
③	妊産婦の坑内業務の就業制限／危険有害業務の就業制限の規定により業務に就くことができないこと／これらの業務に従事しなかったこと（労基法64条の2第1号、64条の3第1項等）
④	産後の就業制限の規定により就業できないこと／産後の就業制限の規定による休業をしたこと（労基法65条1項・2項）
⑤	妊娠又は出産に起因する症状により労務の提供ができないこと若しくはできなかったこと又は労働能率が低下したこと（同規則2条の3第9号） ※　「妊娠又は出産に起因する症状」とは、つわり、妊娠悪阻、切迫流産、出産後の回復不全等、妊娠又は出産をしたことに起因して妊産婦に生じる症状をいう。

(6) 状態への嫌がらせ型の例

　状態への嫌がらせ型の状況も多様であるが、典型的な例として、次のものがあげられる（妊娠・出産等ハラスメント措置指針）。

①　解雇その他不利益な取扱いを示唆するもの

　女性労働者が妊娠等したことにより、上司が当該女性労働者に対し、解雇その他不利益な取扱いを示唆すること。

②　妊娠等したことにより嫌がらせ等をするもの

　客観的にみて、言動を受けた女性労働者の能力の発揮や継続就業に重大な悪影響が生じる等当該女性労働者が就業する上で看過できない程度の支障が生じるようなものが該当する。

　・女性労働者が妊娠等したことにより、上司又は同僚が当該女性労働者に対し、繰り返し又は継続的に嫌がらせ等をすること（当該女性労働者がその意に反することを当該上司又は同僚に明示しているにもかかわらず、更に言うことを含む。）。

(7) 職場における妊娠・出産等に関するハラスメントの紛争解決に関する法制度

　男女雇用機会均等法および育児・介護休業法には、職場における妊娠・出産等に関するハラスメントの紛争解決に関し、次の制度の定めがある。

①　苦情の自主的解決

　事業主は、「性別を理由とする差別」「婚姻、妊娠、出産等を理由とする不利益取扱い」「妊娠中及び出産後の健康管理」（労働者の募集及び採用に係るものを除く。）に関し、労働者から苦情の申出を受けたときは、事業主を代表する者及び当該事業場の労働者を代表する者を構成員とする当該事業場の労働者の苦情を処理するための「苦情処理機関」に対し当該苦情の処理をゆだねる等その自主的な解決を図るように努めなければならない（同法15条）。

②　都道府県労働局長による紛争解決の援助

　男女雇用機会均等法における「性別を理由とする差別」「婚姻、妊娠、出産等を理由とする不利益取扱い」「職場における性的な言動に起因する問題」「職場における妊娠、出産等に関する言動に起因する問題」「妊娠中及び出産後の健康管理」を起因とする労働者と事業主間の紛争に関し、当該紛争の当事者の双方又は一方は、都道府県労働局長に対し、その解決につき援助を求めることができる（同法17条1項）。

　また、育児・介護休業法における「職場における育児休業等に起因する言動に関する雇用管理上の措置」「育児休業」「介護休業」「子の看護休暇」「介護休暇」「所定外労働時間の制限」「時間外労働の制限」「深夜業の制限」「所定労働時間の短縮措置等」「労働者の配置に関する配慮」を起因とする労働者と事業主間の紛争に関し、当該紛争の当事者の双方又は一方は、都道府県労働局長に対し、その解決につき援助を求めることができる（同法52条の4第1項）。

　都道府県労働局長は、これらの援助の求めがあったときは、当事者双

方の意見を聴取し、問題解決に必要な具体策の提示（助言・指導・勧告）をし、紛争の解決を図る。

　事業主は、労働者が上記援助を求めたことを理由として、当該労働者に対して解雇その他不利益な取扱いをしてはならない（男女雇用機会均等法17条2項、育児・介護休業法52条の4第2項）。

③　機会均等調停会議・両立支援調停会議による調停

　男女雇用機会均等法における「性別を理由とする差別」「婚姻、妊娠、出産等を理由とする不利益取扱い」「職場における性的な言動に起因する問題」「職場における妊娠、出産等に関する言動に起因する問題」「妊娠中及び出産後の健康管理」についての労働者と事業主との間の紛争（労働者の募集及び採用についての紛争を除く）に関し、当該紛争の当事者（「関係当事者」）は、都道府県労働局（雇用均等室）に調停（機会均等調停会議による調停）の申請ができる（同法18条1項）。

　また、育児・介護休業法における「職場における育児休業等に起因する言動に関する雇用管理上の措置」「育児休業」「介護休業」「子の看護休暇」「介護休暇」「所定外労働時間の制限」「時間外労働の制限」「深夜業の制限」「所定労働時間の短縮措置等」「労働者の配置に関する配慮」を起因とする労働者と事業主間の紛争に関し、当該紛争の当事者は、都道府県労働局（雇用均等室）に調停（両立支援調停会議による調停）の申請ができる（同法52条の5第1項）。

　事業主は、労働者が機会均等調停会議または両立支援調停会議の調停の申請をしたことを理由として、当該労働者に対して解雇その他不利益な取扱いをしてはならない（男女雇用機会均等法18条2項、育児・介護休業法52条の5第2項）。

　調停は、弁護士や大学教授、家庭裁判所家事調停委員、社会保険労務士等の労働問題の専門家3人で構成される調停委員が行い、機会均等調停会議（非公開）を開催して、関係当事者からの意見聴取等を行い、調停案の作成や調停案の受諾勧告等をし、紛争の解決を図る。

(8) 職場における妊娠・出産、育児休業・介護休業等に関するハラスメントの防止措置義務

　2017年1月1日より施行された改正男女雇用機会均等法および改正育児・介護休業法により、事業主は、妊娠・出産、育児休業・介護休業等に関するハラスメントがないよう、労働者からの相談に応じ、適切に対応するために必要な体制の整備その他の雇用管理上必要な措置を講じなければならないこととされた（男女雇用機会均等法11条の2、育児・介護休業法25条）。

　なお、いずれの措置も内容は同じだが、男女雇用機会均等法11条の2は女性労働者を保護対象とし、育児・介護休業法25条は育児・介護をする男女労働者を保護対象としている

①　男女雇用機会均等法が規定する雇用管理上の措置義務

　事業主は、職場において行われるその雇用する女性労働者に対する当該女性労働者が妊娠したこと、出産したこと、産前産後休業その他の妊娠又は出産に関する制度又は措置を利用したことその他の妊娠又は出産に関する事由に関する言動により当該女性労働者の就業環境が害されることのないよう、当該労働者からの相談に応じ、適切に対応するために必要な体制の整備その他の雇用管理上必要な措置を講じなければならない（同法11条の2）。

②　育児・介護休業法が規定する雇用管理上の措置義務

　事業主は、職場において行われるその雇用する労働者に対する育児休業、介護休業その他の子の養育又は家族の介護に関する厚生労働省令で定める制度又は措置の利用に関する言動により当該労働者の就業環境が害されることのないよう、当該労働者からの相談に応じ、適切に対応するために必要な体制の整備その他の雇用管理上必要な措置を講じなければならない（同法25条）。

(9) 事業主が妊娠・出産等に関するハラスメントに関し雇用管理上講ずべき措置の内容

　男女雇用機会均等法 11 の 2 及び育児・介護休業法 25 条により事業主が職場における妊娠、出産等に関する言動に起因する問題に関し雇用管理上講ずべき措置ついては、妊娠・出産等ハラスメント措置指針※および育児・介護休業等ハラスメント措置指針※により、次のように定められている。

　　※妊娠・出産等ハラスメント措置指針：事業主が職場における妊娠、出産等に関する言動に起因する問題に関して雇用管理上講ずべき措置についての指針（平成 28 年 8 月 2 日厚生労働省告示第 312 号）

　　※育児・介護休業等ハラスメント措置指針：子の養育又は家族の介護を行い、又は行うこととなる労働者の職業生活と家庭生活との両立が図られるようにするために事業主が講ずべき措置に関する指針（平成 21 年厚生労働省告示第 509 号）

（妊娠・出産等ハラスメント措置指針が定める雇用管理上講じなければならない措置）

(1)　事業主の方針等の明確化及びその周知・啓発	

事業主は、職場における職場における妊娠、出産等に関する方針の明確化、労働者に対するその方針の周知・啓発として、次の措置を講じなければならない。

なお、周知・啓発をするに当たっては、職場における妊娠、出産等に関するハラスメントの防止の効果を高めるため、その発生の原因や背景について労働者の理解を深めることが重要である。

その際、妊娠、出産等に関するハラスメントの発生の原因や背景には、（ⅰ）妊娠、出産等に関する否定的な言動（他の女性労働者の妊娠、出産等の否定につながる言動（当該女性労働者に直接行わない言動も含む。）をいい、単なる自らの意思の表明を除く。以下同じ。）が頻繁に行われるなど制度等の利用又は制度等の利用の請求等をしにくい職場風土や、（ⅱ）制度等の利用ができることの職場における周知が不十分であることなどもあると考えられる。

そのため、これらを解消していくことが職場における妊娠、出産等に関するハラスメントの防止の効果を高める上で重要であることに留意することが必要である。

イ　職場における妊娠、出産等に関するハラスメントの内容及び妊娠、出産等に関する否定的な言動が職場における妊娠、出産等に関するハラスメントの発生の原因や背景となり得ること（以下「ハラスメントの背景等」という。）、職場における妊娠、出産等に関するハラスメントがあってはならない旨の方針（以下「事業主の方針」という。）並びに制度等の利用ができる旨を明確化し、管理監督者を含む労働者に周知・啓発すること。	［事業主の方針を明確化し、労働者に周知・啓発していると認められる例］ ①　就業規則その他の職場における服務規律等を定めた文書において、事業主の方針及び制度等の利用ができる旨について規定し、当該規定と併せて、ハラスメントの内容及びハラスメントの背景等を労働者に周知・啓発すること。 ②　社内報、パンフレット、社内ホームページ等広報又は啓発のための資料等にハラスメントの内容及びハラスメントの背景等、事業主の方針並びに制度等の利用ができる旨について記載し、配布等すること。 ③　ハラスメントの内容及びハラスメントの背景等、事業主の方針並びに制度等の利用ができる旨を労働者に対して周知・啓発するための研修、講習等を実施すること。
ロ　職場における妊娠、出産等に関するハラスメントに係る言動を行った者については、厳正に対処する旨の方針及び対処の内容を就業規則その他の職場における服務規律等を定めた文書に規定し、管理・監督者を含む労働者に周知・啓発すること。	［対処方針を定め、労働者に周知・啓発していると認められる例］ ①　就業規則その他の職場における服務規律等を定めた文書において、職場における妊娠、出産等に関するハラスメントに係る言動を行った者に対する懲戒規定を定め、その内容を労働者に周知・啓発すること。 ②　職場における妊娠、出産等に関するハラスメントに係る言動を行った者は、現行の就業規則その他の職場における服務規律等を定めた文書において定められている懲戒規定の適用の対象となる旨を明確化し、これを労働者に周知・啓発すること。

(2) 相談（苦情を含む。以下同じ。）に応じ、適切に対応するために必要な体制の整備 　　事業主は、労働者からの相談に対し、その内容や状況に応じ適切かつ柔軟に対応するために必要な体制の整備として、イ及びロの措置を講じなければならず、また、ハの措置を講ずることが望ましい。	
イ　相談への対応のための窓口（以下「相談窓口」という。）をあらかじめ定めること。	［相談窓口をあらかじめ定めていると認められる例］ ① 相談に対応する担当者をあらかじめ定めること。 ② 相談に対応するための制度を設けること。 ③ 外部の機関に相談への対応を委託すること。
ロ　イの相談窓口の担当者が、相談に対し、その内容や状況に応じ適切に対応できるようにすること。	［相談窓口の担当者が適切に対応することができるようにしていると認められる例］ ① 相談窓口の担当者が相談を受けた場合、その内容や状況に応じて、相談窓口の担当者と人事部門とが連携を図ることができる仕組みとすること。 ② 相談窓口の担当者が相談を受けた場合、あらかじめ作成した留意点などを記載したマニュアルに基づき対応すること。
相談窓口においては、職場における妊娠、出産等に関するハラスメントが現実に生じている場合だけでなく、その発生のおそれがある場合や、職場における妊娠、出産等に関するハラスメントに該当するか否か微妙な場合等であっても、広く相談に対応し、適切な対応を行うようにすること。 　　例えば、放置すれば就業環境を害するおそれがある場合や、妊娠、出産等に関する否定的な言動が原因や背景となって職場における妊娠、出産等に関するハラスメントが生じるおそれがある場合等が考えられる。	
ハ　職場における育児休業等に関するハラスメント、セクシュアルハラスメントその他のハラスメントの相談窓口と一体的に、職場における妊娠、出産等に関するハラスメントの相談窓口を設置し、一元的に相談に応じることのできる体制を整備することが望ましいこと。	［一元的に相談に応じることのできる体制を整備していると認められる例］ ① 相談窓口で受け付けることのできる相談として、職場における妊娠、出産等に関するハラスメントのみならず、セクシュアルハラスメント等も明示すること。 ② 職場における妊娠、出産等に関するハラスメントの相談窓口がセクシュアルハラスメント等の相談窓口を兼ねること。
(3) 職場における妊娠、出産等に関するハラスメントに係る事後の迅速かつ適切な対応 　　事業主は、職場における妊娠、出産等に関するハラスメントに係る相談の申出があった場合において、その事案に係る事実関係の迅速かつ正確な確認及び適正な対処として、次の措置を講じなければならない。	

イ　事案に係る事実関係を迅速かつ正確に確認すること。	［事案に係る事実関係を迅速かつ正確に確認していると認められる例］ ① 相談窓口の担当者、人事部門又は専門の委員会等が、相談を行った労働者（以下「相談者」という。）及び職場における妊娠、出産等に関するハラスメントに係る言動の行為者とされる者（以下「行為者」という。）の双方から事実関係を確認すること。 　また、相談者と行為者との間で事実関係に関する主張に不一致があり、事実の確認が十分にできないと認められる場合には、第三者からも事実関係を聴取する等の措置を講ずること。 ② 事実関係を迅速かつ正確に確認しようとしたが、確認が困難な場合などにおいて、男女雇用機会均等法（以下、「法」という。）第18条に基づく調停の申請を行うことその他中立な第三者機関に紛争処理を委ねること。
ロ　イにより、職場における妊娠、出産等に関するハラスメントが生じた事実が確認できた場合においては、速やかに被害者に対する配慮のための措置を適正に行うこと。	［措置を適正に行っていると認められる例］ ① 事案の内容や状況に応じ、被害者と行為者の間の関係改善に向けての援助、被害者と行為者を引き離すための配置転換、行為者の謝罪、被害者の労働条件上の不利益の回復、管理監督者又は事業場内産業保健スタッフ等による被害者のメンタルヘルス不調への相談対応等の措置を講ずること。 ② 法第18条に基づく調停その他中立な第三者期間の紛争解決案に従った措置を被害者に対して講ずること。
ハ　イにより、職場における妊娠、出産等に関するハラスメントが生じた事実が確認できた場合においては、行為者に対する措置を適正に行うこと。	［措置を適正に行っていると認められる例］ ① 就業規則その他の職場における服務規律等を定めた文書における職場における妊娠、出産等に関するハラスメントに関する規定等に基づき、行為者に対して必要な懲戒その他の措置を講ずること。あわせて事案の内容や状況に応じ、被害者と行為者の間の関係改善に向けての援助、被害者と行為者を引き離すための配置転換、行為者の謝罪等の措置を講ずること。 ② 法第18条に基づく調停その他中立な第三者機関の紛争解決案に従った措置を行為者に対して講ずること。
ニ　改めて職場における妊娠、出産等に関するハラスメントに関する方針を周知・啓発する等の再発防止に向けた措置を講ずること。	① 職場における妊娠、出産等に関するハラスメントがあってはならない旨の方針及び職場における妊娠、出産等に関するハラスメントに係る言動を行った者について厳正に対処する旨の方針を、社内報、パンフレット、社内ホームページ等広報又は啓発のための資料等に改めて掲載し、配布等すること。
職場における妊娠、出産等に関するハラスメントが生じた事実が確認できなかった場合においても、同様の措置を講ずること。	② 労働者に対して職場における妊娠、出産等に関するハラスメントに関する意識を啓発するための研修、講習等を改めて実施すること。

(4) 職場における妊娠、出産等に関するハラスメントの原因や背景となる要因を解消するための措置

　　事業主は、職場における妊娠、出産等に関するハラスメントの原因や背景となる要因を解消するため、イの措置を講じなければならず、また、ロの措置を講ずることが望ましい。

　　なお、措置を講ずるに当たっては、

（ⅰ）職場における妊娠、出産等に関するハラスメントの背景には妊娠、出産等に関する否定的な言動もあるが、当該言動の要因の一つには、妊娠した労働者がつわりなどの体調不良のため労務の提供ができないことや労働能率が低下すること等により、周囲の労働者の業務負担が増大することもあることから、周囲の労働者の業務負担等にも配慮すること

（ⅱ）妊娠等した労働者の側においても、制度等の利用ができるという知識を持つことや、周囲と円滑なコミュニケーションを図りながら自身の体調等に応じて適切に業務を遂行していくという意識を持つこと

のいずれも重要であることに留意することが必要である。

イ　業務体制の整備など、事業主や妊娠等した労働者その他の労働者の実情に応じ、必要な措置を講ずること（派遣労働者にあっては、派遣元事業主に限る。）。	［業務体制の整備など、必要な措置を講じていると認められる例］ ① 妊娠等した労働者の周囲の労働者への業務の偏りを軽減するよう、適切に業務分担の見直しを行うこと。 ② 業務の点検を行い、業務の効率化等を行うこと。
ロ　妊娠等した労働者の側においても、制度等の利用ができるという知識を持つことや、周囲と円滑なコミュニケーションを図りながら自身の体調等に応じて適切に業務を遂行していくという意識を持つこと等を、妊娠等した労働者に周知・啓発することが望ましいこと。	［周知・啓発を適切に講じていると認められる例］ ① 社内報、パンフレット、社内ホームページ等広報又は啓発のための資料等に、妊娠等した労働者の側においても、制度等の利用ができるという知識を持つことや、周囲と円滑なコミュニケーションを図りながら自身の体調等に応じて適切に業務を遂行していくという意識を持つこと等について記載し、妊娠等した労働者に配布等すること。 ② 妊娠等した労働者の側においても、制度等の利用ができるという知識を持つことや、周囲と円滑なコミュニケーションを図りながら自身の体調等に応じて適切に業務を遂行していくという意識を持つこと等について、人事部門等から妊娠等した労働者に周知・啓発すること。

(5) (1) から (4) までの措置と併せて講ずべき措置

　　(1) から (4) までの措置を講ずるに際しては、併せて次の措置を講じなければならない。

イ　職場における妊娠、出産等に関するハラスメントに係る相談者・行為者等の情報は当該相談者・行為者等のプライバシーに属するものであることから、相談への対応又は当該妊娠、出産等に関するハラスメントに係る事後の対応に当たっては、相談者・行為者等のプライバシーを保護するために必要な措置を講ずるとともに、その旨を労働者に対して周知すること。	[相談者・行為者等のプライバシーを保護するために必要な措置を講じていると認められる例] ① 相談者・行為者等のプライバシーの保護のために必要な事項をあらかじめマニュアルに定め、相談窓口の担当者が相談を受けた際には、当該マニュアルに基づき対応するものとすること。 ② 相談者・行為者等のプライバシーの保護のために、相談窓口の担当者に必要な研修を行うこと。 ③ 相談窓口においては相談者・行為者等のプライバシーを保護するために必要な措置を講じていることを、社内報、パンフレット、社内ホームページ等広報又は啓発のための資料等に掲載し、配布等すること。
ロ　労働者が職場における妊娠、出産等に関するハラスメントに関し相談をしたこと又は事実関係の確認に協力したこと等を理由として、不利益な取扱いを行ってはならない旨を定め、労働者に周知・啓発すること。	[不利益な取扱いを行ってはならない旨を定め、労働者にその周知・啓発することについて措置を講じていると認められる例] ① 就業規則その他の職場における職務規律等を定めた文書において、労働者が職場における妊娠、出産等に関するハラスメントに関し相談をしたこと、又は事実関係の確認に協力したこと等を理由として、当該労働者が解雇等の不利益な取扱いをされない旨を規定し、労働者に周知・啓発をすること。 ② 社内報、パンフレット、社内ホームページ等広報又は啓発のための資料等に、労働者が職場における妊娠、出産等に関するハラスメントに関し相談をしたこと、又は事実関係の確認に協力したこと等を理由として、当該労働者が解雇等の不利益な取扱いをされない旨を記載し、労働者に配布等すること。

4　パワーハラスメント

(1) パワーハラスメント

「職場のパワーハラスメント（パワハラ）」とは、同じ職場で働く者に対して、職務上の地位や人間関係などの職場内の優位性を背景に、業務の適正な範囲を超えて、身体的もしくは精神的な苦痛を与えること、または就業環境を害することである。

厚生労働省は、パワハラ情報総合サイト「あかるい職場応援団」を運営するほか、「パワーハラスメント対策導入マニュアル」（パワハラ対策マニュアル）を公表して、企業がパワーハラスメント対策の基本的な枠組

みを構築するにあたって参考となるツール・情報等を提供している。

(2) パワーハラスメントの要件
① 職場
「職場」とは、社員等が業務を遂行する場所をいう。

「職場」についての解釈は、セクシュアルハラスメントの要件である「職場」と同じなので、セクハラの項を参照されたい。

② 優位性を背景に
「優位性を背景に」とは、行為を受ける者が行為者に対して抵抗・拒絶できない蓋然性が高い関係に基づいて行われることである（パワハラ対策マニュアル）。

上司から部下のような「職務上の地位」に限らず、人間関係や専門知識、経験などの様々な関係による優位性が含まれる。

例えば、同僚・部下からの集団による行為で、行為者が業務上必要な知識・経験を有し、行為者の協力を得なければ業務の円滑な遂行を行うことが困難である場合も、優位性を背景にしたといえる（パワハラ対策マニュアル）。

③ 業務の適正な範囲を超えて
「業務の適正な範囲を超えて」とは、社会通念に照らし、当該行為が明らかに業務上の必要性がない、又はその態様が相当でないものであることをいう（パワハラ対策マニュアル）。

例えば、上司は、自らの職位・職能に応じて権限を発揮し、部下に対して業務上の指揮監督や教育指導を行い、上司としての役割を遂行することが求められるから、業務上の必要な指示や注意・指導が相当な範囲で行われている場合には、叱責等があったとしてもパワーハラスメントにあたらない。

　［業務の適正な範囲を超えて行われる例］
　・業務上明らかに必要のない行為

・業務の目的を大きく逸脱した行為
・業務遂行の手段として不適当な行為
・行為の回数、行為者の数、態様・手段が社会通念に照らして許容される範囲を超える行為

④　身体的もしくは精神的な苦痛を与えること、または就業環境を害すること

「身体的もしくは精神的な苦痛を与えること、または就業環境を害すること」とは、行為を受けた者が身体的もしくは精神的に圧力を加えられ負担と感じること、又は行為を受けた者の職場環境が不快なものとなったため、能力の発揮に重大な悪影響が生じる等、当該労働者が就業する上で看過できない程度の支障が生じることである（パワハラ対策マニュアル）。

その判断にあたっては、「平均的な労働者の感じ方」を基準とする。

［該当例］
・暴力により障害を負わせる行為
・何度も大声で怒鳴る、激しい叱責を執拗に繰り返す等により、恐怖を感じさせる行為
・著しい暴言を吐く等により、人格を否定する行為
・長期にわたる無視等により、就業意欲を低下させる行為

(3) パワーハラスメントの行為類型

パワハラ対策マニュアルは、パワーハラスメントの主な行為類型として、6類型をあげている。

もっとも、実際のパワーハラスメントは6類型に限られるものではないし、各類型が複合している場合もある。

①　暴行・傷害（身体的な攻撃）

［例］
・唾を吐かれたり、物を投げつけられたり蹴られたりした
・丸めたポスターで頭を叩かれた

・痛いと言ったところを冗談っぽくわざと叩かれた

②　脅迫・名誉棄損・侮辱・ひどい暴言（精神的な攻撃）

［例］

・いること自体が会社に対して損害だと大声で言われた
・ミスしたら現金に換算し支払わせられた
・同僚の目の前で叱責される
・他の従業員も宛先に含めてメールで罵倒される

③　隔離・仲間はずし・無視

［例］

・今まで参加していた会議から外される
・一人だけ別室に移される
・強制的に自宅研修を命じられる
・職場での会話の無視や飲み会などに一人だけ誘われない
・他の部下には雑談や軽口をしているが、自分とは業務の話以外一切しない

④　職務上明らかに不要なことや遂行不可能ことの強制、仕事の妨害（過大な要求）

［例］

・長期間にわたり、多大な業務量を強いられ、残業が継続する
・明らかに管理者の業務であるにもかかわらず、業務命令で仕事を振られる
・絶対にできない仕事を、管理職ならやるべきと強制される

⑤　職務上の合理性がなく、能力や経験とかけ離れた程度の低い仕事を命じられることや仕事を与えないこと（過少な要求）

［例］

・運転手なのに営業所の草むしりだけを命じられる
・管理職に誰でも遂行可能な業務を行わせる
・事務職なのに倉庫業務だけを命じられる
・一日中掃除しかさせられない日々がある
・入社当時に期待・希望していた事とかけ離れた事務処理ばかりさせられる

⑥　私的なことに過度に立ち入ること（個の侵害）

［例］

・出身校や家庭の事情等をしつこく聞かれる
・交際相手について執拗に問われる
・接客態度がかたいのは彼氏がいないからだと言われた
・引っ越したことを皆の前で言われ、おおまかな住所まで言われた
・配偶者に対する悪口を言われる
・思想・心情を理由として、集団で同僚1人に対して、職場内外で継続的に監視したり、他の社員に接触しないよう働きかけたり、私物の写真撮影をしたりする

(4) パワーハラスメント対策として事業主が講ずべき措置

　使用者は、労働契約法5条により安全配慮義務を負っている（「使用者は、労働契約に伴い、労働者がその生命、身体等の安全を確保しつつ労働することができるよう、必要な配慮をするものとする」）。また、使用者は、労働契約に付随して、労働者が働きやすい職場環境を整備し保つように配慮すべき義務や良好な職場環境を整備すべき義務（「職場環境配慮義務」や「職場環境整備義務」等）を負うとされている。

　従って、事業主は、パワハラについても、これを防止すべく雇用管理上の措置を講ずることが求められているといえる。

　なお、厚生労働省は、職場のパワハラ対策について、法律で企業に防止措置を義務付ける方針を明らかにしている（2018年11月時点）。

5　ハラスメントと法的責任

損害賠償責任

①　行為者の責任

　ハラスメント行為を直接禁じた法律はないが、ハラスメントに該当する行為が不法行為となる場合は、加害者である上司や同僚等は、被害労働者に対し、身体的自由、性的自由、人格権、名誉感情など法益の侵害による不法行為責任を負い、損害賠償義務を負う（慰謝料が一般的だが、ハラスメント行為により退職に追い込まれた場合には再就職までの賃金相当額などの逸失利益の支払い義務まで認められることもある）。

②　使用者の責任

従業員によりセクハラ・パワハラなどのハラスメントが行われた場合は、会社も損害賠償義務を負うことがある。

a．使用者責任（民法715条）

「ある事業のために他人を使用する者は、被用者がその事業の執行について第三者に加えた損害を賠償する責任を負う」（民法715条本文）。

この責任を「使用者責任」といい、使用者は加害者と連帯して損害賠償責任を負う。

なお、勤務時間外のように、事業と直接関連しない状況で行われたハラスメントであっても、行為者の職務（事業）と密接な関連性がある行為であれば、使用者の「事業の執行について」行われたとして、使用者責任を認めるのが裁判例である。

b．使用者固有の損害賠償責任

使用者は、労働者の安全に配慮する義務を負い（労働契約法5条）また、労働契約に付随して、労働者が働きやすい職場環境を整備し保つように配慮すべき義務・良好な職場環境を整備すべき義務（「職場環境配慮義務」・「職場環境整備義務」等）を負うとされている。

ハラスメント行為を放置し、使用者がこれらの義務を怠ったといえる場合には、使用者は、被害労働者に対し、使用者固有の損害賠償義務（債務不履行責任または不法行為責任）を負う。

使用者固有の損害賠償責任が認められる場合には、慰謝料のみならず、逸失利益（退職後1年分の賃金相当額、再就職までの賃金相当額など）が認められることもある。

第4章　労働契約の成立と法規制

労働契約の成立の原則

労働契約は、労働者が使用者に使用されて労働し、使用者がこれに対して賃金を支払うことについて、労働者及び使用者が合意することによって成立する（労働契約法6条）。

　労働者の合意により契約が成立することは契約の一般原則であり、労働契約法6条は、契約成立における「合意の原則」が労働契約についてもあてはまることを確認するものといえる。

　また、労働契約は、労働者と使用者の合意のみにより成立するから、労働契約成立の要件としては、契約内容について書面を交付することまでは求められていない。

　もっとも、労働法では、後述するように、「合意の原則」には種々の制約（採用の自由の制約や有期労働契約の規制等）が設けられており、また、労働者による契約内容の理解を促進するために書面による労働条件の明示等が義務付けられている。

第1節　採用の自由

1　採用の自由とその内容

　「採用の自由」とは、事業者は、どのような者を採用するかは、自由に決めることができるという原則である。

　契約締結の自由は民法における契約法の基本原則であるから、採用の事由も原則として認められる。

　ただし、契約締結の自由は、「公共の福祉」による制限を予定している。近年、立法や行政指導等により、採用の自由は制約される傾向にある。

2　採用の自由の法規制

　採用の自由に対する法規制には、次のものがある。

①労働施策総合推進法（旧雇用対策法）は、募集採用において年齢にかかわりなく均等な機会を付与すべき事業主の義務を定めている（ただし、期間の定めのない労働者を定年年齢を下回ることを条件に募集・採用する場合、新規学卒者を長期雇用のために募集・採用する場合、特定職種において特定年齢層の労働者が少ない場合にその年齢層の者を補うための募集・採用である場合などには適用されない（労働施策総合推進法施行規則1条の3第1項））。

②労働組合法は、労働者が労働組合に加入せず、もしくは労働組合か

　　ら脱退することを雇用条件とすることを禁止している（いわゆる「黄
　　犬契約」。労働組合法7条1項）。
③男女雇用機会均等法は、募集・採用過程での男女の均等な機会の付
　　与を義務付けている（男女雇用機会均等法5条）。
④障害者雇用促進法は、事業主に対し、一定の雇用率に達する人数の
　　障害者を雇用すべき義務を課している（障害者雇用促進法43条）。
⑤職業安定法は、募集を行う者が、本人の同意がある場合を除き、求
　　職者等の個人情報を原則的に「業務の目的の達成に必要な範囲内」
　　で収集すべきことを規定している（職業安定法5条の4）。

参考知識：採用時の調査・質問等の配慮事項

　採用時の調査の事項と調査の方法は一定の制約を受ける。
　すなわち、質問や調査をすることができるのは、応募者の職業能力・技能、従
業員としての適格性に関連する事項に限られる。また、調査の方法は、社会通念
上妥当な方法で行うべきである。そして、応募者の人格やプライバシーの侵害に
つながりかねない態様での調査等は、不法行為が成立する場合もある。
　次の14の事項については、質問や調査を行うと就職差別につながるおそれが
あるので、質問・調査等にあたって配慮すべき事項であるとされている（「公正
な採用選考をめざして」（厚生労働省））。

参考知識：就職差別につながるおそれがある14の事項

（本人に責任のない事項の把握）
①「国籍・本籍・出生地」に関すること
②「家族」に関すること（職業・続柄・健康・地位・学歴・収入・資産など）
③「住宅状況」に関すること（間取り・部屋数・住宅の種類・近隣の施設など）
④「生活環境・家庭環境など」に関すること
（本来自由であるべき事項（思想信条にかかわること）の把握）
⑤「宗教」に関すること
⑥「支持政党」に関すること
⑦「人生観・生活信条など」に関すること
⑧「尊敬する人物」に関すること
⑨「思想」に関すること
⑩「労働組合（加入状況や活動歴など）・学生運動など社会運動」に関すること
⑪「購読新聞・雑誌・愛読書など」に関すること

（採用選考の方法）

⑫「身元調査など」の実施

⑬「全国高等学校統一応募用紙・JIS 規格の履歴書（様式例）に基づかない事項を含んだ応募書類（社用紙）」の使用

⑭「合理的・客観的に必要性が認められない採用選考時の健康診断」の実施

参考知識：履歴書の「賞罰」

　採用時に「賞罰」欄のある履歴書の提出を求める場合は、求職者は真実を隠さずに記載しなければならないとされている。

　ここで、「賞罰」とは、一般に、確定した有罪判決（前科）と解されており、企業から特別に言及されない限り、起訴猶予事案等の犯罪歴や懲戒解雇の事実までは含まれないとされている。

　なお、退職の理由や懲戒解雇の事実については、応募者の職業能力・技能、従業員としての適格性に関連する事項といえるから、特別に記載を求めたり質問したりすることは違法とまではされていない（就職差別につながるおそれがある 14 の事項には、退職の理由までは明記されていない）。

第2節　労働条件の明示等

1　労働契約の内容の理解の促進に関する規制

　労働契約は、当事者である労働者と使用者の合意により成立するが、契約内容について労働者が十分に理解しないままで労働契約を締結したり変更したりすると、後に個別労働関係紛争が生じるおそれがある。そこで、労働契約の当事者である労働者・使用者が契約内容について自覚し、契約内容があいまいなまま労働契約関係が継続することのないよう、次のような規制が定められている。

　労働基準法による規制

　　①労働条件の明示義務（労働基準法 15 条）

　労働契約法による規制

　　②労働者の理解の促進

　　　義務ではないが、使用者は、労働者に提示する労働条件及び労働契約の内容について、労働者の理解を深めるようにするとされている（労働契約法 4 条 1 項）。

　なお、労働条件の明示義務は労働契約締結時の義務であるが、労働者の理解の促進は、労働契約締結前の説明や、労働契約の変更などの場面でも求められる。

③書面による確認

　労働者および使用者は、労働契約の内容（期間の定めのある労働契約に関する事項を含む。）について、できる限り書面により確認するものとする（労働契約法4条2項）。

　労働契約法4条2項の書面確認の適用場面は、労働条件の明示義務（労働基準法15条）よりも広く、労働契約の締結時だけでなく、労働契約が継続している間を含む。

職業安定法による規制

④求人申込や募集に際しての労働条件の明示義務（職業安定法5条の3）

2　労働条件の明示義務

　使用者は、労働契約の締結に際し、労働者に対して賃金、労働時間その他の労働条件を明示しなければならない（労働基準法15条）。明示すべき事項については、労働基準法施行規則5条1項が14号にわたり列挙している（次ページの表を参照）。

　労働条件の明示義務に違反した者は30万円以下の罰金に処せられる（同法120条）。

　また、明示された労働条件が事実と相違する場合においては、労働者は、即時に労働契約を解除することができる（労働基準法15条2項）。

(表：労働条件の明示義務)

明示を要する労働条件 (労働基準法15条・同法施行規則5条1項)	書面交付による明示義務 (労基法施行規則5条2項)	文書の交付等による明示義務（パートタイム労働法6条・同法施行規則2条）
必ず明示しなければならない事項		
労働契約の期間に関する事項（1号）	○	
期間の定めのある労働契約を更新する場合の基準に関する事項（1号の2）	○	
就業の場所及び従事すべき業務に関する事項（1号の3）	○	
始業及び終業の時刻、所定労働時間を超える労働の有無、休憩時間、休日、休暇並びに労働者を2組以上に分けて就業させる場合における就業時転換に関する事項（2号）	○	
賃金（退職手当及び5号に規定する賃金を除く）の決定、計算及び支払の方法、賃金の締切り及び支払の時期並びに昇給に関する事項（3号）	○ 昇給を除く（口頭の明示でもよい）	昇給の有無も
退職に関する事項（解雇の事由を含む）（4号）	○	
		雇用管理の改善等に関する事項に係る相談窓口（担当者名、役職、担当部署など）も
制度を設ける場合に明示しなければならない事項		
退職手当の定めが適用される労働者の範囲、退職手当の決定、計算及び支払いの方法並びに退職手当の支払の時期に関する事項（4号の2）	× (口頭の明示でもよい。以下同じ)	退職手当の有無も
臨時に支払われる賃金（退職手当を除く）、賞与などに関する事項（5号）	×	賞与の有無も
労働者に負担させるべき食費、作業用品その他に関する事項（6号）	×	
安全及び衛生に関する事項（7号）	×	
職業訓練に関する事項（8号）	×	
災害補償及び業務外の傷病扶助に関する事項（9号）	×	
表彰及び制裁に関する事項（10号）	×	
休職に関する事項（11号）	×	

　なお、明示しなければならない労働条件の事項の多くが、就業規則の必要的記載事項とされている（労働基準法89条。【P.257 就業規則の記載事項】を参照）。このため、就業規則に記載されている事項については、就

業規則を労働者に交付すれば労働条件の明示義務を果たしたことになる。この場合は、就業規則に記載されていない労働条件の事項を書面で明示すれば、明示義務を果たしたことになる。

3　書面交付による明示義務

　労働基準法施行規則が列挙している明示すべき事項のうち、特に重要な6項目については、書面の交付により明示しなければならない（労働基準法15条・労働基準法施行規則5条2項3項）。

　違反した者は30万円以下の罰金に処せられる（同法120条）。

　書面交付を要する6項目は、次の通りである。

①労働契約の期間に関する事項

②期間の定めのある労働契約を更新する場合の基準に関する事項
　　・更新があるかどうか、更新する場合の判断のしかたなど

③就業の場所及び従事すべき業務に関する事項
　　・仕事をする場所、仕事の内容

④始業及び終業の時刻、所定労働時間を超える労働の有無、休憩時間、休日、休暇並びに労働者を二組以上に分けて就業させる場合における就業時転換に関する事項
　　・仕事の始めと終わりの時刻、残業の有無、休憩時間、休日・休暇、就業時転換（交替制）勤務のローテーションなど

⑤賃金（退職手当及び賞与等を除く）の決定・計算・支払の方法、賃金の締切り・支払の時期に関する事項（昇給は除く）

⑥退職に関する事項（解雇の事由を含む）

　なお、短時間労働者については、パートタイム労働法により、昇給の有無、退職手当の有無、賞与の有無、雇用管理の改善等に関する事項に係る相談窓口（担当者名、役職、担当部署など）も、雇入れ後速やかに文書の交付等により明示しなければならないとされている（同法6条・同法施行規則2条）。

　　※「相談窓口」は、2015年に施行された改正パートタイム労働法によって新設された制度である（「事業主は、短時間労働者の雇用管理の改善等に関する事

項に関し、その雇用する短時間労働者からの相談に応じ、適切に対応するために必要な体制を整備しなければならない」（同法 16 条））

第3節　採用内定

採用内定の法的意味

　「採用内定」の実態は多様であるが、いわゆる新卒一括採用における採用内定の法的性格については、「始期付解約権留保付労働契約」とする考え方が判例上確立している。

　すなわち、採用内定は、労働契約の締結予約ではなく、労働契約が成立している。ただし、新卒者の場合は、卒業後の 4 月からという「始期」が付いている。また、採用内定通知書や誓約書に記載されている採用内定取消事由が生じた場合や卒業できなかった場合は、労働契約を解約できる（このため「解約権留保付き」といわれる）。

第4節　試用期間

1　意義

　「試用期間」は、正社員として本採用（正式採用）する前に行われる適格性判定のための期間である。

　「会社は都合により解雇をなしうる」、「社員として不適格と認めたときは解雇できる」といった規定を雇用契約書や就業規則に明記して導入するのが一般である。試用期間を設けること自体は合理的であると解されている。

　試用期間の法的性格について、裁判例は、原則として、解約権が留保された労働契約（解約権留保付労働契約）であるとしている。裁判例の考えでは、試用期間と「本採用」後は別契約ではない。当初から期間の定めのない雇用契約（無期雇用契約）が成立しており、試用期間中は解約権が使用者に留保されていると考える。

　従って、試用期間が満了した場合の「本採用」は、別個の雇用契約の締結ではない（解約権がなくなるだけ）。また、試用期間中の解雇や「本採用拒否」は、自由にできるわけではなく、「解雇」として解雇権濫用法

理（労働契約法 16 条）の適用を受ける。

2　試用期間における留保解約権行使

　試用期間が導入されている場合は、試用期間中の労働者の勤務状態等により、労働者の資質・性格・能力等の適格性が判断され、雇用を継続することが適当でないと判断されると、解雇または本採用拒否という形で解約権が行使される。

　解約権の行使は、法的には「解雇」であるから、解雇権濫用法理（労働契約法 16 条）によって、客観的に合理的な理由と社会通念上の相当性が求められる。

参考知識：試用期間

　試用期間は、採用決定時には労働者の適格性に関する情報を十分に把握できないことから、試用期間中の観察に基づく最終的決定を留保するという趣旨の解約権留保付契約である。したがって、試用採用当時には知ることができず、または知ることが期待できないような事実が試用期間中の勤務状態等の観察から明らかになり、雇用を継続するのが相当でないと判断することについて、解約権留保の趣旨・目的に照らして、客観的に合理的な理由と社会通念上の相当性が認められる場合に、本採用拒否（留保解約権行使）が認められることになる。ここで、試用期間には実験観察期間としての性格があることから、本採用後の解雇に比べると、労働者の資質・性格・能力等の適格性の判断に基づくより広い留保解約権行使が認められるといわれるが、留保解約権行使は解雇である以上、客観的に合理的な理由と社会通念上の相当性が求められるから、使用者は適格性欠如と判断した具体的根拠（勤務成績・態度の不良等）を示さなければならず、社会通念上の相当性（本採用拒否が酷にすぎないか等）も求められる。

3　試用期間の長さ・延長・中断

　試用期間は 3 か月が最も多く、それを中心に 1 か月から 6 か月に渡っており、法的な規制はない。

　しかし、試用期間中の労働者は不安定な地位に置かれることから、その適性を判断するのに必要な合理的な期間を超えた長期の試用期間は、公序良俗に反し、その限りで無効と解されている。

　また、試用期間の延長は、就業規則などで延長の可能性および延長の事由、期間などが明記されていない限り、原則として認めるべきではないとされている。

4　試用期間中の解雇と解雇予告

　試用期間中の労働者については、14日を超えて引き続き使用されるに至った場合には、解雇予告が必要とされている（労働基準法21条4号）。

　従って、試用期間中の労働者については、使用が14日以内であれば解雇予告なく解雇できるが、14日を超えて使用した場合には、30日前に解雇予告をするか、予告日数が30日に満たない場合は、不足日数分の平均賃金（解雇予告手当）を支払う必要がある。

5　トライアル雇用

　「トライアル雇用」は、原則3か月の試行雇用を行うことにより、労働者の適性や業務遂行の可能性などを見極めた上で、トライアル雇用終了後に「本採用」するかどうかを決める雇用形態である。

　トライアル雇用は、試用期間（解約権留保付とはいえ無期労働契約）とは異なり、有期労働契約である。従って、「本採用」に際しては、改めて、期間の定めのない労働契約（常用雇用契約）を締結する。

　トライアル雇用は、トライアル雇用助成金（トライアル雇用奨励金）によって知られている（後述）。

> **参考知識：トライアル雇用助成金（一般トライアルコース）**
>
> 　「トライアル雇用助成金（一般トライアルコース）」は、ニート・フリーターをはじめ安定的な就職が困難な者を、常用雇用に向けて原則3カ月間の有期雇用（試行雇用）で雇い入れた事業主を助成する制度である。
>
> 　トライアル雇用助成金は、①対象労働者をハローワークの紹介により雇い入れること、②原則3か月のトライアル雇用を行うこと、③1週間の所定労働時間が原則として通常の労働者と同程度であること（30時間を下回らないこと）などを主な受給要件としている。

参考知識：トライアル雇用の対象者

　「トライアル雇用」の対象者は、次のいずれかの要件を満たした上で、紹介日に本人がトライアル雇用を希望した者である。

　①紹介日時点で、就労経験のない職業に就くことを希望する者

　②紹介日時点で、学校卒業後3年以内で、卒業後、安定した職業に就いていない

　③紹介日の前日から過去2年以内に、2回以上離職や転職を繰り返している

　④紹介日の前日時点で、離職している期間が1年を超えている

　⑤妊娠、出産・育児を理由に離職し、紹介日の前日時点で、安定した職業に就いていない期間が1年を超えている

　⑥就職の援助を行うに当たって、特別な配慮を要する（生活保護受給者、母子家庭の母等、父子家庭の父、日雇労働者、季節労働者、中国残留邦人等永住帰国者、ホームレス、住居喪失不安定就労者）

第5節　有期労働契約の成立

1　有期労働契約と規制

　「有期労働契約」とは、期間の定めのある労働契約である。

　有期労働契約による労働者は、無期契約労働者である「正社員」に対して、「有期雇用労働者」、「契約社員」「有期契約労働者」などと呼ばれる。

　有期契約労働者には、「日雇い」、「臨時工」、「季節労働者」、「期間社員」、「アルバイト」、「嘱託」、「パートタイム労働者」など様々の態様があり、非正規雇用労働者（非正規労働者）に位置付けられる。

　有期労働契約については、雇止めによる不安や有期労働契約であることを理由として不合理な労働条件が定められる問題などに対処し、安心して働き続けることができるように、次のような規制が定められている。なお、労働基準法の違反（①と②）は30万円以下の罰金に処せられる（労働基準法120条）。

　①有期労働契約の1回の契約期間の上限規制（労働基準法14条1項）

　②労働契約時の「労働契約の期間に関する事項」や「期間の定めのある労働契約を更新する場合の基準に関する事項」の明示義務（労働

基準法15条）

③期間途中の解雇制限（労働契約法17条1項）

④無期転換ルール（労働契約法18条）

⑤雇止めの制限（労働契約法19条。【P.274 雇止めの制限】）

⑥期間の定めがあることによる不合理な労働条件の禁止（労働契約法20条）

⑦雇止めの予告、雇止め理由の明示、契約期間についての配慮（有期労働契約の締結、更新及び雇止めに関する基準）

2　有期労働契約の1回の契約期間の上限規制

　有期労働契約を締結する場合、一定の事業の完了に必要な期間を定めるもののほかは、1回の契約期間の上限は原則3年とされている（労働基準法14条1項）。ただし、以下の特例が認められている（同項）。

①専門的な知識、技術または経験（「専門的知識等」）であって高度のものとして厚生労働大臣が定める基準に該当する専門的知識等を有する労働者（当該高度の専門的知識等を必要とする業務に就く者に限る。）との間に締結される労働契約は、1回の契約期間の上限は5年（1号）

②満60歳以上の労働者との間に締結される労働契約は、1回の契約期間の上限は5年（2号）

　上記規定に違反して上限を超える期間が定められた場合には、当該契約における契約期間は上限の期間に改められる。

　また、労働基準法14条の違反は、30万円以下の罰金に処せられる（労働基準法120条）。

　なお、使用者は、有期労働契約によって労働者を雇い入れる場合は、その目的に照らして、契約期間を必要以上に細切れにしないよう配慮しなければならない（労働契約法17条2項）。

第5章　就業規則の規制と効力

第1節　就業規則の規制

1　就業規則に関するルール

就業規則に関しては、労働基準法及び労働契約法に、次のようなルールが定められている（内容については後述）。

①就業規則の作成・届出義務（労働基準法89条）

②就業規則の記載事項（労働基準法89条）

③就業規則の作成・変更の際の過半数組合または過半数代表者の意見聴取義務（労働基準法90条1項）

④就業規則の届出に際しての過半数組合または過半数代表者の意見を記した書面の添付義務（労働基準法90条2項）

⑤就業規則の内容は法令や労働協約に反してはならない（労働基準法92、労働契約法13条）

⑥就業規則の周知（労働基準法106条）

(1) 就業規則の作成・届出義務

常時10人以上の労働者を使用する使用者は、一定の事項について就業規則を作成し、行政官庁に届け出なければならない（労働基準法89条）。「行政官庁」は、具体的には労働基準監督署長である。

①　常時10人以上

労働基準法89条における「常時10人以上」とは、常態として10人以上を使用しているという意味である。繁忙期のみ10人以上使用する場合は該当しないが、一時的に10人未満になることがあっても通常は10人以上を使用していれば該当しうる。

「10人以上」は、企業単位ではなく事業場単位で計算すると解されている。

②　労働者

「労働者」は、正社員、パート、契約社員などの雇用形態のいかんを問わず当該事業場で使用されている労働者がすべて含まれる。

ただし、下請労働者、派遣労働者などの使用者を異にする労働者は入らず、また「労働者」に該当しない。個人委託業者なども入らない。

④　作成・届出義務の違反

就業規則の作成・届出義務（労基法 89 条）の違反は 30 万円以下の罰金に処せられる（労働基準 120 条）。

なお、就業規則の届出義務の違反があっても、それだけで就業規則が無効になるわけではなく、合理的な労働条件が定められている就業規則が労働者に周知されている限り、就業規則は有効である（労働契約法 7 条）。また変更後の就業規則が労働者に周知され、就業規則の変更が合理的なものである限り（労働契約法 10 条）、就業規則の変更は有効であるとされている。

(2) 就業規則の記載事項

就業規則に記載する内容には、必ず記載しなければならない事項（絶対的必要記載事項）と、当該事業場で定めをする場合に記載しなければならない事項（相対的必要記載事項）がある（労働基準法 89 条）。

①　絶対的必要記載事項

絶対的必要記載事項は、以下の事項である。

・始業及び終業の時刻、休憩時間、休日、休暇並びに交替制の場合には就業時転換に関する事項
・賃金の決定、計算及び支払の方法、賃金の締切り及び支払の時期並びに昇給に関する事項
・退職に関する事項（解雇の事由を含む。）

②　相対的必要記載事項

相対的必要記載事項は、以下の事項である。

・退職手当に関する事項

・臨時の賃金（賞与）、最低賃金額に関する事項

・食費、作業用品などの負担に関する事項

・安全衛生に関する事項

・職業訓練に関する事項

・災害補償、業務外の傷病扶助に関する事項

・表彰、制裁に関する事項

・その他全労働者に適用される事項

③　就業規則の記載事項の違反

就業規則の記載事項の違反は、30万円以下の罰金に処せられる（労働基準120条）。

なお、就業規則の記載事項の違反があっても、それだけで就業規則が無効になるわけではなく、合理的な労働条件が定められている就業規則が労働者に周知されている限り（労働契約法7条）、また変更後の就業規則が労働者に周知され就業規則の変更が合理的なものである限り（労働契約法10条）、就業規則や就業規則の変更は有効であるとされている。

(3) 就業規則の意見聴取義務

就業規則の作成・変更については、労働者の過半数で組織される労働組合（過半数組合）がある場合は過半数組合、過半数組合がない場合は労働者の過半数を代表する者（過半数代表者）の意見を聴かなければならない（労働基準法90条1項）。

過半数組合または過半数代表者の意見聴取は、「意見を聴く」ことで足り、協議することや同意を得ることまでは求めていない。

意見聴取義務の違反は、30万円以下の罰金に処せられる（労働基準法120条）。

なお、意見聴取義務違反は、就業規則作成・変更の手続違反である

が、それだけで就業規則が無効になるわけではなく、合理的な労働条件が定められている就業規則が労働者に周知されている限り（労働契約法7条）、また変更後の就業規則が労働者に周知され就業規則の変更が合理的なものである限り（労働契約法10条）、就業規則や就業規則の変更は有効であるとされている。

(4) 意見書の添付義務

就業規則の労基署長への届出（労働基準法89条）に際しては、過半数組合または過半数代表者（後述する）の意見を記した書面を添付しなければならない（労働基準法90条2項）。

前述したように、就業規則の作成・変更にあたっての過半数組合または過半数代表者の意見聴取は「意見を聴く」ことで足りるから、過半数組合または過半数代表者が反対意見を表明したとしても、反対意見を記した書面を添付して労基署長に届け出れば、労働基準法上の手続違反とはならない。

(5) 就業規則の周知の方法

就業規則は、各作業所の見やすい場所への掲示、備え付け、書面の交付などによって労働者に周知しなければならない（労働基準法第106条）。

① 周知の方法

「周知」は、事業場の従業員の大多数が就業規則の内容を現実に知っているか、知りうる状態にあれば足りると解されており、周知の方法としては、次のものが考えられる。

・常時各作業場の見やすい場所に掲示する、または備え付ける
・書面で労働者に交付する
・磁気テープ、磁気ディスクその他これらに準ずる物に記録し、かつ、各作業場に労働者が当該記録の内容を常時確認できる機器を設置する

②　就業規則の周知義務違反

就業規則の周知義務の違反は、30万円以下の罰金に処せられる（労働基準120条）。

また、就業規則を労働者に周知していないと、就業規則の効力は発生しないと解されているので、注意を要する。

なお、「合理的」であることと「労働者に周知」していることが就業規則の有効要件であり、記載事項の義務、届出義務、意見聴取義務の違反があっても、それだけで就業規則や就業規則の変更が無効となるわけではないと解されている。

なお、労働契約法は、次のように規定している。

・労働契約を締結する場合において、使用者が「合理的な労働条件」が定められている就業規則を「労働者に周知」させていた場合には、労働契約の内容は、その就業規則で定める労働条件による（7条）。

・就業規則の変更により労働条件を変更する場合は、変更後の就業規則を「労働者に周知」させ、かつ、就業規則の変更が就業規則の変更に係る諸事情に照らして「合理的」なものであるときは、労働契約の内容である労働条件は、当該変更後の就業規則に定めるところによる（10条）。

2　過半数組合・過半数代表者

(1) 過半数組合または過半数代表者が要件になる場合

使用者は、就業規則の作成・変更に際して労働者の過半数で組織される労働組合（過半数組合）がある場合は過半数組合、過半数組合がない場合は労働者の過半数を代表する者（過半数代表者）の意見を聴かなければならない。

また、変形労働時間（労基法32条の2・4・5）・フレックスタイム（同法32条の3）、休憩時間の一斉付与の例外（同法34条2項但書）、時間外労働（同法36条1項。36協定）、時間単位年休（同法39条4項）、計画年休（同法39条6項）などの制度を導入するために、過半数組合がある場合は過半

数組合、過半数組合がない場合は過半数代表者との書面による協定（＝労使協定）をしなければならない。

(2) 過半数代表者

① 意味

労働者の過半数を代表する者（過半数代表者）の「過半数」は、管理職・非管理職、短時間労働者、有期契約労働者、アルバイト、嘱託等を含めた労働者全体の過半数を意味する。

従って、正社員に適用する就業規則の作成・変更でも正社員以外を含む労働者全体の過半数代表者の意見を聴取しなければならないし、短時間労働者に適用する就業規則の作成・変更でも短時間労働者の過半数代表者ではなく労働者全体の過半数代表者の意見を聴取すればよいことになる。

もっとも、パートタイム労働者法では、短時間労働者に適用される就業規則については短時間労働者の意見を聴取することが望ましいという見地から、短時間労働者に係る事項の就業規則を作成・変更するときは、短時間労働者の過半数代表者の意見を聴くように「努めるようにするものとする」（努力義務）とされている（パートタイム労働法7条）。

② 過半数代表者の要件

「過半数代表者」は、「管理監督者」（労基法41条2号）であってはならず、また、労使協定をする者を選出する等、労働者代表を選出する目的を明らかにして、「投票や挙手等の方法」によって選出しなければならない（労働基準法施行規則6条の2）。

※管理監督者については、【P.330 管理監督者】を参照

「投票や挙手等の方法」は、労働者の話し合い、持ち回り決議、その他労働者の過半数が選任を支持していることが明確になる「民主的な手続」が該当するとされている。

従って、会社が指名した候補者による投票、親睦会の代表者等一定の

地位にある者の自動就任、一部の労働者による互選では、適正な「過半
数代表者」の選出の方法とはいえない。

　また、過半数代表者は、労働者全体の過半数代表者であるから、短時
間労働者やアルバイト等を含めた全ての労働者が手続に参加していなけ
ればならない。

3　就業規則の効力
(1)　就業規則の最低基準効
　「最低基準効」とは、労働契約法 12 条により、就業規則の定める労働
条件に最低基準としての効力が認められることである。

　労働契約法は、「就業規則で定める基準に達しない労働条件を定める
労働契約は、その部分については、無効とする。この場合において、無
効となった部分は、就業規則の定める基準による」と定めている（12
条）。

　就業規則は、労働条件を統一的に設定するものであり、合理的な労働
条件が定められていることを要することから（同法 7 条・10 条）、就業規
則を下回る労働契約は、その部分については就業規則に定める基準まで
引き上げられることとしたのである。

　従って、例えば、就業規則で賞与の支払いが定められている場合に、
労働者との間で賞与を支払わないとの個別合意をしても、この合意は無
効となる（この効力を「強行的効力」という）。

　なお、「その部分については、無効とする」とは、労働契約のその他
の部分については有効であるという趣旨である。

　また、労働契約法 12 条は最低基準効について定めるにとどまるので、
就業規則で定める基準より有利な労働条件が個別に定められた場合は、
当該個別合意は有効である。

（概念図）

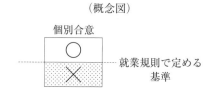

個別合意

就業規則で定める
基準

(2) 就業規則の労働契約規律効

　「労働契約規律効」とは、①合理的な労働条件が定められている就業規則が、②労働者に周知されていたという要件を満たす場合には、就業規則で定める労働条件が労働契約の内容となるという効力である（労働契約法7条）。

　我が国では、個別合意である労働契約では詳細な労働条件を定めず、就業規則によって統一的に労働条件を設定することが広く行われている。そこで、労働契約法7条は、労働契約の成立場面における就業規則と労働契約の関係について、「労働者及び使用者が労働契約を締結する場合において、使用者が合理的な労働条件が定められている就業規則を労働者に周知させていた場合には、労働契約の内容は、その就業規則で定める労働条件によるものとする。ただし、労働契約において、労働者及び使用者が就業規則の内容と異なる労働条件を合意していた部分については、12条に該当する場合を除き、この限りでない。」と定めている。

　なお、労働契約に就業規則の内容と異なる労働条件を定めている場合は、就業規則に定める基準を下回る場合（労働契約法12条に該当する場合）を除き、就業規則ではなく労働契約に定めた労働条件が労働契約の内容となる（同法7条但書）。

①　労働契約法7条の適用場面

　「労働契約を締結する場合において」と規定されているとおり、労働契約法7条は、労働契約の成立場面について適用される。

　従って、既に労働契約が締結されているが就業規則は存在しない事業

場において、新たに就業規則を制定した場合については、法7条は適用されない（合意の原則が適用され、新たに制定した就業規則が労働契約の内容である労働条件の変更にあたる場合は、就業規則による労働契約の内容の変更の要件をみたすことを要する（【P. 265 労働条件の変更】を参照）。

②　「周知」

「周知」の意味については、労働基準法106条の「周知」と同じである（【P. 259 就業規則の周知の方法】を参照）。

（概念図）

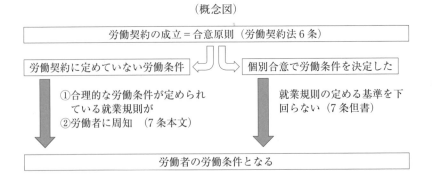

(3)　就業規則が法令・労働協約に反する場合

労働基準法において、就業規則は、法令または労働協約に反してはならないと定められている（労働基準法92条1項）。就業規則が法令に反してはならないことは当然である。また、労働組合と使用者との間の合意により締結された労働協約は、使用者が一方的に作成する就業規則よりも優位に立つとされている。

そこで、労働契約法でも、就業規則が法令または労働協約に反する場合には、当該反する部分の労働条件は、当該法令または労働協約の適用を受ける労働者との間の労働契約の内容とはならないとされている（労働契約法13条）。

(4) 労働協約に反する就業規則の効力

労働協約に反する就業規則の労働条件は、労働協約が適用される労働者（労働協約を締結した労働組合の組合員）との関係では、労働契約の内容にはならない（労働協約に反する就業規則部分が、労働協約の適用を受ける労働者との関係では無効となる）。

従って、就業規則に労働協約に反する部分があるとしても、就業規則が無効となるわけではない。そして、労働協約が適用されない労働者については、就業規則の定める労働条件は労働契約の内容となる。

第6章　労働条件の変更

1　意義

労働者及び使用者は、その合意により労働契約の内容である労働条件を変更することができる（労働契約法8条）。

当事者の合意により契約が変更されることは契約の一般原則であり、労働契約についてもあてはまる。労働契約法8条は、この「合意の原則」が労働契約の内容（労働条件）の変更についてもあてはまることを確認したものである。

労働契約の内容である労働条件は、労働者と使用者の合意のみにより変更されるものであるから、労働条件変更の要件としては、変更内容について書面を交付することまでは求められていない。

なお、就業規則の変更による労働条件の変更については、次で説明する。

2　就業規則の変更による労働条件の不利益変更

労働契約の内容である労働条件を変更するためには、原則として、労働者と使用者の合意によらなければならない（合意の原則。労働契約法8条）。

なお、就業規則で定める基準に達しない労働条件に変更する合意をしても、その合意は無効である（労働契約法12条）。

労働条件の変更は合意の原則によるが、我が国では、就業規則によって労働条件を統一的に設定し、労働条件の変更も就業規則の変更による

　ことが広く行われているため、就業規則の変更により自由に労働条件を変更できるとの使用者の誤解があったり、就業規則の変更による労働条件の変更に関する個別労働関係紛争が発生することがある。

　そこで、労働契約法9条は、「使用者は、労働者と合意することなく、就業規則を変更することにより、労働者の不利益に労働契約の内容である労働条件を変更することはできない」と定めて、同法8条の合意の原則が就業規則の変更による労働条件の不利益変更にもあてはまることを確認的に規定している。

　従って、原則として、労働条件を不利益変更するためには、労働者との個別合意が必要である（労働条件の不利益変更における合意の原則）。

　その上で、同法10条は、合意の原則の例外として、労働者との個別合意によらず、就業規則の変更によって労働条件を変更できる場合の要件を定めている（3で説明する）。

3　就業規則の変更による労働条件の不利益変更の要件

　次の要件をみたす場合には、就業規則の変更によって労働条件を不利益変更して労働契約の内容とすることができる（労働契約法10条）。

（1）変更後の就業規則を労働者に周知させる

（2）就業規則の変更が「合理的なものである」

　　就業規則の変更の「合理性」を判断する際の考慮要素は、「労働者の受ける不利益の程度、労働条件の変更の必要性、変更後の就業規則の内容の相当性、労働組合等との交渉の状況その他の就業規則の変更に係る事情に照らして合理的なものである」ことである（労働契約法10条）。

　　裁判例は、「賃金、退職金など労働者にとって重要な権利、労働条件に関し実質的な不利益を及ぼす就業規則の作成又は変更については、当該条項が、そのような不利益を労働者に法的に受忍させることを許容できるだけの高度の必要性に基づいた合理的な内容のものである」ことを要求している。

（概念図）

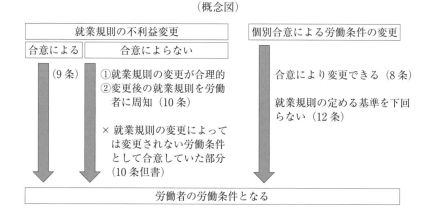

4　不変更の合意

　上述した要件をみたす場合には、就業規則の変更によって労働条件を不利益変更できるが、労働契約において、就業規則の変更によっては変更されない労働条件として合意していた部分がある場合は、就業規則の変更によっては不利益変更できないとされている（労働契約法 10 条但書）。

　就業規則では特に勤務地が限定されていない場合に労働契約において勤務地を限定する特約をした場合や、就業規則が定める定年を適用しないという特約をしている場合などが、これに該当する。

5　就業規則の変更の手続

　就業規則の変更の手続は、労働基準法 89 条・90 条の定めに従う（労働契約法 11 条）。したがって、次の手続きを要する。

①常時 10 人以上の労働者を使用する使用者は、変更後の就業規則を所轄の労働基準監督署長に届け出なければならない（労働基準法 89 条）。

②就業規則の変更について過半数組合がある場合は過半数組合、過半数組合がない場合は労働者の過半数代表者の意見を聴かなければならず（同法 90 条 1 項）、①の届出の際に、その意見を記した書面を添

付しなければならない（同法 90 条 2 項）。

　就業規則変更の手続違反に関しては、労基署長への届出（労働基準法 89 条）と意見聴取（90 条 1 項）の違反については、30 万円以下の罰金に処せられる（労働基準 120 条）。

第 7 章　労働契約の終了

労働契約の終了に関しては、次の規制がある。

①解雇の有効性

・解雇は、客観的に合理的な理由を欠き、社会通念上相当であると認められない場合、権利を濫用したものとして無効となる（労働契約法 16 条）。

・有期労働契約の労働者については、やむを得ない事由がある場合でなければ、契約期間が満了するまでの間において労働者を解雇することができない（労働契約法 17 条）。

②解雇予告手当

・やむを得ず解雇を行う場合でも、30 日前に予告を行うことや、予告を行わない場合には解雇予告手当（30 日分以上の平均賃金）を支払うことが必要である（労働基準法 20 条）。

③雇止めの制限

・一定の場合に、有期労働契約の更新拒否が制限されている（労働契約法 19 条）。※【P. 274 雇止めの制限】を参照

第 1 節　解雇

1　解雇の意義と解雇が禁止される場合

「解雇」とは、使用者の申し出による一方的な労働契約の終了である。解雇は、法律により、次の場合には禁止されている。

①国籍、信条、社会的身分を理由とする解雇（労働基準法 3 条）

　国籍等を理由とする差別的取扱いの禁止の一環として、解雇も禁止される。

②業務上災害による療養者の解雇（同法 19 条 1 項）

　　使用者は、労働者が「業務上」の負傷・疾病の療養のために休業する期間及びその後 30 日間はその労働者を解雇してはならない。

※［参考知識］

　　ただし、次のア．イ．の場合は、解雇できる（労働基準法 19 条 1 項但書）。

　ア．打切補償（同法 81 条）※を支払った場合

　　※打切補償：【P. 408 労働基準法の災害補償制度】を参照

　　なお、労働者が、療養開始後 3 年を経過した日において傷病補償年金を受けている場合、またはその日以後において同年金を受けることとなった場合は、3 年を経過した日または同年金を受けることとなった日において打切補償が支払われたものとみなされる（労災保険法 19 条）ので、この場合も解雇できる。

　イ．天災事変その他やむを得ない事由のために事業の継続が不可能となった場合

③産前産後休業者の解雇（同法 19 条 1 項）

　　使用者は、産前産後の女性が産前産後の休業（同法 65 条）の期間及びその後 30 日間は、解雇してはならない。

※［参考知識］

　　ただし、天災事変その他やむを得ない事由のために事業の継続が不可能となった場合は、解雇できる（同法 19 条 1 項但書）。

④労働基準監督署に法の違反を申告したことを理由とする解雇（同法 104 条 2 項）

※最低賃金法 34 条 2 項、労働安全衛生法 97 条 2 項、じん肺法 43 条の 2 第 2 項、賃金支払確保法 14 条 2 項、船員法 112 条 2 項、港湾労働法 44 条 2 項にも同様の規定がある。

⑤労働組合の組合員であること等を理由とする解雇（労働組合法 7 条 1 号）

　　労働組合の組合員であること、正当な組合活動をしたこと等を理由とする解雇その他の不利益取扱いをしてはならない。

⑥障害者であることを理由とする解雇（障害者雇用促進法 35 条）

　　障害者であることを理由として、解雇など不当な差別的取扱いをしてはならない。

⑦労働者の性別や、女性の婚姻、妊娠、出産、産前産後休業等を理由とする解雇（男女雇用機会均等法6条4号、9条2項）

　　労働者の性別（女性・男性であること）を理由として、解雇など差別的取扱いをしてはならない。また、女性が婚姻、妊娠、出産したことや産前産後休業をしたこと等を理由とする解雇をしてはならない。

⑧性差別の禁止規定をめぐる紛争に関し、都道府県労働局長に解決の援助を求めたこと、調停を申請したことを理由とする解雇（男女雇用機会均等法17条2項、18条2項）

　　上記を理由として、解雇その他不利益な取扱いをしてはならない。

⑨育児・介護休業等の申出をしたこと、育児・介護休業等を取得したことを理由とする解雇（育児・介護休業法10条、16条、16条の4、第16条の7、16条の10、第18条の2、20条の2、23条の2）

⑩⑨の措置をめぐる紛争に関し、都道府県労働局長に解決の援助を求めたこと、調停を申請したことを理由とする解雇（育児・介護休業法52条の4第2項、52条の5第2項）

　　上記を理由として、解雇その他不利益な取扱いをしてはならない。

⑪通常の労働者と同視すべき短時間労働者について、短時間労働者であることを理由とする解雇（パートタイム労働法9条）

　　差別的取扱いの禁止の一環として、解雇も禁止される。

⑫通常の労働者と同視すべき短時間労働者の差別的取扱いの禁止、教育訓練、福利厚生施設、事業主が構図措置等に関する事項に関する紛争について、都道府県労働局長に解決の援助を求めたこと、調停を申請したことを理由とする解雇（育児・介護休業法24条の2項、25条2項）

　　上記を理由として、解雇その他不利益な取扱いをしてはならない。

⑬個別労働関係紛争に関し、都道府県労働局長に解決の援助を求めたこと、あっせんの申請をしたことを理由とする解雇（個別労働関係紛争の解決の促進に関する法律4条3項、5条2項）

　　上記を理由として、解雇その他不利益な取扱いをしてはならない。

⑭公益通報をしたことを理由とする解雇（公益通報者保護法3条）

2　解雇権濫用法理

「解雇権濫用法理」とは、解雇（普通解雇）は、①客観的に合理的な理由を欠き、②社会通念上相当であると認められない場合、権利を濫用したものとして無効となるとする法理である（労働契約法16条）。

解雇権濫用法理は、解雇の濫用を抑制するために裁判例により確立された理論であり、この理論が労働契約法16条に採用された。

解雇権濫用法理により、例えば、勤務態度に問題がある、業務命令や職務規律に違反するなど労働者側に落ち度がある場合でも、1回の失敗で解雇が認められるということは原則としてなく、労働者の職務内容や期待されていた能力・勤務態度、労働者の落ち度の程度、改善の余地、使用者の対応等の具体的事情が考慮されて、①客観的に合理的な理由があるか、②社会通念上相当であると認められるかについて、最終的には裁判所において判断される。

3　客観的に合理的な理由

普通解雇が濫用とならないための要件のうち、①「客観的に合理的な理由」があることについては、裁判等では、就業規則に列挙された解雇事由に該当する具体的事実が認められるかどうかという形で争われる。

ここで、長期雇用を前提として採用された労働者は、教育・人事異動等を通じて職務能力をつけることが期待されて採用され、企業も育成の責務がある。このため、裁判においては、解雇事由に該当するといえるかは厳しく判断される傾向にある。例えば「職務遂行能力の不足」という解雇事由に形式的に該当する事実が認められる場合でも、その程度が著しく、改善の見込みもないために、企業の業務内容に支障を生じ、労働契約の継続を期待しがたい程度でなければ、解雇事由に該当しないとされることが多い。

4　社会通念上相当であること

解雇が濫用とならないための要件のうち、②「社会通念上相当である」と認められることについては、労働者の情状・処分歴、使用者側の

対応・責任、他の労働者の処分との均衡、解雇手続きの適正さなどの事情に照らし、解雇が労働者にとって過酷に失しないかを判断する。

5　解雇権濫用の効果

　権利の濫用に該当する解雇は無効だから（労働契約法16条）、解雇された労働者は、解雇期間中も従前の労働者の地位がそのまま存続していたことになり、解雇により未払いとなっていた賃金を請求できる。

6　整理解雇

　「整理解雇」は、使用者が、不況や経営不振などの場合に人員削減のために行う解雇である。

　整理解雇の有効性も、労働契約法16条の解雇権濫用法理で判断されるが、整理解雇は使用者側の事情による解雇であるから、裁判例では、次の4つの要素に照らして有効性が厳しく判断されている。

　①人員削減を行う経営上の必要性

　　　人員削減措置の実施が不況、経営不振などによる企業経営上の十分な必要性に基づいていること

　②解雇回避の努力

　　　配置転換、希望退職者の募集など他の手段によって解雇回避のために努力したこと

　③人選の合理性

　　　整理解雇の対象者を決める基準が客観的、合理的で、その運用も公正であること

　④解雇手続の妥当性

　　　労働組合または労働者に対して、解雇の必要性とその時期、規模・方法について納得を得るために説明を行うこと

7　有期労働契約の期間途中の解雇制限

　期間の定めのある労働契約（「有期労働契約」）については、使用者は、「やむを得ない事由」がある場合でなければ、その契約期間が満了する

までの間において、労働者を解雇することができない（労働契約法 17 条 1 項）。

「やむを得ない事由」については、期間の定めのない労働契約（無期労働契約）における解雇で必要とされる、客観的に合理的で社会通念上相当と認められる事由（労働契約法 16 条。解雇権濫用法理）よりも厳格に解するべきであるとされている。

8　解雇の手続
(1) 内容
労働者を解雇する場合には、次の手続を実施しなければならない。

①解雇予告と解雇予告手当（労働基準法 20 条）

　　少なくとも 30 日前に解雇の予告をしなければならない（予告日数が 30 日に満たない場合は、不足日数分の平均賃金を支払う）。

　　解雇予告を行わない場合には、解雇予告手当（30 日分以上の平均賃金）を支払わなければならない（平均賃金については、P. 317 を参照）。

②解雇時等の証明（労働基準法 22 条）

(2) 罰則等
①解雇予告手当支払義務に違反した使用者に対し、裁判所は、労働者の請求により、未払金と同一額までの範囲で付加金の支払いを命ずることができる（労働基準法 114 条）。

②解雇予告・解雇予告手当の規定（労働基準法 20 条）の違反は 6 ヵ月以下の懲役または 30 万円以下の罰金に処せられる（同法 119 条）。

③退職時等の証明の規定（労働基準法 22 条）の違反は 30 万円以下の罰金に処せられる（同法 120 条）。

第2節　解雇以外の労働契約の終了事由

1　有期労働契約の終了

(1)　期間の定めある労働契約の期間の満了による終了の制限

　労働契約に期間の定めがある場合（有期労働契約）は、期間の満了によって労働契約が終了するのが原則である（有期労働契約の期間途中の解雇についてはP.272を参照）。

　ただし、次の制限がある。

　　①期間満了後も労働契約が事実上継続すれば、契約の黙示の更新が生じる（民法629条）。

　　②労働契約法において雇止めが制限されている（同法19条）。

　　③労働契約法において無期転換ルールが規定されている（18条）。

(2)　雇止め

　「雇止め」とは、期間の定めのある契約（有期労働契約）について、使用者が更新を拒否することで契約期間の満了により労働契約が終了することである。

(3)　雇止めの制限

　労働契約法19条は、有期契約労働者保護の観点から、裁判例により確立していた雇止め法理を労働契約法に条文化し、次の要件のもとで有期労働契約の雇止めを制限している。

　　①有期契約労働者が契約更新の申込みをした場合または期間満了後遅滞なく有期労働契約の申込みをした場合

　　②ア）有期労働契約が反復更新されたことにより実質的に期間の定めのない労働契約と同視できると認められる場合（実質無期契約型）または

　　　イ）当該有期労働契約が更新されるものと期待することについて合理的な理由があると認められる場合（合理的期待型）

　　③使用者が当該申込みを拒絶することが、客観的に合理的な理由を欠

き、社会通念上相当であると認められないとき

　①から③の要件を満たす場合は、使用者は、従前の有期労働契約の内容である労働条件と同一の労働条件で当該申込みを承諾したものとみなされる（労働契約法19条）。

　すなわち、①から③の要件を満たす場合には、有期労働契約が法律上当然に更新される（法定更新）。

（4）雇止めの予告、雇止め理由の明示、契約期間についての配慮

　有期労働契約においては、雇止めをめぐるトラブルが大きな問題となってきた。そこで、このようなトラブルの防止や解決を図り、有期労働契約が労使双方から良好な雇用形態の一つとして活用されるようにするとの観点から、厚生労働省が「有期労働契約の締結、更新及び雇止めに関する基準」を策定している。労働基準監督署は、この基準に関して、使用者に対して必要な助言や指導を行っている。

参考知識：「有期労働契約の締結、更新及び雇止めに関する基準」の定め

①契約締結時の明示事項等
・有期労働契約の締結に際し、労働者に対して、当該契約の期間の満了後における更新の有無を明示しなければならない。
・使用者が有期労働契約を更新する場合がある旨明示したときは、労働者に対して、当該契約を更新する場合またはしない場合の判断の基準を明示しなければならない。
・有期労働契約締結後に上記2点を変更する場合には、労働者に対し、速やかにその内容を明示しなければならない。
②雇止めの予告
　有期労働契約が3回以上更新された場合、または1年を超えて継続勤務している場合は、あらかじめ当該契約を更新しない旨が明示されている場合を除き、有期労働契約を更新しない場合には、少なくとも契約期間満了前の30日前に雇止めの予告をしなければならない。
③雇止めの理由の明示
　雇止めの予告をした場合に、労働者が雇止めの理由について証明書を請求したとき、および雇止め後に労働者が雇止めの理由について証明書を請求したときは、遅滞なくこれを交付しなければならない。

---

④契約期間についての配慮
　　有期労働契約を3回以上更新し、かつ1年を超えて継続勤務している労働者との契約を更新する場合は、契約期間をできる限り長くするよう努めなければならない。

2　合意解約

(1) 意義

　「合意解約」とは、労働者と使用者が合意によって労働契約を将来に向けて終了させることである。

　依願退職の多くが合意解約であり、労働者による退職願の提出は合意解約の申込みであり、使用者による退職願の受理が承諾の意思表示といえる。従って、いったん退職願を提出しても、使用者が承諾するまでは撤回できると考えられている。

(2) 退職勧奨

　「退職勧奨」とは、使用者が労働者に対し退職を勧めることをいう。

　退職勧奨は、使用者が一方的に契約の解除を通告する解雇予告とは異なり、労働者に自発的に退職する意思を形成させるための行為であるから、勧奨される労働者は、自由な意思で勧奨による退職を拒否できる。

　退職勧奨される労働者の任意の意思形成を妨げ、あるいは名誉感情を害するような言動による勧奨行為は、違法な権利侵害として不法行為を構成する場合がある。

　なお、退職勧奨された労働者が自由な意思により勧奨に応じて退職した場合は、合意解約となる。この場合は、雇用保険において、自己都合による退職にはならないとされている。

3　退職（辞職）

(1) 退職の意味

　「退職」とは、一般には、労働者が自発的に、あるいは使用者との合意によって労働契約を解約し終了することをいう。

　退職には、①任意退職（辞職）、②合意退職、③有期労働契約の期間満
了を理由とする退職、④定年退職や労働者の死亡による退職などがある。
　解雇は、「退職」に含まないのが一般である。

(2) 退職に関する労働基準法の定め

　労働基準法には、退職に関し、次の定めがある。これらの定めに違反
した場合は、30 万円以下の罰金に処せられる（同法 120 条）。

①「退職に関する事項（解雇の事由を含む。）」は、書面をもって明示
　しなければならない（同法 15 条・同法施行規則 5 条）。

②「退職に関する事項（解雇の事由を含む。）」は、就業規則の絶対的
　必要記載事項である（同法 89 条）。

③労働者が請求した場合は、使用期間、業務の種類、その事業におけ
　る地位、賃金または退職の事由（解雇の場合は解雇理由も）を記載
　した退職証明書を、遅滞なく交付しなければならない（同法 22 条 1
　項）。

④労働者が退職してから 7 日以内に賃金を支払い、かつ積立金、保証
　金、貯蓄金その他労働者の権利に属する金品を返還しなければなら
　ない（同法 23 条）。

(3) 任意退職（辞職）

　「任意退職（辞職）」は、労働者からの申出による労働契約の一方的解
約である。使用者からの申出による一方的解約である解雇の反対概念で
ある。

　任意退職に関しては、次のように、民法による規制が労働法による修
正をほとんど受けることなく適用される。

①期間の定めのない労働契約の場合は、退職申入れ（解約の申入れ、退
　職予告）の後、2 週間の経過により雇用が終了する（民法 627 条）。

　　労働者は使用者の同意・承諾がなくても退職できるが、上記規定
　により、雇用契約が終了するのは退職申入れから 2 週間経過後であ
　る（初日不算入の原則（民法 140 条）と、期間は末日をもって満了する原則

（民法141条）により、例えば、10月1日に退職申し入れした場合は、2日から数えて2週間となる10月15日の満了により、退職の効力が生ずる）。

②期間の定めのある労働契約の場合は、契約期間満了までは原則として退職できないが、「やむを得ない事由」があるときは直ちに退職（契約の解除）ができる（民法628条）。

やむを得ない事由がある場合に、その事由を過失によって生じさせた当事者は、相手方に対して損害賠償責任を負う（同条）。

③期間の定めのある労働契約（一定の事業の完了に必要な期間を定めるものを除き、その期間が1年を超えるものに限る）を締結した労働者は、民法628条の規定（上記②）にかかわらず、当該労働契約の期間の初日から1年を経過した日以後においては、その使用者に申し出ることにより、いつでも退職することができる（労働基準法附則137条による暫定措置）。

3　定年
(1) 定年制

「定年制」とは、労働者が一定の年齢に達したときに労働契約が終了する制度をいう。

事業主が定年の定めをする場合には、「当該定年は、60歳を下回ることができない」（高年齢者雇用安定法8条）。

※高年齢者雇用安定法による法的規制については、【P.460　高年齢者雇用安定法】以下を参照

第3節　労働契約終了後の法律関係
1　退職時等の証明

使用者は、労働者が退職する場合に、使用期間、業務の種類、その事業における地位、賃金、退職の事由（解雇の場合は解雇理由を含む）について証明書を請求したときには、遅滞なく証明書を交付しなければならない（労働基準法22条1項）。

解雇予告から退職日までの間に労働者が解雇の理由について証明書を

請求したときには、遅滞なく証明書を交付しなければならない（同条2項）。

　ただし、上記証明書には、労働者の請求しない事項を記入してはならない（同条3項）。

　労働基準法22条の違反は30万円以下の罰金に処せられる（同法120条）。

2　退職金

　「退職金（退職手当）」とは、退職（解雇を含む）した労働者に支払われる金銭である。

　長期雇用を前提とする我が国の雇用慣行では、引退後の生活設計の基盤として退職金は重視されてきた。

　退職金は、功労報奨的な性格だけでなく賃金の後払的性格も有しているとされている。

　しかし、退職金の支給義務は、法律上は定められていないことから、労働協約、就業規則、労働契約などで退職金を支給することおよびその支給基準が定められている場合に、使用者に退職金の支払義務があり、賃金と認められると解されている。

　使用者に退職金の支払義務がある場合の退職金の不支給・減額は、一定の制約がある。

　就業規則（退職金規程）の改定による退職金の支給基準切り下げは、労働条件の就業規則改訂による不利益変更の問題である。

第8章　人事

第1節　昇進・昇格・降格

1　人事考課

(1)　人事考課（査定）

　「人事考課（査定）」とは、使用者が行う労働者に対する評価である。人事考課は法律で定義されているものではないが、使用者は、「人事権」

に基づいて人事考課を行う（人事考課権や査定権ということもある）。

　人事考課においては、労働者の職務遂行能力、仕事に対する姿勢や勤務態度、勤務成績（業績）の３つの評価要素が重視され、事業者ごとに細かく作成された評価項目に沿って評価が行われることが多い。

　人事考課は、職位や職能資格を決定する判断材料としたり、定期昇給やベースアップ、賞与の額の決定などに影響することが多い。

(2) 人事考課の制約

　人事考課は経営と強く関連しているため、原則として、使用者には人事考課に関して広い裁量権があると解されている。

　もっとも、人事考課の根拠となる人事権は、労働契約に基づく権限であるから、労働協約、就業規則、個別の合意に反する場合には、違法と評価される。

　次の法規制に違反する場合も、人事考課が違法と評価される。

①国籍、社会的身分または信条による差別禁止（労働基準法３条）

②労働組合の組合員に対する差別禁止（労働組合法７条１項）

③性別による差別禁止（男女雇用機会均等法６条）

④育児・介護支援措置の利用に対する不利益取扱いの禁止（育児介護休業法10条等）

⑤通常労働者と同視すべきパートタイム労働者に対する差別の禁止（パートタイム労働法９条）

⑥障害者の不当な差別的取扱いの禁止（障害者雇用促進法35条）

⑦評価が著しくバランスを欠くなど権利濫用（人事考課権の濫用）に該当する場合（労働契約法３条５項）

　人事考課が違法と評価される場合に、労働者の使用者に対する不法行為に基づく損害賠償請求を認めた裁判例がある。

2　昇進・昇格と降格

(1) 役職（職位）と資格等級

① 役職（職位）

「役職（職位）」は、企業組織における地位（ポスト）を指す。

一般的には、主任→係長→課長→次長→部長→本部長・事業部長→常務→専務→社長→会長という序列になっている。

役職（職位）は、数が限られている。

また、役職（職位）は、基本給の額と連動しないのが一般である。

② 資格等級

「資格等級」は、労働者の職務遂行能力を「職掌」として分類して、各職掌における職務遂行能力を序列化した資格と等級である。

資格と等級の定め方は企業により異なるが、職能資格制度においては、各資格のなかで等級化されるのが一般である。

例えば、社員（1級→2級→3級→4級）→主事（5級）→参事（6級→7級）→参与（8級→9級）というような序列がみられる。

職能給制度のもとでは、基本給の全部又は一部が資格と級に応じて定められる（「職能給」。【P.315 年功的賃金制度と年齢給・職能給】を参照）。

参考知識：役職（職位）と資格等級の関係

我が国の大企業では、役職（職位）と資格等級を併用しているケースが多いといわれる。この場合、役職（職位）と資格等級の関連性は緩やかであり、役職（部長・課長・次長等）と資格・等級とは必ずしも連動しない。

役職は数が限られているから、例えば、ある部門では、部長は1名で等級が8級であり、課長や次長等で8級以上の者が複数いるといったこともある。

---

(2) 昇進と昇格（昇格・昇級）

① 昇進

「昇進」とは、係長から課長へというように、役職（職位）を引き上げることである。

②　昇格

資格等級を引き上げることを「昇格」という。

昇格は、人事考課や社内試験等の結果をもとに実施される。

職能資格制度は、勤続年数を重ねて経験を積み、企業内での人材育成により職務遂行能力が高まることで昇格し、基本給が上昇することを前提としている。このため、職能資格制度は、長期雇用、年功序列になじむ制度であるといえる。

なお、欧米では、人の能力を基準に労働者を区分・序列化する職能資格制度とは異なり、仕事を基準として労働者を区分・序列化する「職務等級制度」が広く採用されているといわれる。職務等級制度のもとでは、勤続年数は重要性を持たず、職務に応じて賃金が決まる。

(3) 降格

①　意義

「降格」には、①役職（職位）の引き下げとしての降格と、②資格等級の引き下げとしての降格がある。

基本給の全部又は一部は資格と等級に応じて定められるのが一般だから（職能給制度）、②資格等級の引き下げとしての降格により、基本給も引き下げられるのが通常である。

なお、降格には、人事権の行使としての降格（次項）と、懲戒処分としての降格がある。

②　人事権の行使としての降格の有効性

人事権の行使としての降格については、①役職（職位）の引き下げとしての降格と、②資格等級の引き下げとしての降格とで、使用者の裁量の幅が異なるとされている。

> ┌─ 参考知識 ─┐
>
> **a．役職の引き下げとしての降格の有効性**
>
> 役職の引き下げとしての降格は、労働力を配置し労働者の役割を定めることは使用者の経営上の裁量的判断に属する事項であるから、原則として、就業規則等

に根拠規定がなくとも実施できるとされている。

　もっとも、個別契約により役職が限定されている場合には、限定された範囲を超えて降格できない。また、権利の濫用（労働契約法3条5項）にあたる降格もできない。

　なお、役職の引き下げとしての降格は、使用者の経営判断に属するため、使用者の裁量の幅が広く、権利濫用の判断は緩やかに行われる傾向にある。

　ｂ．資格等級の引き下げとしての降格の有効性

　経験等の積み重ねにより獲得した職能資格能力の低下は通常想定されないので、資格等級の引き下げとしての降格をするためには、就業規則上の根拠規定や労働者の同意が必要であるとされている。

　また、一般に資格等級の引き下げは基本給の減額を伴うので、①資格等級の引き下げとしての降格の場合の使用者の裁量の幅は、①役職の引き下げとしての降格の場合よりも狭く、賃金の低下に見合うだけの理由（職務遂行能力の大きな低下や出勤停止のように重い懲戒処分を受けた場合など）がないと、降格は相当性を欠き権利の濫用になると解されている。

第2節　配転・出向・転籍

1　配転

(1) 意義

　「配転」とは、同一企業内における、職務内容や勤務場所の長期間にわたる変更をいう。

　勤務地が変更される「転勤」は配転の一種である。

　なお、数日のように短期間の勤務地変更は、「出張」として「配転」と区別するのが一般である。

　長期雇用を前提として、職務や勤務地が原則無限定という日本型雇用慣行（「メンバーシップ型」）においては、「配転」は、多くの職場・仕事を経験させることによる人材育成としての意義のほか、事業撤退等により職務が消滅しても人員配置を調整して解雇せずに雇用を維持することができるという意義がある。

　※日本型雇用慣行については、【P.12 日本型雇用慣行の特徴】を参照

(2) 配転命令権の根拠

配転命令権の根拠

使用者が配転を命じるためには、労働協約や就業規則によって配転命令権が労働契約上根拠づけられている必要があるとされている。

就業規則に「業務上の必要がある場合には、配転を命ずることができる」といった規定が定められるのが一般である。

(3) 配転命令の限界

①　個別合意

就業規則等により使用者の配転命令権が認められる場合でも、労働契約上、職種や勤務地（勤務場所）を限定する個別合意がある場合は、この合意は就業規則よりも有利な労働条件を定めるものとして有効だから（労働契約法 12 条）、使用者は、職種・勤務地限定の合意の範囲内でのみ、配転を命じることができる（合意の範囲を超えて配転するためには、労働者の同意を要する）。

職種限定は、医師、看護士、検査技師、大学教員など、特殊な資格や技能を有する場合に多くみられる。勤務地限定は、「一般職」や「地域限定総合職」などでみられる。

②　権利の濫用

就業規則等により使用者の配転命令権が認められる場合でも、配転命令権の行使が権利の濫用（労働契約法 3 条 5 項）に該当すれば、配転命令は無効となる。

配転命令が権利濫用に該当する場合については、裁判例の積み重ねにより、次の 3 つに整理されている。

a. 配転命令に業務上の必要性が存しない場合

　　業務上の必要性は、余人をもって代えがたいといった高度の必要性までは求められず、労働力の適正配置、業務の能率増進、労働者の能力開発、勤務意欲の高揚、業務運営の円滑化などの一般的な事情で足りるとされる。

b. 配転命令が不当な動機・目的に基づく場合

　　退職に追い込むための配転、社長の経営方針に批判的な労働者を本社から排除する意図で行われた配転などが、裁判例により不当な動機・目的に基づくとされている。

c. 労働者に対し通常甘受すべき程度を著しく超える不利益を及ぼす場合

　　要介護状態にある老親や転居困難な病気をもった家族の介護や世話をしている労働者に対する遠隔地への転勤命令が権利濫用と判断された裁判例は多い。転勤困難な病気を持っている労働者への転勤命令が権利濫用と判断された例もある。

　　他方で、配転によって単身赴任を余儀なくされる場合は、不利益は生じるものの著しく大きいとまではいえないとする裁判例がみられる。

(4) 配転命令権とワーク・ライフ・バランス

　育児・介護休業法は、子の養育または家族の介護状況に関する使用者の配慮義務を定めているから（同法 26 条）、子の養育または家族の介護状況は、配転命令が権利濫用に該当するかの有力な判断要素となる。

　また、労働契約法は、「仕事と生活の調和」への配慮を労働契約の締結・変更の基本理念としている（同法 3 条 3 項）。近時は、ワーク・ライフ・バランス（仕事と生活の調和）に対する社会的要請が強まっており、「働き方改革実行計画」でもワーク・ライフ・バランスが重視されている。このため、今後は、労働者のワーク・ライフ・バランスに配慮した配転命令の運用が求められるといえる。

2　出向（在籍型出向）
(1) 出向

　「出向（在籍型出向）」は、労働者が出向元に在籍して出向元の労働者としての地位を維持しながら、出向先においてその指揮命令のもとで業務に従事することである。在籍出向、長期出張、社外勤務、応援派遣、

休職派遣などとも呼ばれる。

　出向は、他企業との人材交流や余剰人員の雇用調整（解雇回避）など
に利用される。

　もっとも、出向は、配転とは異なり、労働者が労務を提供する相手方
が変更され、賃金・労働条件、キャリアなどの面で労働者に不利益が生
じうるので、出向命令に際しては、この点での配慮が求められる。

(2) 出向命令権の根拠（出向命令の有効要件）

　出向では、出向元と出向先との間の出向契約により、出向元の労働者
に対する労務提供請求権が出向先に譲渡される。このため、出向には、
使用者の権利の譲渡について必要な「労働者の承諾」（民法625条1項）
を得なければならない。

　「労働者の承諾」は、出向についての労働者の個別的な同意がある場
合に認められる。

　また、裁判例では、個別的な同意がなくても、①労働協約や就業規則
に出向命令権を根拠づける規定（包括的な同意）があり、かつ、②賃金・
退職金その他労働条件等の面で出向労働者の利益に配慮した出向規定が
設けられている場合には、出向を命じることができる（出向命令権が認め
られる）と解されている。

(3) 出向命令の限界

　就業規則等により出向命令権が認められる前述の場合でも、出向命令
が、その必要性、対象労働者の選定に係る事情その他の事情に照らし
て、その権利を濫用したものと認められる場合には、出向命令は無効と
なる（労働契約法14条）。

┌─ 参考知識：出向命令が権利濫用に該当する場合 ──────────────

　出向命令が権利濫用に該当するかについては、配転の場合と同様に考えること
ができるから、次の場合には出向命令は権利の濫用に該当するといえる。

　a. 出向命令に業務上の必要性が存しない場合

　b. 出向命令が不当な動機・目的に基づく場合

c．労働者に対し通常甘受すべき程度を著しく超える不利益を及ぼす場合

（4）出向期間中の労働関係

参考知識

① 　内容

　　出向では、労働者は、出向元の労働者の地位を保持したまま、出向先の労働者（または役員）となって、出向先の指揮命令のもとで業務に従事する。つまり、出向契約により労働契約上の権利義務の一部（労務提供請求権や指揮命令権等）が出向先に譲渡される。

　　これにより、労働者は、出向元との労働契約関係（雇用関係）に加え、出向先との間でも部分的な労働契約関係になり、二重の労働契約関係が成立する。

② 　賃金

　　賃金支払に関しては、出向元と出向先との出向契約により、出向元が支払う方法のほか、出向先が支払い、出向元が出向元と出向先の賃金差額を補填する方法など、様々な定め方がある。

③ 　退職金

　　退職金については、出向元と出向先の勤務期間を通算して、両企業で内部分担しつつ、出向元か出向先のいずれかが一括して支払うのが一般である。

④ 　休職扱い

　　出向元では、出向した労働者を「休職」扱いする場合がある。

（6）出向労働者に対する就業規則の適用

参考知識

　　出向労働者と出向元との間には、労務提供等を除いた基本的な労働契約関係が維持されるから、出向元の就業規則のうち、労務提供を前提としない部分は、出向労働者に適用される。

　　他方で、労務提供は出向先で行われるため、労働時間・休憩・休日などの勤務形態は、出向先の就業規則に従って定められ、労務遂行の指揮命令権も出向先が有する。

　　出向労働者は出向先の指揮命令のもとで労務提供を行うので、出向労働者は出向先の勤務管理や服務規律に服する。

(7) 出向の場合の労働法上の使用者の責任の所在

　労働基準法や労働安全衛生法、労災保険法などの労働法制における使用者の責任に関する規定が出向元と出向先のいずれに適用されるかについては、当該事項について実質的権限を有している者が出向元と出向先のどちらであるかによって判断される。

　例えば、出向先が労働時間管理を行っていれば、出向労働者は出向先の 36 協定の対象労働者となり（労働基準法 36 条は出向先に適用される）、出向先で 36 協定が締結されていれば、出向労働者を時間外・休日労働させることができる（出向元で 36 協定が締結されていても、出向先で 36 協定が締結されていなければ、出向先で時間外・休日労働させることはできない）。

　労働安全衛生法上の事業者責任は、現実に労務の提供を受けている出向先が原則として負担する。

　労災保険法上の事業主も原則として出向先となる。

　雇用保険の事業主は、主たる賃金の支払者と認められる者である。

　安全配慮義務は、出向労働者の疾患等の発生・進行を出向先だけでなく出向元も予見できた場合は、出向先と出向元の双方に認められるが、出向元には予見できなかった場合には、出向先にだけ認められる。

3　転籍
(1) 転籍

　「転籍」は、元の使用者との労働契約関係を終了させ、他の使用者との間で新たに労働契約関係を成立させることである。移籍や転籍出向とも呼ばれる。

　出向（在籍出向）の場合は、出向元との間の労働契約関係は残っているのに対し、「転籍」は現在の使用者との労働契約関係を解消してしまう。

┌─ 参考知識：転籍後の労働関係 ─────────────

　転籍の場合は、転籍元との間の労働契約関係は解消され、転籍先との間で労働契約関係が新たに成立するので、労働基準法・労働契約法等の使用者や団体交渉上の使用者は、原則として、転籍先のみとなる。

(2) 労働者の同意

　転籍は、現在の使用者との労働契約関係を解消して他企業に移籍してしまうものであるから、労働者の個別具体的な同意が必要であるとされている。

第3節　企業組織の変動

企業組織の変動による労働者の地位の変動

参考知識

　企業組織の変動により労働者の地位が変動する場合には、以下のものがある。
(1) 合併

　　合併には吸収合併（一方の法人が他方の法人に吸収される合併）と新設合併（全ての法人が消滅し、その権利義務の一切を新たに設立される法人が承継する合併）とがあるが、いずれの場合でも、合併会社（吸収会社または新設会社）が労働契約を含む全ての権利義務を当然に承継する（会社法750条・754条）。このため、合併による権利義務の承継は、「一般承継」・「包括承継」とよばれる。

(2) 事業譲渡

　　事業譲渡は、企業組織の全部または一部を一体として他に譲渡することである。

　　事業譲渡では権利義務の全てが当然に承継されるわけではなく、譲渡元と譲渡先の合意によって承継される範囲が決まる。このため、事業譲渡による権利義務の承継は、「特定承継」とよばれる。

　　事業譲渡において、労働契約は次のように処理される。

　　　a．譲渡元と譲渡先の間で労働者（労働契約）を移転する合意がなされていても、労働者は移転を拒否できる（使用者の権利の譲渡についての「労働者の承諾」が必要。民法625条1項）。

　　　b．譲渡元と譲渡先は、その合意で移転する労働者（労働契約）を決めることができ、移転対象からはずされた労働者は移転（譲渡先での労働契約上の地位確認）を請求することはできない。

(3) 会社分割

　　会社分割は、会社が、その事業の全部または一部を分割し、他の会社に承継させる制度である（会社法2条29号、30号、757条以下）。

　　会社分割には、すでに存在する別の会社に承継させる吸収分割（会社法

757条以下）と、新たに設立する会社に事業を承継させる新設分割（会社法762条以下）がある。

　会社分割を行う場合には、吸収分割の場合は分割会社と承継会社とで「分割契約書」を作成し、新設分割の場合は分割会社が「分割計画書」を作成し、原則として、株主総会の特別決議による承認を受ける等の手続きを経る。

　会社分割により労働契約が承継される場合、労働条件はそのまま承継会社に承継される。会社分割において労働契約が承継されるかどうかは、分割契約書や分割計画書の定めによることになる。

　もっとも、「労働契約承継法」により、一定の場合には労働者に異議申し立ての権利が認められているなど、会社分割の際の労働者の保護が図られている。

第4節　休職

1　意義

　「休職」とは、労働者を就労させることが適当でない場合に、労働契約関係を維持しつつ、就労を免除または禁止することである。

　休職は、法律上の制度ではなく、労働協約や就業規則等によって定められる制度であるため、休職の種類、休職期間の長さ、休職期間中の賃金の扱いなどは、企業によって多種多様である。

　特に、傷病休職や事故欠勤休職などは、解雇猶予措置としての意味を持っている。

2　休職の実施

　休職は、労働協約や就業規則の定めに基づく使用者の一方的意思表示によって発令されるのが一般であるが、労働者との合意によって実施されることもある。

3　休職の終了

　休職の終了については、労働協約や就業規則の定めによる。

　休職期間中に休職事由が消滅すれば、休職は終了し、労働者は職場に

復帰する。

　休職期間が満了した場合は、労働者を就労させることが適当であれば労働者を職場に復帰させる。

　休職期間の満了時点で休職事由が消滅していなければ、解雇とする場合と労働契約の自動終了（自動退職）とする場合がある。

4　休職の種類

　休職には目的や内容を異にする様々な種類のものが考えられている。

①傷病休職（「病気休職」）

②事故欠勤休職

　「事故欠勤休職」は、傷病以外の自己都合による欠勤（事故欠勤）が一定期間に及んだときになされる休職である。一般的には、解雇の猶予措置の性格があるといわれる（自己都合欠勤が続き解雇ができる場合でも、即解雇とはせずに一定期間の休職を発令する）。

　事故欠勤休職期間中に出勤可能となれば復職となるが、出勤可能とならなければ自然退職または解雇となる。

　事故欠勤休職の期間については、解雇予告期間（30日）の規制があること（労働基準法20条）に照らし、30日以上を要するといえる（実務でも事故休職期間は1か月が多いようである）。

③起訴休職

　「起訴休職」は、刑事事件に関し起訴された者を一定期間または判決確定までの間休職とする処分である。使用者の社会的信用や企業秩序の維持等、勾留等のために労務提供が不可能・困難となることなどを理由とする制度である。

　従って、労働者が起訴されただけで起訴休職処分とすることはできず、以下のいずれかに該当する必要があるとされる。

①起訴により企業の社会的信用や職場秩序の維持等の見地から、就労を禁止することがやむを得ないといえること

②勾留等により労務提供が不可能・困難となること

　このため、当初はいずれかの要件をみたしていても、その後、保

釈などによって要件をみたさなくなった場合は、休職事由は終了
し、復職措置をとらなければならないとされている。

④出向休職

「出向休職」は、他社への出向期間中における自社での不就労を
休職とする処分である。

⑤自己都合休職

「自己都合休職」は、公職就任や海外留学などの期間中になされ
る休職である。

⑥専従休職

「専従休職」（在籍専従）は、労働組合の役員に専念する期間中に
なされる休職である。休職事由が終了すれば復職となる。

5　休職期間中の賃金

　休職には法規制がないので、休職期間中の賃金の定めは企業によって
様々であり、労働協約や就業規則、労働契約によって定められている。
一般的傾向としては、本人の都合または本人の責に帰すべき事由による
休職の場合には、賃金は支給されず（無給）、それ以外の場合は、その内
容に応じ 60〜100% の範囲で賃金が支給されることが多いようである。

　なお、私傷病休職で賃金の支払いがない場合は、療養のための労務不
能であるなどの条件をみたせば、申請により、健康保険（国民健康保険は
対象外）から、最長で 1 年 6 か月間、支給開始日前 12 か月間の各月の標
準報酬月額の平均額から算出した日額の 3 分の 2 に相当する支給日額の
傷病手当金が支給される。

6　傷病休職（病気休職）

　「傷病休職（病気休職）」とは、業務外の傷病による長期欠勤が一定期
間（3 か月〜6 か月とされるのが一般）に及んだときに行われる休職である。

　傷病休職（病気休職）は、解雇を猶予することで健康回復を図ること
を促すという性質・目的の制度である（傷病による欠勤が続き解雇がで
きる場合でも、即解雇とはせずに一定期間の休職を発令する）。

休職が定められている企業では、一定期間雇用を継続して復職を待つことになる。

(1) 休職期間の長さ

休職期間の長さは、勤続年数や傷病の性質に応じて異なって定められるのが通常であるが、休職には法規制がないので、明確な基準はない。正社員の場合、勤続1年で6～12カ月程度、勤続5年で12～18カ月程度、勤続10年以上で24カ月程度とする例がある。

(2) 復職と退職（解雇）

傷病休職期間中に傷病から回復（治癒）し就労可能となれば、休職は終了し、復職となる。

これに対し、治癒せず期間満了となれば、自然（自動）退職または解雇となる。

(3) 受診義務

就業規則等に受診義務の定めがない場合であっても、使用者が指定する医師の受診を指示する合理的かつ相当な理由があれば、労働者は受診命令に応ずる義務があるとする下級審裁判例がある。このため、休職や復職の当否を判断するために必要な場合は、使用者は専門医の診断書の提出や指定医の診察を労働者に指示することができると解されている。

(4) 業務上の傷病の場合

なお、「業務上」の負傷・疾病（労働災害）による休職の場合は、原則として、休業期間中とその後30日間は解雇することはできない。

(5) 傷病休職の職場復帰の条件

傷病休職の場合、復職の要件は傷病から回復（治癒）したことである。「治癒」とは、従前の職務を通常の程度に行える健康状態に復したときをいうと解されている。

　使用者が治癒の判断をするために、労働者は、受診指示に従い、診断書を提出する等の協力をしなければならないとされている。

(6) メンタルヘルス不調の場合の「治癒」の判断

　メンタルヘルス不調により傷病休職した労働者の職場復帰については、「治癒」の判断が難しいため、主治医による職場復帰が可能という判断が記された診断書の提出を休職者に求めることができるとされる。

　診断書には、就業上の配慮に関する主治医の具体的な意見を記入してもらうが、主治医による診断は、日常生活における病状の回復程度によって職場復帰の可能性を判断していることもある。そこで、職場で求められる業務遂行能力まで回復しているかの適切な判断をしてもらうために、あらかじめ主治医に対して職場で必要とされる業務遂行能力に関する情報を提供したり、主治医による診断について産業医が精査して取るべき対応について意見を述べるといった工夫が望まれる。

　なお、メンタルヘルス不調により傷病休職した労働者の職場復帰については、厚生労働省が「心の健康問題により休業した労働者の現場復帰支援の手引き」を公表している。

第5節　教育訓練

1　教育訓練（OJT と Off-JT）

　企業が労働者に対して行う教育訓練は、「OJT（On the Job Training)」と「Off-JT（Off the Job Training)」とに大別される。

　「OJT（On the Job Training)」は、適格な指導者の指導の下（常時指導者がつく体制の下）、労働者に仕事をさせながら行う職業訓練である。

　「Off-JT（Off the Job Training)」は、業務命令に基づき、通常の業務を離れて行う職業訓練（研修）である。

2　教育訓練の根拠と限界

　企業は、労働契約に基づく指揮命令権または業務命令権を根拠として、労働者に対し、教育訓練を受けることを命ずることができる。

　もっとも、①内容が業務遂行と関係のない場合（一般教養・文化・趣味の教育・思想信条教育）や、②態様・方法・期間が相当でない場合（過度の精神的・肉体的苦痛を伴うもの）、③内容が法令違反の場合（反組合教育や違法な長時間労働になる場合等）などの教育命令は、権利の濫用（労働契約法3条5項）であり、認められない。

3　教育訓練における差別の禁止

　教育訓練に関しては、次のように、差別が禁止されている。

①国籍、信条または社会的身分を理由とする差別的取扱い（労働基準法3条）

②性別を理由とする差別的取扱い（男女雇用機会均等法6条）

③組合活動を理由とする不利益な取扱い（労働組合法7条）

④通常の労働者に対して実施する教育訓練であって、通常の労働者が従事する職務の遂行に必要な能力を付与するためのものは、業務の内容及び業務に伴う責任の程度が通常の労働者と同一の短時間労働者（職務内容同一短時間労働者）に対しても実施しなければならない（パートタイム労働法11条）

4　教育訓練を受ける権利

　労働協約や就業規則などで一定の教育訓練が明確に制度化されている場合には、労働者が一定の業務外研修（Off-JT）を受ける（請求する）権利を有すると解釈できる場合がある。

　これに対し、教育訓練が制度化されておらず、使用者の裁量によって命じられている場合には、労働者が教育訓練を請求する権利は認めがたいとされている。

第9章　服務規律と懲戒

第1節　服務規律

1　意義

「服務規律」とは、企業秩序を維持し企業の円滑な運営を図るために、労働者が企業組織の構成員として守るべきルールである。

最高裁判決は、企業は企業秩序を定立し維持する「企業秩序定立権」を当然に有し、労働者は、使用者に雇用されることによって、使用者に対し、働く義務（労務提供義務）とともに企業秩序を遵守する義務（企業秩序遵守義務）を負うとしている。

服務規律は、通常は就業規則によって定められている（当該事業場で定めをする場合に記載しなければならない「相対的必要記載事項」にあたる）。

服務規律違反（企業秩序違反）は、懲戒処分の対象となりうる。

参考知識：服務規律の内容

服務規律の内容は多岐にわたり、業種・業態や企業の労務管理の考え方により異なるから、使用者が労働者に遵守させたい事項を就業規則にわかりやすく定めることが重要である。特に企業が重要な服務規律と考えた事項は、単独条文として独立して記載したり、就業規則への記載とともに、別規程にして詳細を定めることも考えられる（「セクシュアルハラスメント防止規程」「パワーハラスメント禁止規程」「秘密保持規程」「個人情報保護規程」「インサイダー取引禁止規程」「不正アクセス防止規程」「兼業禁止の規程」「内部通報制度規程」など）。

（服務規律の例）

服務規律は、【P.297 注意すべき服務規律】にあげた事項を就業規則に定めるべきであるほか、次のような事項を就業規則に定めることが多い。

①労働者は、職務上の責任を自覚し、誠実に職務を遂行しなければならない。

②労働者は、会社の指示命令に従わなければならない。

③労働者は、職務能率の向上及び職場秩序の維持に努めなければならない。

④許可なく職務以外の目的で会社の施設、物品等を使用しないこと。

⑤職務に関連して自己の利益を図り、または他より不当に金品を借用し、若しくは贈与を受ける等不正な行為を行わないこと。

---

⑥勤務中は職務に専念し、正当な理由なく勤務場所を離れないこと。

⑦会社の名誉や信用を損なう行為をしないこと。

⑧在職中及び退職後においても、業務上知り得た会社、取引先等の機密を漏洩しないこと。

⑨無届けで他の会社等の業務に従事しないこと、一定の場合に副業・兼業をしないこと。

⑩酒気を帯びて就業しないこと。

⑪その他労働者としてふさわしくない行為をしないこと。

2　注意すべき服務規律

(1) セクシュアルハラスメントの禁止

　職場におけるセクシュアルハラスメントを防止するため、事業主は、雇用管理上必要な措置を講じなければならない（男女雇用機会均等法11条）。そこで、就業規則にセクシャルハラスメントを禁止する条項を設けるなど、セクシュアルハラスメント防止のためのルールを労働者に周知させるべきである。

　　※セクシュアルハラスメントについては、【P.209 セクシュアルハラスメント】以下を参照

(2) パワーハラスメントの禁止

　職場におけるパワーハラスメントの防止について、就業規則にパワーハラスメントを禁止する条項を設けるなど、パワーハラスメント防止のためのルールを労働者に周知させるべきである。

　　※パワーハラスメントについては、【P.239 パワーハラスメント】以下を参照

(3) 職場における妊娠、出産、育児休業等に関するハラスメントの禁止

　職場における妊娠・出産や育児休業・介護休業等に関するハラスメントを防止するため、事業主は、雇用管理上必要な措置を講じなければならない（男女雇用機会均等法11条の2第1項、育児・介護休業法25条）。そこで、就業規則に妊娠・出産・育児休業等に関するハラスメントを禁止する条項を設けるなど、妊娠・出産・育児休業等に関するハラスメント防

止のためのルールを労働者に周知させるべきである。

　　※【P. 226 職場における妊娠・出産等に関するハラスメント】を参照

(4) 個人情報の保護

　個人情報保護法により、事業主は、その従業者に個人データを取り扱わせるにあたって、当該個人データの安全管理が図られるよう、当該従業者に対する必要かつ適切な監督を行わなければならないとされている（同法 21 条）。

　そこで、就業規則に会社で管理する個人情報の適切な取扱いに関する条項を設けたり、「個人情報取扱規程」「特定個人情報取得規程」など別規定を定めたり、マニュアルを作成するなどして、個人情報保護のためのルールを労働者に周知させるべきである。

(5) 始業・終業時刻の記録

　労働基準法において労働時間に関する規定を設けていることから、使用者は、労働時間を適正に把握するなど労働時間を適切に管理する責務を有している。そして、「労働時間の適正な把握のために使用者が講ずべき措置に関するガイドライン」（平成 29 年 1 月 20 日厚生労働省策定）で、使用者が講ずべき措置が具体的に示されている。また、労働安全衛生法でも、医師による面接指導を実施するため、タイムカードによる記録等により、労働者の労働時間の状況を把握しなければならない（労安衛法 66 条の 8 の 3、労安衛則 52 条の 7 の 3）。

　そこで、使用者は、この基準を遵守し、労働時間を適正に把握する等適切な時間管理を行うべきだから、タイムカードを導入する場合には、就業規則に始業・終業時刻を記録することを求める条項を設けるべきである。

(6) 所持品検査

　所持品検査や身体検査は、労働者のプライバシーや人格権等の侵害につながりかねないことから、当然には認められない。身体検査は、所持

品検査よりもプライバシーや人格権の侵害になる可能性が高くなるといえる。

参考知識：所持品検査の要件

　裁判例では、電車・バスの乗務員の所持品検査の事例で、①検査を必要とする合理的理由があり、②検査方法が一般的に妥当な方法と程度で実施され、③制度として画一的に実施されるものであること、④明示の根拠に基づくものであることという要件を定立している（西日本鉄道事件最判 S 43. 8. 2）。退門時に盗品発見のために守衛により実施されるカバンの検査についても同様に述べられている（帝国通信工業事件横浜地裁川崎支判 S 50. 3. 3）。

---

(7) モニタリング

　職場におけるモニタリング（ビデオ・オンラインによる監視や、貸与PC 内のデータ・メール等の閲覧・監視等）については、情報セキュリティの見地や、従業員の職務専念義務の見地からその必要性が認められるが、他方で、モニタリングで得た情報は従業員の個人情報に該当する場合が多く、その取扱いの問題を生じ、また、過度のモニタリングや担当者による濫用的なモニタリングは、従業員のプライバシー・人格権侵害の問題を生じる。

(8) ソーシャルメディアの利用

　SNS などのソーシャルメディアへの従業員の不適切投稿が「炎上」し、企業が対応を余儀なくされる例が後を断たない。不適切投稿は、顧客等の個人情報を漏えいする、悪ふざけ・違法行為の写真投稿（業務中の行為だけでなく、勤務先を記載したアカウントによる投稿による炎上の例もある）など様々なタイプがある。

　ソーシャルメディアへの投稿は、労働者の私生活上の行為として行われ、表現の自由（憲法 21 条）の領域でもあることから、使用者が労働者によるソーシャルメディアの利用・投稿を一般的に禁止することはできないとされる。

┌─ 参考知識：ソーシャルメディアの利用に関する規制 ─────────┐

　ソーシャルメディアの利用を一般的に規制することが困難であることから、次のような条項を就業規則の服務規律に定めたり、個別に労働者から誓約書を取り付けて、労働者のソーシャルメディアリテラシーを高めるよう努めることが考えられる。

　　・SNS を利用に際しては法令や就業規則を遵守しなければならない

　　・勤務時間中に私的に SNS を利用しない

　　・SNS の利用により会社の名誉・信用等を害することのないように留意する

　　・SNS を利用して業務上の秘密を漏洩しない

　　・SNS を利用して顧客の悪口を公開しない

　　・SNS のモニタリングに同意する

└────────────────────────────────┘

(9)　副業・兼業

　かつては、副業・兼業を認めず、服務規律でも副業・兼業は許可制とする企業が多かった。

　しかし、裁判例では、労働者が労働時間以外の時間をどのように利用するかは、基本的には労働者の自由であり、各企業においてそれを制限することが許されるのは、労務提供上の支障となる場合、企業秘密が漏洩する場合、企業の名誉・信用を損なう行為や信頼関係を破壊する行為がある場合、競業により企業の利益を害する場合と考えられる（副業・兼業の促進に関するガイドライン）。したがって、原則、副業・兼業を認める方向とすることが適当であり、副業・兼業が自社での業務に支障をもたらすような事情がなければ、労働時間以外の時間については、労働者の希望に応じて、原則、副業・兼業を認める方向で検討することが求められる（同）。

　なお、労務提供上の支障や企業秘密の漏洩等がないか、また、長時間労働を招くものとなっていないか確認する観点から、副業・兼業を届出制とすることは可能である（同）。

　そこで、就業規則の服務規律では、副業・兼業を届出制としつつ、以下の場合に該当する場合には、副業・兼業を禁止または制限することができるとすることが考えられる。

①労務提供上の支障がある場合

②企業秘密が漏洩する場合

③会社の名誉や信用を損なう行為や、信頼関係を破壊する行為がある場合

④競業により、企業の利益を害する場合

副業・兼業に関する問題については、「Ⅲ　第 4 章 4　副業・兼業」で説明した。

第 2 節　懲戒権

1　意義

「懲戒権」は、使用者が企業秩序を乱す行為を行った労働者に対し、懲戒処分を行う権限である。

労働者は雇用契約を締結したことによって当然に企業秩序遵守義務を負うが、企業秩序遵守義務違反に対する懲戒権は、就業規則に懲戒事由及び手段を明定して初めて行使し得るものとするのが判例である（最高裁 S. 54. 10. 30 判決、H. 8. 3. 28 判決等）。

懲戒処分の有効性については、後述する。

2　懲戒の種類

(1) 懲戒処分

「懲戒処分」とは、使用者が労働者の企業秩序違反行為に対して課す制裁罰である。

(2) 懲戒処分の類型

懲戒処分の類型は、法律で定められているわけではなく、公序良俗（民法 90 条）に反しない範囲内で事業場ごとに定めることが可能である。一般に、次のような種類がある。

なお、懲戒処分の種別は、あらかじめ就業規則において定めておかなければならないとされている（後述）。

①戒告・けん責

最も軽い懲戒処分の類型である。

戒告は口頭による注意である。

けん責は始末書を提出させて将来を戒める処分である。

②減給

賃金を減額する処分である。

減給の制裁を定める場合は、減給は、1回の額が平均賃金の1日分の半額を超えてはならず、総額が一賃金支払期における賃金の総額の10分の1以下でなければならない（労働基準法91条）。

③出勤停止

出勤を停止し、その間の賃金は支給しない処分である。

懲戒事由に該当する行為の秩序違反の程度に対して長過ぎる期間の出勤停止は、懲戒権の濫用と判断される可能性がある。

④降格

人事上の処分として降格がなされることもあるが、懲戒処分として降格がなされることもある。

降格による職務変更に伴う賃金の低下は、労基法91条の減給制裁には該当しないと解されているが、給与上の不利益を伴う降格は、悪質な事案でないと相当性を欠き懲戒権の濫用と判断される可能性がある。

⑤　諭旨解雇（または諭旨退職）

労働者に退職を勧告し、労働者本人の願い出により退職させる処分である。

退職金が全部または一部支払われる点で懲戒解雇より一段軽い処分であると位置付けられるのが一般である。

⑥　懲戒解雇

懲戒処分として行う解雇である。

懲戒処分の中で最も重い処分である。一般に、即時に（解雇予告無しで）、退職金を支給せずになされる旨が就業規則に定められている。

(3) 懲戒解雇と即時解雇

「即時解雇」は、解雇予告や解雇予告手当のない解雇である（解雇予告と解雇予告手当については【P. 273 解雇の手続】を参照）。

懲戒解雇であれば当然に即時解雇ができるというわけではない点は注意を要する。懲戒解雇と解雇予告（即時解雇）は別問題である。

労働基準法では、天災事変その他やむを得ない事由のために事業の継続が不可能となった場合または労働者の責に帰すべき事由に基づいて解雇する場合において、労働基準監督署長の認定を受けたときに、解雇予告義務が適用されないと規定されている（同法 20 条）。

従って、懲戒解雇であっても、この要件をみたさない限り即時解雇は認められないし、普通解雇であっても、この要件をみたせば即時解雇は認められる。

(4) 懲戒解雇と退職金の不支給・減額

懲戒解雇であれば当然に退職金を不支給・減額できるというわけではない。懲戒解雇と退職金不支給・減額とは別問題である。

退職金には功労報償的な性格だけでなく賃金の後払い的な性格もあり、就業規則等によりあらかじめ支給条件が明確に定められていて使用者に退職金の支給義務がある場合は、賃金の場合と同様に、退職金を不支給・減額するためには、原則として、就業規則の定めや個別合意が必要であると解されている。

また、不支給・減額の定めがあるだけでなく、不支給・減額事由に該当する行為が、「それまでの勤続の功を抹消または減殺するほどの著しい背信行為」でなければならないとするのが裁判例である。

3　懲戒処分の有効性
(1) 権利濫用法理

懲戒処分については、労働契約法 15 条が、「使用者が労働者を懲戒することができる場合において、当該懲戒が、当該懲戒に係る労働者の行為の性質及び態様その他の事情に照らして、客観的に合理的な理由を欠

き、社会通念上相当であると認められない場合は、その権利を濫用したものとして、当該懲戒は、無効とする」と定めている。また、企業秩序遵守義務違反に対する懲戒権は、就業規則に懲戒事由及び手段を明定して初めて行使し得るものとするのが判例である。

そこで、一般的には、懲戒処分が有効であるためには次の要件が必要であるとされている。

①就業規則の根拠規定があること

あらかじめ就業規則において懲戒の種別と懲戒事由を定めておかなければならない。

②労働者の行為が就業規則に定められた懲戒事由に該当すること（客観的に合理的な理由＝合理性）

③社会通念上の相当性を有すること（相当性）

懲戒事由に該当する労働者の行為の重大さとの関係で、懲戒処分の内容が不相当に重い場合には、当該懲戒処分は懲戒権の濫用として無効となる。

(2) 罪刑法定主義類似の要請

懲戒処分は制裁としての「罰」であるから、刑事法における罪刑法定主義類似の以下の諸原則をみたすものでなければならないとされている。

・いかなる場合にいかなる罰（処分）がなされるかについて、事前に就業規則で定めておくことが必要である（懲戒の種別・事由の明定）。

・懲戒の規定をその作成・変更時点より前の事案に遡及して適用してはならない（不遡及の原則）

・1つの企業秩序違反行為に対して懲戒処分をしたらそれ以上は懲戒規定が適用されない（一事不再理の原則、二重処分の禁止）

・懲戒処分を行うにあたっては、本人への懲戒事由の告知と弁明の機会の付与等、適正手続を履践することが必要である（適正手続）

4　懲戒事由

(1) 懲戒事由の類型

　前述したとおり、懲戒事由は、あらかじめ就業規則に定めておかなければならない。懲戒事由の類型は、法律で定められているわけではなく、企業によって様々であるので、ここでは代表的な懲戒事由をみていく。

　なお、懲戒事由該当性は、形式的に判断すべきではない。形式的には懲戒事由に該当しても、実質的には企業秩序を乱したとはいえないような行為については、懲戒事由に該当しないと判断する（＝懲戒事由の文言を限定的に解釈して事案に適用する）裁判例があることには注意を要する。

　また、懲戒事由に該当する場合でも、懲戒処分の内容が不相当に重い場合には、当該懲戒処分は懲戒権の濫用として無効となる

　①経歴詐称

　　　採用時に労働者が経歴を詐称していた場合は、使用者は錯誤（民法95条）または詐欺（民法96条）による労働契約の無効または取消を主張することができる場合があるが、裁判例は、経歴は企業秩序の維持に関わる重要な事項であるから、その詐称は懲戒事由となりうるとし、場合によっては懲戒解雇も可能であるとしている。

　　　もっとも、経歴詐称に対する懲戒処分が適法とされるのは、重要な経歴（最終学歴、職歴、犯罪歴など）を詐称した場合に限られるとされる。

　②職務怠慢

　　　職務怠慢の例は、無断の（正当な理由のない）遅刻・欠勤や、勤務成績不良、遅刻過多、職場離脱などである。

　　　職務怠慢が懲戒事由に該当するためには、就業に対する規律に違反したり企業秩序を乱したりしたと認められる場合に限られるとされる。職務怠慢が著しい場合には、懲戒解雇も可能である。

　③業務命令違反

　　　業務命令には、時間外労働命令や休日労働命令、出張命令、配転

命令、出向命令、所持品検査命令の違反なども含まれる。

　業務命令違反が懲戒事由に該当するためには、当該業務命令が有効（合法）でなければならない。

　重要な業務命令に違反し、企業秩序の侵害が重大であれば、懲戒解雇も認められうる。

④服務規律違反（職場規律違反）

　服務規律違反行為は、横領、窃盗、同僚等への暴行などの非違行為や、顧客情報漏えい、部下の不正行為の見逃し・見過ごし、セクシュアルハラスメント、パワーハラスメントなどがある。

　服務規律違反行為については、内部告発や公益通報が問題となる（後述）。

⑤私生活上の非行

　私生活上の非行であっても、企業の名誉や信用を損なうことがあるので、懲戒処分の対象となりうる。ただし、私生活の範囲内で行われたことであるから、懲戒事由の該当性や懲戒処分の相当性は厳格に判断すべきであるとされている。

⑥企業の施設・物品の私的利用

　就業規則で企業の施設や物品の私的利用が禁じられている場合は、違反行為が懲戒処分の対象となりうる。

(2) 内部告発と懲戒処分

　告発文書送付、ビラ配布、新聞投書、週刊誌への情報提供などの労働者の内部告発行為に対して、事業者が、懲戒処分を行うことがある。労働者は、労働契約上、誠実義務および企業の信用・名誉を毀損しない義務を負っていることから、内部告発は秩序違反・服務規律違反として懲戒処分の対象となりうる。

　他方で、内部告発が真実である場合は、企業運営の改善の契機となるし、告発者の表現の自由との調整の必要もある。

　そこで、内部告発が一定の要件を満たす場合には、内部告発を理由とする懲戒処分は懲戒権濫用として無効となると解されている。

　なお、内部告発行為が「公益通報」に該当する場合は、懲戒処分は認められない。

┌─ 参考知識：内部告発に対する懲戒処分の有効性 ─────────┐

　裁判例では、内部告発に対する懲戒処分の有効性について、①告発内容が真実であるかまたは真実と信じる相当の理由があるといえるかどうか（告発内容の真実性）、②告発の目的が法違反や不正の是正といった正当なものであるか（目的の正当性）、③告発の手段・態様が相当なものであるか（方法の妥当性）等を総合的に考慮して判断している。

　例えば、①告発内容が著しく事実に反する・真実に基づかない、真実でない事実と誤認させる、虚偽であるといった場合（告発内容の真実性を欠く）、②社長の失脚を目的とする告発や私利を目的とした恐喝的な告発の場合（目的の正当性を欠く）、③監督官庁などではなく付近住民にビラを配布する、いきなりマスコミ等に公表すると申し入れるといった場合（方法の妥当性を欠く）には、懲戒処分が有効と判断された事例がある。

└──────────────────────────────────┘

5　公益通報

(1) 公益通報者保護法

　「公益通報者保護法」は、公益通報をしたことを理由とする公益通報者の解雇の無効等や公益通報に関し事業者・行政機関がとるべき措置を定めることにより、公益通報者の保護等を図る法律である。

(2) 公益通報

　「公益通報」とは、①労働者（公務員を含む）が、②不正の目的でなく、③労務提供先等について、④「通報対象事実」が、⑤生じまたは生じようとする旨を、⑥「通報先」に通報することである。

　労務提供先等についての通報対象事実が公益通報の対象であるから、事業と無関係な職場の同僚の私生活上の法令違反行為は、「公益通報」には該当しない。

┌─ 参考知識：通報対象事実 ───────────────────┐

　「通報対象事実」は、次の事実である。

　①国民の生命、身体、財産その他の利益の保護にかかわる法律として本法の別

　表に定められた法律※に規定する罪の犯罪行為の事実
②下記の法律の規定に基づく処分に違反することが、①の事実となる場合にお
　ける当該処分の理由とされている事実等
※上記の法律は、刑法、食品衛生法、金融商品取引法、JAS法（日本農林
　規格等に関する法律）、大気汚染防止法、廃棄物処理法、個人情報保護法、
　独占禁止法、道路運送車両法等である。消費者庁ホームページの「公益通
　報者保護法において通報の対象となる法律について」（http://www.caa.
　go.jp/planning/koueki/gaiyo/taisho.html）に、一覧が掲載されている。
　職場のパワーハラスメントやセクシュアルハラスメントは、パワーハラスメン
トが暴行・脅迫などの犯罪行為にあたる場合や、セクシュアルハラスメントが強
制わいせつなどの犯罪行為にあたる場合には、通報対象事実に該当する。

参考知識：通報先と保護要件

　「通報先」は3つあり、それぞれについて保護要件が定められている。通報に
あたっては、それぞれの保護要件を満たしていれば保護されるから、まず事業者
内部に通報してからでないと事業者外部に通報できないということはない。
　また、事業者の取引先は通報先に含まれていないから、勤務先の通報対象事実
について取引先に通報しても、「公益通報」としては保護されない。
　①事業者内部（内部通報）
　　（保護要件）通報対象事実が生じ、または生じようとしていると思料する場合
　②通報対象事実について処分または勧告等をする権限を有する行政機関
　　（保護要件）通報対象事実が生じ、または生じようとしていると信ずるに足
　　　　　　　りる相当の理由がある場合
　③通報対象事実の発生またはこれによる被害の拡大を防止するために必要であ
　　ると認められる者
　　（保護要件）②の場合及び一定の要件（内部通報では証拠隠滅のおそれがあ
　　　　　　　ること、内部通報後20日以内に調査を行う旨の通知がないこ
　　　　　　　と、人の生命・身体への危害が発生する急迫した危険があるこ
　　　　　　　と等）を満たす場合

---

(3) 公益通報者の保護

　「公益通報」した労働者（公益通報者）は、以下の保護を受ける。
①公益通報をしたことを理由とする解雇の無効・その他不利益な取扱
　いの禁止

②（公益通報者が派遣労働者である場合）公益通報をしたことを理由とする労働者派遣契約の解除の無効・その他不利益な取扱いの禁止

(4) 公益通報者保護法の規定に違反した場合の処分

　公益通報者保護法は、民事のルールを定めた法律であるから、同法違反を理由として、刑罰が科されたり、行政処分が課されたりすることはない。

　もっとも、通報対象となる法令違反行為については、関係法令に基づいて、刑罰が科されたり、行政処分が課されたりすることはある。

第10章　賃金に関する規制

第1節　賃金に関する原則

1　労働基準法上の「賃金」

(1) 意義

　労働基準法上の「賃金」とは、賃金、給料、手当、賞与その他名称を問わず、労働の対価として使用者が労働者に支払うすべてのものをいう（労働基準法11条）。

(2) 任意的恩給的給付

　これに対し、「任意的恩恵的給付」は、その支給がもっぱら使用者の裁量に委ねられているかぎり、労働の対価（対償）とはいえず、「賃金」ではない。たとえば、結婚祝金、病気見舞金、死亡弔慰金などは、原則として賃金ではない。

　ただし、これらの給付であっても、労働協約、就業規則などによってあらかじめ支給条件が明確にされており、それに従って使用者に支払義務のあるものは、労働の対価と認められ、賃金と取り扱われる。

　退職金や賞与も、その支給がもっぱら使用者の裁量にゆだねられているかぎりは、任意的恩恵的給付であって、賃金ではない。しかし、今日の大多数の退職金のように、労働協約、就業規則、労働契約などでそれ

を支給することおよびその支給基準が定められていて、使用者に支払い義務があるものは賃金と認められる。

2　ノーワーク・ノーペイの原則

　「ノーワーク・ノーペイの原則」とは、労務提供（労働）がない限り、その対価としての賃金の支払義務も生じないという原則である。労働者は、その約した労働を終わった後でなければ報酬を請求することができないから（民法624条1項）、提供されなかった労務に対応する賃金請求権は発生しないのである。

　ノーワーク・ノーペイの原則により、労働者が遅刻や欠勤した場合には、使用者はその分の賃金支払義務を負わない。育児休業や介護休業等の場合も、使用者は賃金支払義務を負わない。懲戒処分としての出勤停止の場合も、賃金を支払わないのが一般である。

　天災地変により就労できなかった場合のように、労使双方の責めに帰することができない事由によって就労不能となった場合も使用者は賃金支払義務を負わない（民法536条1項には、当事者双方の責めに帰することができない事由によって債務を履行することができなくなったときには、債務者は反対給付を受ける権利を有しないと定められている）。

　ただし、理由なく自宅待機を命じられた場合や使用者の過失によって職場が焼失して就労できなかった場合など、使用者の責に期すべき事由により労働者が労務を提供できない場合には、ノーワーク・ノーペイの原則は適用されず、使用者は賃金支払義務を負う（民法536条2項には、債権者の責めに帰すべき事由によって債務を履行することができなくなったときには、債務者は反対給付を受ける権利を失わないと定められている）。

　なお、年次有給休暇は、ノーワーク・ノーペイの原則の法律（労働基準法）の定めによる例外である。

3　賃金支払の5原則

　労働基準法24条は、「賃金支払の5原則」を定めている。
　①通貨払いの原則

②直接払いの原則

③全額払いの原則

③毎月1回払いの原則

④一定の期日払いの原則

　賃金支払の原則に違反した場合には、30万円以下の罰金に処せられる（同法120条）。

(1) 通貨払の原則

　「通貨払の原則」とは、賃金は「通貨」で支払われなければならないという原則である（労働基準法24条1項）。

　このため、現物支給は原則として許されない。

　ただし、労働協約に別段の定めがある場合または、厚生労働省令（労働基準法施行規則）で定めるものによる場合には、通貨以外の支払いが認められる（同条同項）。

　例えば、賃金の口座振込による支払いは、労働者の同意があれば許される（労働基準法施行規則7条の2）。

> 参考知識1：通貨払の例外
>
> 　労働基準法施行規則は、労働者の同意ある場合には、①賃金の口座振込み、および、②退職手当を銀行その他の金融機関が自己宛に振出しもしくは支払保証をした小切手または郵便振替に支払うことを認めている（施行規則7条の2）。

(2) 直接払の原則

　「直接払の原則」とは、賃金は直接労働者に支払われなければならないという原則である（労働基準法24条1項）。かつて、親方や職業仲介人が賃金を代理受領して中間搾取を行うことや、年少者の賃金を親が奪い去ることなどが横行したため導入された原則である。

(3) 全額払の原則

　「全額払の原則」とは、賃金は、その全額を支払わなければならない

という原則である（労働基準法 24 条 1 項）。

　ただし、法令に別段の定めがある場合または労使協定がある場合には、賃金の一部を控除して支払うことができる（同項）。

　例えば、給与所得税の源泉徴収や社会保険料の控除、財形貯蓄金の控除は、税法・保険法・財産形成促進法という「法令に別段の定めがある場合」にあたる。

(4) 賃金の相殺禁止

　裁判例は、使用者が、労働者の債務不履行（業務の懈怠等）を理由とする損害賠償請求権や不法行為（背任等）を理由とする損害賠償請求権と賃金債権とを相殺することは、全額払の原則により許されないとしている。

　なお、労働者の側からする相殺については、全額払原則に反しない。

> **参考知識：相殺禁止の例外**
>
> 　裁判例は、過払賃金を後の期間の賃金から控除すること（調整的相殺）は、労働者の経済生活の安定を害さない限り、全額払原則に反しないとしている。
>
> 　また、裁判例は、使用者が一方的にする相殺と異なり、使用者が労働者の合意を得て行う相殺（合意による相殺）は、労働者の自由な意思に基づいてなされたものと認めるに足りる合理的理由が客観的に存在するときは、全額払原則に反しないとする。

(5) 毎月 1 回以上払の原則、一定の期日払の原則

　「毎月 1 回以上払の原則、一定の期日払の原則」とは、賃金は毎月 1 回以上、一定の期日を定めて支払わなければならないという原則である（労働基準法 24 条 2 項）。

　ただし、臨時に支払われる賃金、賞与その他これに準ずるもので厚生労働省令で定める賃金（1 か月を超える期間を基準とした精勤手当、勤続手当および奨励加給）については、この限りでない（同項）。

第2節　賃金の種類等

1　賃金の種類

　賃金は、一般的に、月例賃金（毎月決まって支給する賃金）と、賞与・一時金、退職金から構成される。

　「月例賃金」は、一般的に、「基本給」と諸手当、そして割増賃金から構成される。

（月例賃金の種類）

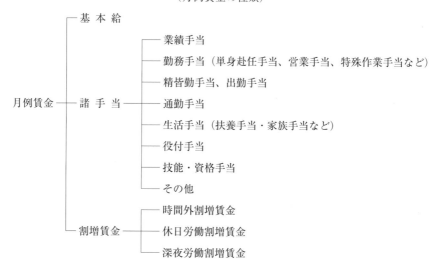

```
                ┌ 基 本 給
                │                ┌ 業績手当
                │                ├ 勤務手当（単身赴任手当、営業手当、特殊作業手当など）
                │                ├ 精皆勤手当、出勤手当
                │                ├ 通勤手当
月例賃金 ────┼ 諸 手 当 ───┼ 生活手当（扶養手当・家族手当など）
                │                ├ 役付手当
                │                ├ 技能・資格手当
                │                └ その他
                │                ┌ 時間外割増賃金
                └ 割増賃金 ───┼ 休日労働割増賃金
                                 └ 深夜労働割増賃金
```

(1) 基本給

　「基本給」は、賃金のうち、賞与・一時金や退職金、諸手当、割増賃金を含まない賃金の基本的部分である。

　基本給には、職能給、役割給、職務給など複数の種類（賃金項目）があり、企業によって賃金項目が異なるだけでなく、各賃金項目の呼称も企業によって様々である（＝基本給は、年齢、学歴、勤続年数、経験、能力、資格、地位、職務、業績など労働者本人の属性または労働者の従事する職務に伴う要素によって算定されるが、どの要素を採用するかは

企業によって様々である）。

(2) 諸手当

　手当の種類や手当の内容は、企業によって様々である。

2　基本給の種類

　基本給には、月給制（完全月給制）、日給月給制、日給制、時間給制などがある。

(1) 月給制（完全月給制）

　「月給制（完全月給制）」は、1か月単位で算定され、労働日数に関係なく定額で支給する制度であり、欠勤があっても不就労分の賃金は控除されない。もっとも、賞与の査定において欠勤を考慮して金額を調整するなどして、実質的に欠勤の不就労分を控除する場合も多い。

(2) 日給月給制

　「日給月給制」は、1か月単位で算定され、欠勤した場合は、欠勤分の賃金が控除される制度である（遅刻・早退分の賃金を控除する場合も多い）。なお、有給休暇を取得した場合には、欠勤や遅刻・早退分の控除はできない。

(3) 日給制

　「日給制」は、1日単位で算定され、労働日数分を支給する制度である。日給制でも月払いが一般である。日給制では、月ごとの所定労働日数が異なる（月ごとのシフトにばらつきがある）と、欠勤がなくても月ごとの労働日数が異なってしまい、月ごとの基本給にばらつきが生じてしまう（日給月給制の場合には欠勤以外に基本給がばらつくことはない）。日給制は日雇いや短期アルバイトなどにみられる。

(4) 時間給制

　「時間給制」は、1時間単位で算定され、労働時間分を支給する制度である。月払いが一般である。シフトにより、月ごとの賃金にばらつきが生じがちである。パートタイム労働者やアルバイト、派遣労働者などに多くみられる。

3　決定基準・ルールで分けた賃金制度の種類

　決定基準・ルールで分類した賃金制度には、次のものがある。
　①勤続給（年齢給）
　　　労働者の勤続年数（年齢）に応じて支給する賃金制度
　　　「人」を基準とした賃金制度である。
　②職能給
　　　労働者の能力または経験に応じて支給する賃金制度
　　　「人」を基準としているものの、成果主義（後述）の要素を取り入れている。
　③成果給
　　　労働者の業績または成果に応じて支給する成果主義の賃金制度である。
　④職務給
　　　労働者の職務の内容に応じて支給する賃金制度
　　　「人」を基準とせず、「職務」を基準とした等級で賃金額が決まる。

4　年功的賃金制度と年齢給・職能給

　「年功的賃金制度」とは、年齢・勤続年数に応じて賃金額が上昇する賃金制度である。

　年功的賃金制度は、1990年代までは企業の正規労働者の賃金の主要なモデルであり、年齢給と職能給などがある。

(1) 年齢給

　「年齢給」とは、年齢（勤続年数）に応じて賃金額が増加する基本給

の形態である。年齢給制度のもとでは、賃金額は学歴・年齢・勤続年数に応じて定められ、定期昇給のほか、ベースアップが図られてきた（定期昇給とベースアップについては、【P. 319 定期昇給（定昇）とベースアップ（ベア）】を参照）。

　年齢給は、家族手当、住宅手当などの生活補助的な手当とともに導入され、正規労働者の年齢やライフステージによる生活上の必要性をみたす賃金制度として整備され、新卒採用した労働者を教育訓練してキャリア形成を図る長期雇用制度（いわゆる終身雇用制）とともに一般化した。

(2) 職能給

　「職能給」とは、職能資格に基づく賃金制度である（職能資格については、【P. 281 昇進・昇格と降格】を参照）。

　職能給は、本来、能力主義に基づく賃金制度であり、企業は、年齢給としての基本給の一部を職能給に組み替えていき、年功主義と能力主義との調和を図った。実際の職能給においては、昇給・昇格が年齢・勤続年数を主要な基準として年功的に運用する企業が多く、職能給制度のもとでも定期昇給や職能給を包摂したベースアップが行われるなどした。

第 3 節　賃金に関する制度

1　休業手当

　使用者の責に帰すべき事由により労働者を休業させた場合は、使用者は、休業させた日について、平均賃金の 6 割以上の手当（休業手当）を支払わなければならない（労働基準法 26 条）。

　使用者の責に帰すべき事由による休業の例としては、店舗の改装による休業、工場の生産調整による休業、監督官庁の勧告による操業停止、親会社の経営難のための資金・資材の獲得困難による休業などが考えられる。

　労働基準法 26 条違反をした使用者に対し、裁判所は、労働者の請求により、未払金と同一額までの範囲で付加金の支払いを命ずることができる（労働基準法 114 条）。

　また、労働基準法 26 条違反は 30 万円以下の罰金に処せられる（同法
120 条）。

2　平均賃金

　「平均賃金」は、次の金額を算定する際の基準となる賃金である。

　①解雇予告手当（平均賃金の 30 日分以上）

　②休業手当（平均賃金の 6 割以上）

　③年次有給休暇の賃金（平均賃金）

　④休業補償等の災害補償（平均賃金の 6 割等）

　⑤減給制裁の制限（平均賃金の半額まで等）

　平均賃金は、原則として、算定事由の発生した日の直前の賃金締切日
以前 3 か月間に支払われた賃金の総額を、その期間の総日数（暦日数）
で除した金額である（労働基準法 12 条）。

　　・平均賃金＝過去 3 カ月間の賃金総額÷過去 3 カ月間の暦日数

3　労働者名簿・賃金台帳の保存義務

　使用者は、本社、本店、営業所等の事業場ごとに労働者名簿と賃金台
帳とを作成し、労働者名簿は退職日から 3 年間、賃金台帳は最後の記入
をした日から 3 年間、それぞれ保存しなければならない（労働基準法 109
条）。

　労働基準法 109 条違反は 30 万円以下の罰金に処せられる（同法 120
条）。

4　最低賃金

(1) 最低賃金制度

　「最低賃金制度」は、国が、最低賃金法に基づいて賃金の最低額を定
めて、使用者に対してその遵守を強制する制度である。

　最低賃金は、毎年見直されている。

| 参考知識：最低賃金の種類 |

最低賃金には、次の2種がある。
①地域別最低賃金

都道府県ごとに定められ、産業や職種にかかわりなく、都道府県内の事業場で働くすべての労働者とその使用者に対して適用される最低賃金

地域別最低賃金は、その企業の本社がある都道府県ではなく、事業場がある都道府県ごとに定められた額が適用される。
②特定（産業別）最低賃金

特定地域内の特定の産業について、地域別最低賃金より金額水準の高い最低賃金を定めることが必要と認めるものについて設定される最低賃金。

全国で233件（2017年4月現在）の最低賃金が定められており、このうち232件は各都道府県内の特定の産業について決定されており、1件は全国単位で決められている（全国非金属鉱業最低賃金）。

| 参考知識：最低賃金の状況 |

地域別最低賃金の全国加重平均額をみると、2013年：764円→2014年：780円→2015年：798円→2016年：823円→2017年：848円→2018年：874円と推移している（厚労省「地域別最低賃金の全国一覧」）。

「働き方改革実行計画」では、最低賃金について、年率3％程度の増加を目途として、名目GDP成長率にも配慮しつつ引き上げていき、全国加重平均が1,000円になることを目指している。

---

(2) 最低賃金の規制の効果

最低賃金額より低い賃金を労使で合意しても無効となり、最低賃金額と同額の定めをしたものとされる（最低賃金法4条2項）。

したがって、最低賃金未満の賃金しか支払わなかった場合には、最低賃金額との差額を支払わなくてはならない。

地域別最低賃金額以上の賃金額を支払わない場合には、最低賃金法に罰則（50万円以下の罰金）が定められ、特定（産業別）最低賃金額以上の賃金額を支払わない場合には、労働基準法に罰則（30万円以下の罰金）が定められている。

5　賃金の改訂

(1) 賃金の改訂

「賃金の改定」とは、全てまたは一部の労働者を対象とした定期昇給（定昇）、賃金表の改定（ベースアップ・ベースダウン）、賃金カット、諸手当の改定等のことをいう。

(2) 賃上げ

「賃上げ」は、賃金を上げることである。

賃上げの方法としては、定期昇給やベースアップが多い。

その他に、賞与・一時金や手当を厚くする、残業時間が減っても年収が減らない制度を導入する、所定労働時間を短縮するといったものもみられる。

(3) 定期昇給（定昇）とベースアップ（ベア）

定期昇給（定昇）とは、毎年一定の時期を定めてその企業の昇給制度に従って行われる昇給である。定期昇給は、労働者の勤続による職務能力の向上に応じて行う昇給であるといえる。

「ベースアップ（ベア）」とは、賃金表（学歴、年齢、勤続年数、職務、職能などにより賃金がどのように定まるかを表にしたもの）の改定により賃金水準を引き上げる昇給である。ベースアップは、物価上昇や会社の業績等を考慮して行うことが多い。

これに対し、「ベースダウン」は、賃金表の改定により賃金水準を引き下げることである。

(4) 賃上げ率

「賃上げ率」は、賃金の現行ベース（労使交渉前の平均賃金）に対する労使交渉による妥結額の割合である。労使交渉や賃金の動向把握に用いられる。

春闘時期後に、厚生労働省、日本労働組合総連合会（連合）、一般財団法人日本経済団体連合会（経団連）等が発表しており、近時は賃上げ率 2

％前後を維持しているというデータが多い。

6　賃金支払確保法

(1)　意義

「賃金の支払の確保等に関する法律（賃金支払確保法、賃確法）」とは、企業経営が安定を欠くに至った場合及び労働者が事業を退職する場合における賃金の支払等の適正化を図るため、貯蓄金の保全措置及び事業活動に著しい支障を生じたことにより賃金の支払を受けることが困難となった労働者に対する保護措置その他賃金の支払の確保に関する措置を講じ、もって労働者の生活の安定に資することを目的とする法律である。

賃確法には、退職労働者の賃金の支払いの確保に関する以下の措置が定められている。

(2)　退職労働者の賃金に係る遅延利息（同法6条）

退職した労働者に退職手当を除く賃金の未払いがある場合に、使用者側に正当理由がある場合を除き、退職の日の翌日から支払日までの期間について、年14.6％の遅延利息の支払いを義務付けている。

なお、退職していない場合の未払い賃金及び退職手当については、支払期日の翌日から支払日までの期間について、年6％の遅延利息の支払義務がある（商法514条）。

(3)　退職労働者の立替払（同法7条）

使用者が倒産した場合や中小企業の事業活動が停止して再開の見込みがなく支払能力がないことが労働基準監督署長により認定された場合は、退職労働者のうち一定の要件をみたす者が請求すれば、政府が未払賃金・退職金の一定割合について立替払を行うこととされている。

第4節　成果主義・年棒制

┌ 参考知識 ┐

1　成果主義

「成果主義」とは、仕事の成果を賃金等の評価処遇に反映させる人事制度である。我が国では、1990年代から注目され、大企業を中心に導入が進んだ。

その目的は、従業員のやる気を引き出すため、評価・処遇制度の納得性を高めるため、従業員個人の目標を明確にするためといったものがあげられているが、現実の問題としては、景気の悪化に伴い年功序列の人事制度を維持することが困難となったこと（特に団塊の世代の人件費の増大）が、導入の大きな理由となったと考えられる。

成果主義には様々な態様があるが、賃金と連動する場合、生産性が上がらない労働者に対しては賃金の引き下げか、据え置きが実施されることになる。

また、成果主義の欠点として、営業部門のように成果が数字で客観的に出る仕事の評価には適するが、研究部門や事務、法務などの部門では成果を定量的に把握することが困難である、直近の成果は見込めなくても将来性のある分野のプロジェクトの成果の評価も困難であるといった問題が指摘されている。このため、定量的・客観的な評価が困難な部門では処遇の納得性が得られずに離職率が高まってしまうリスクすらある。また、個人の成果に着目しすぎると、従業員が個人プレーに走り、組織全体のパフォーマンスが低下したり、人材育成に支障がでるといったリスクも考えられる。

そこで、成果主義の導入・維持においては、評価基準の明確化、適正な評価（評価者の研修等）、成果主義に年功的な要素を組み合わせるといった工夫が行われている。

成果主義の観点からの賃金制度改革としては、勤続給・年齢給の廃止と職能給への一本化、職能給制度における能力・成績主義の強化、上級管理職への年棒制の導入、職務等級制や役割等級制の導入、業績賞与の設置などがあげられる。

┌ 参考知識 ┐

2　職務等級制

「職務等級制（ジョブ・グレード制）」とは、職務を職責の内容や重さに応じて等級化して、等級ごとに賃金額の範囲（レンジ）を設定する制度である。

職務等級制は、1980年代以降の米国において、いわゆるホワイトカラーの賃金制度として普及した。「職務」を基準とした等級で賃金額が決まるため（職務

給）、賃金体系は明確になる。

　我が国でも、外資系企業を中心として職務等級制を採用する企業がみられる。しかし、我が国では、長期雇用制度のもとで、勤続給（年齢給）・職能給といった「人」を基準とした賃金制度を採用し、「職務」をあいまいにして柔軟な配置転換をすることで人材育成を図ってきた企業が多いため、「職務」を基準とした職務等級制は、業務分担が硬直化し組織の風通しが悪くなる、異なる職務間の異動が難しくなるといった問題が指摘されており、職務等級製の導入は進んでいない。

参考知識

3　役割等級制

　「役割等級制」とは、役職や仕事に求められる役割（ミッション）に応じて等級を設定し、等級に応じて基本給を定める賃金制度である。

　役割等級制は、「職務」を明確にすることなく、「人」の要素を取り入れた「役割」を基準とする賃金制度のため、我が国の企業に受け入れられやすいといわれており、様々な態様のものが導入されている。

　もっとも、実際には管理職以外は職務や役割が不明確なため、「役割」による等級化は、結局、職能資格制度における職務遂行能力による等級化に近いものになるという指摘もある。

参考知識

4　年俸制

　「年俸制」とは、賃金の額を一年あたりで決定する賃金制度である。

　賃金額は年単位で決めるが、「毎月1回以上払の原則、一定の期日払の原則」（労働基準法24条2項）があるので、年俸額を分割して毎月（ボーナス月に多く振り分けることもある）で支払う。

　年俸額は、前年度の業績・成果の評価などに基づき、労働者と上司等の間の話し合い・交渉によって決定されることが多く、年俸制は成果主義賃金制度の典型であるといえる。なお、従来型の職能給制度等の賃金制度では、定期昇給が前提となっているといえるが、年俸制のもとでは賃金額は毎年変動し、年功賃金的な色彩は薄まる。

　年棒制は大企業の上級管理職に相当程度広まっているといわれる。職務等級制や役割等級制は、一般職の正社員にまで及ぶ賃金制度改革であるが、年棒制は、上級管理職や高度専門職に限定した成果主義の賃金制度といえる。

　なお、年棒制には様々な態様があり、業績・成果だけでなく、役割や期待度などを考慮する場合や、交渉により変動しうる年俸制と従来型の賃金制度を組み合

わせる場合などもあり、従来型の賃金制度との連続性が残されていることもある。

　就業規則の変更により年俸制を導入する場合は、就業規則の変更に合理性があることが求められる（労働契約法10条。）。

第5節　財形・中退共等

参考知識

1　勤労者財産形成促進制度（財形）

　「勤労者財産形成促進制度（財形）」とは、「勤労者財産形成促進法」に基づき、「勤労者」（事業主に雇用される者）の退職後の生活の安定、住宅の取得、その他の財産形成の目的として貯蓄を行い、事業主及び国がそれを援助する制度である。財形貯蓄制度（一般財形貯蓄・財形年金貯蓄・財形住宅貯蓄）、財形持家融資制度、財形給付金制度、財形基金制度などがある。

参考知識

2　中小企業退職金共済制度（中退共）

　「中小企業退職金共済制度（中退共）」とは、「中小企業退職金共済法」に基づき、中小企業の従業員の福祉の増進と中小企業の振興に寄与することを目的として、事業主の拠出と国の援助によって設けられた退職金共済制度である。独立行政法人勤労者退職金共済機構・中小企業退職金共済事業本部（中退共本部）が運営している。

　なお、新規で中退共に加入する事業主及び掛金月額を増額する事業主に掛金の一部を国が助成する制度がある。

［一般の中退共の仕組み］

　中小企業（要件は業種により異なる）が、中退共本部と「退職金共済契約」を締結し、毎月の掛金を納付する（掛金月額は労働者ごとに選択でき、増額もできる。掛金は全額事業主負担だが、損金または必要経費として、全額非課税となる）。

　退職金は直接従業員に支払われる。

参考知識

3　確定拠出年金

　「確定拠出年金」は、拠出された掛金が個人ごとに明確に区分され、掛金とその運用収益との合計額をもとに年金給付額が決定される年金制度である。掛金を

企業が拠出する企業型年金（企業型年金規約の承認を受けた企業が実施し、加入者は実施企業に勤務する従業員）と加入者自身が拠出する個人型年金（iDeCo。国民年金基金連合会が運営し、加入者は自営業者等）がある。

　確定拠出年金は、運用商品（預貯金、投資信託、保険商品等）の中から、加入者等自身が運用指図を行う点に特徴がある。

　確定拠出年金には、加入者（従業員）が運用の方法を決めることができる、運用が好調であれば年金額が増えるといったメリットがある。他方で、運用するために一定の知識が必要で、運用が不調であれば年金額が減るといったデメリットがある。

第6節　賃金等の請求権の消滅時効

賃金等の請求権の消滅時効期間

　労働基準法上の賃金、災害補償その他の請求権は2年、退職手当（退職金）の請求権は5年で、消滅時効にかかる（労働基準法115条）。

　2年の消滅時効にかかる「その他の請求権」としては、退職事由等の証明書請求権（同法22条）、休業手当請求権（同法26条）、年休手当請求権（同法39条7項）のほか、年次有給休暇の権利などがあげられる（年次有給休暇の権利の時効については、【P.362　年次有給休暇の繰越と時効】を参照）。

　労働基準法上の請求権でなく同法115条が適用されない場合は、民法の一般原則に従うため、債務不履行に基づく請求権は、権利を行使しうるときから10年（民法167条）、不法行為に基づく請求権は、被害者が損害および加害者を知ったときから3年（民法724条）の消滅時効期間となる。従って、労働災害の場合では、使用者の安全配慮義務違反（債務不履行）に基づく損害賠償請求であれば消滅時効期間は10年であるが、不法行為に基づく損害賠償請求の場合は消滅時効期間は3年となる。

第11章　労働時間・休憩・休日に関する規制

第1節　労働時間・休憩・休日の原則

1　労働時間

(1) 法定労働時間

「法定労働時間」は、労働基準法で定められる1週および1日の最長労働時間の規制である。

以下の法定労働時間の規制に違反した者は6か月以下の懲役または30万円以下の罰金に処せられる（同法119条）。

①1週の法定労働時間（40時間）

使用者は、労働者に、1週間について40時間を超えて労働させてはならない（労働基準法32条1項）。

②1日の法定労働時間（8時間）

使用者は、1週間の各日については、1日について8時間を超えて労働させてはならない（同法32条2項）。

> 参考知識：特例措置事業場
>
> 　常時10人未満の労働者を使用する小規模の商業・サービス業（「商業」、「映画演劇業（映画の製作の事業を除く）」、「保健衛生業」、「接客娯楽業」。別表1の8号・10号・13号・14号）については、週の法定労働時間が特別に44時間とされている（労働基準法40条・同法施行規則25条の2第1項）。

(2) 所定労働時間

①　意義

「所定労働時間」とは、始業時刻から就業時刻までの時間（拘束時間）から休憩時間（後述）を除いた時間である。

所定労働時間は、就業規則において、各労働日における始業時刻から終業時刻までの時間と、この間の休憩時間を特定することで定められる。

②　法定労働時間を超えた所定労働時間の扱い

就業規則等で法定労働時間を超えた所定労働時間が定められている場合は、法定労働時間を超えた部分が労基法32条違反により無効となり、その部分の時間は労働させることができない。

法定労働時間を超えて時間外労働（残業）をさせるためには、あらかじめ、労使協定（36協定）を締結する必要がある。

(3) 事業場を異にして労働する場合の労働時間の扱い

「事業場を異にする場合においても」労働時間は通算して計算する（労働基準法38条1項）。

行政解釈では、同一使用者の下で事業場を異にする場合のみならず、別使用者の下で事業場を異にする場合も含まれるとされている（S.23.5.14基発第769号）。

ただし、使用者が、当該労働者の別使用者の事業場における労働を知らない場合には、労働時間の通算による労働基準法違反は故意がないため不成立となると解されている。

(4)「労働時間」の意味

労基法が規制する「労働時間」は、始業時刻から就業時刻までの拘束時間から休憩時間（後述）を除いた時間として、現に労働させる時間（実労働時間）である。

裁判例や行政解釈は、労基法上の労働時間を「労働者が使用者の指揮命令下に置かれている時間」としている。

従って、例えば、作業と作業との待機時間である「手待時間」は、使用者の指示があれば直ちに作業に従事しなければならない時間として使用者の指揮監督下に置かれているから、労働時間に含まれる。

なお、休憩時間であっても使用者の作業上の指揮監督から開放されているか疑わしい場合や、企業外研修などの活動が私的な活動とは言い難い場合など、使用者の明確な指揮監督下になされない業務への従事もある。そこで、「労働時間」を「使用者の作業上の指揮監督下にある時間

または使用者の明示または黙示の指示によりその業務に従事する時間」
と定義して基準を明確化する有力説もある（裁判例も、結論的には同様の判
断をしている）。

　従って、使用者が知らないままに労働者が勝手に業務に従事した時間
は労働時間に該当しないが、休憩時間とされていても電話対応を余儀な
くされている場合は労働時間に該当するといえる。

2　休憩時間
(1) 休憩時間に関する原則
　使用者は、1 日の労働時間が、
　①6 時間を超える場合は 45 分以上
　②8 時間を超える場合は 1 時間以上
の休憩を与えなければならない（労働基準法 34 条）。

　休憩時間の規制に違反した者は 6 か月以下の懲役または 30 万円以下
の罰金に処せられる（同法 119 条）。

　休憩時間は、①労働時間の途中で、②一斉に与え（一斉付与の原則）、
かつ③労働者に自由に利用させなければならない（同条）。

(2) 休憩時間に関連する事項
①　休憩時間を置く時間帯
　休憩時間を労働時間のどの時点に置かなければならないかについて
は、労働基準法に定めはない。

　しかし、例えば 7 時間 30 分労働の最後に休憩時間を置くと、休憩なし
で連続 7 時間 30 分の労働となり労働者に負担となる。そこで、労働者の
負担にならない時間帯に休憩時間を置くことが望ましいとされている。

②　休憩時間中の自由
　休憩時間は労働者が自由に利用できるから、休憩時間中の外出も自由
にできるように職場環境を整えるよう努めるべきである。

　来客や電話の当番をさせることは、休憩室からの外出が制限されるた

め、原則として許されない。

③　一斉休憩の原則の例外

労使協定を締結すれば、休憩を一斉に与えないことができる（労働基準法34条2項）。

また、運輸交通業、商業、保健衛生業、接客娯楽業等の公衆の不便を避けるために必要等の事情がある事業は、一斉休憩の適用が除外されている（同法40条、同法別表第1、同法施行規則31条）。

3　休日

(1) 休日と週休制の原則

「休日」とは、労働契約上、労働義務のない日をいう。

使用者は、労働者に対し、以下のいずれかの休日を与えなければならない（労働基準法35条）。

①毎週少なくとも1日の休日（週休制の原則）

②4週間を通じて4日以上の休日（変形週休制）

休日の規制に違反した者は6か月以下の懲役または30万円以下の罰金に処せられる（同法119条）。

［休日の特定］

　法律上は、休日（法定休日）をどの日にするかの定めはないから、事業主が休日（法定休日）を特定する義務はなく、休日が日曜日である必要もない。

　もっとも、行政監督上は、週休制の趣旨に鑑みて、就業規則において休日をできるだけ特定するよう指導するという方針がとられている。

(2) 休日の振替と代休

参考知識

①　意義

「休日の振替（振替休日）」とは、休日を勤務日に変更する代わりに、勤務日を休日にするように、休日と他の勤務日をあらかじめ振り替えることをいう。

「代休」とは、事前に休日の振替手続きをとらず、本来の休日に労働を行わせた後に、その代わりの休日を付与することをいう。

②　振替休日の要件

　振替休日は、36協定が締結されておらず法定休日に労働させられない場合などに、休日労働させる必要が生じたときに行われる。

　振替休日を行うためには、就業規則に、業務の必要により就業規則で定める休日を他の日に振り替えることができる旨の規定が存在するか労働者の事前の個別的同意を得ることが必要である。

　振替休日が同一週の場合、休日出勤日については通常の賃金を支払えばよく、振替休日について賃金を支払う必要はない。

　もっとも、振替休日の実施により当該週の労働時間が週法定労働時間（40時間）を超える場合は、時間外労働になるので、36協定が必要であり、時間外割増賃金も支払わなければならない。

③　代休の要件

　代休は、休日労働や長時間労働をさせた場合に、その代償として他の労働日を休日とするときに行われる。

　代休自体は任意に与えることができるが、代休を与えるとしても、休日労働や時間外労働をさせるためには36協定が必要であり、また、休日労働や時間外労働の割増賃金も支払わなければならない。

4　労働時間規制の適用除外
(1)　労働時間・休憩・休日に関する規制の適用除外

　次の労働者には労働基準法で定める法定労働時間、休憩、休日の規定が適用されない（労基法41条）。

①農業または水産業等の事業に従事する者（労基法41条1号）

②管理監督者、機密の事務を取り扱う者（労基法41条2号）

③監視または断続的労働に従事する者で行政官庁の許可を得たもの（労基法41条3号）

　なお、上記の者であっても、深夜業と年次有給休暇に関する規定の適用はあるので、注意を要する。

参考知識

②機密の事務を取り扱う者

　取締役付の秘書室長など、幹部と常に行動を共にし、情報を共有・伝達し、経営方針や提携、企業買収の交渉などの重要機密をとりまとめたりするなど、幹部

の行動時間に合わせるために時間外労働や休日勤務がやむを得ない立場の労働者である。

　単に、来客に茶菓子を出したり、1日のスケジュールをまとめて幹部に伝えたり、社内外からのアポイントメントの照会をする程度の事務をする労働者は含まない。

③監視労働・断続的労働

　監視労働・断続的労働が労働時間・休憩・休日の適用除外となるためには、行政官庁（労基署長）の許可が必要である。

　「監視労働」は、原則として一定の部署にあって監視することを本来の業務とし、常態として身体または精神的緊張の少ない労働をいう。

　「断続的労働」は、本来の業務が間歇（かんけつ）的であるため、労働時間中に手待ち時間が多く実作業時間が少ない業務をいう。

(2) 管理監督者

　「管理監督者」（監督若しくは管理の地位にある者）とは、事業主に代わって労務管理を行う地位にあり、労働者の労働時間を決定し、労働時間に従った労働者の作業を監督する者である。管理監督者は、労働基準法で定められた労働時間、休憩、休日の規定が適用されない。

　管理監督者に該当する者は、その職務の性質上、法定労働時間の枠を超えて勤務する必要があり労働時間等に関する規制になじまないことや、自らの労働時間の決定について裁量権が与えられ、しかもその地位に応じた高い待遇を受けるので、労働時間等の規定の適用から除外しても労働基準法の理念に反しないことにあるといわれている。

　管理監督者は、監督の地位または管理の地位にある者である。

　監督の地位とは、使用者のために労働者の労働状況を観察し、労働条件の履行を確保する地位とされる（東京地判 H. 30. 7. 27）

　管理の地位とは、労働者の採用・解雇・昇給・転勤等、人事管理上の地位にあることをいうとされる（同判決）

　なお、いわゆる「管理職」として、管理・監督権限を有しないにも関わらず時間外手当が支払われないといった違法事例が多くみられたため、管理監督者の導入及び運用には注意を要する。

　行政解釈では、管理監督者に該当するためには、経営者と一体の立場
にある者であることを要する。

①　経営者と一体の立場にある者

　行政解釈では、管理監督者に該当するためには、「労働条件の決定そ
の他労務管理について経営者と一体の立場」になければならず、役職名
にとらわれず、その職務内容、責任と権限、勤務態様等の実態によって
判断しなければならないとされている（昭和22年9月13日発基第17号、昭
和63年3月14日基発第150号）。

参考知識：管理監督者の判断基準（ライン管理職）

　以下の判断基準は、ライン管理職（部長・課長・係長といった上下の指揮命令
系統に属する管理職）を想定したものである。

①経営者から管理監督、指揮命令にかかる一定の権限を委ねられていること
（職務内容・権限・責任の重要性）

　「経営者と一体の立場」と呼ぶにふさわしい重要な職務内容、責任とそれ
に見合う権限の付与が行われていることが必要である。例えば、「課長」
「リーダー」といった肩書があっても、自らの裁量で行使できる権限が少な
く、多くの事項について上司に決裁を仰ぐ必要があったり、上司の命令を部
下に伝達するに過ぎないような者は、管理監督者とはいえない。

　また、「経営者と一体の立場」については、「企業全体」の運営への関与ま
で求められるものではなく、その「担当する組織部分」について経営者に代
わって管理を行う立場にあることで足り、人事部長や役員以外の者（最終決
裁権限までは有しない）であっても管理監督者に該当しうるとする見解が有
力である。

②出社、退社や勤務時間について厳格な制限を受けていないこと

　管理監督者は、時を選ばず経営上の判断や対応を求められることがあり、
また労務管理においても一般の従業員と異なる立場に立つ必要がある。この
ような事情から、管理監督者の出退勤時間は厳密に決めることはできない。
このため、管理監督者であるためには、（出社・退社が自由であることまで
は必要ないが）自己の裁量で仕事を進め、その結果として、遅刻や早退をし
ても勤怠成績として評価されて、制裁を受けたり、昇給、昇格、ボーナス等
の査定要素とされるというような不利益な取扱いをうけない立場である必要
がある。

③一般の従業員に比べて、その地位と権限にふさわしい待遇を受けていること

　　　次の要素を考慮（賃金上の処遇に限るわけではない。東京地判 H. 30.7.27）。

　　　ア．定期給与である基本給、役付手当等においてその地位にふさわしい待遇がなされているか。

　　　　　時給換算した場合の額が他の者よりも低くなっていないことは重要である。

　　　　　手当等の固定給については、割増賃金よりも安定した収入であるから、部下の割増賃金額よりも手当額が下回っている月があったとしても、「ふさわしい待遇」と評価することは可能である。

　　　イ．ボーナス等の一時金の支給率、その算定基礎賃金等についても役付者以外の一般労働者に比し優遇措置が講じられているか。

参考知識：管理監督者の判断基準（スタッフ管理職）

　スタッフ管理職とは、専門的な知識や経験を活かして特定の業務を担当し、上下の指揮命令系統（ライン）に直属しない管理職である。

　スタッフ管理職が管理監督者といえるためには、経営上の重要事項に関する企画立案等の部門に配置され、ラインの管理監督者と同格以上に位置付けられる等、相当程度の処遇を受けていることが求められる（昭和 63 年 3 月 14 日基発第 150 号）。

　スタッフ管理職の管理監督者該当要件は、ライン管理職の場合よりは緩やかであるといわれる。

　なお、スタッフ職の裁量的業務遂行に対応した管理監督者以外の労働時間制度としては、裁量労働制がある。

参考知識：管理監督者と深夜割増賃金

　管理監督者に適用されないのは「労働時間、休憩及び休日に関する規定」であり（労働基準法 41 条 2 項）、深夜割増の規定（同法 37 条 3 項）の適用は除外されていないから、管理監督者であっても深夜割増賃金を請求できるのが原則である（最高裁判例）。

---

②　過半数代表者と管理監督者

　管理監督者は、労使協定をする「過半数代表者」となることができない。

第 2 節　時間外・休日労働・代替休暇

1　時間外労働の規制（働き方改革関連法による改正後）の概要

働き方改革関連法による改正後の時間外労働の規制は、次のように
なっている（働き方改革関連法による改正後の時間外労働の規制の詳細について
は、「P.79 改正法による 36 協定の規制と労働時間の上限規制の内容」を参照）。

①原則として 1 日 8 時間、1 週 40 時間を超えて労働させることを禁
　止する（労働基準法 32 条）。

②時間外労使協定（36 協定）を締結した場合に、そこで定めた時間
　まで、時間外労働させることが可能となる（労基法 36 条 1 項）。

③36 協定で定めることができる時間外労働の限度時間を、月 45 時間
　以内、年 360 時間以内とする。

④臨時的な特別な事情がある場合に特別条項付き協定で定めることが
　できる時間外・休日労働の時間の上限規制を設け、時間外・休日労
　働の時間の定めを月 100 時間未満、時間外労働の時間の定めを年
　720 時間以内とする。

⑤36 協定や特別条項付き協定により行わせた時間外・休日労働の上
　限規制も設け、協定により行わせた時間外・休日労働の時間を、単
　月で 100 時間未満、複数月（2 か月、3 か月、4 か月、5 か月、6 か
　月）の平均で 80 時間以内とする。

⑥労働時間等の設定の改善に関する特別措置法

労働時間等の設定の改善に関する特別措置法 4 条 1 項の規定に基づ
き、事業主及びその団体が、労働時間等の設定の改善について適切に対
処するために必要な事項について定める「労働時間等見直しガイドライ
ン（労働時間等設定改善指針）」が策定されている。

2　時間外労働と休日労働

(1) 時間外労働

「時間外労働（残業）」とは、1 日または 1 週の法定労働時間（1 日 8 時
間、1 週 40 時間）を超える労働である。

(2) 休日労働

「休日労働」とは、法定休日における労働である。

┌─ 参考知識：週休2日制と法定休日 ─┐

　法定休日は、原則として、毎週少なくとも1日とされている（労働基準法35条。【P.328 休日と週休制の原則】を参照）。週休2日制の場合の法定休日を超える1日分の休日は、「法定外休日」と呼ばれる。

　法定休日労働には割増賃金（35％以上）を支払う必要があるのに対し、法定外休日労働にはその必要はなく、週の法定労働時間を超える場合に時間外割増賃金（25％以上）を支払えば足りるので、通達により、いずれの休日が法定休日にあたるかを就業規則などにより明示することが望ましいとされている。

(3) 36協定

「36（さぶろく）協定」は、時間外労働や休日労働を認めるために事業場の過半数組織組合または過半数代表者と締結する労使協定である。根拠条文（労働基準法36条）の条数から「36協定」と呼ばれる。

36協定がないまま時間外労働・休日労働をさせた場合は、法定労働時間の規制（同法32条）の違反である。

36協定は、監督官庁（所轄の労働基準監督署長）に届けなければならない（同法36条）。また、36協定は、作業場の見やすい場所への掲示や備え付け、書面の交付などの方法により、労働者に周知させなければならない（労働基準法106条1項）。

36協定を締結する場合は、「時間外又は休日の労働をさせる必要のある具体的事由、業務の種類、労働者の数並びに1日及び1日を超える一定の期間についての延長することができる時間又は労働させることができる休日について、協定しなければならない」（労基法施行規則16条1項）。

36協定の延長時間（時間外労働時間）は、下記3点について、協定しなければならない。

①1日

②1日を超え、3か月以内の期間

③1年間

働き方改革改正法による 36 協定の規制と労働時間の上限規制の内容
については、「Ⅲ　第3章　第3節　2　改正法による 36 協定の規制と労働
時間の上限規制の内容」で詳説した。

3　時間外労働の制限

(1) 妊産婦の労働時間、休日労働等の制限（労働基準法66条）

妊産婦が請求した場合は、時間外・休日労働、深夜業をさせてはならない。変形労働時間制を採用していても、法定労働時間を超えて労働させてはならない。

(2) 育児・介護休業法による時間外労働の制限（育児・介護休業法17条・18条）

①小学校入学前の子を養育する男女労働者

②要介護状態の家族の介護を行う男女労働者

が請求した場合には、事業の正常な運営を妨げる場合を除き、1か月 24
時間、1年 150 時間を超える時間外労働をさせることができない。

(3) 危険有害業務の時間外労働の制限（労働基準法施行規則18条）

法令で定める危険有害業務（重量物の取扱いなど重激なる業務など、法定の
9業務）に従事する者の時間外労働の上限は、1日2時間である。

4　割増賃金と割増率

(1) 割増賃金

法定時間外・法定休日・深夜（午後 10 時〜午前 5 時）に労働させた
場合は、通常の労働時間または労働日の賃金の計算額に一定の割増率を
乗じた割増賃金を支払わなければならない（労働基準法 37 条）。

その趣旨は、時間外労働等を抑制し労働時間に関する労働基準法の規
定を遵守させるとともに、過重な労働をした労働者への補償を行うこと
にある。

　時間外・休日・深夜労働の割増賃金の支払義務に違反した使用者に対し、裁判所は、労働者の請求により、未払金と同一額までの範囲で付加金の支払いを命ずることができる（労働基準法114条）。

　また、時間外・休日・深夜労働の割増賃金の支払義務に違反した場合は、6か月以下の懲役または30万円以下の罰金に処せられる（労働基準法119条）。

(2) 割増率

　割増率は、次のとおり定められている。

①1か月合計60時間までの法定時間外労働および深夜労働については、25％（2割5分）以上の率

②1か月合計60時間を超えた法定時間外労働が行われた場合の60時間を超える時間外労働については、50％（5割）以上の率

③休日労働については、35％（3割5分）以上の率

④深夜労働については、25％（2割5分）以上の率

　なお、②については、「中小事業主」は、適用が猶予されていたが（改正前労基法138条。働き方改革関連法による改正により、適用猶予はなくなった（施行時期は2023年4月1日）。

　参考知識：労働時間の端数処理

　割増賃金の算定にあたって、労働時間数に端数がある場合に、端数を切り捨てることは、賃金全額払原則（労基法24条）・割増賃金支払（労基法37条）に違反するので、1分単位で労働時間を管理しなければならないのが原則である。

---

(3) 割増賃金の算定

　割増賃金は、「通常の労働時間又は労働日の賃金」に割増率を乗じて算定される（労働基準法37条）。「通常の労働時間又は労働日の賃金」の算定方法は、労働基準法施行規則19条に規定されている。

　参考知識：割増賃金の算定式

○基本的な算定式

・割増賃金額＝時間単価×（時間外／深夜／休日労働の）時間×割増率

○時間単価

　時間単価は、「月によって定められた賃金」（基礎賃金）を月平均労働時間で除した額である。基礎賃金を除する時間は、法定労働時間ではなく月平均所定労働時間であることには注意を要する。

・時間単価＝基礎賃金÷月平均所定労働時間

○基礎賃金

　基礎賃金（「月によって定められた賃金」）には、これに含まれる賃金と除外される賃金がある。

○除外賃金

　基礎賃金には、家族手当、通勤手当その他省令で定める賃金は算入しない（労働基準法 37 条 5 項）。

　割増賃金の算定の基礎から除外される賃金には 3 種類ある（労働基準法施行規則 21 条 1 号〜3 号）。

①「家族手当」「通勤手当」「別居手当」「子女教育手当」「住宅手当」

　　同一時間の時間外労働に対する割増賃金額が労働の内容・量と無関係な労働者の個人的事情で変わってくるのはおかしいとの考えから除外賃金とされた。

　　これらは、名称で判断するのではなく、実質的に判断すべきとされている。例えば、家族手当や通勤手当という名称であっても、扶養家族の有無・数や通勤費用額などの個人的事情を度外視して一律の額で支給される手当は除外賃金とはされない。他方で、「生活手当」のような名称であっても、扶養家族の有無・数で算定されている場合は、「家族手当」といえる。

　　「住宅手当」は、賃料額やローン額のように住宅に要する費用に応じて算定される手当であり、持家居住者 1 万円で賃貸住宅居住者は 2 万円というように、住宅に要する費用にかかわらず一定額を支給するものは該当しないとされている。

②「臨時に支払われた賃金」

　　臨時に支払われた賃金は、「臨時的・突発的事由にもとづいて支払われたもの及び結婚手当等支給条件は予め確定されているが、支給事由の発生が不確定であり、且つ非常に稀に発生するもの」とされている。通常の労働時間又は労働日の賃金とはいえないことから、除外賃金とされている。

③「1 箇月を超える期間ごとに支払われる賃金」

　　賞与や 1 か月をこえる期間についての精勤手当、勤続手当、能率手当などを指すとされている。

・法定労働時間（1日8時間）より短い所定労働時間（例：7時間等）を定めている場合は、所定労働時間外で法定労働時間内の残業（例：1時間分）の賃金は、特に合意のない限り、割増なしで支払う。
・月給制の場合、割増賃金の算定基礎となる賃金（月額）を1か月あたり総所定労働時間数で除して1時間あたり賃金を計算し、割増賃金を算定する。
・月によって所定労働時間数が異なる場合には、1年間における1か月平均所定労働時間数（月平均労働時間数）を用いる。

5　代替休暇

「代替休暇」とは、労使協定を締結することにより、1か月に60時間を超える時間外労働を行った労働者に対し、1か月60時間を超える時間外労働の部分の割増率（50％以上）のうち通常の割増率（25％以上）に付加された特別の割増率の部分については、割増賃金の支払に代えて、通常の賃金が支払われる休暇（労働基準法39条の有給休暇とは別の有給休暇）を付与することができるというものである（労働基準法37条3項）。2010年の労働基準法改正で、特に長時間の時間外労働をさせた労働者に休息の機会を与えることを目的として制度化された。

なお、代替休暇は、1か月60時間を超える時間外労働の割増率のうち特別の割増率の部分について利用できるものであるから、代替休暇を与える場合でも、通常の割増率（25％以上）による割増賃金は支払わなければならない。

（代替休暇のイメージ）

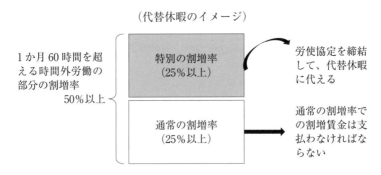

第3節　変形労働時間制

1　意義と類型

(1) 概要

「変形労働時間制」とは、一定の単位期間（変形期間）について、週あたりの平均労働時間が週法定労働時間の枠内に収まっていれば、1週または1日の法定労働時間の規制を解除することを認める制度である（労働基準法 32 条の 2・4・5）。

1週 40 時間・1日 8 時間という法定労働時間は、各週・各日ごとの規制であるため、例えば、ある週の労働時間が 40 時間を超えた場合には、他の週の労働時間が 40 時間よりも短くても割増賃金を支払う必要がある。しかし、変形労働時間制によれば、労働時間の長い週または日と、短い週または日との間で、労働時間を平均し、その平均時間が週 40 時間を超えるか否かにより、時間外労働を検討すればよいことになる。いわば、労働時間の総量規制である。

変形労働時間制は、後述するフレックスタイム制や裁量労働制とともに、労働時間規制を弾力化し、柔軟な働き方を実現する制度である。

（概念図）

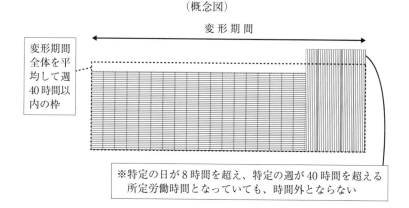

変形期間

変形期間全体を平均して週 40 時間以内の枠

※特定の日が 8 時間を超え、特定の週が 40 時間を超える所定労働時間となっていても、時間外とならない

(2) 類型

変形労働時間制は、次の類型が認められている。

① 1か月以内の単位の変形労働時間制（労働基準法32条の2）

② 1年以内の単位の変形労働時間制（労働基準法32条の4）

③ 1週間単位の非定型的変形労働時間制（労働基準法32条の5）

※③は、適用対象が「小売業，旅館、料理店、飲食店であって常時30人未満の労働者を使用するもの」に限られている。

2　1か月以内の単位の変形労働時間制

(1) 概要

使用者は、事業場の過半数組合または過半数代表者との書面による労使協定（行政官庁への届出が必要）または就業規則その他これに準ずるものにより、1カ月以内の一定期間を平均し1週間当たりの労働時間が週の法定労働時間（40時間。特例事業では44時間）を超えない定めをした場合においては、特定された週において1週の法定労働時間を、または特定された日において1日の法定労働時間（8時間）を超えて、労働させることができる（労働基準法32条の2）。

(2) 1か月単位の変形労働時間制が利用される例

1か月以内の単位の変形労働時間制は、単位期間（変形期間）を平均した所定労働時間が1週間当たり40時間を超えないようにしておけば（単位期間の総所定労働時間が単位期間の法定労働時間の総枠の範囲を超えないようにしておけば）、特定の週・日に1週間に40時間または1日8時間を超えた所定労働時間を定めても時間外労働とならない。このため、月末・月初や特定の週などに業務が集中し、月内で業務に繁閑のある業種で利用されている。

なお、深夜交代制労働（例えば、午前9時から午後6時のシフトと午後3時から午後11時のシフト。休憩時間1時間）で、変形労働時間が利用される例も見られるが、この場合は、深夜労働の割増賃金の支払いは必要である。

（1か月以内の単位の変形労働時間制の概念図）

・1か月31日の場合の法定労働時間の総枠＝177.1時間（※下表）
・総所定労働時間：35＋35＋35＋21＋20＋30＝176時間
　→月末は1日10時間の日や1週41時間の週があるが、時間外にならない。
・実際の総労働時間が、変形期間の法定労働時間の総枠を超える場合には、時間外割増賃金の支払いが必要
・休日、深夜労働については、割増賃金の支払いが必要

※1か月の日数ごとの法定労働時間の総枠の表

1か月の日数	1か月の法定労働時間の総枠
28日	160.0時間
29日	165.7時間
30日	171.4時間
31日	177.1時間

3　1年以内の単位の変形労働時間制

(1) 概要

　使用者は、事業場の労使協定により、1か月を超え1年以内の一定期間を平均して1週間あたりの労働時間が40時間を超えない定めをした場合には、特定された週において40時間を、または特定された日において8時間を超えて、労働させることができる（労働基準法32条の4）。

　1年以内の単位の変形労働時間制は、労使協定（行政官庁への届出が必要）で定めなければならず、就業規則で定めることはできない。単位

期間が長いと、特定の時期の労働時間が集中的に長くなるなどして労働者の生活に悪影響をもたらすおそれがあるからである。

(2) 1年以内の単位の変形労働時間制が利用される例

　1年以内の単位の変形労働時間制は、単位期間を平均した労働時間が1週間に40時間を超えないようにしておけば、繁忙期には1週40時間または1日8時間を超えた所定労働時間を定めてもその所定労働時間は時間外労働とならないため、季節などにより業務の繁閑の差が大きい業種で利用されている。

4　1週間単位の非定型的変形労働時間制
概要

> ┌─ 参考知識 ─┐
>
> 　日ごとの業務に著しい繁閑の差が生ずることが多い零細規模の一部サービス業については、事業場の労使協定による1週間単位の非定型的な変形労働時間制が認められている（労働基準法32条の5）。
>
> 　1週間単位の非定型的変形労働時間制は、労使協定（行政官庁への届出が必要）で定めなければならない。1か月単位の変形労働時間制と異なり、あらかじめ所定労働時間を特定することが要求されていないからである。
>
> 　1週間単位の非定型的変形労働時間制の適用対象は、「小売業、旅館、料理店、飲食店であって常時30人未満の労働者を使用するもの」に限られるため（労働基準法施行規則12条の5）、実際にはあまり利用されていない。

5　変形労働時間制と時間外労働

　変形労働時間制は所定労働時間の変形であるから、変形労働時間制を導入しても、所定時間外労働・法定時間外労働はありうる。

　なお、変形労働時間制は、休憩、休日労働、深夜労働の法規制を解除するものではないから、休憩・休日は必要であるし、休日労働や深夜労働に対する割増賃金の支払も必要である。

　変形労働時間制のもとでは、変形労働期間内の所定労働時間が平均し

て週40時間を超えなければ、特定の1日の所定労働時間が8時間を超えていたり、特定の週の所定労働時間が40時間を超えていても、超えている部分の所定労働時間の範囲内での労働は時間外労働にはならない。

　これに対し、所定時間外労働が法定労働時間外となる場合には、法定労働時間外の労働をさせるためには36協定の締結・届出が必要であるし、時間外割増賃金を支払う必要もある。

参考知識：変形労働時間制において法定時間外労働となる場合

①所定労働時間が8時間を超える日の場合は、その所定労働時間を超えて労働した時間
　※例えば、1日の所定労働時間が9時間の日に10時間働いた場合は、10時間－9時間＝1時間が時間外となる。
②所定労働時間が8時間よりも少ない日の場合は、1日8時間を超えて労働した時間
　※例えば、1日の所定労働時間が7時間の日に10時間働いた場合は、10時間－8時間＝2時間が法定労働時間外となる。
③所定労働時間が週40時間を超える週の場合は、その週所定労働時間を超えて労働した時間（ただし、①②で1日ごとの時間外労働とされた時間は除いてカウントする）
　※例えば、週の所定労働時間が42時間の週に44時間働いた場合は、44時間－42時間＝2時間。その中に1日ごとの時間外労働となる時間が1時間ある場合（①）は、2時間－1時間＝1時間が法定労働時間外となる。
④所定労働時間が週40時間より少ない週の場合は、週40時間を超えて労働した時間（ただし、①②で1日ごとの時間外労働としてカウントされた時間は除いてカウントする）
　※例えば、週の所定労働時間が38時間の週に44時間働いた場合は、44時間－40時間＝4時間。その中に1日ごとの時間外労働となる時間が2時間ある場合（②）は、4時間－2時間＝2時間が法定労働時間外となる。
⑤変形期間における法定労働時間の総枠を超えて労働した時間（ただし、①～④で、時間外労働とされた時間は除いてカウントする）。

6　変形労働時間制の適用の制限
　変形労働時間制は、労働者の状況によっては対応が困難な場合がある

ため、労働基準法では、次の適用制限を定めている。

　①妊産婦が請求した場合は、変形労働時間制を採用していても、法定
　　労働時間をこえて労働させてはならない（労働基準法66条1項）。

　②変形労働時間制を採用していても、育児を行う者、老人の介護を行
　　う者、職業訓練または教育を受ける者その他特別な配慮を要する者
　　については、これらの者が育児等に必要な時間を確保できるような
　　配慮をしなければならない（労働基準法施行規則12条の6）。

第4節　フレックスタイム制

1　意義

　「フレックスタイム制」とは、一定の清算期間における総所定労働時
間（「総労働時間」）を定めておき、労働者がその範囲内で始業と就業の
時刻を選択して働くことができる制度である（労働基準法32条の3）。通
常は、出退勤のなされるべき時間帯（フレキシブルタイム）が定められる。
また、全員が必ず勤務すべき時間帯（コアタイム）を定めるものが多い。

　フレックスタイム制では、コアタイムを除き、使用者は、労働者に対
して、ある時刻までの出勤や居残りを命じることはできず、労働者の同
意を得なければできない。

　フレックスタイム制は、特定の週または特定の日において、法定労働
時間（1週40時間、1日8時間）を超えて労働させることができる変形労
働時間制の一種である（強力な労働時間制度であり、休憩・休日、時間
外・休日労働、深夜業の法規則を免除する制度ではない点に注意を要す
る）。

（フレックスタイムのモデル例）

参考知識：フレックスタイム導入の要件

フレックスタイム制の要件は次のとおりである（労働基準法32条の3）。
(1) 一定範囲の労働者につき始業・終業時刻を各労働者の決定に委ねることを就業規則で定めること
(2) 事業場の過半数組合または過半数代表者との書面による協定（労使協定）で次の事項を定めること
　　なお、原則として、労使協定の労基署への届出は要しない。
①フレックスタイム制をとる労働者の範囲
②原則として、1か月以内の「清算期間」
　　清算期間は賃金の計算期間に合わせて1か月とするのが原則である。
　　ただし、働き方改革関連法による改正により、清算期間の上限が1か月から3か月に延長されている（改正後労働基準法32条の3第1項2号）。
③清算期間における総労働時間
　　清算期間における総労働時間は、清算期間において労働者が労働すべき総所定労働時間である。
　　総労働時間は、清算期間を通じて1週間あたりの平均が週の法定労働時間を超えない範囲内でなければならない。これを言い換えれば、総労働時間は、当該清算期間における法定労働時間の総枠（※）を超えない範囲内で設定しなければならない。
　　※清算期間（1か月）の法定労働時間の総枠＝週の法定労働時間（40時間または44時間）×暦日数÷7だから、週の法定労働時間が40時間の場合は、法定労働時間の総枠は、28日の月で160時間、29日の月で165.7時間、30日の月で171.4時間、31日の月で177.1時間となる。
④標準となる1日の労働時間（労働基準法施行規則12条の3第1号）
⑤コアタイムを定める場合はその開始・終了時刻（同規則12条の3第2号）

⑥フレキシブルタイムを定める場合はその開始・終了時刻（同規則12条の
3第3号）

2　フレックスタイム制における時間外労働

　フレックスタイム制においては、清算期間を通じて1週間あたりの平均所定労働時間が週の法定労働時間を超えない範囲内であれば、特定の週または特定の日について、法定労働時間を超えて労働しても法定時間外労働にはならない。

　これを言い換えれば、当該清算期間における総所定労働時間（総労働時間）を、当該清算期間における法定労働時間の総枠（例えば、31日の月では177.1時間、30日の月では171.4時間）を超えないように設定し、その範囲内で労働する限り、特定の日、特定の週に法定労働時間を超えて労働することがあっても、時間外労働にはならない。

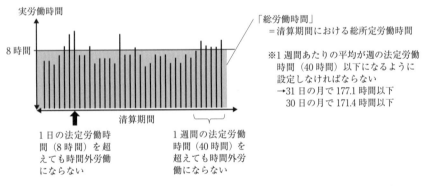

　フレックスタイム制をとる労働者が当該清算期間における法定労働時間の総枠を超過して労働する場合は、時間外労働となり、36協定の締結・届出（労働基準法36条）や割増賃金の支払（労働基準法37条）が必要になる。

3　フレックスタイム制における労働時間の過不足の取扱い

　フレックスタイム制において、当該清算期間における総所定労働時間（総労働時間）に比べて、実際に労働した実労働時間に過不足が生じた

場合には、次のとおり、当該清算期間内で労働時間及び賃金を清算するのが原則である。

(1) 総労働時間を超えて労働した場合

当該清算期間における総所定労働時間（総労働時間）を超えて労働した場合は、所定時間外労働または法定時間外労働の賃金が発生する（前述）。

参考知識

この場合の超過分の賃金については、「賃金の全額払の原則」（労働基準法24条）が適用されるから、その清算期間内に支払わなければならず、超過分の労働時間を労働者の「貸し時間」として次の清算期間に持ち越して、当該清算期間では超過分の賃金を支払わないという処理をすることは許されない（S 63.1.1 基発第1号）。

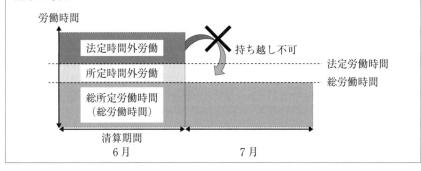

---

(2) 実労働時間が総労働時間を超えなかった場合

実際の労働時間が当該清算期間における総所定労働時間（総労働時間）に足りない場合は、不足分は欠勤時間として取り扱われる。

この場合は、次のいずれかの方法をとることができる。

①その清算期間内で清算（不足分の賃金カット）をする。

②当該清算期間では所定の賃金を支払い、不足の時間分を翌月の総労働時間に加算して労働させる。この場合に加算できる限度は法定労働時間の総枠の範囲内となる。

参考知識

　超過分の場合と異なって不足分の持ち越し（②）ができるのは、不足分の場合は賃金の全額払の原則（労働基準法24条）の問題がないからである。

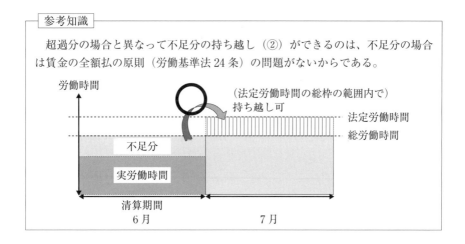

第5節　みなし労働時間制

1　意義と類型

　「みなし労働時間制」には、①事業場外みなし労働時間制、②専門業務型裁量労働制、③企画業務型裁量労働制がある。

　労働基準法では、労働時間、休日、深夜業等について規定を設けていることから、その規定の範囲内で労働者が働いているかどうか、使用者には労働時間を適切に把握し、管理する責任がある。

　しかし、使用者がその時間を把握できない外勤の営業職等の場合（事業場外みなし労働時間制）や、業務の性質上その業務の遂行方法や時間の配分などを大幅に労働者の裁量に任せる必要がある場合（裁量労働制）に、例外的に、一定の時間労働したものとみなす「みなし労働時間制」が認められている。

2　事業場外みなし労働時間制

(1)　意義

　「事業場外みなし労働時間制」とは、労働者が事業場外（会社外や出張など）で労働し、その労働時間の算定が困難な場合に、使用者の労働時間に係る算定義務を免除し、一定の時間労働したものとみなす制度で

ある（労働基準法38条の2）。

事業場外みなし労働時間制の適用要件は、①労働者が労働時間の全部または一部を事業場外で労働した場合で、②使用者の具体的な指揮監督が及ばず、労働時間を算定することが困難なときである。

取材記者や外勤営業のように常態的な事業場外労働のほか、出張のように臨時的な事業場外労働に適用されることが多い。

しかし、事業場外における労働であっても、複数の労働者が事業場外で労働を行う場合で、その中に労働時間を管理する者（上司等）がいて、その者の具体的指示を受けて業務を行い、帰社する場合などは、労働時間の算定が困難とはいえないから（要件②を欠く）、みなし労働時間制は適用できない。また、営業職やセールス職でも、携帯電話等により随時使用者の指示を受ける場合や、訪問先や帰社時刻などにつき具体的な指示を受けてその指示どおりに業務を行い、その後事業場に戻る場合などは、要件②を欠き、みなし労働時間制は適用できないとされている。

参考知識：みなし労働時間を適用する場合の労働時間

みなし労働時間制度を適用する場合は、所定労働時間労働したものとみなすのが原則である（労働基準法38条の2第1項本文）。

しかし、所定労働時間を超えて事業場外で労働することが必要となる場合には、「当該業務の遂行に通常必要とされる時間」をみなし労働時間とすることができる（労働基準法38条の2第1項但書）。

「通常必要とされる時間」の判断が難しい場合もあるので、過半数組合または過半数代表者との書面による労使協定によりみなし労働時間を定めることもできる（同条2項）。この労使協定は届出を要する（同条3項）。

---

(2) みなし労働時間適用の効果

事業場外みなし労働時間制は、労働時間の「算定」に関する特例であるから、休憩、休日、時間外・休日労働、深夜労働の法規制は適用される。

従って、みなし労働時間数と事業場内の業務に従事した時間の合計が法定労働時間を超える場合には、36協定の締結・届出と、法定労働時間を超える部分の割増賃金の支払いが必要である。また、休日労働、深

夜労働をすれば、休日労働・深夜労働の割増賃金を支払わなければならない。

3　裁量労働制
(1) 意義
　「裁量労働制」は、業務の遂行方法が大幅に労働者の裁量に委ねられる一定の業務に携わる労働者について、労働時間の計算を実労働時間ではなく、労使の合意で定めた労働時間数を労働したものとみなす制度である。

　例えば、1日のみなし労働時間を8時間と設定した場合は、実労働時間が5時間でも9時間でも8時間労働したものとみなされる。

　裁量労働制は、労働基準法により次の2つの態様が認められている。
①専門業務型裁量労働制（労働基準法38条の3）
　　専門的な職種の労働者について労使協定により適用するみなし労働時間制
②企画業務型裁量労働制（労働基準法38条の4）
　　経営の中枢部門で企画・立案・調査・分析業務に従事する労働者に関し、労使委員会の決議によって認めるみなし労働時間制

(2) 裁量労働制の注意
　裁量労働制のもとでは、出退勤を含めた業務遂行の方法は労働者の裁量に委ねられるから、始業時間・就業時間の指定やコアタイムの設定は認められない。

　また、裁量労働制は、労働時間の「算定」に関する特例であるから、休憩、休日、時間外・休日労働、深夜労働の法規制は適用される。

　従って、法定労働時間を超えるみなし労働時間数を設定する場合には、36協定の締結・届出と、法定労働時間を超える部分の割増賃金の支払いが必要である。また、休日労働、深夜労働をすれば、休日労働・深夜労働の割増賃金を支払わなければならない。

　例えば、1日のみなし労働時間を「9時間」（法定労働時間8時間+1

時間）と労使で決めた場合は、実労働時間が 7 時間でも 10 時間でも、
時間外割増賃金は 1 時間分となる。

（みなし労働時間 9 時間、休憩 1 時間のケース）

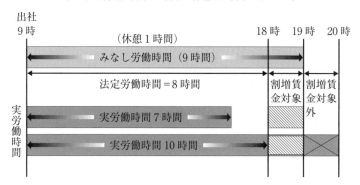

参考知識：裁量労働制と長時間労働の問題

　裁量労働制は、業務の遂行方法が大幅に労働者の裁量に委ねられる業務に携わ
る労働者に適用できる、例外的な制度である。しかし、その実態が裁量労働制の
対象業務とはいえないにも関わらず裁量労働制とし、みなし労働時間を超えた長
時間労働に対して時間外割増賃金を支払わないといった違法事例がみられるので
注意を要する。

　例えば、システムエンジニアに専門業務型裁量労働制を適用していたところ、
カスタマイズ業務のほかにプログラミング（ノルマあり）や個別営業といった業
務も行わせていたという事例で、対象業務の要件を満たさないとした下級審裁判
例がある。また、不動産業大手で、全社員約 1900 人のうち、課長代理級の
「リーダー職」と課長級の「マネジメント職」の社員計約 600 人に裁量労働制
（企画業務型）を適用していたが、個別営業などの業務に就かせていた実態が全
社的に認められ大半が対象業務に該当せず違法であるとして、労基署が是正勧告
したという事例もある。

　このように、ノルマが課された業務や個別営業に就かせていた場合は、業務の
遂行方法が大幅に労働者の裁量に委ねられているといえず、裁量労働制の対象業
務に該当しないと判断される可能性が高い。この場合、みなし労働時間は認めら
れなくなるから、違法残業になったり時間外割増賃金の未払いが発生したりする
ことになる。

(3) 専門業務型裁量労働制

① 意義と対象業務

「専門業務型裁量労働制」は、①業務の性質上、業務遂行の手段や方法、時間配分等を大幅に労働者の裁量にゆだねる必要がある業務として定められた19業務の中から、対象となる業務を労使協定で定めて実施するみなし時間制である。

専門業務型裁量労働制の対象となる業務は、「業務の性質上その遂行の方法を大幅に当該業務に従事する労働者の裁量にゆだねる必要があるため、当該業務の遂行の手段及び時間配分の決定等に関し使用者が具体的な指示をすることが困難なものとして厚生労働省令で定める業務」(労働基準法38条の3第1項1号) に限られている。

参考知識：対象19業務

①新商品若しくは新技術の研究開発または人文科学若しくは自然科学に関する研究の業務

②情報処理システムの分析または設計の業務

③新聞若しくは出版の事業における記事の取材若しくは編集の業務または放送番組の制作のための取材若しくは編集の業務

④衣服、室内装飾、工業製品、広告等の新たなデザインの考案の業務

⑤放送番組、映画等の制作の事業におけるプロデューサーまたはディレクターの業務

⑥広告、宣伝等における商品等の内容、特長等に係る文章の案の考案の業務 (コピーライターの業務)

⑦事業運営において情報処理システムを活用するための問題点の把握またはそれを活用するための方法に関する考案若しくは助言の業務 (システムコンサルタントの業務)

⑧建築物内における照明器具、家具等の配置に関する考案、表現または助言の業務 (インテリアコーディネーターの業務)

⑨ゲーム用ソフトウェアの創作の業務

⑩有価証券市場における相場等の動向または有価証券の価値等の分析、評価またはこれに基づく投資に関する助言の業務 (証券アナリストの業務)

⑪金融工学等を用いて行う金融商品開発の業務

⑫大学における教授研究の業務

---

⑬公認会計士の業務

⑭弁護士の業務

⑮建築士（一級建築士、二級建築士及び木造建築士）の業務

⑯不動産鑑定士の業務

⑰弁理士の業務

⑱税理士の業務

⑲中小企業診断士の業務

② 専門業務型裁量労働制の導入手続

専門業務型裁量労働制の導入に当たっては、原則として次の事項を労使協定により定めた上で、所轄労働基準監督署長に届け出ることが必要である（労働基準法38条の3）。

> **参考知識：労使協定で定めるべき事項**
>
> ①制度の対象とする業務（対象業務）
>
> ②対象となる業務遂行の手段や方法、時間配分等に関し労働者に具体的な指示をしないこと
>
> ③労働時間としてみなす時間
>
> ④対象となる労働者の労働時間の状況に応じて実施する健康・福祉を確保するための措置の具体的内容
>
> ⑤対象となる労働者からの苦情の処理のため実施する措置の具体的内容
>
> ⑥協定の有効期間（3年以内とすることが望ましいとされている）
>
> ⑦④および⑤に関し労働者ごとに講じた措置の記録を協定の有効期間及びその期間満了後3年間保存すること

(4) 企画業務型裁量労働制

① 意義

「企画業務型裁量労働制」は、「事業の運営に関する事項についての企画、立案、調査及び分析の業務であって、当該業務の性質上これを適切に遂行するにはその遂行の方法を大幅に労働者の裁量にゆだねる必要があるため、当該業務の遂行の手段及び時間配分の決定等に関し使用者が具体的な指示をしないこととする業務」に、「対象業務を適切に遂行す

るための知識、経験等を有する労働者」が就く場合に、対象労働者について、実際の労働時間と関係なく、労使委員会の決議で定めた時間労働したものとみなす制度である（労働基準法38条の4）。

　企画業務型裁量労働制は、事業活動の中枢にある労働者が創造的な能力を十分に発揮できるよう、仕事の進め方や時間配分に関し自律的で自由度の高い柔軟な働き方を実現するために導入された制度である。

　ただし、濫用のおそれがあるため、労使協定ではなく労使委員会における5分の4以上の多数決による決議を要するなど、専門業務型に比べて要件が厳しい。

②　企画業務型裁量労働制を導入できる事業場

　企画業務型裁量労働制は、いかなる事業場においても導入できるわけではなく、「対象業務が存在する事業場」である。

> **参考知識：対象業務が存在する事業場**
>
> ①本社・本店である事業場
> ②①のほか、次のいずれかに掲げる事業場
> 　ⅰ）当該事業場の属する企業等に係る事業の運営に大きな影響を及ぼす決定が行なわれる事業場
> 　ⅱ）本社・本店である事業場の具体的な指示を受けることなく独自に、当該事業場に係る事業の運営に大きな影響を及ぼす事業計画や営業計画の決定を行っている支社・支店等である事業場

　このため、企画型裁量労働制は、個別の製造等の作業や当該作業に係る工程管理のみを行っている事業場や、本社・本店または支社・支店等である事業場の具体的な指示を受けて、個別の営業活動のみを行っている事業場では、導入することができない。

③　企画業務型裁量労働制の導入手続と導入後の手続
a. 導入の手続

　「対象業務が存在する事業場」に企画業務型裁量労働制を導入するためには、使用者及び当該事業場の労働者を代表する者を構成員とする労

使委員会を設置し、次の事項を労使委員会で決議した上で、労働基準監督に決議を届け出ることが必要である（労働基準法38条の4）。また、対象となる労働者の個別的同意を得なければならない。

これにより、対象労働者については、実際の労働時間と関係なく、決議で定めた時間労働したものとみなされる。

参考知識：労使委員会の決議と決議事項

労使委員会で、労使委員会の委員の5分の4以上の多数により、以下のi～viiiの事項を決議しなければならない。

ⅰ）対象となる業務の具体的な範囲
ⅱ）対象労働者の具体的な範囲
ⅲ）労働したものとみなす時間
ⅳ）使用者が対象となる労働者の勤務状況に応じて実施する健康及び福祉を確保するための措置の具体的内容
ⅴ）苦情の処理のため措置の具体的内容
ⅵ）本制度の適用について労働者本人の同意を得なければならないこと及び不同意の労働者に対し不利益取扱いをしてはならないこと
ⅶ）決議の有効期間（3年以内とすることが望ましい）
ⅷ）企画業務型裁量労働制の実施状況に係る記録を保存すること

---

b．導入後の手続

使用者は、健康及び福祉を確保するための措置や苦情の処理のための措置などの決議で定めた措置を実施しなければならない。

使用者は、決議が行われた日から起算して6か月以内ごとに1回、労働基準監督署長へ定期報告を行わなければならない（労基法38条の4第4項）。

第6節　特別休暇

意義

「特別休暇」とは、法律で定められた休暇（年次有給休暇、生理休暇、育児休業、介護休業など）以外の、任意で設定される法定外休暇である。

特別休暇は任意で設定される休暇であるから、その内容は企業により

様々であるが、次の例がある。

- ・病気休暇（治療を受けながら就労する労働者をサポートするために付与される休暇。治療・通院のための時間単位や半日単位の病気休暇を認める企業もある）
- ・ボランティア休暇、リフレッシュ休暇、裁判員休暇、犯罪被害者の被害回復のための休暇

第7節　長時間労働の問題と労働時間規制の動向

※長時間労働の問題については、「Ⅲ　第3章　長時間労働の是正」で解説した。

1　過労死ライン

「過労死ライン」とは、長時間労働によって健康障害が発生するリスクが高まる目安となる時間である。

労働時間が長くなるほど、健康障害リスクは高まるとされている。例えば、厚生労働省「脳血管疾患及び虚血性心疾患等（負傷に起因するものを除く。）の認定基準について」（厚労省 H. 13. 12. 12 基発 1063 号・改正 H. 22. 5. 7 基発 0507 第 3 号）では、長期間の過重業務による脳・心臓疾患の労災認定基準として、労働時間に着目すると、発症前 1 か月間に約 100 時間、または発症前 2〜6 か月間に 1 か月あたり約 80 時間を超える時間外労働が認められる場合に、業務と脳・心臓疾患の発症との関連性が高まるとしている。

これより、「過労死ライン」は、時間外労働が 1 か月 100 時間、2〜6 ヶ月間で平均 80 時間といわれている。

2017 年時点で、東証一部上場 225 社のうち 125 社が月 80 時間以上の法定外労働時間を上限とする 36 協定を締結していたとの調査結果（朝日新聞）もあったが、働き方改革関連法による労基法の改正により、過労死ラインを取り入れた長時間労働の法規制が実現した（法改正の内容については、「P. 77 労働基準法の改正による時間外労働の上限規制」で解説した）。

参考知識：過労死

　2014 年に制定された過労死等防止対策推進法では、「過労死等」が「業務における過重な負荷による脳血管疾患若しくは心臓疾患を原因とする死亡若しくは業務における強い心理的負荷による精神障害を原因とする自殺による死亡又はこれらの脳血管疾患若しくは心臓疾患若しくは精神障害」と定義されている（同法 2 条）。

2　企業名公表制度

　「企業名公表制度」とは、長時間労働が行われている事業場に対する都道府県労働局長の監督指導において、社会的に影響力の大きい企業が、違法な長時間労働を複数の事業場で行っている場合に、企業名を公表する制度であり、2015 年に創設され、2017 年より適用範囲が拡大されている。

　指導・公表の対象となるのは、複数の事業場を有する大企業であって、重大・悪質な労働時間関係違反等が認められる場合である（具体的な要件は、「違法な長時間労働や過労死等が複数の事業場で認められた企業の経営トップに対する都道府県労働局長等による指導」の実施及び企業名の公表について」（平成 29 年 1 月 20 日基発 0120 第 1 号）で定められている）。

第 8 節　労働時間等設定改善法等

1　労働時間等設定改善法

　労働時間等設定改善法（「労働時間等の設定の改善に関する特別措置法」）は、事業主等による労働時間等の設定の改善に向けた自主的な努力を促進するための特別の措置を講ずることにより、労働者の健康で充実した生活の実現と国民経済の健全な発展に資することを目的とする法律である。

参考知識：同法による事業者の責務（努力義務）

　同法では、事業者に対し、主に次のような努力義務を課している（同法 2 条）。
・業務の繁閑に応じた労働者の始業及び終業の時刻の設定の措置を講ずること

（変形労働時間制、フレックスタイム制、裁量労働制の活用）
・健康・福祉を確保するために必要な終業から始業までの時間の設定の措置を講ずること（勤務間インターバル制度の導入。後述）
・年次有給休暇を取得しやすい環境の整備等の措置を講ずること

参考知識：労働時間等設定改善委員会

　同法では、労働時間等設定改善に向けての労使間の話合いの成果を企業の労働時間の諸制度に活かすために、一定の要件に適合する労働時間等設定改善委員会が設置されている場合は、委員の5分の4以上の多数による議決を以下の労使協定に代えるものとし、労基署への届出（時間外及び休日の労働に係る決議の届出は除く。）も免除した（同法7条）。
・1カ月単位の変形労働時間制
・フレックスタイム制
・1年単位の変形労働時間制
・1週間単位の非定型的変形労働時間制
・一斉休憩の原則の例外
・時間外及び休日の労働
・事業場外労働に関するみなし労働時間制
・専門業務型裁量労働制
・年次有給休暇の計画的付与

参考知識：労働時間等設定改善企業委員会

　労働時間等設定改善委員会のうち、全部の事業場を通じて1つの委員会としている場合であって、一定の要件に当てはまるものを、「労働時間等設定改善企業委員会」とし、その委員の決議は以下の労使協定に代えることができる（同法7条の2）。
・代替休暇（労働基準法37条3項）
・年次有給休暇の時間単位年休（労働基準法39条4項）
・年次有給休暇の計画的付与（労働基準法39条6項）

2　勤務間インターバル

　「勤務間インターバル」とは、勤務終了後、次の勤務までの間に一定時間の休息時間を確保することである。

　勤務間インターバルは、労働時間の上限規制というアプローチではなく、休憩させるという形で労働時間にアプローチする制度である。「働き方改革」において、労働者が十分な生活時間や睡眠時間を確保しつつ、ワーク・ライフ・バランスを保ちながら働き続けることができるようにするために重要な制度であると位置づけられている。

　2018 年に改正された労働時間等設定改善法により、事業者は、労働時間の設定の改善を図るため、健康・福祉を確保するために必要な終業から始業までの時間の設定の措置を講ずるよう努めなければならないとされ(同法 2 条 1 項)、勤務間インターバル制度導入の努力義務が課された。

参考知識：職場意識改善助成金（勤務間インターバル導入コース）

　職場意識改善助成金（勤務間インターバル導入コース）は、勤務間インターバル制度を導入する中小企業への助成金の活用や好事例の周知を通じて、取組みを推進する制度である。

　支給対象となる取組として、勤務間インターバルを導入していない事業場において、事業場に所属する労働者の半数を超える労働者を対象とする、休息時間数が 9 時間以上の勤務間インターバルに関する規定を就業規則等に定めるなどをあげている。

第 12 章　年次有給休暇

第 1 節　年次有給休暇制度

1　年次有給休暇

　「年次有給休暇（有給休暇、年休)」は、労働者に対し、休日のほかに毎年一定日数の休暇を有給で保障する制度である（労働基準法 39 条)。

　一定期間勤続した労働者に対して、心身の疲労を回復しワーク・ライフ・バランス（仕事と生活の調和）を保障するために付与される。

　年次有給休暇中の賃金（労働基準法 39 条 7 項）を支払わなかった使用者に対し、裁判所は、労働者の請求により、未払金と同一額まで付加金の支払いを命ずることができる（同法 114 条)。

　年次有給休暇の規定（同法 39 条。7 項を除く）に違反した場合は、6 か

月以下の懲役または 30 万円以下の罰金に処せられる（同法 119 条）。

なお、年次有給休暇の時季指定義務の規定（同法 39 条 7 項）に違反した場合は、30 万円以下の罰金に処せられる（同法 120 条）。

参考知識：休暇の取得促進

休暇を促進することで、次のような効果があり、業務の効率化、人材の育成につながり、企業に好影響をもたらすといわれる（厚生労働省「有給休暇ハンドブック」）。

①休暇の取得に伴う業務の円滑な引継ぎのために、業務の内容、進め方などに関する棚卸しを行う過程で、業務の非効率な部分をチェックすることができる。

②代替業務をこなすために従業員の多能化促進の機会となる。

③交代要員が代替業務をこなすことができるかどうかの能力測定の機会となる。

④交代要員への権限委譲の契機となり、従業員の育成につながる。

⑤休暇の有効活用により、休暇取得者のキャリアアップを図ることができる。

有給休暇取得率は 2015 年時点で 50% 弱にとどまるため、政府目標は 2020 年で 70% 以上を設定している。

厚生労働省は、ワーク・ライフ・バランス（仕事と生活の調和）のための年次有給休暇の活用の取組として、「仕事休もっ化計画」を推進しており、その取組として、「プラスワン休暇」や「年次有給休暇の計画的付与制度」の導入をあげている（後述）。

2　年次有給休暇の成立要件と付与日数

年次有給休暇は、①6 か月間継続勤務し、②全労働日の 8 割以上出勤した労働者に対して、最低 10 日を付与しなければならない（労働基準法 39 条 1 項）。その後は、①継続勤務年数 1 年ごとに②その期間の全労働日の 8 割以上出勤した労働者に対して、一定日数を加算した日数を付与する。

なお、具体的に付与される日数は、所定労働日数によって異なる（労働基準法 39 条 2 項・3 項）。

すなわち、週所定労働時間が 30 時間以上または週所定労働日数が 5 日以上（1 年間の所定労働日数が 217 日以上）の労働者の場合、雇入れ後 6 か月に 10 日を付与した後は、雇入れ後 1 年 6 か月で 11 日、2 年 6

か月で12日というように付与し、6年6か月に20日を付与した以後
は、毎年20日となる（下表の上段）。

　これに対し、週所定労働時間が30時間未満で、かつ、週所定労働日
数が4日以下（1年間の所定労働日数が48日から216日まで）の労働
者については、年次有給休暇は比例的に付与される（下表）。

（付与される有給休暇の日数）

週所定労働時間	週所定労働日数	1年間の所定労働日数	雇入れ日から起算した継続勤務期間						
			6か月	1年6か月	2年6か月	3年6か月	4年6か月	5年6か月	6年6か月以上
30時間以上	5日	217日以上	10日	11日	12日	14日	16日	18日	20日
または									
30時間未満	4日	169日～216日	7日	8日	9日	10日	12日	13日	15日
	3日	121日～168日	5日	6日	6日	8日	9日	10日	11日
	2日	73日～120日	3日	4日	4日	5日	6日	6日	7日
	1日	48日～72日	1日	2日	2日	2日	3日	3日	3日
かつ									

参考知識：継続勤務

　業務上の負傷または疾病の療養のための休業期間、育児・介護休業法による育児休業・介護休業の期間、産前産後休業の期間は、出勤したものとみなされ（労働基準法39条10項）、継続勤務期間に参入される。

　また、「継続勤務」は、事業場における在籍期間を意味するが、「継続勤務」しているかどうかは、形式的にのみ判断すべきものではなく、勤務の実態に即し実質的に判断すべきであるとされている（有期労働者雇用管理改善ガイドライン、基発第0827001号（H16））。

　従って、例えば、非正規社員を正社員に採用した場合、定年退職後に嘱託再雇用した場合、有期労働契約を更新した場合などは、形式的には別個の労働契約であるが、それだけで「継続勤務」がリセットされるとことにはならず、前後の労働契約の間に短期間の間隔を置いたとしても、それだけで当然に継続勤務が中断することにはならない（同ガイドライン同旨）。

3　年次有給休暇の繰越と時効

　年次有給休暇は、労働基準法39条の客観的要件を満たすことで、労働者が請求しなくても法律上当然に発生する権利である（年休権）。

　そして、発生した日から1年間で消化しきれなかった年休は翌年に繰り越されるとともに、年休権は労基法上の2年の時効（労基法115条）にかかると解されている（S 22. 12. 15基発501号）。

　したがって、発生から1年間で使い切れなかった年休は翌年に繰り越されて、新たに発生した年休日数に加算されるが、さらに1年間使わなかったときは、時効により消滅する。

（一般の労働者で、有給休暇を全く使わなかった場合のイメージ）

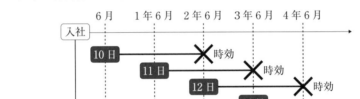

4　年休自由利用の原則と不利益取扱いの禁止

(1) 年休自由利用の原則

　裁判例は、「年次休暇の利用目的は労基法の関知しないところであり、休暇をどのように利用するかは、使用者の干渉を許さない労働者の自由である」としている。

　従って、使用者は年休の使途を指定することはできない。労働者は年休を請求する際に、その使途を申し出る必要はないし、申し出た使途と別の使途に年休を用いたとしても、なんら問題はない。

(2) 年休取得と不利益取扱いの禁止

　使用者は、労働者が年次有給休暇を取得したことを理由として、賃金

の減額その他不利益な取扱いをしないようにしなければならない（労働基準法附則第 136 条）。

　例えば、年次有給休暇を取得したことを理由に、精勤手当、賞与の額の算定などに際して、年次有給休暇取得日を欠勤日扱いすることなどは許されない。

5　時季指定権

　年次有給休暇の「時季指定権」とは、年次有給休暇をいつ取得するかを指定する権利である。

　労働基準法では、年次有給休暇は、「労働者の請求する時季に与えなければならない」（労働基準法 39 条 5 項本文）と規定し、労働者に時季指定権を認めている。

　従って、労働者が年休を取得する日の前日までに指定すれば、「時季変更権」が認められる場合を除き、年次有給休暇が無条件で与えられる。

6　時季変更権

　年次有給休暇の「時季変更権」とは、有給休暇取得の時季を変更できる権利である。

　労働基準法は、年休を与えることが「事業の正常な運営を妨げる場合」には、使用者が他の時季（日）に年休を与えることができるとし（労働基準法 39 条 5 項但書）、使用者に限定的に時季変更権を認めている。

> **参考知識：事業の正常な運営を妨げる場合**
>
> 　「事業の正常な運営を妨げる場合」は極めて限定されており、単に「多忙」「代わりの従業員がいないから」というだけでは認められず、年休取得者の年休指定日における労働がその者の担当業務を含む相当な単位の業務の運営にとって不可欠であり、かつ、代替要員を確保するのが困難であることが必要であるとされている。

7　年休の買上げ

　年次有給休暇の買上げは、年休の本来の趣旨である「休むこと」を妨

げるため、法律違反（労働基準法 39 条違反）となる。

　ただし、退職時に結果的に残ってしまった年休に対し、残日数に応じた金銭を給付することは差し支えないとされている。

第 2 節　年休の活用

1　年次有給休暇の時間単位取得制度（時間単位年休）

　「年次有給休暇の時間単位取得制度（時間単位年休）」は、労使協定を締結することにより、1 年につき 5 日の範囲内で年次有給休暇を時間単位で与えることができることとした制度である（労基法 39 条 4 項）。

　労働者の心身の疲労を回復させ、労働力の維持培養を図るという年次有給休暇制度の趣旨を踏まえつつ、仕事と生活の調和を図る観点から、年次有給休暇を有効に活用できるようにすることを目的として、2010 年の労働基準法改正で導入された。

　なお、分単位など時間未満の単位までは認められていない。

　時間単位年休も年次有給休暇であるから、「事業の正常な運営を妨げる場合」は使用者による時季変更権が認められる（労働基準法 39 条 5 項但書）。ただし、日単位での請求を時間単位に変更することや、時間単位での請求を日単位に変更することまではできないと解されている。

┌─ 参考知識：時間単位年休導入の手続 ─

　時間単位取得制度を導入するためには、過半数組合または過半数代表者との書面による協定が必要であり、労使協定に以下の事項を規定する必要がある（労働基準法 39 条 4 項）。

　①時間単位年休の対象労働者の範囲

　②時間単位年休の日数（年につき 5 労働日以内に限る）

　③時間単位年休 1 日の時間数

　④1 時間以外の時間を単位とする場合はその時間数

　この労使協定は、労働基準監督署に届け出る必要はない。

┌─ 参考知識：時間単位年休の賃金 ─

　年次有給休暇に対して支払われる賃金は、①平均賃金、②所定労働時間労働した場合に支払われる通常の賃金、③標準報酬日額（労使協定が必要）のいずれか

であり、就業規則で定める（前述）。

　そこで、時間単位年休に対して支払われる賃金については、①、②、③のいずれかを、その日の所定労働時間数で割った額を時間単位年休 1 時間分として算定する。

2　半日単位の年休

　時間単位年休の導入（2010 年改正法）の前から、労働者が希望して時季を指定し、使用者が同意すれば（労使協定を締結していなくても）、半日単位の年休取得は可能であるとされてきた。すなわち、半日単位の年休は、法律上の制度ではなく、任意の制度である。

　時間単位年休（労使協定が必要）と半日単位の年休（労使協定は不要）は別のものであり、半日単位の年休には時間単位年休のような 5 日以内という制限はないし、半日単位の年休を取得しても時間単位年休を取得できる時間数に影響はないとされている。

　半日単位の年休は、労働者が希望して時季を指定し、使用者が同意することを要するとされている点に注意を要する。

　半日単位の年休については、「半日」の定義等が法律で定められていないことから、就業規則で明確にしておくべきである。

　「半日」は、一般的には、午前と午後で区分して、有給休暇 0.5 日とカウントする。この場合、午前は 3 時間（9 時-12 時）、午後は 5 時間（1 時-6 時）というように、時間的な不公平が生ずるが、制度運用上やむを得ないものと解されている。

　また、半日単位年休の賃金額については、前述した「年休を付与した場合の賃金額」（1-(4)）に従い、0.5 日として計算する。

3　プラスワン休暇

　「プラスワン休暇」とは、労使協調のもと、土日、祝日に年次有給休暇を組み合わせて取得するようにすることで、3 日以上の連休を実現しようという取組である。

　例えば、（土）・（日）＋（有給休暇）で 3 連休、（土）・（日）・（祝）＋

（有給休暇）で 4 連休という形で連続休暇にする。

　厚生労働省の「仕事休もっ化計画」では、年次有給休暇活用の取組として、プラスワン休暇をあげている。

4　年次有給休暇の計画的付与制度（計画年休）
(1)　計画年休制度とは

　「年次有給休暇の計画的付与制度（計画年休）」とは、労使協定を締結することにより、年次有給休暇のうち、1 年につき 5 日を超える分について、計画的に休暇取得日を割り振ることができることとする制度である（労基法 39 条 6 項）。

　年次有給休暇の日数のうち 5 日間は労働者が自由に取得できる日数として必ず残しておかなければならないから、年次有給休暇の付与日数が 10 日の労働者に対しては 5 日、20 日の労働者に対しては 15 日まで計画的付与の対象とすることができる。

> **参考知識：計画年休導入の手続**
>
> 　年次有給休暇の計画的付与制度の導入には、次の手続が必要である。
> ①就業規則による規定
> ②過半数組合または過半数代表者との書面による協定
> 　この労使協定は、労働基準監督署に届け出る必要はない。

> **参考知識：計画年休日の変更**
>
> 　計画的に付与される年次有給休暇は、労使協定で定めるところにより付与されるため、使用者も労働者も拘束され、当該休暇日を使用者が一方的に変更することはできず、労働者も別の日に年次有給休暇を取得することを申し出ても認められない。労使協定で指定された休暇日を変更するためには、労使協定の変更手続の定め等に従って行う必要がある。

> **参考知識：計画年休の現状**
>
> 　計画的付与制度は、事業主にとっては、労務管理がしやすく計画的な業務運営ができるというメリットがあり、労働者にとっても、ためらいを感じずに年次有給休暇を取得できるというメリットがある。もっとも、実際には、年次有給休暇の計画的付与制度がある企業の割合は 2 割程度にとどまる（2012 年：19.6% と

いうデータがある）。

　そこで、厚生労働省の「仕事休もっ化計画」では、プラスワン休暇に加え、より年次有給休暇を取得しやすくする方法として、計画的付与制度の導入を推奨している。

(2) 年次有給休暇の計画的付与制度の活用方法

　計画的付与制度の活用方法として、次のような例が考えられる。

①企業もしくは事業場全体の休業による一斉付与方式

　　企業、事業場全体を一斉に休みにできる、もしくは一斉に休みにした方が効率的な業態については、全従業員に対して同一の日に年次有給休暇を与えるという一斉付与方式の導入が考えられる。

②班・グループ別の交替制付与方式

　　流通・サービス業など、定休日を増やすことが難しい企業・事業場で活用されている。

③年次有給休暇付与計画表による個人別付与方式

　　年次有給休暇を付与する日を個人別に決める方法である。

(3) 計画年休を付与する時季

　計画年休を付与する時季については、次のような例が考えられる。

①夏季、年末年始の大型連休化

　　盆（8月）や暮（年末年始）の休暇に計画的付与の年次有給休暇を組み合わせることで、大型連休とすることができる。

　　この方法は、企業もしくは事業場全体の休業による一斉付与方式、班・グループ別の交替制付与方式に多く活用されている。

②ブリッジホリデー

　　休日が飛び石となっている場合に、飛び石となっている合間に計画的年次有給休暇を取得させることで、休日の橋渡し（ブリッジ）をして大型連休とすることも考えられる。

　　この方法も、事業場全体の休業による一斉付与方式、班・グループ別の交替制付与方式に多く活用されている。

③アニバーサリー（メモリアル）休暇

　　労働者の誕生日や結婚記念日、子どもの誕生日などを「アニバーサリー（メモリアル）休暇」とし、年次有給休暇の取得を促進することができる。

　　この方法は、年次有給休暇付与計画表による個人別付与方式に活用されている。

④閑散期に計画的付与日を設ける

　　業務の繁閑が定期的にある場合は、閑散期に年次有給休暇を計画的に付与することで、業務に支障をきたさないで年次有給休暇の取得率を向上させることができる。

第3節　年次有給休暇の時季指定義務

　有給休暇取得率は 2015 年時点で 50% 弱にとどまるため、年次有給休暇の取得を促進するため、2018 年の労働基準法の改正により、使用者は、10 日以上の年次有給休暇が付与される労働者に対し、5 日について、毎年、時季を指定して与えなければならないこととされた（労働基準法 39 条 7 項）。

　　※時季指定義務の詳細については、「P.94 改正法による年次有給休暇の時季指定義務の導入」で詳説した。

　また、企業単位での労働時間等の設定改善に係る労使の取組を促進するため、2018 年の労働時間等の設定の改善に関する特別措置法の改正により、企業全体を通じて一の労働時間等設定改善委員会の決議をもって、年次有給休暇の計画的付与等に係る労使協定に代えることができることとされた（同法 7 条 7 項）。

参考知識：年次有給休暇に関連する助成金

　所定外労働の設定の改善や年次有給休暇の取得促進の取組を図る中小企業事業主の支援策として、「職場意識改善助成金（職場環境改善コース）」がある（申請窓口は都道府県労働局）。

第13章　育児休業・介護休業と育児・介護の支援

第1節　育児・介護休業法

1　意義

「育児・介護休業法」（「育児休業、介護休業等育児又は家族介護を行う労働者の福祉に関する法律」）は、育児及び家族の介護を行う労働者の職業生活と家庭生活との両立が図られるよう支援することによって、その福祉を増進するとともに、あわせて、我が国の経済及び社会の発展に資することを目的とする法律である。

同法には、育児を行う労働者の支援措置や介護を行う労働者の支援措置が規定されている。

2　実効性の確保

育児・介護休業法には、その実効性を確保するために、次の制度が定められている。

①苦情の自主的解決（同法52条の2）

　事業主は、育児・介護休業法に定める事項に関し、労働者から苦情の申出を受けたときは、事業主の代表者及び労働者の代表者により構成される苦情処理機関に苦情の処理をゆだねる等その自主的な解決を図るように努めなければならない。

②都道府県労働局長による紛争解決の援助（同法52条の4）

　都道府県労働局長は、育児・介護休業法に定める事項に関する紛争について、当該紛争の当事者（労働者・事業主）の双方または一方からその解決につき援助を求められた場合には、当該紛争の当事者に対し、必要な助言、指導または勧告をすることができる。

③調停制度（同法52条の5、6）

　育児・介護休業法に定める事項に関する紛争について、当事者（労働者・事業主）の双方または一方から申請があった場合で、都道府県労働局長がその紛争の解決に必要と認めた場合、学識経験者

などの専門家で構成される第三者機関である「両立支援調停会議」
に調停を行わせることができる。

④報告徴収・勧告等（同法56条）

　厚生労働大臣が育児・介護休業法の施行に関し必要と認めるとき
は、事業主に対する報告徴収、助言、指導、勧告をすることができる。

⑤企業名公表制度（同法56条の2）

　厚生労働大臣は、育児・介護休業法の規定に違反している事業主
に対する勧告に事業主が従わない場合には、企業名を公表できる。

⑥過料（同法66条）

　厚生労働大臣による報告徴収に対し、報告をしない場合または虚
偽の報告をした者は20万円以下の過料に処せられる。

第2節　育児を行う労働者の支援措置

1　仕事と育児の両立のための制度

　仕事と介護を両立するために、育児・介護休業法により、次の制度・
措置が定められている。

①育児休業制度（5条〜10条）

②子の看護休暇制度（16条の2〜16条の3）

③育児のための所定外労働の制限（16条の8）

④育児のための時間外労働の制限（17条）

⑤育児のための深夜業の制限（19条）

⑥育児休業に関連してあらかじめ定めるべき事項等（21条）

⑦所定労働時間の短縮措置（短時間勤務制度。23条1項）

⑧育児休業制度に準ずる措置または始業時間変更等の措置（23条2項）

⑨小学校就学前の子を養育する労働者に関する措置（24条1項）

⑩職場における育児休業等に関するハラスメントの防止措置（25条）

⑪労働者の配置に関する配慮（26条）

⑫再雇用特別措置等（27条）

⑬不利益取扱いの禁止（10条等）

2　育児休業
(1)　意義
　「育児休業」とは、労働者が、原則として1歳未満の子を養育するためにする休業である。

(2)　育児休業の取得要件等
　1歳未満の子を養育する男女労働者は、原則として、子が1歳になるまでの連続した1つの期間を特定して、1人の子について1回、育児休業を申し出ることができる（育児・介護休業法5条1項、4項、同施行規則7条）。
　有期契約労働者の場合は、別途要件が定められている。
　育児休業の取得は、原則として1回に限られている。

(3)　再度の取得が認められる場合
　以下の特別の事情がある場合には、育児休暇の再度の取得が可能である（育児・介護休業法5条2項、同法施行規則5条）。
- 配偶者が死亡、負傷・疾病・身体上精神上の障害により当該子の養育が困難となった場合
- 離婚等により配偶者が子と同居しなくなった場合
- 新たな産前産後休業、育児休業または介護休業の開始により育児休業が終了した場合で、当該育児休業に係る子が死亡した場合等
- 子が負傷、疾病、障害により、2週間以上の期間にわたり世話を必要とする場合

参考知識：育児休業の対象労働者から除外される者

次の労働者は、育児休業の対象労働者から除外される。
- 日々雇用される者（育児・介護休業法2条1号）
- 次の労働者について、労使協定で育児休業の適用対象外と定めた場合（同法6条1項但書、同法施行規則8条）。
　①雇用されて1年に満たない労働者
　②休業申出日から起算して1年以内（1歳6か月まで又は2歳まで延長する

　育児休業の場合は、育児休業の申出日から起算して6か月以内）に雇用契
　約が終了することが明らかな労働者
　③1週間の所定労働日数が2日以下の労働者

3　パパ休暇

　「パパ休暇」は、母親である労働者の8週間の産後休業の期間内に、
子を養育する者（典型的には父親）である労働者が育児休業を取得した
場合は、特別な事情がなくても、再度の育児休業を取得できるというも
のである（育児・介護休業法9条2項かっこ書）。パパ休暇を利用すること
で、父親が母親の職場復帰をサポートすることができる。

　要件は、①父親が子の出生後8週間以内に育児休業を取得し、②子の
出生後8週間以内に育児休業が終了していることである。

（パパ休暇のイメージ）

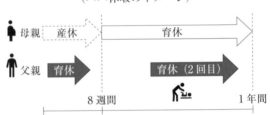

4　パパ・ママ育休プラス

　「パパ・ママ育休プラス」は、父母の労働者がともに育児休業を取得
する場合には、育児休業可能期間が、子が1歳2か月に達するまでに延
長されるという制度である（育児・介護休業法9条の2）。

　要件は、①配偶者（典型的には母親）が、子が1歳に達するまでに育児
休業を取得していること、②本人（典型的には父親）の育児休業開始予定
日が子の1歳の誕生日以前であること、③本人の育児休業開始予定日は
配偶者がしている育児休業の初日以降であることである。

　パパ・ママ育休プラスでも、1人あたりの育休取得可能最大日数が1
年であることは、原則と同じである。

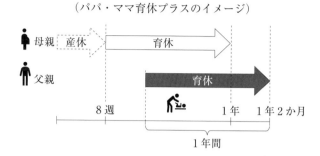

（パパ・ママ育休プラスのイメージ）

5　有期契約労働者の育児休業取得要件

　有期契約労働者については、次のいずれにも該当すれば、育児休業の申し出をすることができる（育児・介護休業法5条1項但書）。

　　①同一の事業主に1年以上継続雇用されていること

　　②子が1歳6か月に達する日までの間に労働契約（更新された場合は更新後のもの）が満了することが明らかでないこと

　なお、2歳までの育児休業の延長を申し出る場合には、②は「子が2歳に達する日までの間に契約が満了・不更新により終了することが明らかでないこと」となる。

6　育児休業期間の延長

(1) 育休の延長の申出

　1歳以上1歳6か月に達するまでの子を養育する労働者は、次のいずれにも該当すれば、子が1歳6か月に達するまでの連続した1つの期間を特定して、育児休業の申出をすることができる（育児・介護休業法5条3項、同法施行規則6条）。

　　①自己または配偶者が子の1歳到達日に育児休業をしている

　　②保育所等に入所を希望しているが、入所できないとき、または1歳到達日以後に養育を行う予定だった配偶者が死亡、傷病等の事情により子を養育することが困難になった

(2) 育休の再延長の申出

2017年3月に育児・介護休業法5条が改正され、最長2歳まで育児休業の再延長が可能となった。

すなわち、1歳6か月以上2歳に達するまでの子を養育する労働者は、次のいずれにも該当すれば、子が2歳に達するまでの連続した1つの期間を特定して、育児休業の申出をすることができる（育児・介護休業法5条4項、同法施行規則7条）。

①自己または配偶者が子の1歳6か月到達日に育児休業をしている

②保育所等に入所を希望しているが、入所できないとき、または1歳6か月到達日以後に養育を行う予定だった配偶者が死亡、傷病等の事情により子を養育することが困難になった

これにより、例えば、1歳6か月時点では待機児童で保育所に入れられないが、年度初めになれば保育所に入れられる場合に、年度末まで育児休業を再延長するといった対応ができるようになった。

（再延長のイメージ）

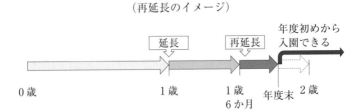

7　子の看護休暇

「子の看護休暇」は、小学校就学前の子を養育する労働者が、けがや病気をした子の看護や子に予防接種等をうけさせるために取得できる休暇である。

小学校就学前の子を養育する労働者が、申し出ることのできる休暇であり、1年に5日（養育する小学校就学前の子が2人以上の場合は10日）を限度として、負傷し、または疾病にかかった子の看護または子に予防接種・健康診断をうけさせるために取得することができる（育児・介護休業法16条の2第1項）。

　子の看護休暇は、介護休業と異なり、休暇が取得できる負傷や疾病の種類や程度に特段の制限はないので、短期間で治癒する傷病であっても申出ができる。

　子の看護休暇は、かつては 1 日単位での取得しか認められなかったが、2017 年 1 月施行の改正育児・介護休業法により、半日単位（1 日の所定労働時間の 2 分の 1。労使協定によりこれと異なる時間数を半日と定めた場合には、その半日。）で取得することができることになった（同法施行規則 34 条）。ただし、1 日の所定労働時間が 4 時間以下の労働者は、半日単位での取得はできない（同法施行規則 33 条）。

参考知識：子の看護休暇の対象労働者から除外される者

　次の労働者は、子の看護休暇の対象労働者から除外される。
・日々雇用される者（育児・介護休業法 2 条 1 号）
・次の労働者について、労使協定で看護休暇の適用対象外と定めた場合（同法 16 条の 3 第 1 項、同第 2 項、同法施行規則 36 条）。
　①雇用されて 6 か月に満たない者
　②1 週間の所定労働日数が 2 日以下の者

8　育児のための所定外労働の制限

　事業主は、満 3 歳に達しない子を養育する労働者が請求した場合には、事業の正常な運営を妨げる場合を除き、所定労働時間をこえて労働させてはならない（育児・介護休業法 16 条の 8 第 1 項）。

　育児のための所定外労働の制限は、請求できる回数に制限はなく、制限の期間は 1 回の請求につき 1 か月以上 1 年以内の期間である。

参考知識：育児のための所定外労働の制限の対象労働者から除外される者

　次の労働者は、育児のための所定外労働の制限の対象労働者から除外される。
・日々雇用される者（育児・介護休業法 2 条 1 号）
・次の労働者について労使協定で適用対象外と定めた場合（育児・介護休業法 16 条の 8 第 1 項、同法施行規則 44 条）。
　①継続雇用期間が 1 年に満たない労働者
　②1 週間の所定労働日数が 2 日以下の労働者

参考知識：事業の正常な運営を妨げる場合

「事業の正常な運営を妨げる場合」に該当するか否かは、その従業員の所属する事業所を基準として、その従業員の担当する作業の内容、作業の繁閑、代替要員の配置の難易等諸般の事情を考慮して客観的に判断することとなる。

9　育児のための時間外労働の制限

　事業主は、小学校就学前の子を養育する労働者が請求したときは、事業の正常な運営を妨げる場合を除き、1月24時間、1年150時間をこえて労働時間を延長してはならない（育児・介護休業法17条1項）。

　育児のための所定外労働の制限は、請求できる回数に制限はなく、制限の期間は1回の請求につき1か月以上1年以内の期間である。

参考知識：育児のための時間外労働の制限の対象労働者から除外される者

　次の労働者は、育児のための時間外労働の制限の対象労働者から除外される。
　・日々雇用される者（育児・介護休業法2条1号）
　・継続雇用期間が1年に満たない労働者（同法17条1項）
　・1週間の所定労働日数が2日以下の労働者（同項）

10　育児のための深夜業の制限

　事業主は、小学校就学前の子を養育する労働者が請求した場合には、事業の正常な運営を妨げる場合を除き、深夜（午後10時から午前5時まで）に労働させてはならない（育児・介護休業法19条1項）。

　育児のための深夜業の制限は、請求できる回数に制限はなく、制限の期間は1回の請求につき1か月以上6か月以内の期間である。

参考知識：育児のための深夜業の制限の対象労働者から除外される者

　次の労働者は、育児のための深夜業の制限の対象労働者から除外される。
　・日々雇用される者（育児・介護休業法2条1号）
　・継続雇用期間が1年未満の者（同法19条1項）
　・当該請求に係る深夜において、常態として子を保育できる同居の家族がいる者（同項）
　・1週間の所定労働日数が2日以下の者（同項）

　　・所定労働時間の全部が深夜にある者（同項）

11　育児のための所定労働時間短縮の措置

　事業主は、育児休業を取得せずに3歳までの子を養育する労働者が希望する場合には、労働者の申出に基づき、1日の所定労働時間を原則として6時間とする短時間勤務制度を設けなければならない（育児・介護休業法23条1項）。

> **参考知識：育児のための所定労働時間短縮の措置の対象労働者から除外される者**
>
> 　次の労働者は育児のための所定労働時間短縮の措置の対象労働者から除外される。
> ・日々雇用される者（育児・介護休業法2条1号）
> ・1日の所定労働時間が6時間以下の者（同法23条1項）
> ・次の労働者について労使協定で適用対象外と定めた場合（育児・介護休業法23条1項、同条施行規則72条・73条・74条1項）。
> 　①継続雇用期間が1年に満たない者
> 　②1週間の所定労働日数が2日以下の者
> 　③その他業務の性質または業務の実施体制に照らして短時間勤務の措置を講じることが困難と認められる業務に従事する者
> 　なお、事業主は、上記③に該当する労働者について、上記の所定労働時間の短縮の措置を講じないこととする場合には、フレックスタイム制、1日の所定労働時間を変更しないでの始業・終業時刻の繰上げ・繰下げ、保育施設の設置運営のいずれかの措置を講じなければならない（同法23条2項、同法施行規則74条2項）。

12　育児休業等の期間中の労働者の待遇
(1)　意義

　育児休業や子の看護休暇を取得した日や、所定労働時間の短縮措置により短縮した時間分の賃金については、ノーワーク・ノーペイの原則により無給・減給とすることができる。

　また、退職金や賞与の算定に当たり、現に勤務した日数を考慮する場合に、休業した期間を日割りで算定対象期間から控除しても、不利益な

取扱いには該当しないと解されている。

(2) 育児休業等と年休の要件
　産前産後休業や育児休業の期間は、年次有給休暇の要件のうえでは、出勤したものとみなされる（労働基準法39条8項）。

13　育児休業等の期間中の経済的支援制度
　育児休業等の取得については、次の経済的支援制度がある。
・産前産後休業中や育児休業中は、申し出により、健康保険料・厚生年金保険料が免除される。
・産前産後休業中や育児休業中に給与が支給されない場合は、雇用保険料の負担はない。
・育児休業給付（雇用保険）
　　育児休業をした場合に、一定の要件を満たすと、休業開始前賃金の一定割合が「育児休業給付金」として支給される。
　　育児休業給付は非課税とされている。

第3節　次世代育成対策推進法
1　意義
　「次世代育成支援対策推進法」は、我が国における急速な少子化の進行等を踏まえ、子どもが健やかに生まれ、かつ、育成される環境の整備を図るため、次世代育成支援対策について、基本理念を定めるとともに、国による行動計画策定指針並びに地方公共団体及び事業主による行動計画の策定等の次世代育成支援対策を迅速かつ重点的に推進するために必要な措置を講ずる法律である。2015年3月31日までの10年間の時限立法であったが、2014年の改正により2025年3月31日までに有効期限が延長された。
　同法は、一般事業主（国及び地方公共団体以外の事業主）に関して、次のような規定を置いている。
　・事業主（常時雇用する労働者数が100人を超えるもの）は、従業員

の仕事と家庭の両立等に関し、主務大臣が策定する行動計画策定指針に即して、目標、目標達成のために事業主が講じる措置の内容等を記載した行動計画（「一般事業主行動計画」）を策定しなければならない（12条1項2項）。

・中小事業主（常時雇用する労働者数が100人以下のもの）については、一般事業主行動計画の策定は努力義務とする（12条4項）

2　くるみん認定

「くるみん認定」は、次世代育成支援対策推進法に基づき、子育てしやすい企業を厚生労働大臣が認定する制度である。

同法に基づき、一般事業主行動計画を策定した企業のうち、計画に定めた目標を達成し、一定の基準を満たした企業は、申請を行うことによって、「子育てサポート企業」として、くるみん認定を受けることができる。認定を受けた企業の証が、「くるみんマーク」である。

くるみん認定を既に受け、相当程度両立支援の制度の導入や利用が進み、高い水準の取組を行っている企業を評価しつつ、継続的な取組を促進するため、「プラチナくるみん認定」も実施されている。

くるみん認定・プラチナくるみん認定を受けた企業は、くるみんマーク・プラチナくるみんマークを広告等に表示して、取組みを行っていることをアピールできる。

（くるみんマーク、プラチナくるみんマーク）

3　イクメン

「イクメン」とは、子育てを楽しみ、自分自身も成長する男性、または、将来そのような人生を送ろうと考えている男性のことである。

　厚生労働省は、働く男性が、育児をより積極的にすることや、育児休業を取得することができるよう、2010年から、社会の気運を高めることを目的としたプロジェクトである「イクメンプロジェクト」を推進している。

4　イクボス
　「イクボス」とは、部下が育児と仕事を両立できるよう配慮したり、育休取得や短時間勤務などを行っても業務を滞りなく進めるために業務効率を上げ、自らも仕事と生活を充実させている上司（経営者・管理職）である。
　女性活躍や男性の育児参加を推進するためには、定時退社や育児休暇取得などに対する上司の理解や働きかけが重要である。そこで、厚生労働省では、イクボスとしての宣言を対外的に行う「イクボス宣言」を推奨している。

第4節　介護を行う労働者の支援措置
1　仕事と介護の両立のための制度
　仕事と介護を両立するために、育児・介護休業法により、次の制度・措置が定められている。
　①介護休業制度（11条〜16条）
　②介護休暇制度（16条の5〜16条の7）
　③介護のための所定外労働の制限（16条の9）
　④介護のための時間外労働の制限（18条）
　⑤介護のための深夜業の制限（20条）
　⑥介護休業に関連してあらかじめ定めるべき事項等（21条）
　⑦介護のための所定労働時間の短縮等の措置（23条3項）
　⑧家族の介護を行う労働者に対する措置（24条2項）
　⑨職場における介護休業等に関するハラスメントの防止措置（25条）
　⑩労働者の配置に関する配慮（26条）
　⑪再雇用特別措置等（27条）

⑫不利益取扱いの禁止（16 条等）

2　介護休業

「介護休業」とは、労働者が、「要介護状態」にある配偶者、父母等の「対象家族」を介護するための休業である。

　介護休業は、対象家族 1 人につき、要介護状態に至るごとに通算 93 日を限度として、3 回まで、取得することができる（育児・介護休業法 11 条・12 条・15 条）。

　介護休業の取得回数については、かつては対象家族 1 人につき原則 1 回に限られていたが、2017 年 1 月に施行された改正育児・介護休業法により、対象家族 1 人につき 3 回を上限として、分割取得できるようになった。

> **参考知識：介護休業の対象労働者から除外される者**
>
> 　次の労働者は、介護休業の対象労働者から除外される。
> ・日々雇用される者（育児・介護休業法 2 条 1 号）
> ・次の労働者について、労使協定で介護休業を認めないとして定めた場合（同法 12 条 2 項、同法施行規則 8 条、平成 23 年厚生労働省告示 58 号）。
> 　①雇用されて 1 年に満たない者
> 　②休業申出の日から起算して 93 日以内に雇用契約が終了することが明らかな者
> 　③ 1 週間の所定労働日数が 2 日以下の者

3　要介護状態・対象家族

育児休業の要件としての「要介護状態」とは、負傷、疾病または身体上もしくは精神上の障害により、2 週間以上の期間にわたり常時介護を要する状態をいう（育児・介護休業法 2 条 3 号、同法施行規則 2 条）。

　育児休業の要件としての「対象家族」は、配偶者（婚姻の届出をしていないが、事実上婚姻関係と同様の事情にある者を含む。）、父母、子、祖父母、兄弟姉妹、孫、配偶者の父母である。

　なお、祖父母、兄弟姉妹、孫については、かつては「同居かつ扶養し

ていること」という条件があったが、2017 年 1 月に施行された改正育児・介護休業法により、この条件は廃止された。これにあわせて、「介護休業給付金」（雇用保険法）の対象家族の祖父母、兄弟姉妹、孫についても、2017 年 1 月から同居・扶養の要件が廃止されている。

（対象家族の範囲）

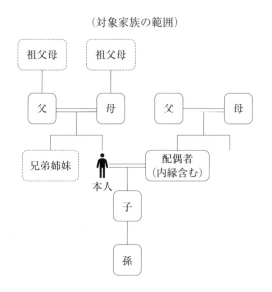

4　有期契約労働者の介護休業取得要件

　有期契約労働者については、次のいずれにも該当すれば、介護休業を申し出ることができる（育児・介護休業法 11 条 1 項但書 2017 年 1 月施行の改正法により、それ以前より要件が緩和されている）。

　①同一の事業主に 1 年以上継続雇用されていること

　②介護休業開始予定日から起算して 93 日を経過する日から 6 か月を経過する日までの間に、労働契約が満了（労働契約が終了）することが明らかでないこと

5　介護休暇

　労働者は、要介護状態にある対象家族の介護、または対象家族の介

護・通院等の付添・介護サービスの手続の代行その他の必要な世話をするために、事業主に申出ることによって、1年度において5日（要介護の家族が2人以上の場合は10日）を限度として、当該世話をするための休暇（介護休暇）を取得できる（育児・介護休業法16条の5、同法施行規則40条・41条1項）。

かつては、介護休暇は1日単位での取得とされていたが、2017年1月施行の改正育児・介護休業法により、半日単位での取得が認められるようになった。

すなわち、介護休暇は、半日単位（1日の所定労働時間の2分の1。労使協定によりこれと異なる時間数を半日と定めた場合には、その半日。）で取得することができる（同法施行規則40条）。ただし、1日の所定労働時間が4時間以下の労働者は、半日単位での取得はできない（同法施行規則39条）。

参考知識：介護休暇の対象労働者から除外される者

次の労働者は、介護休暇の対象労働者から除外される。
・日々雇用される者（育児・介護休業法2条1号）
・次の労働者について、労使協定で介護休暇を認めないとして定めた場合（同法16条の6）
　①雇用されて6か月に満たない者
　②1週間の所定労働日数が2日以下の者

6　介護のための所定外労働の制限

事業主は、要介護状態にある対象家族を介護する労働者が請求した場合には、事業の正常な運営を妨げる場合を除き、1回の請求につき、1か月以上1年以内の期間、所定労働時間を超えて労働させてはならない（育児・介護休業法16条の9）。

介護のための所定外労働の制限は、請求できる回数に制限はなく、制限の期間は1回の請求につき1か月以上1年以内の期間である。

介護のための所定外労働の制限は、2017年1月施行の改正育児・介護休業法により新設された制度である。

参考知識：介護のための所定外労働の制限の対象労働者から除外される者

次の労働者は、介護のための所定外労働の制限の対象労働者から除外される。
・日々雇用される者（育児・介護休業法2条1号）
・次の労働者について労使協定で適用対象外と定めた場合（育児・介護休業法
　16条の8第1項、同法施行規則44条）。
　①継続雇用期間が1年に満たない労働者
　②1週間の所定労働日数が2日以下の労働者

7　介護のための時間外労働の制限

　事業主は、36協定により労働時間を延長できる場合でも、要介護状態にある対象家族を介護する労働者が請求したときは、事業の正常な運営を妨げる場合を除き、1月24時間、1年150時間をこえて労働時間を延長してはならない（育児・介護休業法18条）。

　介護のための時間外労働の制限は、請求できる回数に制限はなく、制限の期間は1回の請求につき1か月以上1年以内の期間である。

参考知識：介護のための時間外労働の制限の対象労働者から除外される者

次の労働者は、介護のための時間外労働の制限の対象労働者から除外される。
・日々雇用される者（育児・介護休業法2条1号）
・継続雇用期間が1年に満たない労働者（同法18条）
・1週間の所定労働日数が2日以下の労働者（同）

8　介護のための深夜業の制限

　事業主は、要介護状態にある対象家族を介護する労働者が請求した場合には、事業の正常な運営を妨げる場合を除き、深夜（午後10時から午前5時まで）に労働させてはならない（育児・介護休業法20条）。

　介護のための深夜業の制限は、請求できる回数に制限はなく、制限の期間は1回の請求につき1か月以上6か月以内の期間である。

参考知識：介護のための深夜業の制限の対象労働者から除外される者

次の労働者は、介護のための深夜業の制限から除外される。
・日々雇用される者（育児・介護休業法2条1号）

・継続雇用期間が 1 年未満の者（同法 20 条）
・当該請求に係る深夜において、常態として対象家族を介護できる同居の家族がいる者（同条）
・1 週間の所定労働日数が 2 日以下の者（同条）
・所定労働時間の全部が深夜にある者（同条）

9　介護のための所定労働時間短縮等の措置

　事業主は、要介護状態にある対象家族を介護する労働者であって介護休業をしていない者に関して、次のいずれかの所定労働時間短縮等の措置を講じなければならない（育児・介護休業法 23 条 3 項、同法施行規則 74 条）。
　・1 日の所定労働時間を短縮する措置
　・フレックスタイム制度
　・始業・終業時刻の繰上げ、繰下げ（時差出勤の制度）
　・労働者が利用する介護サービスの費用の助成その他これに準ずる制度
　これらの所定労働時間短縮等の措置は、対象家族 1 人につき、介護休業とは別に、利用開始の日から 3 年以上の期間で（同法 23 条 3 項）、2 回以上の利用が可能でなければならない（同法施行規則 74 条 3 項）。かつては介護休業と通算して 93 日の範囲内で利用できることになっていたが、2017 年 1 月施行の改正法により、介護休業とは別に、3 年以上の間で 2 回以上の利用が可能となった。

> ┌─ 参考知識：介護のための所定労働時間短縮の措置の対象労働者から除外される者 ─┐
>
> 　次の労働者は介護のための所定労働時間短縮の措置の対象労働者から除外される。
> 　・日々雇用される者（育児・介護休業法 2 条 1 号）
> 　・次の労働者について労使協定で適用対象外と定めた場合（同法 23 条 3 項）。
> 　　①継続雇用期間が 1 年に満たない労働者
> 　　②1 週間の所定労働日数が 2 日以下の労働者

10　介護休業等の期間中の労働者の待遇

(1) 意義

　介護休業や介護休暇を取得した日や、所定労働時間の短縮措置により短縮した時間分の賃金については、ノーワーク・ノーペイの原則により無給・減給とすることができる。

　また、退職金や賞与の算定に当たり、現に勤務した日数を考慮する場合に、休業した期間を日割りで算定対象期間から控除しても、不利益な取扱いには該当しないと解されている。

(2) 介護休業と年休の要件

　介護休業の期間は、年次有給休暇の要件のうえでは、出勤したものとみなされる（労働基準法39条8項）。

11　介護休業等の期間中の経済的支援制度

　介護休業等の取得については、次の経済的支援制度がある。
　・介護休業中に給与が支給されない場合は、雇用保険料の負担はない。
　・介護休業給付（雇用保険）
　　　介護休業をした場合に、一定の要件を満たすと、休業開始前賃金の一定割合が「介護休業給付金」として支給される。
　　　介護休業給付は非課税とされている。

12　トモニン

　「トモニン」は、「仕事と介護を両立できる職場環境」の整備促進のためのシンボルマークである。

　仕事と介護を両立できる職場環境の整備促進に取り組んでいる企業は、「両立支援のひろば」（厚生労働省サイト）に仕事と介護の両立に関する取組を登録すれば、トモニンを使用することができ、トモニンを活用して、企業の取組をアピールすることができる。

（トモニン）

第5節　妊娠・出産、育児、介護に関するその他の事項

1　妊娠・出産、育児・介護等に関する不利益取扱いの禁止・ハラスメント防止措置義務

妊娠・出産や育児・介護等に関し、法が定める不利益取扱いの禁止や防止措置を講ずる事業者の義務には、次のものがある。

　①育児・介護支援措置の利用に関する不利益取扱いの禁止（育児・介護休業法）

　②職場における妊娠・出産、育児休業・介護休業等に関するハラスメントの防止措置義務（男女雇用機会均等法、育児・介護休業法）

2　その他の育児・介護に関し事業主が講ずべき措置

（1）労働者の配置に関する配慮（育児・介護休業法26条）

事業主は、労働者を転勤させようとする場合には、その育児または介護の状況に配慮しなければならない。

（2）あらかじめ定め・周知する努力義務（育児・介護休業法21条1項）

事業主は、次の事項について、あらかじめ定め、これを周知するための措置を講ずるよう努めなければならない。

　①育児休業及び介護休業中の待遇に関する事項

　②育児休業及び介護休業後の賃金、配置その他の労働条件に関する事項

　③その他の事項（同法施行規則70条に定める）

(3) 個別周知の努力義務（育児・介護休業法21条1項かっこ書）

　事業主は、労働者・その配偶者が妊娠・出産したことを知ったとき、または労働者が対象家族を介護していることを知ったときに、上記事項について個別に知らせる措置を講ずるよう努力しなければならない。

(4) 育児目的休暇を設ける努力義務（育児・介護休業法24条）

　事業主は、育児に関する目的のために利用することができる休暇（「育児目的休暇」：配偶者出産休暇、ファミリーフレンドリー休暇、子の行事参加のための休暇等）を与えるための措置等を講ずるよう努めなければならない。

第14章　安全・健康の確保と災害補償

第1節　安全・健康の確保

1　労働安全衛生法と労働災害

(1) 労働安全衛生法

　「労働安全衛生法（労安衛法）」は、職場における労働者の安全と健康を確保するとともに、快適な職場環境の形成を促進することを目的とする法律である。

　労働安全衛生法の付属法として、じん肺法、労働災害防止団体法、作業環境測定法などがある。

　事業者は、労働安全衛生法で定める労働災害の防止のための最低基準を守るだけでなく、快適な職場環境の実現と労働条件の改善を通じて職場における労働者の安全と健康を確保するようにしなければならない（同法3条1項）。また、労働者も、労働災害を防止するため必要な事項を守るほか、事業者その他の関係者が実施する労働災害の防止に関する措置に協力するように努めなければならない（同法4条）。

(2) 労働災害

　「労働災害」とは、業務に起因して、労働者が負傷し、疾病にかかり、

又は死亡することである（労働安全衛生法2条1号）。

労働災害は、労災補償の対象である「業務災害」と同じ意味の用語である。

2　労働安全衛生法により事業者が講ずべき措置と監督

労働安全衛生法は、事業者が講ずべき措置として、次の事項を定めている。違反行為については、罰則が定められている（同法115条の2以下）。

①安全衛生管理体制を確立すること（10条〜19条）

　一定規模以上の事業場では、総括安全衛生管理者、安全管理者、衛生管理者、安全衛生推進者等を選任して、事業場内の安全衛生管理体制を確立しなければならない。

②労働者の危険または健康障害を防止するための措置（20条〜36条）

　事業者は、労働者の危険または健康障害を防止するために必要な措置を講じなければならない。また、労働者を就業させる建設物その他の作業場の保全並びに換気、採光、照明、保温、防湿等、労働者の健康、風紀及び生命の保持のために必要な措置を講じなければならない。

③労働者の就業に当たっての措置（59条〜63条）

　事業者は、労働者を雇い入れたときまたは労働者の作業内容を変更するときには、安全衛生教育を行わなければならない。

　クレーン運転など一定の業務については、免許を有する者、一定の技能講習を修了した者でなければ就業させてはならない。

　中高年齢者など特に労働災害の防止に配慮を必要とする者については、適正な配置をするように努めなければならない。

④労働者の健康の保持増進のための措置（66条〜71条）

　事業者は、労働者を雇い入れるときや、継続雇用するときには、定期健康診断を行わなければならない。また、事業場の業務が有害業務である場合は、特別な健康診断を行わなければならない。

　「有所見者」（健康診断で何らかの異常が見つかった者）について

は、健康保持のために必要な措置について医師等の意見を聴き、労働者の実情を考慮した上で適切な措置を講じなければならない。また、長時間労働者については、労働者からの申し出があれば、医師による面接指導を行う必要がある。

⑤快適な職場環境の形成のための措置（71 条の 2）

　事業者は、事業場における安全衛生の水準向上のため、職場環境を快適な状態に維持管理する努力義務を負う。

　このため、事業者は、作業方法の改善、疲労回復のための措置を講ずることが必要とされている。

　また、職場のいじめ（パワーハラスメント）やストレスからくる心の問題（メンタルヘルス）などへの対応も求められる。

3　労働安全衛生法の実効性確保と監督

　労働安全衛生法の実効性を確保するために、同法違反に対しては罰則（同法 115 条の 2 以下）が定められている。

　監督に関しては、労働基準監督官が事業場への立ち入り、関係者への質問、帳簿・書類等の検査などを行う権限を有し（同法 91 条）、厚労省・都道府県労働局・労基署の産業安全専門官・労働衛生専門官も同様の権限を有する（同法 93 条・94 条）。また、労働災害の発生防止のために、都道府県労働局長や労働基準監督署長が作業の停止や建物の使用停止を命じることがある（同法 98 条）。

4　安全衛生管理体制

総括安全衛生管理者、安全管理者、衛生管理者

　労働安全衛生法は、事業場を一つの適用単位として、各事業場の業種、規模等に応じて、総括安全衛生管理者、安全管理者、衛生管理者の選任を義務づけている。

①　総括安全衛生管理者

事業者は、政令で定める規模（建設業・運送業等は 100 人以上、製造業等は

300 人以上、その他の業種は 1,000 人以上）の事業場ごとに、「総括安全衛生管理者」を選任し、その者に安全管理者、衛生管理者等の指揮をさせるとともに、労働者の危険または健康障害を防止するための措置等（労働安全衛生法 10 条各号に定める措置等）を統括管理させなければならない（労働安全衛生法 10 条）。

②　安全管理者

事業者は、法定の業種（建設業・運送業等）について、50 人以上の労働者を使用する事業場ごとに、「安全管理者」を選任し、その者に安全衛生業務のうち安全に係る技術的事項を管理させなければならない（労働安全衛生法 11 条）。

安全管理者は、厚生労働大臣が定める安全管理者選任時研修を受講した者等の有資格者から選任しなければならない。

③　衛生管理者

常時 50 人以上の労働者を使用する事業者は、「衛生管理者」を選任し、その者に安全衛生業務のうち、衛生に係る技術的事項を管理させなければならない（労働安全衛生法 12 条）。政令で定める規模の事業場ごとに、選任しなければならない衛生管理者の人数が定められている。

衛生管理者は、衛生管理者免許などの免許等保有者から選任しなければならない。

5　安全委員会

「安全委員会」は、労働者の危険の防止に関する重要事項を調査審議する委員会である。

事業者は政令で定める業種・規模（建設業等は 50 人、運送業等は 100 人）ごとに安全委員会を設置しなければならない。

［調査審議事項］

安全委員会の調査審議事項は、次の事項である（労働安全衛生規則 21 条）。

①労働者の危険を防止するための基本となるべき対策に関すること

②労働災害の原因及び再発防止対策で安全に係るものに関すること

③そのほか、労働者の危険の防止に関する重要事項

［構成員］

　安全委員会の構成員は、次の要件をみたすように事業者が指名する。

①総括安全衛生管理者またはそれ以外の者で、当該事業場において事業の実施を統括管理するもの若しくはこれに準ずる者　1名（議長）

②安全管理者　1名以上

③当該事業場の労働者で、安全に関し経験を有する者　1名以上

6　衛生委員会

　衛生委員会は、労働者の健康障害の防止及び健康の保持増進に関する重要事項を調査審議する委員会である。

　事業者は、常時50人以上の労働者を使用する事業場ごとに衛生委員会を設置しなければならない。

［調査審議事項］

　衛生委員会の調査審議事項は、次の事項である（労働安全衛生規則22条）。

①労働者の健康障害を防止するための基本となるべき対策に関すること

②労働者の健康の保持増進を図るための基本となるべき対策に関すること

③労働災害の原因及び再発防止対策で、衛生に関すること

④そのほか、労働者の健康障害の防止及び健康の保持増進に関する重要事項

［構成員］

　衛生委員会の構成員は、次の要件をみたすように事業者が指名する。

①総括安全衛生管理者またはそれ以外の者で、当該事業場において事業の実施を統括管理するもの若しくはこれに準ずる者　1名（議長）

②衛生管理者　1名以上

③産業医　1名以上

④当該事業場の労働者で、衛生に関し経験を有する者　1名以上

7　安全衛生委員会

　安全委員会と衛生委員会の両方を設けなければならないときは、それぞれの委員会の設置に変えて、「安全衛生委員会」を設置することができる。

8　委員会を設けるべき事業者以外の事業者が講ずべき措置

　労働者数が50人未満の事業者など、安全委員会・衛生委員会を設けるべき事業者以外の事業者は、安全または衛生に関する事項について、関係労働者の意見を聴くための機会を設けるようにしなければならない（労働安全衛生規則第23条の2）。

9　地域産業保険センターによる産業保険サービスの提供

　「地域産業保健センター」では、労働者数が50人未満の小規模事業場の事業主や小規模事業場で働く者を対象として、労働安全衛生法で定められた保健指導などの産業保健サービス（以下）を無料で提供している。

> **参考知識**
>
> ・労働者の健康管理（メンタルヘルスを含む）に係る相談
> ・健康診断の結果に「異常の所見がある」と診断された労働者について、その健康を保持するために必要な措置についての医師からの意見を聴取できる（労働安全衛生法66条の4）
> ・長時間にわたる労働により疲労の蓄積した労働者に対し、医師による面接指導を行う（同法66条の8、66条の9）
> ・ストレスチェックで高ストレス者に選定された労働者からの申し出があった場合の医師による面接指導を行う（労働安全衛生法66条の10）
> ・医師、保健師、労働衛生工学専門員による事業場の戸別訪問

10　産業医

　常時50人以上の労働者を使用する事業場においては、事業者は、産業医を選任し、労働者の健康管理等を行わせなければならない（労働安全衛生法13条）。

　政令で定める規模の事業場ごとに、選任しなければならない産業医の人数が定められている。

> **参考知識：産業医の職務**
>
> 　産業医は、以下のような職務を行うこととされている。
> 　・健康診断、面接指導等の実施及びその結果に基づく労働者の健康を保持する

ための措置、作業環境の維持管理、作業の管理等労働者の健康管理に関すること
・健康教育、健康相談その他労働者の健康の保持増進を図るための措置に関すること
・労働衛生教育に関すること
・労働者の健康障害の原因の調査及び再発防止のための措置に関すること
　産業医は、労働者の健康を確保するため必要があると認めるときは、事業者に対し、労働者の健康管理等について必要な勧告をすることができる。
　産業医は、少なくとも毎月1回作業場等を巡視し、作業方法または衛生状態に有害のおそれがあるときは、直ちに、労働者の健康障害を防止するため必要な措置を講じなければならない。

11　労働者の就業にあたっての措置（安全衛生教育）

　事業者は、労働者を雇い入れたときは、当該労働者に対し、その雇入れ、作業内容の変更、一定の危険・有害業務への従事の際に、従事する業務に関する安全または衛生のための教育を行なわなければならない（労働安全衛生法59条）。

　また、建設業、一定の製造業等一定業種（労働安全衛生法施行令19条）については、新たに職務につくこととなった職長その他の作業中の労働者を直接指導または監督する者に対し、安全または衛生のための教育を行なわなければならない（労働安全衛生法60条）。

12　健康の保持増進のための措置（健康診断）

(1) 健康診断

　事業者は、労働者に対し、厚生労働省令で定めるところにより、医師による健康診断を行なわなければならない（労働安全衛生法66条）。

　違反した場合は、50万円以下の罰金に処せられる（同法120条）。

　労働安全衛生法に基づく健康診断の種類には、次のものがある。

①一般健康診断（同法66条1項）
　・雇入時の健康診断（同法施行規則43条）
　・定期健康診断（同法施行規則44条）

　　・特定業務従事者の健康診断（同法施行規則45条）

　　・海外派遣労働者の健康診断（同法施行規則45条の2）

　　・給食従事者の検便（同法施行規則47条）

　②特殊健康診断（同法66条2項・3項、じん肺法）

　　・一定の有害な業務に従事する労働者等に対する健康診断

(2) 健康診断の受診義務

　労働者は事業者が行なう健康診断を受けなければならない（労働安全衛生法66条5項）。この法定健診の受診命令に拒否した労働者に対する罰則はないが、懲戒処分の対象となるとした裁判例はある。

　労働者は、事業者の指定した医師とは別の医師による健康診断を受ける「医師選択の自由」が与えられている（同項但書）。

> ┌ 参考知識：法定外健診と受診義務 ┐
>
> 　労働安全衛生法に基づく健康診断に該当しない「法定外健診」についても、労働者の受診義務・医師選択の自由が問題になることがある。この点、法定外検診は法令上の根拠がないことから、原則として、就業規則や労働協約の規定に基づいて実施しなければならないといえる。就業規則や労働協約の規定に基づいて使用者指定の病院における精密検査を命じた事案では、労働者の病気治癒という目的に照らして合理的で相当な内容のものであれば、労働者は受診を拒否することは許されないとした裁判例がある。
>
> 　また、私傷病による病気休職からの職場復帰の際の受診指示については、労働者に受診義務があるとした裁判例がある。

13　メンタルヘルスケア

(1) メンタルヘルスとメンタルヘルスケア

　「メンタルヘルス」は、心の健康である。

　「メンタルヘルスケア」とは、労働者の心の健康の保持増進のための措置である。

　近年、経済・産業構造が変化し、仕事や職業生活に関する強い不安、悩み、ストレスを感じている労働者の割合が高くなっているといわれ

る。ストレスのために、いらいらや不安感、気分の落ち込み等のメンタル面の不調（メンタルヘルス不調）に陥る労働者が増加し、「うつ病」のような精神疾患の患者数も増加している。

このため、企業がメンタルヘルスケアを講ずることが求められている。

企業にとっては、労働者のメンタルヘルス不調は、生産性を低下させるだけでなく、休職者・退職者が増加することによる人材損失や、残された労働者の負担増による過重労働といった問題を招く。企業イメージの悪化や訴訟に発展するといった例もある。

企業がメンタルヘルスケアを実践することで、このようなリスクを回避するだけでなく、やる気や意欲の向上による生産性の向上につながるといわれている。

メンタルヘルスケアに関連する制度等には、次のものがある。

・労働者の健康の保持増進のための措置を講ずる事業者の努力義務（労働安全衛生法 69 条）

労働者の健康の保持増進のための措置を講ずる努力義務の内容として、事業者は、労働者の心の健康の保持増進のための措置（メンタルヘルスケア）を講ずる努力義務を負う。

・メンタルヘルス指針

厚生労働省は、メンタルヘルスケアの実施方法等について定めるために、「労働者の心の健康の保持増進のための指針」（メンタルヘルス指針）を策定している。同指針は、「事業者は、本指針に基づき、各事業場の実態に即した形で、ストレスチェック制度を含めたメンタルヘルスケアの実施に積極的に取り組むことが望ましい。」としている。

・ストレスチェック制度（同法 66 条の 10 等）

労働者のメンタルヘルス不調の防止のために、2014 年に労働安全衛生法が改正され、ストレスチェック制度が盛り込まれた。

(2) メンタルヘルスケアの基本的考え方

事業者は、自らがストレスチェック制度を含めた事業場におけるメンタルヘルスケアを積極的に推進することを表明するとともに、衛生委員

会等において十分な調査審議を行い、メンタルヘルスケアに関する事業場の現状とその問題点を明確にし、「心の健康づくり計画」を策定・実施するとともに、ストレスチェック制度の実施方法等に関する規程を策定する必要がある（メンタルヘルス指針）。

　メンタルヘルスケアの実施にあたっては、ストレスチェック制度の活用や職場環境等の改善を通じて、①メンタルヘルス不調を未然に防止する「一次予防」、②メンタルヘルス不調を早期に発見し適切な措置を行う「二次予防」、③メンタルヘルス不調となった労働者の職場復帰の支援等を行う「三次予防」が円滑に行われるようにする必要がある。

　これらの取組みにおいては、教育研修・情報提供を行い、「4つのケア」を効果的に推進し、職場環境等の改善、メンタルヘルス不調への対応、休業者の職場復帰のための支援等が円滑に行われるようにする必要がある（同）。

(3) 4つのケア

　メンタルヘルスケアにおいては、次の「4つのケア」が継続的かつ計画的に行われることが重要である。
　　①セルフケア
　　②ラインによるケア
　　③事業場内産業保健スタッフ等によるケア
　　④事業場外資源によるケア

(4) セルフケア

　「セルフケア」は、労働者自身がストレスに気づき、これに対処するための知識、方法を身につけ、それを実施することである。

　心の健康づくりを推進するためには「セルフケア」が重要であるから、事業者は、労働者に対して、セルフケアが行えるように教育研修、情報提供を行うなどの支援をするものとされている（メンタルヘルス指針）。

　また、管理監督者にとってもセルフケアは重要であるから、事業者は

セルフケアの対象として管理監督者も含めるものとされている（同）。

(5) ラインによるケア

　「ラインによるケア」は、日常的に労働者と接する、職場の管理監督者（ライン）の部下に対するメンタルヘルスケアである。

　管理監督者は部下の状況や職場のストレス要因を把握し、改善を図ることができる立場にあることから、「ラインによるケア」は重要であり、管理監督者による次の取り組みが必要である（メンタルヘルス指針）。

　　・「いつもと違う」部下の把握と対応
　　・部下からの相談への対応
　　・メンタルヘルス不調の部下の職場復帰への支援

　このため、事業者は、管理監督者に対して、ラインによるケアに関する教育研修、情報提供を行うものとされている（同）。

(6) 事業場内産業保険スタッフ等によるケア

　「事業場内産業保健スタッフ等によるケア」は、事業場内産業保健スタッフ及び事業場内の心の健康づくり専門スタッフ、人事労務管理スタッフ等（「事業場内産業保健スタッフ等」）によるメンタルヘルスケアである。

　「事業場内産業保健スタッフ等」は、セルフケア及びラインによるケアが効果的に実施されるよう、労働者及び管理監督者に対する支援を行うとともに、「心の健康づくり計画」の実施にあたり、中心的な役割を担う。

(7) 心の健康づくり計画

　「心の健康づくり計画」とは、事業者が、衛生委員会等（衛生委員会または安全衛生委員会）の調査審議を経て、メンタルヘルスケアに関する事項について定める基本的な計画である。

　事業主は、次の事項を定めた「心の健康づくり計画」を策定することが必要である（メンタルヘルス指針）。

①事業者がメンタルヘルスケアを積極的に推進する旨の表明に関すること

②事業場における心の健康づくりの体制の整備に関すること

③事業場における問題点の把握及びメンタルヘルスケアの実施に関すること

④メンタルヘルスケアを行うために必要な人材の確保及び事業場外資源の活用に関すること

⑤労働者の健康情報の保護に関すること

⑥心の健康づくり計画の実施状況の評価及び計画の見直しに関すること

⑦その他労働者の心の健康づくりに必要な措置に関すること

　なお、ストレスチェック制度は、各事業場の実情に即して実施されるメンタルヘルスケアに関する一次予防から三次予防までの総合的な取組の中に位置付けることが重要であることから、心の健康づくり計画において、その位置付けを明確にすることが望ましい。また、ストレスチェック制度の実施に関する規程の策定を心の健康づくり計画の一部として行っても差し支えない（同）。

(8) 事業場外資源によるケア

　「事業場外資源によるケア」とは、事業場外でメンタルヘルスケアの支援を行う機関・専門家を活用し、その支援を受けてメンタルヘルスケアを行うことである。

(9) メンタルヘルスケア推進にあたっての留意事項

　メンタルヘルスケアを推進するにあたっては、次の事項に留意することが重要である（メンタルヘルス指針）。

①心の健康問題の特性

　　心の健康については、客観的な測定方法が十分確立しておらず、その評価には労働者本人から心身の状況に関する情報を取得する必要があり、さらに、心の健康問題の発生過程には個人差が大きく、

そのプロセスの把握が難しい。また、心の健康は、すべての労働者に関わることであり、すべての労働者が心の問題を抱える可能性があるにもかかわらず、心の健康問題を抱える労働者に対して、健康問題以外の観点から評価が行われる傾向が強いという問題や、心の健康問題自体についての誤解や偏見等解決すべき問題が存在している。

②労働者の個人情報の保護への配慮

　メンタルヘルスケアを進めるに当たっては、健康情報を含む労働者の個人情報の保護及び労働者の意思の尊重に留意することが重要である。心の健康に関する情報の収集及び利用に当たっての、労働者の個人情報の保護への配慮は、労働者が安心してメンタルヘルスケアに参加できること、ひいてはメンタルヘルスケアがより効果的に推進されるための条件である。

③人事労務管理との関係

　労働者の心の健康は、職場配置、人事異動、職場の組織等の人事労務管理と密接に関係する要因によって、大きな影響を受ける。メンタルヘルスケアは、人事労務管理と連携しなければ、適切に進まない場合が多い。

④家庭・個人生活等の職場以外の問題

　心の健康問題は、職場のストレス要因のみならず家庭・個人生活等の職場外のストレス要因の影響を受けている場合も多い。また、個人の要因等も心の健康問題に影響を与え、これらは複雑に関係し、相互に影響し合う場合が多い。

14　ストレスチェック制度

(1)　意義

　「ストレスチェック制度」は、常時 50 人以上の労働者を雇用する事業場が毎年実施を義務付けられている「心理的な負担等を把握するための検査等」である（労働安全衛生法 66 条の 10）。

(2) 制度趣旨

　ストレスチェック制度の基本趣旨は、定期的に労働者のストレスの状況について検査を行い、本人にその結果を通知して自らのストレスの状況について気付きを促し、個人のメンタルヘルス不調のリスクを低減させるとともに、検査結果を集団的に分析し、職場におけるストレス要因を評価し、職場の中で、メンタルヘルス不調のリスクの高いものを早期に発見し、医師による面接指導につなげることによって、労働者のメンタルヘルス不調を未然に防止することにある。

　したがって、ストレスチェック制度の主たる目的は、精神疾患の発見ではなく、メンタルヘルス不調の未然防止である。

(3) 義務の対象

　ストレスチェック制度の実施義務を負う事業場は、常時50人以上の労働者を雇用する事業場である。「労働者」にはパートタイム労働者や派遣先の派遣労働者も含まれる。

　それ以外の事業場（常時50人未満の労働者を使用する事業場）については、ストレスチェック制度は当分の間、努力義務とされている。

(4) ストレスチェックの実施

　ストレスチェック制度の実施責任主体は事業者であり、実施の手順は「心理的な負担の程度を把握するための検査及び面接指導の実施並びに面接指導結果に基づき事業者が講ずべき措置に関する指針」（ストレスチェック指針）に定められている。

参考知識：ストレスチェック実施の手順

ア．ストレスチェック制度に関する基本方針を表明する
イ．ストレスチェック及び面接指導
　①衛生委員会等において、ストレスチェック制度の実施方法等について調査審議を行い、その結果を踏まえ、事業者がその事業場におけるストレスチェック制度の実施方法等を規程として定める。
　②事業者は、労働者に対して、医師、保健師または厚生労働大臣が定める研修

を修了した看護師若しくは精神保健福祉士（「医師等」）によるストレスチェックを行う。
- ・質問票を労働者に配布して労働者が記入し、医師等の実施者（またはその補助をする実施事務従事者）が回収する。
- ・実施者がストレスの程度を評価し、高ストレスで医師の面接指導が必要な者を選定する。

③事業者は、ストレスチェックを受けた労働者に対して、当該ストレスチェックを実施した医師等（「実施者」）から、その結果を直接本人に通知させる。
- ・事業者には通知されない。
- ・結果は実施者（またはその補助をする実施事務従事者）が保存する。

④ストレスチェック結果の通知を受けた労働者のうち、高ストレス者として選定され、面接指導を受ける必要があると実施者が認めた労働者から申出があった場合は、事業者は、当該労働者に対して、医師による面接指導を実施する。

⑤事業者は、面接指導を実施した医師から、就業上の措置に関する意見を聴取する。
- ・面接指導の結果は事業所において5年間保存する。

⑥事業者は、医師の意見を勘案し、必要に応じて、適切な措置を講じる。

ウ．集団ごとの集計・分析

①事業者は、実施者に、ストレスチェック結果を一定規模の集団ごとに集計・分析させる。

②事業者は、集団ごとの集計・分析の結果を勘案し、必要に応じて、適切な措置を講じる。

(5) ストレスチェック実施における事業者の留意事項

事業者は、ストレスチェックの実施において、次の諸点に留意しなければならない（ストレスチェック指針、「労働安全衛生法に基づくストレスチェック制度実施マニュアル」（厚生労働省）＝実施マニュアル）。

- ・心の健康に関する情報は機微な情報であることに留意し、実施方法から記録の保存に至るまでストレスチェック制度における労働者の個人情報が適切に保護されるような体制の構築が必要である。
- ・事業者は、ストレスチェック制度に関する労働者の秘密を不正に入手してはならない。このため、労働者の同意なくストレスチェック

結果が事業者には提供されない仕組みとされている（労働安全衛生法
66 条の 10 第 2 項）。

・実施者（産業医など）とその補助（調査票の回収やデータ入力等）
　をする実施事務従事者（産業保健スタッフ、事務職員など）には、
　法律で守秘義務が課され（同法 104 条）、違反した場合は刑罰の対象
　となる（同法 119 条）。

・検査を受ける労働者について解雇、昇進または異動に関して直接の
　権限を持つ監督的地位にある者は、検査の実施の事務に従事しては
　ならない（労働安全衛生法施行規則 52 条の 10）。

　　「解雇、昇進又は異動に関して直接の権限を持つ」とは、当該労
　働者の人事を決定する権限を持つことまたは人事について一定の判
　断を行う権限を持つことをいい、人事を担当する部署に所属する者
　であっても、こうした権限を持たない場合は、該当しない。

・労働者に対する不利益な取扱いの防止（後述）

(6) ストレスチェックに関する労働者に対する不利益な取扱いの防止

　事業者が、ストレスチェック及び面接指導において把握した労働者の
健康情報等に基づき、当該労働者の健康の確保に必要な範囲を超えて、
当該労働者に対して不利益な取扱いを行ってはならない。このため、事
業者は、次に定めるところにより、労働者の不利益な取扱いを防止しな
ければならない（ストレスチェック指針）。

①事業者は、労働者が面接指導の申出をしたことを理由として、当該
　労働者に対し、不利益な取扱いをしてはならない（労働安全衛生法 66
　条の 10 第 3 項）。また、事業者は、当然に、ストレスチェック結果の
　みを理由とした不利益な取扱いについても行ってはならない。

②労働者が受検しないこと等を理由とした不利益な取扱いの禁止

・ストレスチェックを受けない労働者に対して、これを理由とした
　不利益な取扱い（例：就業規則においてストレスチェックの受検を義務
　付け、受検しない労働者に対して懲戒処分を行うこと）を行ってはなら
　ない。

・ストレスチェック結果を事業者に提供することに同意しない労働者に対して、これを理由とした不利益な取扱いを行ってはならない。
・面接指導の要件を満たしているにもかかわらず、面接指導の申出を行わない労働者に対して、これを理由とした不利益な取扱いを行ってはならない。

③面接指導結果を理由とした不利益な取扱い

・措置の実施に当たり、医師による面接指導を行うことまたは面接指導結果に基づく必要な措置について医師の意見を聴取すること等の法令上求められる手順に従わず、不利益な取扱いを行ってはならない。
・面接指導結果に基づく措置の実施に当たり、医師の意見とはその内容・程度が著しく異なる等医師の意見を勘案し必要と認められる範囲内となっていないものまたは労働者の実情が考慮されていないもの等の法令上求められる要件を満たさない内容の不利益な取扱いを行うこと
・面接指導の結果を理由として、次に掲げる措置を行うこと。
　(a) 解雇すること
　(b) 期間を定めて雇用される者について契約更新をしないこと
　(c) 退職勧奨を行うこと
　(d) 不当な動機・目的をもってなされたと判断されるような配置転換または職位（役職）の変更を命じること
　(e) その他の労働契約法等の労働関係法令に違反する措置を講じること

15　安全衛生改善計画

(1) 安全衛生改善計画・特別安全衛生改善計画

　「安全衛生改善計画」とは、安全管理のための体制、職場の施設、安全教育などの面で総合的な改善整備を必要とする事業所に対し、都道府県労働局長が作成を指示する計画である（労働安全衛生法79条）。
　「特別安全衛生改善計画」は、労働安全衛生法などの関係法令に違反

し、一定期間内に同様の「重大な労働災害」を複数の事業場において発生させた企業に対して、当該企業の事業場において再び同様の重大な労働災害を発生しないようにするために必要な再発防止対策について、厚生労働大臣が作成を指示する計画である（同法78条）。

　安全衛生改善計画・特別安全衛生計画とも、計画を作成しようとする場合は、事業場の過半数組織組合または過半数代表者の意見を聴かなければならず、当該事業者・労働者は計画を守らなければならない（同法78条2項・3項、79条2項）。

第2節　治療と仕事の両立支援

1　治療と仕事の両立支援の規定

　労働者が業務によって疾病を増悪させることなく治療と仕事の両立を図るために、事業者が一定の就業上の措置や治療に対する配慮を行うことは、労働者の健康確保という意義があることは当然である。使用者による治療と仕事の両立支援には、それだけでなく、継続的な人材の確保、労働者の安心感やモチベーションの向上による人材の定着・生産性の向上、健康経営の実現、多様な人材の活用による組織や事業の活性化、組織としての社会的責任の実現、労働者のワーク・ライフ・バランス（仕事と生活の調和）の実現といった意義もある。

　事業者による労働者の治療と仕事の両立支援に関連して、労働安全衛生法・労働安全衛生規則には、各種の規定がある。

①労働者の健康確保対策の具体的な措置として、健康診断の実施（既往歴、業務歴、自覚症状及び他覚症状の有無の検査や、血圧等の各種検査の実施）及び医師の意見を勘案し、その必要があると認めるときは就業上の措置（就業場所の変更、作業の転換、労働時間の短縮、深夜業の回数の減少等）の実施を義務付けるとともに、日常生活面での指導、受診勧奨等を行うよう努めるものとされている。

②事業者は、「心臓、腎臓、肺等の疾病で労働のため病勢が著しく増悪するおそれのあるものにかかった者」については、その就業を禁止しなければならないとされている。

③事業者は、その就業に当たって、中高年齢者等の特に配慮を必要と
する者については、これらの者の心身の条件に応じて適正な配置を
行うように努めなければならないこととされている。

2　事業場における治療と職業生活の両立支援のためのガイドライン

「事業場における治療と職業生活の両立支援のためのガイドライン」
は、事業場が、がん、脳卒中などの疾病を抱える労働者に対して、適切
な就業上の措置や治療に対する配慮を行い、治療と職業生活が両立でき
るようにするため、事業場における取組などをまとめたガイドラインで
ある（厚生労働省が 2016 年に策定・公表）。

本ガイドラインでは、職場における意識啓発のための研修や治療と職
業生活を両立しやすい休暇制度・勤務制度の導入などの環境整備、治療
と職業生活の両立支援の進め方に加え、特に「がん」について留意すべ
き事項をとりまとめている。

> 参考知識：「事業場における治療と職業生活の両立支援のためのガイドライン」
> 　　　　　の主なポイント
>
> ①治療と職業生活の両立支援を行うための環境整備
> ・労働者や管理職に対する研修などによる意識啓発
> ・労働者が安心して相談・申出を行える相談窓口を明確化
> ・時間単位の休暇制度、時差出勤制度などを検討・導入
> ・主治医に対して業務内容などを提供するための様式や、主治医から就業上の
> 　措置などに関する意見を求めるための様式を整備
> ②治療と職業生活の両立支援の進め方
> ・労働者が事業者に支援を求める申出（主治医による配慮事項などに関する意
> 　見書を提出）
> ・事業者が必要な措置や配慮について産業医などから意見を聴取
> ・事業者が就業上の措置などを決定・実施（「両立支援プラン」の作成が望ま
> 　しい）
> ③がんに関する留意事項
> ・治療の長期化や予期せぬ副作用による影響に応じた対応の必要性
> ・がんの診断を受けた労働者のメンタルヘルス面へ配慮

> 参考知識：障害・治療と仕事の両立に関する助成金
>
> 　障害・治療と仕事の両立に関する助成金として、「障害者雇用安定助成金（障害・治療と仕事の両立支援制度助成コース）」がある。
> 　労働者の障害や傷病の特性に応じた治療と仕事を両立させるための制度を導入する事業主に対して助成する制度で、労働者の雇用維持を図ることを目的としている

第3節　災害補償

1　労働災害の補償制度

　労働災害の補償制度には、労働基準法による補償と労災保険法による補償とがある。

　①労働基準法による災害補償

　　　労働基準法による災害補償は、労働者が「業務上」負傷、疾病または死亡（「傷病等」）した場合に使用者が一定の補償を行うことを義務付ける制度である。

　　　労働基準法による災害補償は、「通勤災害」（後述）についての補償はない（「業務災害」（後述）の補償のみである）が、休業補償については第1日目から補償を受けられる。

　②労働者災害補償保険法（労災保険法）による労災補償

　　　労災保険法による労災補償は、「業務災害」だけでなく「通勤災害」についても補償を受けられるが、休業補償については、第4日目からしか補償を受けられない。

　　　労災保険法による労災補償は、労災保険制度（後述）を利用して労働基準法による使用者の災害補償義務を填補する制度である。このため、労働基準法による災害補償義務は、労災保険により労働基準法の災害補償に相当する給付が行われるべき場合には、その範囲で使用者は災害補償義務を免れることが定められている（労働基準法84条1項）。

2　労働基準法の災害補償制度

労働基準法が使用者の義務と定める災害補償には、次のものがある。

労災保険により労働基準法の災害補償に相当する給付がなされるべき場合には、その範囲で使用者は災害補償義務を免れる（同法84条1項）。

①療養補償（労働基準法75条）

　　使用者は、労働者が業務上負傷し、または疾病にかかった場合には、必要な療養費を負担しなければならない。

②休業補償（労働基準法76条）

　　使用者は、労働者が業務上負傷し、又は疾病にかかった場合で、療養のため労働することができない場合には、平均賃金の100分の60の休業補償をしなければならない。

③打切補償（労働基準法81条）

　　使用者は、療養補償を受ける労働者が、療養開始後3年を経過しても負傷又は疾病が治らない場合には、平均賃金の1,200日分の打切補償を行えば、その後は療養補償及び休業補償を行わなくてもよい。

④障害補償（労働基準法77条）

　　使用者は、労働者が業務上負傷し、又は疾病にかかり、治った場合で、その身体に障害が残ったときには、その障害の程度に応じた傷害補償を支払わなければならない。

⑤遺族補償（労働基準法79条）

　　使用者は、労働者が業務上死亡した場合には、遺族に対して平均賃金の1,000日分の遺族補償を行わなければならない。

⑥葬祭料（労働基準法80条）

　　使用者は、労働者が業務上死亡した場合には、葬祭を行う者に対して、平均賃金の60日分の葬祭料を支払わなければならない。

3　労災保険制度（労働者災害補償保険制度）

(1) 意義

「労災保険制度（労働者災害補償保険制度）」は、労働者災害補償保険

法（労災保険法）に基づき、業務災害または通勤災害に対して、被災労働者や遺族に保険給付を行うとともに、労働者の社会復帰の促進等を図るための事業を行う制度である。

　労災保険と雇用保険をあわせて「労働保険」とよぶこともある。

　労災保険は、労働災害の補償について、被災労働者や遺族の保護の見地から、事業主に十分な支払能力がない場合等のために、国家が保険制度を運営し、その費用を原則として事業主が負担する労災保険料によってまかなう制度（労働基準法による使用者の災害補償義務を填補する制度）である。

　労災保険制度は、一人でも労働者を使用する事業には、原則として、業種の規模の如何を問わず適用される。

(2) 労災保険における「労働者」

　労災保険における「労働者」とは、「職業の種類を問わず、事業に使用される者で、賃金を支払われる者」をいい、労働者であればアルバイトやパートタイマー等の雇用形態は関係ない。

(3) 業務災害と通勤災害

　「労災保険給付」は、労災の原因・事由により、大きく①「業務災害」に関する保険給付と、②「通勤災害」に関する保険給付とに分けられる。

　労災保険給付による補償を受けられるのは、労働基準監督署長が業務災害または通勤災害であると認定した場合である。

　①業務災害

　　「業務災害」とは、業務上の事由による労働者の負傷、疾病または死亡（「傷病等」）である（労働災害補償保険法 7 条 1 項 1 号）。

　　「業務上」とは、業務が原因となったこと、すなわち、業務と傷病等との間に相当因果関係があることである。

　　なお、業務災害により休業する場合には、労働基準法 19 条により解雇が制限される（【P.268 解雇の意義と解雇が禁止される場合】を参照）。

　②通勤災害

「通勤災害」とは、通勤によって労働者が被った傷病等である。

なお、通勤災害により休業する場合については、労働基準法19条のような解雇制限はない。

(4)「業務上」の負傷・死亡といえるかの判断

労働者が業務との関連で発生した事故によって負傷・死亡した場合に、「業務上」の負傷・死亡といえるかの判断は、(1)「業務遂行性」の有無を判断し、業務遂行性が認められる場合に、(2)「業務起因性」の有無を判断するという方法で行われる。

① 業務遂行性

「業務遂行性」とは、労働者が労働契約に基づいた事業主の支配下にある状態において発生した事故による負傷・死亡のことである。

参考知識：業務遂行性が認められる場合

負傷・死亡に業務遂行性が認められる場合には、次の3つがあげられている。

①事業主の支配・管理下で業務に従事している場合

所定労働時間内や残業時間内に事業場施設内において業務に従事している場合である。

なお、トイレ、飲水などの生理的行為中も、事業主の支配下で業務に付随するとして業務遂行性が認められるとされている。

②事業主の支配・管理下にあるが業務に従事していない場合

昼休みや就業時間前後に事業場施設内にいて、業務に従事していない場合である。この場合は、出勤して事業場施設内にいる限り、業務遂行性が認められる。

③事業主の支配下にあるが、管理下を離れて業務に従事している場合

出張や社用での外出などにより、事業場施設外で事業主の管理下を離れているものの、事業主の命令を受けて業務に従事している場合である。この場合は、移動中、宿泊中を含めて全般的に業務遂行性が認められる。

参考知識：業務遂行性が認められない場合

①②③に照らし、業務遂行性が認められない災害（負傷・死亡）とは、通勤途上の災害や、事業場外での任意的な従業員親睦活動中の災害、私的生活中の災害

ということになる。業務遂行性を否定した下級審裁判例には、次のものがある。
　　・社外の忘年会（出席は強制されていない）に参加中の災害
　　・出張先の現場での同僚の送別会に出席し、飲酒して宿舎に帰った後の近くの
　　　川での溺死

②　業務起因性

「業務起因性」とは、業務遂行性が認められる場合に、業務と負傷・死亡（災害）との間に一定の因果関係があることである。

┌─ 参考知識：業務起因性が認められない場合 ─┐

業務遂行性が認められる場合①②③の別により、業務起因性が否定される場合には違いがある。

①事業主の支配・管理下で業務に従事している場合
　　この場合は、原則として業務起因性も認められる。
　　しかし、次の場合には、業務起因性は否定される。
　・就業中に私的行為を行い、または業務を逸脱する恣意的行為や規律違反行為をしていて災害が発生した場合
　　　大工がけんかして負傷した場合に業務起因性を否定した下級審裁判例がある。酒に酔って作業して負傷した場合も業務起因性を否定するのが一般である。
　・天災地変によって被災した場合
　　　但し、事業場の立地条件や作業条件・作業環境などにより、天災地変により災害を被りやすい事情がある場合は業務起因性が認められるから、阪神大震災や東日本大震災に際して発生した災害の多くが「業務上」と認定されている。
　・外部の力によって被災した場合
　　　自動車が飛び込んできた場合や外部の者が飛び込んできて暴行を受けた場合などが考えられるが、天災地変と同様に、災害を被りやすい事情がある場合（隣接する工場が爆発した等）は、業務起因性が認められる。
②事業主の支配・管理下にあるが業務に従事していない場合
　　この場合は、業務には従事していないことから業務起因性が否定されることが多いが、次の場合には業務起因性が認められるとされている。
　・生理的行為や歩行・移動行為中の災害
　・事業場の施設・設備や管理状況などが原因で発生した災害

③事業主の支配下にあるが、管理下を離れて業務に従事している場合

　　この場合は、危険にさらされる範囲が広いので、積極的な私的行為を行うなど特段の事情がない限り、業務起因性が認められるとされている。

・出張先のホテルで就寝中に死亡した場合は業務起因性が認められる。

・出張先の宿泊施設で酔って階段から転落して死亡した場合にも業務起因が認められるとした下級審裁判例がある。

(5)「業務上」の疾病といえるかの判断

　労働者の疾病が「業務上」のものである（業務と疾病との間に相当因果関係が認められる）といえるかの判断は、労働者が事業主の支配下にある状態において発生した疾病かではなく、事業主の支配下にある状態において有害因子にさらされたことによって発症した疾病と認められるかによって判断する。

(6) 脳・心臓疾患の「業務上」認定

　脳・心臓疾患は、「過労死」と関連づけられるが、動脈硬化・動脈瘤等の基礎疾患が、加齢・食生活・生活環境等の諸要因と影響しあって発症することから、業務上の有害因子の特定が容易ではない。

　そこで、脳・心臓疾患が「業務上」と認められるかの判断枠組みについては、厚生労働省より通達（「脳血管疾患及び虚血性心疾患等（負傷に起因するものを除く。）の認定基準について」H. 13. 12. 12 基発第 1063 号）が出されている。同通達の解説として、「脳・心臓疾患の労災認定－「過労死」と労災保険」も厚生労働省から公表されている。

参考知識：長時間労働と脳・心臓疾患の「業務上」認定

　上記通達では、長期間の過重業務と脳・心臓疾患の関連性につき、労働時間に着目した場合について、次の指摘をしている。

①発症前 1 か月～6 か月間平均で、月 45 時間を超える時間外労働が認められない場合は、業務と発症との関連性が弱い

②月 45 時間を超えて時間外労働時間が長くなるほど、業務と発症との関連性が強まる

③発症前 1 か月間におおむね 100 時間または発症前 2 か月間～6 か月間平均

　で、月おおむね 80 時間を超える時間外労働が認められる場合は、業務と発症との関連性が強い

　これにより、長時間労働によって健康障害が発生するリスクが高まる目安となる「過労死ライン」は、時間外労働が 1 か月 100 時間、2～6 ヶ月間で平均 80 時間といわれている。

(7) 精神障害の「業務上」認定

　精神障害が「業務上」と認められるかの判断については、厚生労働省より通達（「心理的負担による精神障害の認定基準について」H. 23. 12. 26 基発第 1226 第 1 号）が出されている。また、同通達の解説として、「精神障害の労災認定」が厚生労働省から公表されている。

参考知識：通達が指摘する精神障害の労災認定基準

①認定基準の対象となる精神障害を発病していること
②認定基準の対象となる精神障害の発病前おおむね 6 か月の間に、業務による強い心理的負担が認められること
③業務以外の心理的負担や個体側要因により発病したとは認められないこと

参考知識：精神障害を原因とする自殺の労災認定

　業務における強い心理的負荷による精神障害を原因とする自殺による死亡（過労自殺）の労災認定における取扱いについては、業務における心理的負荷による精神障害を発病した者が自殺を図った場合は、精神障害によって、正常な認識や行為選択能力、自殺行為を思いとどまる精神的な抑制力が著しく阻害されている状態に陥ったもの（故意の欠如）と推定され、原則としてその死亡は労災認定されるとされている。

---

(8) 通勤災害における「通勤」

　通勤災害における「通勤」とは、就業に関し、①住居と就業の場所との間の往復、②就業の場所から他の就業の場所への移動、③単身赴任先住居と帰省先住居との移動を、合理的な経路および方法で行うことをいい、業務の性質を有するものを除く（労災保険法 7 条 2 項）。

　移動の経路を逸脱し、または中断した場合には、逸脱・中断間及びそ

の後の移動は「通勤」にならない（労災保険法7条3項）。

(9) 労災保険からの給付の内容

労災保険からの給付の内容は、次のものがある。

①療養補償給付（通勤災害の場合は療養給付）

　傷病が治るまで、労働者が無料で診察及び治療等が受けられるようにするもの。

②休業補償給付（通勤災害の場合は休業給付）

　傷病の療養のため労働者が働けず賃金を得られないときには、働けなくなった日の4日目から、休業（補償）給付として一定額が支給される。

　なお、業務災害による休業の場合には、休業の最初の日から3日間分は、使用者が平均賃金の60%を補償する（労働基準法76条）。

③障害補償給付（通勤災害の場合は障害給付）

　傷病が治っても障害が残ったときには、その程度に応じて障害（補償）年金あるいは障害（補償）一時金が支給される。

　このほかに障害の程度に応じて障害特別支給金が支給される。

④遺族補償給付（通勤災害の場合は遺族給付）

　死亡した場合は、遺族（補償）年金、あるいは遺族（補償）一時金が支給される。

　このほかに遺族特別支給金が支給される。

⑤葬祭料（通勤災害の場合は葬祭給付）

　死亡した場合の葬儀費用

⑥傷病補償年金（通勤災害の場合は傷病年金）

　傷病が、療養を開始してから1年6か月を経過しても治らないときなどに、それまで支給されていた休業補償給付は打ち切られ、傷病による障害の程度に応じて年金が支給される。

　このほかに傷病の程度に応じて傷病特別支給金が支給される。

⑦介護補償給付（通勤災害の場合は介護給付）

　障害（補償）年金または傷病（補償）年金を受ける者で、所定の

支給要件を満たした場合は、介護費用として支給される。

4　労災に関する事業主の責任

(1)　安全衛生管理責任

事業者は、労災を防止するため、労働安全衛生法に基づく安全衛生管理責任を果たさなければならない。

同法違反がある場合、労災事故発生の有無にかかわらず、労働安全衛生法等により刑事責任が問われることがある。

(2)　労働基準法の災害補償責任

労災事故が発生した場合、使用者は労働基準法により災害補償責任を負う。ただし、労災保険法に基づく労災保険給付が行われるべきものである場合には、使用者は労働基準法上の災害補償責任を免れる（同法84条1項）。

(3)　民事上の損害賠償責任

当該労災について不法行為または債務不履行（安全管理義務違反）があれば、使用者は民法上の損害賠償責任を負う。

ただし、使用者が、労働基準法に基づく補償を行った場合は、使用者はその価額分は民法上の損害賠償責任を免れる（労働基準法84条2項）。また、労災保険給付が行われた場合も、労働基準法84条2項を類推適用して、使用者は労災保険給付の範囲で損害賠償責任を免れると解されている。

(4)　刑事責任

労災事故を労働基準監督署に報告しなかったり虚偽の報告を行ったりした場合は、刑事責任が問われることがある。

刑法上の業務上過失致死傷罪等に問われることもある。

第15章　非正規雇用

第1節　非正規雇用の問題

1　正規雇用労働者と非正規雇用労働者

「正規雇用労働者」は、一般的に、フルタイムで、無期の労働契約として雇用される労働者をいう。正社員、正規従業員、正規雇用者、常用などとも呼ばれる。

これらの要件を満たさない労働者が非正規雇用労働者（非正規労働者）とされ、パートタイム労働者、アルバイト、契約社員、期間社員、定勤社員、嘱託、派遣社員、下請社員などがこれに該当する。

※非正規雇用労働者の問題については、「P.38 非正規雇用の処遇改善」で詳説した。

2　正社員転換・待遇改善プラン

2016年に、「正社員転換・待遇改善実現プラン」が政府により公表され、平成32年度（2021年3月）までの5か年の計画で、不本意非正規雇用労働者の正社員転換や非正規雇用労働者の待遇改善などのための目標や取組みがまとめられている。

2017年3月に公表された「働き方改革実行計画」の検討テーマのうち、「非正規雇用の処遇改善」は、「正社員転換・待遇改善実現プラン」の取組みを取り込んだものであるといえる。

3　キャリアアップ助成金

「キャリアアップ助成金」は、有期契約社員、パート、派遣労働者等の正規雇用化・処遇改善などに、ガイドライン（「有期契約労働者等のキャリアアップに関するガイドライン」）に沿って取り組む事業主を支援し、非正規雇用労働者の企業内でのキャリアアップを促進するための助成金である。

第2節　有期雇用労働者

1　有期雇用労働者に関する規制

(1) 有期雇用労働者

「有期雇用労働者（有期契約労働者）」とは、事業主と期間の定めのある労働契約を締結している労働者である（パートタイム・有期雇用労働法2条2項）。労働契約法17条〜19条に規定されている「有期労働契約」を締結している労働者は、有期雇用労働者である。

期間の定めのない労働契約（無期契約）である「正社員」に対して、「契約社員」と呼ばれることもある。

有期雇用労働者には、「日雇い」、「臨時工」、「季節労働者」、「期間社員」、「アルバイト」、「嘱託」、「パートタイム労働者」など様々な態様があり、非正規雇用労働者（非正規労働者）に位置付けられる。

(2) 有期労働契約に関する規制

有期労働契約については、雇止めによる不安や有期労働契約であることを理由として不合理な労働条件が定められる問題などに対処し、安心して働き続けることができるように、次のような規制が定められている。

①有期労働契約の1回の契約期間の上限規制（労働基準法14条1項）

②労働契約時の労働条件の明示（労働基準法15条）

③期間途中の解雇制限（労働契約法17条1項）

④無期転換ルール（労働契約法18条）

⑤雇止めの制限（労働契約法19条）

⑥期間の定めがあることによる不合理な労働条件の禁止（パートタイム・有期雇用労働法8条、改正前労働契約法20条）

⑦雇止めの予告、雇止め理由の明示、契約期間についての配慮（有期労働契約の締結、更新及び雇止めに関する基準）

2　有期労働契約の1回の契約期間の上限規制等
(1) 上限3年の原則
　有期労働契約を締結する場合、一定の事業の完了に必要な期間を定めるもののほかは、1回の契約期間の上限は原則3年とされている（労働基準法14条1項）。
　ただし、以下の特例が認められている（同項）。
　①専門的な知識、技術または経験（「専門的知識等」）であって高度のものとして厚生労働大臣が定める基準に該当する専門的知識等を有する労働者（当該高度の専門的知識等を必要とする業務に就く者に限る。）との間に締結される労働契約は、1回の契約期間の上限は5年（1号）
　②満60歳以上の労働者との間に締結される労働契約は、1回の契約期間の上限は5年（2号）
　上記規定に違反して上限を超える期間が定められた場合には、当該契約における契約期間は上限の期間に改められる。

(2) 契約期間についての配慮
　使用者は、有期労働契約によって労働者を雇い入れる場合は、その目的に照らして、契約期間を必要以上に細切れにしないよう配慮しなければならない（労働契約法17条2項）。

3　有期労働契約に関する労働契約時の労働条件の明示
　使用者は、労働契約の締結に際し、労働者に対して賃金、労働時間その他一定の労働条件を明示しなければならず（労働基準法15条1項）、特に重要な6項目については、書面を交付して明示しなければならない（労働基準法15条・労働基準法施行規則5条2項3項）。
　この6項目の中に、「労働契約の期間に関する事項」と「期間の定めのある労働契約を更新する場合の基準に関する事項」とがある。これらを書面で明示するのは、有期労働契約の継続・終了について有期契約労働者に予測可能性と納得性を高め、紛争を防止するためのものである。
　明示された労働条件が事実と相違する場合は、労働者は、即時に労働

契約を解除することができる（労働基準法 15 条 2 項）。

4　無期転換ルール

(1)　意義

「無期転換ルール」は、有期労働契約が反復更新されて通算 5 年を超えたときは、労働者の申込みにより、期間の定めのない労働契約（無期労働契約）に転換できるルールである（労働契約法 18 条）。

無期転換ルールは、有期労働契約の濫用的な利用を抑制し、労働者の雇用の安定を図ることを目的として、2012 年の労働契約法改正により追加され、2013 年 4 月 1 日から施行された。

有期契約労働者が期間の定めのない労働契約の締結の申込み（無期転換申込権の行使）をした場合は、使用者が申し込みを承諾したものとみなされ（労働契約法 18 条 1 項）、無期労働契約が成立する。

(2)　無期転換申込権の発生要件

無期転換申込権は、同一の使用者との間で締結された 2 つ以上の有期労働契約の通算契約期間が 5 年を超える場合に発生する（労働契約法 18 条 1 項）。

例えば、契約期間が 1 年の場合は、5 回目の更新後の 1 年間に無期転換申込権が発生し、6 回目の有期契約の初日から満期日まで、無期転換の申込みができる。

契約期間が 3 年の場合は、1 回目の更新をすれば通算契約期間は 6 年になるため、2 回目の有期契約の初日から無期転換申込権が発生し、契約満了日までの 3 年間は無期転換の申込みができることになる。

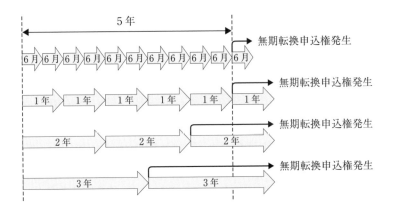

(3) 通算契約期間のカウント方法

　通算契約期間は、「同一の使用者」ごとに計算する。

　例えばA工場からB工場に勤務場所を変更する等、事業場が変わった場合でも、同じ事業主の事業場間の異動であれば、契約期間は通算する。

　なお、事業主が、無期転換申込権が発生しないようにする意図をもって、就業実態がそれまでと変わらないにもかかわらず、派遣形態や請負形態を偽装し、労働契約の当事者を形式的に他の事業主に切り替えた場合、通算契約期間の計算上は、「同一の使用者」との労働契約が継続しているものと解される。

(4) 通算契約期間に含まれる有期労働契約

　労働契約法18条は2013年4月1日より施行された規定であるため、通算契約期間のカウントは、2013年4月1日以後に開始する有期労働契約が対象とされている（平成24年改正法附則2条）。

　このため、2013年3月31日以前に開始（締結または更新）した有期労働契約は、通算契約期間に含まれないので、注意が必要である。

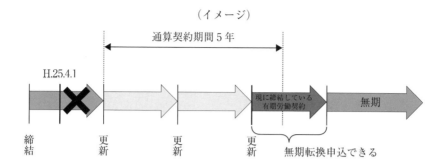

（イメージ）

(5) 無期転換申込権の行使

「期間の定めのない労働契約の締結の申込み」は、労働者の権利であり、申込みをするかどうかは労働者の自由である。無期転換を申し込まず、有期労働契約の更新を選択することもできる。

無期転換の申込みの方法は定められておらず、口頭で行っても法律上は有効である。

なお、無期転換申込権を得た労働者が、その有期労働契約期間中に無期転換の申込みをしなかったときは、次の更新以降に無期転換の申込みをすることができる。

(6) 無期転換申込権の事前放棄

無期転換申込権を行使しないことを契約更新の条件とするなど、有期契約労働者にあらかじめ無期転換申込権を放棄させることは、雇止めによって雇用を失うことを恐れる労働者に対して、使用者が無期転換申込権の放棄を強要する状況を招きかねず、労働契約法 18 条の趣旨を没却するものであるから、こうした有期契約労働者の意思表示は、公序良俗に反し無効と解されている。

(7) 無期転換の効果

無期転換申込権の行使により使用者が申込みを承諾したものとみなされるので、申込みの時点で無期労働契約が成立する。

　この場合に、使用者が有期労働契約の満期に雇用を終了させるためには、成立している無期労働契約を解約（解雇）する必要があり、「客観的に合理的な理由を欠き、社会通念上相当と認められない場合」には、権利濫用に該当するものとして解雇は無効になる（労働契約法16条）。

(8) 無期転換した無期労働契約の内容

　無期転換申込権の行使によって転換した無期労働契約の労働条件（職務、勤務地、賃金、労働時間など）は、「別段の定め」がない限り、直前の有期労働と同一となる（同法18条1項）。

　従って、無期転換申込権の行使により当然に「正社員」になるというわけではない。

　無期転換後の労働条件を変更できる「別段の定め」は、労働協約、就業規則、個々の労働契約が該当する。

(9) クーリング

　「クーリング」とは、有期労働契約とその次の有期労働契約の間に、契約がない期間が一定期間以上あるときは、その空白期間より前の有期労働契約は通算契約期間に含めないことである（労働契約法18条2項）。

参考知識：クーリング期間

①カウントの対象となる有期労働契約の契約期間が1年以上の場合…6か月
・有期労働契約とその次の有期労働契約の間に、契約がない期間が6か月以上あるときは、空白期間より前の有期労働契約は通算契約期間に含めない（クーリングされる）。この場合、その次の有期労働契約の契約期間から、通算契約期間のカウントが再度スタートする。
・空白期間が6ヶ月未満の場合は、前後の有期労働契約の期間を通算する（クーリングされない）。

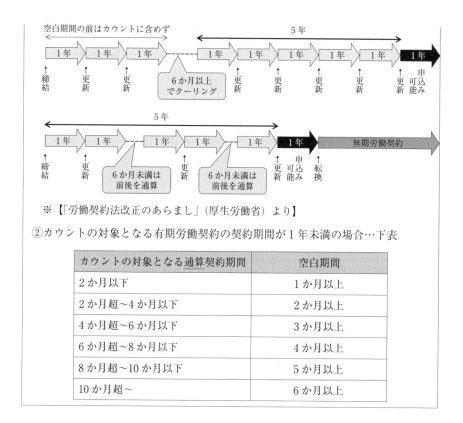

※【「労働契約法改正のあらまし」(厚生労働省) より】

②カウントの対象となる有期労働契約の契約期間が1年未満の場合…下表

カウントの対象となる通算契約期間	空白期間
2か月以下	1か月以上
2か月超〜4か月以下	2か月以上
4か月超〜6か月以下	3か月以上
6か月超〜8か月以下	4か月以上
8か月超〜10か月以下	5か月以上
10か月超〜	6か月以上

(10) 無期転換ルールの特例

無期転換ルールには以下の特例が定められている。

①大学等および研究開発法人における有期労働契約の研究者・技術者・教員に関しては、「5年超え」を「10年超え」とする特例がある(研究開発力強化法15条の2第1項、大学教員等任期法7条1項)。

②都道府県労働局長の認定を受けた場合は、5年を超える一定の期間に完了することが予定される業務に従事する高収入かつ高度な専門的知識、技術または経験を有する有期契約労働者は、業務完了までの期間(期間が10年間を超える場合には10年間)は無期転換申込権が発生しない(有期特措法8条1項)。

③都道府県労働局長の認定を受けた場合は、60歳以上の定年に達した後に引き続き雇用される者は、継続雇用されている期間は無期転換申込権発生の源となる通算契約期間に参入しない（有期特措法2条3項2号・8条2項）。

5　期間の定めがあることによる不合理な労働条件の禁止

「期間の定めがあることによる不合理な労働条件の禁止」は、同一の使用者と労働契約を締結している有期契約労働者と無期契約労働者との間で、期間の定めがあることにより不合理に労働条件を相違させることを禁止するルールである（労働契約法20条）。

労働契約法20条は、働き方改革関連法による改正により削除され、パートタイム・有期雇用労働法8条が適用されることになった（改正法の施行時期は、2020年4月1日（中小事業主は2021年4月1日）である）。

※改正の内容については、「P.46 パートタイム労働法と労働契約法の改正」で詳説した。

参考知識：改正前労働契約法20条による「期間の定めがあることによる不合理な労働条件の禁止」の要件

労働契約法20条によると、「同一の使用者」のもとでの有期契約労働者と無期契約労働者の労働条件の相違が、以下の事情を考慮して「不合理と認められるものであってはならない」。

①職務の内容（業務の内容および当該業務に伴う責任の程度）
②当該職務の内容および配置の変更の範囲（人材活用の仕組み）
③その他の事情

「労働条件」は、賃金や労働時間等の狭義の労働条件だけでなく、労働契約の内容となっている災害補償、服務規律、教育訓練、付随義務、福利厚生など、労働者に対する一切の待遇が含まれ、とりわけ、通勤手当、食堂の利用、安全管理などについて労働条件を相違させることは、上記①～③を考慮して、特段の事情がない限り、合理的とは認められないと解されている。

参考知識：改正前労働契約法20条違反の効果

労働契約法20条により不合理とされた労働条件の定めは無効となり、基本的には、無期契約労働者と同じ労働条件が認められる。

それだけでなく、故意・過失による権利侵害、すなわち不法行為として損害賠償が認められ得る。

第3節　短時間・有期雇用労働者

1　パートタイム労働者

　我が国では、「パートタイム労働者」の定義は一義的ではなく、パートタイム労働者が、アルバイト、準社員、嘱託などの名称で働いている場合があり、「パート」、「パートタイマー」と呼ばれている労働者が正規の労働時間（日数）で働いている場合もある。法的には、「短時間労働者」という用語で、パートタイム・有期雇用労働法（改正前はパートタイム労働法）に定義規定がある（後述する）。

　パートタイム労働者も労働者であるから、労働契約法、労働基準法、男女雇用機会均等法、最低賃金法、労働安全衛生法、賃金の支払の確保等に関する法律、労災保険法、育児・介護休業法の適用を受け、労働組合法の適用も受ける。

2　パートタイム労働法（改正前）

(1) 意義

　パートタイム労働法（短時間労働者の雇用管理の改善等に関する法律）は、短時間労働者の適正な労働条件の確保、雇用管理の改善、通常の労働者への転換の推進などの措置等を講ずることによって、通常の労働者との均衡のとれた待遇の確保等を図ることを通じて、短時間労働者の福祉の増進を図ることを目的とする法律である。

(2) 働き方改革関連法による法改正

　2018年に公布された働き方改革関連法により、パートタイム労働法（「短時間労働者の雇用管理の改善等に関する法律」）は、法律名が「短時間労働者及び有期雇用労働者の雇用管理の改善等に関する法律」（パートタイム・有期雇用労働法）に改められ、有期雇用労働者も同法によ

る保護対象となった（パートタイム・有期雇用労働法の施行時期は、2020年4月1日（中小事業主に対しては2021年4月1日）とされている）。

　　※改正の詳細については、「P. 46 パートタイム労働法と労働契約法の改正」で
　　　解説した。

2　パートタイム・有期雇用労働法

(1)　意義

　パートタイム・有期雇用労働法（短時間労働者及び有期雇用労働者の雇用管理の改善等に関する法律）は、短時間・有期雇用労働者の適正な労働条件の確保、雇用管理の改善、通常の労働者への転換の推進などの措置等を講ずることによって、通常の労働者との均衡のとれた待遇の確保等を図ることを通じて、短時間・有期雇用労働者の福祉の増進を図ることを目的とする法律である。

　もともとはパートタイム労働法として、短時間労働者を保護するための法律であったが、2018年の働き方改革関連法による法改正で、パートタイム・有期雇用労働法と法律名が変わり、短時間労働者も保護対象に加わった。

(2)　短時間労働者

　パートタイム・有期雇用労働法の「短時間労働者」とは、1週間の所定労働時間が同一の事業主に雇用される通常の労働者の1週間の所定労働時間に比し短い労働者である（同法2条1項）。

　改正前のパートタイム労働法では、「短時間労働者」は、1週間の所定労働時間が「同一の事業所」に雇用される通常の労働者の1週間の所定労働時間に比し短い労働者とされていが（2条）、改正により、事業所単位ではなく事業者（法人格）単位で判断されることとなった。

(3)　短時間・有期雇用労働者

　「短時間・有期雇用労働者」とは、短時間労働者および有期雇用労働者をいう（パートタイム・有期雇用労働法2条3項）。

（パートタイム・有期雇用労働法による主な規制）

	パートタイム・有期雇用労働法によるパートタイム・有期雇用労働者保護の規定
6	雇い入れたときの労働条件に関する文書の交付等による明示義務
7	就業規則の作成の手続に関する努力義務
8	不合理な待遇差の禁止
9	通常の労働者と同視すべき短時間・有期雇用労働者に対する差別的取扱いの禁止
10	通常の労働者との均衡を考慮しつつ賃金を決定する努力義務
11	職務内容同一短時間・有期雇用労働者に対する教育訓練実施義務等
12	短時間・有期雇用労働者に対しても福利厚生施設の利用機会を与える義務
13	通常の労働者への転換を推進するための措置義務
14	1項　短時間・有期雇用労働者を雇い入れたときに、8条から13条までの規定により講ずる措置の内容を説明する義務 2項　求めがあったときは、当該短時間・有期雇用労働者と通常の労働者との間の待遇の相違の内容および理由ならびに6条から13条までの規定により講ずる措置に関する決定をするにあたって考慮した事項について、当該短時間・有期雇用労働者に説明する義務 3項　求めをしたことを理由とする不利益取扱いの禁止
16	短時間・有期雇用労働者からの相談のための体制の整備義務
17	短時間・有期雇用管理者選任の努力義務
18	報告の徴収、助言・指導、勧告
22	短時間・有期雇用労働者からの苦情の自主的解決の努力義務
24	都道府県労働局長に紛争の解決の援助を求めたことを理由とする不利益取扱いの禁止
25	均衡待遇調停会議の申請をしたことを理由とする不利益取扱いの禁止

(4) 雇入れ時における労働条件に関する文書の交付義務

　事業主は、短時間・有期雇用労働者を雇い入れたときは、速やかに、当該短時間労働者に対して、労働条件に関する事項のうち労働基準法上の労働条件明示義務（労働基準法法15条1項）に加えて、「特定事項」（昇給、退職手当、賞与の有無、短時間労働者の雇用管理の改善等に関する事項に係る相談窓口）を文書の交付等の方法により明示しなければならない（パートタイム・有期雇用労働法6条1項）。

　上記事項以外の労働条件についても、文書の交付等により明示するよう努めるものとされている（同法6条2項）。

(5) 不合理な待遇の禁止

①　法8条の意義

事業主は、短時間・有期雇用労働者の基本給、賞与その他の待遇のそれぞれについて、当該待遇に対応する通常の労働者の待遇との間において、

①当該短時間・有期雇用労働者及び通常の労働者の業務の内容及び当該業務に伴う責任の程度（以下、「職務の内容」という。）、

②当該職務の内容及び配置の変更の範囲

③その他の事情

のうち、当該待遇の性質及び当該待遇を行う目的に照らして適切と認められるものを考慮して、不合理と認められる相違を設けてはならない（パートタイム・有期雇用労働法8条）。

不合理な待遇差の禁止の規定を、均衡待遇規定ということもある。

②　不合理性の判断方法

不合理性は、待遇全体を包括的に比較して判断するのではなく、待遇ごとに個別に（「待遇のそれぞれについて」）判断する。

また、職務内容等が類似する通常の労働者の待遇とだけ比較するのではなく、職務内容等が類似しない通常の労働者の待遇も比較対象となりうるとされている。

③　同一労働同一賃金ガイドライン

①職務の内容（業務の内容及び当該業務に伴う責任の程度）、②変更範囲（職務の内容及び配置の変更の範囲）、③その他の事情のうち、当該待遇の性質及び当該待遇を行う目的に照らして適切と認められるものを考慮して判断する具体的な例が、「同一労働同一賃金ガイドライン」で例示されている。

④　8条違反の効果

就業規則などの不合理な待遇差の定めは無効となり、不法行為（民法

709条）として損害賠償請求の対象となる（たとえば、パートタイム・有期雇用者について通常の労働者よりも不合理に低額な通勤手当を支給することを定める就業規則の規定は無効となり、通常の労働者の通勤手当の額との差額を損害賠償請求できる）。

なお、通常の労働者の就業規則等が適用される効力（補充的効力）までは認められない（上の例だと、通常の労働者と同額の通勤手当の支給を求めることまではできず、損害賠償請求という形になる）が、就業規則の合理的解釈（契約の合理的解釈）により、通常の労働者の就業規則等が適用できる場合もあると解されている。

(6) 通常の労働者と同視すべき短時間・有期雇用労働者に対する差別的取扱いの禁止

① 法9条の意義

事業主は、①職務の内容が当該事業所に雇用される通常の労働者と同一の短時間・有期雇用労働者（「職務内容同一短時間・有期雇用労働者」という。）であって、②当該事業所における慣行その他の事情からみて、当該事業主との雇用関係が終了するまでの全期間において、その職務の内容及び配置が当該通常の労働者の職務の内容及び配置の変更の範囲と同一の範囲で変更されることが見込まれるもの（「通常の労働者と同視すべき短時間・有期雇用労働者」という。）については、短時間・有期雇用労働者であることを理由として、基本給、賞与その他の待遇のそれぞれについて、差別的取扱いをしてはならない（パートタイム・有期雇用労働法9条）。

上記①②を満たす短時間・有期雇用労働者を、「通常の労働者と同視すべき短時間・有期雇用労働者」という（同条）。

なお、差別的取扱いの禁止の規定を、均等待遇規定ということもある。

② 9条違反の効果

法8条の場合と同様である。

（パートタイム・有期雇用労働法 8 条・9 条のイメージ）

（8 条）
不合理な待遇差の禁止
①②③のうち、待遇の性質・待遇の目的に照らして適切と認められるものを考慮して、各待遇に不合理と認められる相違を設けてはならない

① 業務の内容及び当該業務に伴う責任の程度（職務の内容）

② 当該職務の内容及び配置の変更の範囲（変更範囲）

③その他の事情

（9 条）
差別的な取扱いの禁止
①が同じ＋②が同じと見込まれるもの（通常の労働者と同視すべき短時間・有期雇用労働者）については、各待遇について、差別的取扱いをしてはならない

(7) 均衡待遇の努力義務・実施義務・配慮義務

　パートタイム・有期雇用労働法は、均衡待遇に関し、次の努力義務等を定めている。

①　職務関連賃金に関する均衡待遇の努力義務（10 条）

　事業主は、通常の労働者との均衡を考慮しつつ、その雇用する短時間・有期雇用労働者（通常の労働者と同視すべき短時間・有期雇用労働者を除く）の職務の内容、職務の成果、意欲、能力または経験その他の就業の実態に関する事項を勘案し、通勤手当、退職手当その他の厚生労働省令で定めるものを除く賃金を決定するように努めるものとする。

②　教育訓練の実施義務・努力義務（同法 11 条）

　事業主は、通常の労働者に対して実施する教育訓練であって、当該通常の労働者が従事する職務の遂行に必要な能力を付与するためのものについては、職務内容同一短時間・有期雇用労働者（通常の労働者と同視すべき短時間労働者を除く）が既に当該職務に必要な能力を有している場合その他の厚生労働省令で定める場合を除き、職務内容同一短時間労働者に対しても、これを実施しなければならない（11 条 1 項）。

　事業主は、11 条 1 項に定めるもののほか、通常の労働者との均衡を考慮しつつ、その雇用する短時間・有期雇用労働者の職務の内容、職務

の成果、意欲、能力及び経験その他の就業の実態に関する事項に応じ、当該短時間・有期雇用労働者に対して教育訓練を実施するように努めるものとする（11 条 2 項）。

③　福利厚生施設の利用に関する配慮義務（同法 12 条）

事業主は、通常の労働者に対して利用の機会を与える福利厚生施設であって、健康の保持または業務の円滑な遂行に資するものとして厚生労働省令で定めるものについては、その雇用する短時間・有期雇用労働者に対しても、利用の機会を与えるように配慮しなければならない。

(8) 通常の労働者への転換の措置義務

事業主は、通常の労働者への転換を推進するため、その雇用する短時間・労働者について、次のいずれかの措置を講じなければならない（13 条）。

①通常の労働者の募集を行う場合において、当該募集に係る事業所に掲示すること等により、その者が従事すべき業務の内容、賃金、労働時間その他の当該募集に係る事項を当該事業所において雇用する短時間・有期雇用労働者に周知すること。

②通常の労働者の配置を新たに行う場合において、当該配置の希望を申し出る機会を当該配置に係る事業所において雇用する短時間・有期雇用労働者に対して与えること。

③一定の資格を有する短時間・有期雇用労働者を対象とした通常の労働者への転換のための試験制度を設けることその他の通常の労働者への転換を推進するための措置を講ずること。

(9) 事業主が講ずる措置の内容等の説明義務

①　雇い入れたときの、法の規定により講ずべき措置の内容の説明義務

事業主は、短時間・有期雇用労働者を雇い入れたときは、速やかに、短時間・有期雇用労働者の待遇に関してパートタイム・有期雇用労働法 9 条から 13 条までの規定により講ずることとしている措置の内容につ

いて、当該短時間・有期雇用労働者に説明しなければならない（同法14条1項）。

②　求めがあったときの、待遇決定にあたっての考慮事項の説明義務

事業主は、その雇用する短時間・有期雇用労働者から求めがあったときは、

- 当該短時間・有期雇用労働者と通常の労働者との間の待遇の相違の内容及び理由並びに
- 法6条から13条までの規定により措置を講ずべきこととされている事項に関する決定をするにあたって考慮した事項について、当該短時間・有期雇用労働者に説明しなければならない（同法14条2項）。

なお、「待遇の相違の内容」として何を説明するか、「待遇の相違の理由」として何を説明するか、そして説明の方法等については、「事業主が講ずべき短時間労働者及び有期雇用労働者の雇用管理の改善に関する措置等についての指針」（短時間・有期雇用労働指針）で解説されている。

また、待遇の相違の内容及び理由の説明義務に違反していることは、待遇差の不合理性判断（8条）の考慮要素となると解されている。

③　不利益扱いの禁止

事業主は、短時間・有期雇用労働者が①②の求めをしたことを理由として、当該短時間・有期雇用労働者に対して解雇その他不利益な取扱いをしてはならない（同法14条3項）。

第3編　雇用保障法

第1章　労働市場の一般的施策

第1節　労働施策総合推進法
意義

「労働施策総合推進法」（「労働施策の総合的な推進並びに労働者の雇用の安定及び職業生活の充実等に関する法律」）は、2018年の働き方改革関連法による改正により、それまでの「雇用対策法」から法令名が変更され、働き方改革の理念を盛り込んだ基本法として位置づけられた。

政府は、労働施策総合推進法に基づき、2018年に「労働施策基本方針」を策定し、労働者がその能力を有効に発揮することができるようにするため、働き方改革の意義やその趣旨を踏まえた国の労働施策に関する基本的な事項※等について示している。

　※労働施策に関する基本的な事項
　　①労働時間の短縮等の労働環境の整備
　　②均衡のとれた待遇の確保・多様な働き方の整備
　　③多様な人材の活躍促進
　　④育児・介護・治療と仕事の両立支援
　　⑤人的資本の質の向上・職業能力評価の充実
　　⑥転職・再就職支援、職業紹介等の充実
　　⑦働き方改革の円滑な実施に向けた連携体制整備

第2節　職業紹介
1　職業紹介と職業安定法
(1) 職業安定法

「職業安定法」は、労働者の募集・職業紹介・労働者供給の基本的な枠組（ルール）について定めた法律である。

(2) 職業紹介

「職業紹介」は、求人及び求職の申込みを受け、求人者と求職者の間の雇用関係の成立をあっせんすることである。

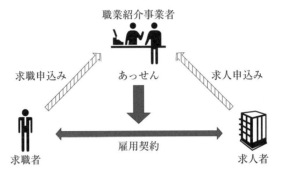

無料職業紹介事業については特段の制限がないが、有料職業紹介事業については、①港湾運送業務に就く職業、②建設業務に就く職業以外の職業について、許可制で行うことができる（職業安定法30条、32条の11）。

2　労働者供給と労働者供給事業

参考知識

（1）　労働者供給

「労働者供給」とは、供給契約に基づいて労働者を他人の指揮命令を受けて労働に従事させることをいい、「労働者派遣」（労働者派遣法2条1号）に該当するものを含まないものである（職業安定法4条7項）。

［労働者供給の態様］

次のいずれか。

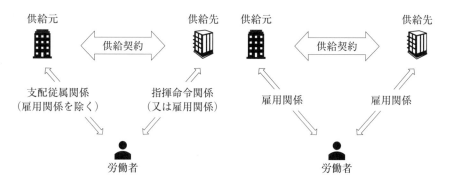

参考知識

(2)　労働者供給事業

　何人も、労働組合等が厚生労働大臣の許可を受けて無料で行う場合を除くほか、労働者供給事業を行い、又はその労働者供給事業を行う者から供給される労働者を自らの指揮命令の下に労働させてはならない（職業安定法44条）。

　労働者供給事業が原則として禁止されているのは、労働者供給事業により中間搾取の弊害が生じる恐れがあるからである。

　このため、中間搾取の弊害をなくすための規制をしている「労働者派遣」については労働者供給から除外されている。また、労働組合等が無料で行う労働者供給事業は、中間搾取の弊害が少ないことから、労働者供給事業から除外されている（職業安定法44条・45条）。

　労働者供給事業とは、労働者供給を業として行うことをいう。

3　労働者供給と労働者派遣

参考知識

　「労働者派遣」とは、派遣元事業主が、自己の雇用する労働者を、派遣先の指揮命令を受けて、派遣先のための労働に従事させることである。「労働者派遣」は、形式的には「労働者供給」に該当するが、労働者派遣法の要件に該当するもの（派遣元と労働者との関係は雇用関係であり、かつ派遣先と労働者との関係は指揮命令関係）は、「労働者供給」から除外され、労働者派遣法の規制のもとで

合法化されている。

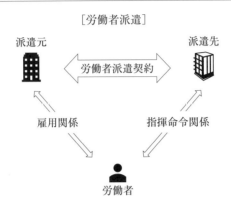

［労働者派遣］

4　労働者供給と出向

　出向（在籍出向）は、「労働者供給」に該当し、労働者派遣でもない。

　従って、出向が「業として行われる」場合には、「労働者供給事業」に該当し、職業安定法44条違反となる。

5　労働者供給と業務請負

参考知識

　業務請負により、請負事業者がその従業員を注文主の事業場において労働させる場合は、その実態が労働者供給（職業安定法44条で原則禁止）や労働者派遣（労働者派遣法5条1項で許可制）に該当しないかに注意する必要がある。

　形式的には業務請負であっても、その実態は労働者供給や労働者派遣に該当するものを、「偽装請負」と呼ぶ。

※「偽装請負」については、【P.450 偽装請負】を参照

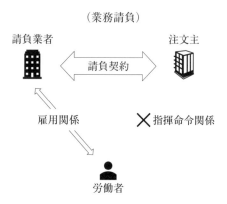

（業務請負）

<h1>第3節　労働者派遣</h1>

1　意義

(1) 労働者派遣

「労働者派遣」とは、派遣元（派遣元事業主）が、自己の雇用する労働者を、派遣先の指揮命令を受けて、派遣先のための労働に従事させることである。

(2) 派遣社員

「派遣社員（派遣労働者）」は、派遣元に雇用され、派遣先の指揮命令を受けて、派遣先のために労働に従事する労働者である。

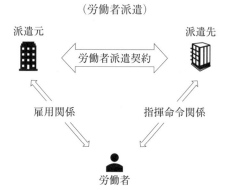

（労働者派遣）

2　労働者派遣法

「労働者派遣法」（「労働者派遣事業の適正な運営の確保及び派遣労働者の保護等に関する法律）は、労働者派遣事業の適正な運営の確保に関する措置を講ずるとともに、派遣労働者の保護等を図り、もって派遣労働者の雇用の安定その他福祉の増進に資することを目的とする法律である。

　労働者派遣は、労働者に賃金を支払う事業者（派遣元）と指揮命令をする事業者（派遣先）が異なるという複雑な労働形態となっていることから、労働者派遣法において、派遣労働者の保護や雇用の安定等を図るために、労働者派遣事業の規制、派遣可能期間の規制、派遣元事業者の講ずべき措置、派遣先事業者の講ずべき措置などを規定している。

3　派遣禁止業務

　次の禁止業務（派遣禁止業務）については、労働者派遣の弊害が懸念されることから、労働者派遣事業を行ってはならないとされている（労働者派遣法4条1項）。

　①港湾運送業務（1号）

　②建設業務（2号）

　③警備業務（3号）

　④病院等における医療関連業務（4号・労働者派遣法施行令2条）

┌─ 参考知識：④の例外 ─
│
│　④については、紹介予定派遣をする場合や産前産後休業・育児休業・介護休業を取得する労働者の代替の場合等は、派遣が可能とされている（施行令2条）。
└

4　派遣可能期間の規制

　労働者派遣法は、派遣就業は臨時的かつ一時的なものであることを原則とするとの考えのもと、労働者派遣が常用雇用の代替となることを防止するために、派遣可能期間を制限している。

　派遣可能期間（原則3年）は、①事業所単位と②人単位で規制されている。

　派遣可能期間の制限に違反した場合は、派遣先は、違反に該当することを知らず、かつ、知らなかったとことにつき過失がなかったとき（善意・無過失である場合）を除き、受け入れている派遣労働者について直接雇用の申込みをしたものとみなされる（同法40条の6第1項3号・4号）。

　この場合の直接雇用の申込みにおける労働条件は、対象となる派遣労働者の派遣元における労働条件と同一の労働条件と解されている。

　そして、派遣労働者が承諾した時点で労働契約（直接雇用）が成立する。

参考知識：派遣可能期間

①事業所単位の派遣可能期間

　同一の派遣先の事業所に対し派遣できる期間は、原則として3年が限度である。

　すなわち、派遣先は、原則として、当該派遣先の事業所※その他派遣就業の場所ごとの業務について、派遣元事業主から3年の派遣可能期間を超える期間継続して労働者派遣の役務の提供を受けてはならない（同法40条の2第1項）。そして、3年の派遣可能期間を延長しようとするときは、事業所単位の期間制限の抵触日の1か月前までに、派遣先の事業所の過半数労働組合等からの意見を聞く必要があり（同法40条の2第3項）、過半数労働組合等が異議を述べたときは、派遣可能期間の延長の理由等について説明しなければならない（同法40条の2第5項）。なお、1回の意見聴取で延長できる期間は3年までである。

　このため、派遣先は、当該事業所で受け入れるすべての派遣労働者の派遣可能期間が経過するごとに当該事業所の過半数労働組合等の意見聴取を行って派遣可能期間を延長しておく必要がある。

②個人単位の派遣可能期間

　同一の派遣労働者を、派遣先の事業所における同一の組織単位（課など）に対し派遣できる期間は、3年が限度である。

　すなわち、派遣元事業主は、派遣先の事業所その他派遣就業の場所における組織単位※ごとの業務について、3年を超える期間継続して同一の派遣労働者に係る労働者派遣を行ってはならない（同法35条の3）。

　また、派遣先は、事業所単位の派遣可能期間が延長された場合において、同一の派遣労働者について、組織単位ごとの業務について、3年を超える期間継続して労働者派遣の役務の提供を受けてはならない（同法40条の3）。

　なお、派遣先は、派遣労働者単位の派遣可能期間の制限（同法 40 条の 3）に違反して、当該派遣労働者を受け入れている課で継続して当該派遣労働者を受け入れることはできないが、他の課で受け入れることはできる。そして、それまで 3 年間当該派遣労働者を受け入れてきた課は、他の派遣労働者を受け入れて派遣受入を継続することはできる。

参考知識・事業所・組織単位

※「事業所」
　　事業所単位の派遣可能期間における「事業所」の別は、雇用保険の適用事業所に関する考え方と基本的に同じである。すなわち、①工場・事務所等、場所的に独立していること、②経営単位として、人事・経理・働き方などがある程度独立していること、③施設として一定期間の継続性があることが求められる。
※「組織単位」
　　「組織単位」とは、いわゆる「課」や「グループ」等の業務としての類似性や関連性がある組織であり、かつ、その組織の長が業務配分や労務管理上の指揮監督権限を有するものである。

5　派遣先の講ずべき措置

(1) 概要

　労働者派遣では、派遣労働者と雇用関係にあるのは派遣元事業主（派遣元）であるから、労働者派遣に伴って生じる問題は、まず派遣元事業主が責任をもって対処しなければならない。

　しかし、実際に指揮命令をしている派遣先が全く責任を負わないというのは妥当ではないことから、労働者派遣法は、派遣先に対し、一定の措置を講ずることを定めている。

参考知識：派遣先の講ずべき措置

①派遣先は、その基本的責務として、労働者派遣契約の定めに反することのないように適切な措置を講じなければならない（同法 39 条）。
②派遣先は、派遣労働者から苦情の申出を受けたときは、当該苦情の内容を派遣元事業主に通知するとともに、当該派遣元事業主との密接な連携の下に、誠意をもって、遅滞なく、当該苦情の適切かつ迅速な処理を図らなければならない（同法 40 条 1 項）。

③派遣先は、派遣元事業主からの求めに応じ、派遣労働者に対し、同種の業務に
　従事する直接雇用労働者の業務の遂行に必要な能力を付与するための教育訓練
　を実施するよう配慮しなければならない（同法 40 条 2 項）。

④派遣先は、直接雇用労働者が利用する福利厚生施設の利用の機会を派遣労働者
　に対しても与えるように配慮しなければならない（同法 40 条 3 項）。

⑤派遣先は、派遣労働者について、派遣就業が適正かつ円滑に行われるようにす
　るため、適切な就業環境の維持、診療所等の施設であって現に直接雇用労働者
　が通常利用しているもの（前項に規定する福利厚生施設を除く）の利用に関す
　る便宜の供与等必要な措置を講ずるように努めなければならない（同法 40 条
　4 項）。

⑥派遣先は、「派遣先管理台帳」を作成し、派遣就業の状況を記録して 3 年間保
　存しなければならない（同法 42 条）。

⑦派遣先は、派遣先責任者を選任しなければならない（同法 41 条）。

⑧派遣先は、原則として、当該派遣先を離職した労働者が離職した日から 1 年を
　経過する日までの間は、派遣労働者として受け入れてはならない（同法 40 条
　の 9）。

(2) 派遣先の直接雇用に向けての義務等

　労働者派遣法は、派遣労働者の直接雇用を促すために、派遣先に対
し、派遣労働者の直接雇用の努力義務等を課している。

参考知識：派遣先の義務等

①派遣先は、組織単位※ごとの同一の業務について派遣元事業主から継続して 1
　年以上の期間同一の特定有期雇用派遣労働者※に係る役務の提供を受けた場合
　において、引き続き同一業務に労働者を従事させるために労働者を雇い入れよ
　うとするときは、当該特定有期雇用派遣労働者を雇い入れるように努めなけれ
　ばならない（同法 40 条の 4）。

　※「組織単位」については、「5 派遣可能期間の規制」の［参考知識：事業所・
　　組織単位］を参照

　※「特定有期雇用派遣労働者」は、有期雇用派遣労働者であって派遣先の同一
　　の組織単位の業務について継続して 1 年以上の期間当該労働者派遣に係る労
　　働に従事する見込みがあるものとして厚生労働省令で定めるもの（労働者派
　　遣法 30 条 1 項）である。

②派遣先は、その同一の事業所において派遣元事業主から 1 年以上の期間継続し

て同一の派遣労働者を受け入れている場合において、当該事業所における労働について通常の労働者の募集を行うときは、当該募集に係る事項を当該派遣労働者に周知しなければならない（同法40条の5第1項）。継続して1年以上受け入れている派遣労働者に対して、正社員として就職する機会が得られるよう、募集情報を周知する義務である。

③派遣先の事業所の同一組織単位の業務について継続して3年間派遣労働に従事する見込みがある特定有期雇用派遣労働者については、派遣可能期間の制限のない場合を除き、労働者の募集を行うときは、当該募集に係る事項を当該特定有期雇用派遣労働者に周知しなければならない（同法40条の5第2項）。同一の組織単位における3年間の派遣可能期間が完了する見込みの特定有期雇用派遣労働者に対して、派遣先で正社員に限らず直接雇用で就職する機会が得られるよう、募集情報を周知する趣旨である。

　なお、同一の組織単位における3年間の派遣可能期間が完了する見込みの特定有期雇用派遣労働者については、派遣元事業主も、派遣先に対し特定有期雇用派遣労働者に対して労働契約の申込みをすることを求めることを含む4つの雇用安定措置のいずれかの措置を講じなければならないとされている（同法30条2項。後述する）。

④労働契約申込みみなし制度（同法40条の6）

(3) 労働契約申込みみなし制度

　「労働契約申込みみなし制度」とは、労働者派遣の役務の提供を受ける者が、違法派遣を受入れた時点で、派遣労働者に対し、派遣元事業主の労働条件と同じ内容の労働契約の申込みをしたものとみなす制度である（労働者派遣法40条の6）。

　労働契約の申込みをしたものとみなされた場合、みなされた日から1年以内に派遣労働者がこの申込みに対して承諾する旨の意思表示をすることにより、派遣労働者と違法派遣による役務の提供を受ける者との間に直接の労働契約関係が成立する。

　但し、労働者派遣の役務の提供を受ける者が、違法派遣に該当することを知らず、かつ、知らなかったとことにつき過失がなかったとき（善意・無過失）は、労働契約申込みみなし制度は適用されない（労働者派遣法 40 条の 6 第 1 項但書）。

　労働契約申込みみなし制度の対象となる違法派遣は、次の 4 類型である（同法 40 条の 6 第 1 項）。

　①派遣労働者を派遣禁止業務に従事させること（1 号）

　②無許可業者からの派遣の受け入れ（2 号）

　③派遣可能期間の制限をこえた派遣受入れ（3 号・4 号）

　④いわゆる偽装請負の違法派遣（5 号）

（4）派遣先に適用される労働法の規定

　労働者派遣においては、派遣労働者の雇用関係は派遣元事業主との間にあるから、派遣労働者には派遣元事業主の就業規則が適用されるし、労働基準法や労働安全衛生法等の労働法制が定める使用者の責任は、原則として、派遣元事業主に適用される。

　しかし、派遣労働者は派遣先の指揮命令下で派遣就労することから、労働者派遣法により、労働基準法、労働安全衛生法、男女雇用機会均等法及び育児・介護休業法の一部の規定が派遣先事業主に適用されることが定められている。

参考知識：派遣先の義務等

①労働基準法の規定の適用（労働者派遣法 44 条 1 項、44 条 2 項・5 項）
- ・均等待遇（労基法 3 条）等
- ・労働時間・休憩・休日（労基法 32 条～32 条の 3、32 条の 4 第 1 項 2 項、33 条～36 条 1 項、40 条、41 条）
- ・女性の危険有害業務・育児時間・生理日の休暇（同法 64 条の 3、66 条～68 条）等

②労働安全衛生法の規定の適用（労働者派遣法 45 条）
- ・安全管理者・安全管理委員会等の安全管理体制（労安衛法 10 条、18 条等）
- ・労働者の危険・健康障害の防止措置（同法 20～27 条）等
- ・このほか、派遣先事業主は、職場における労働者の安全衛生を確保する事業者の一般的責務や派遣先職場における衛生管理の責任を負うと解されている。

③男女雇用機会均等法の規定の適用（労働者派遣法 47 条の 2）
- ・婚姻、妊娠、出産等を理由とする不利益取扱いの禁止（男女雇用機会均等法 9 条 3 項）
- ・セクシュアルハラスメントに起因する問題に関する雇用管理上の措置（同法 11 条 1 項）
- ・妊娠中・出産後の健康管理に関する措置義務（同法 12 条、13 条 1 項）

④育児・介護休業法の規定の適用（労働者派遣法 47 条の 3）
- ・育児休業・介護休業の申出・取得等を理由とする不利益取扱いの禁止（育児・介護休業法 10 条・16 条・16 条の 4・16 条の 7・16 条の 10・18 条の 2・20 条の 2・23 条の 2）
- ・職場における育児休業等に関する言動に起因する問題に関する雇用管理上の措置（同法 25 条）

6　派遣元事業主の講ずべき措置

(1)　概要

　労働者派遣においては、派遣労働者と派遣元事業主との間に雇用関係があるから、労働基準法や労働安全衛生法等の労働法例が定める使用者の責任の規定は、派遣元事業主に適用される。

　更に、労働者派遣法は、派遣元事業主に対し、雇用安定措置等の各種の措置を講ずることを定めている。

┌─ 参考知識：派遣元事業主の講ずべき措置 ─┐

1　派遣労働者の雇用安定のための措置（労働者派遣法 30 条 1 項・同施行規則
　25 条の 2 第 1 項）

　　労働者派遣法は、派遣元事業主に対し、派遣労働者の雇用の安定を図るため
　に、次の「雇用安定措置」を講ずることを定めている。

①特定有期雇用派遣労働者等に対する雇用安定措置の努力義務

　　　派遣元事業主は、有期雇用派遣労働者であって派遣先の同一の組織単位の
　　業務について継続して 1 年以上の期間当該労働者派遣に係る労働に従事する
　　見込みがあるものとして厚生労働省令で定めるもの（「特定有期雇用派遣労
　　働者」）その他雇用の安定を図る必要性が高いと認められる者として厚生労
　　働省令で定めるものまたは派遣労働者として期間を定めて雇用しようとする
　　労働者（登録状態の者）であって雇用の安定を図る必要性が高いと認められ
　　るものとして厚生労働省令で定めるもの（「特定有期雇用派遣労働者等」）に
　　対し、ⅰ～ⅳのいずれかの措置を講じるよう努めなければならない（努力義
　　務。労働者派遣法 30 条 1 項・同施行規則 25 条の 2 第 1 項）。

　　ⅰ）派遣先による直接雇用の打診

　　　　派遣先に対し、特定有期雇用派遣労働者に対して労働契約の申込みをす
　　　ることを求めること。なお、派遣先は直接雇用に応じなければならないわ
　　　けではない。

　　ⅱ）他の合理的な派遣就労の機会の保障

　　　　派遣労働者として就業させることができるように、合理的な条件での就
　　　業の機会を確保するとともに、その機会を特定有期雇用派遣労働者等に提
　　　供すること。新たな派遣先の提供等。

　　ⅲ）派遣元での無期雇用の提供

　　　　派遣労働者以外の労働者として期間を定めないで雇用することができる
　　　ように雇用の機会を確保するとともに、その機会を特定有期雇用派遣労働
　　　者等に提供すること

　　ⅳ）教育訓練の提供等

　　　　特定有期雇用派遣労働者等を対象とした教育訓練であって雇用の安定に
　　　特に資すると認められるものとして厚生労働省令で定めるものその他の雇
　　　用の安定を図るために必要な措置として厚生労働省令で定めるものを講ず
　　　ること。雇用を維持したままの教育訓練、紹介予定派遣等

②特定有期派遣労働者等に対する雇用安定措置の義務

　　　派遣元事業主は、派遣先の事業所における同一の組織単位の業務について
　　継続して 3 年間当該労働者派遣に係る労働に従事する見込みがある特定有期

IV 働き方に関する労働法の理解

雇用派遣労働者については、上記ⅰの措置を講じても派遣先に直接雇用されなかったときは、ⅱ～ⅳのいずれかの措置を講じなければならない（義務。同法30条2項・同法施行規則25条の2第2項）。

すなわち、派遣元事業主は、同一の組織単位における3年間の派遣可能期間が完了する見込みの特定有期派遣労働者について、ⅰを講じても派遣先に直接雇用されない場合にⅱ～ⅳのいずれかの雇用安定措置をとることが義務付けられている。

なお、同一の組織単位における3年間の派遣可能期間が完了する見込みの特定有期雇用派遣労働者については、派遣先も、労働者の募集を行うときは、当該募集に係る事項を当該特定有期雇用派遣労働者に周知しなければならない（同法40条の5第2項【P.441 派遣先の直接雇用に向けての義務等】の③を参照）。

2 派遣労働者のキャリア形成のための措置（同法30条の2）

労働者派遣法は、派遣元事業者に対し、派遣労働者がキャリア形成・キャリアアップを図れるように、次の措置を義務づけている。

①派遣元事業主は、その雇用する派遣労働者が段階的かつ体系的に派遣就業に必要な技能及び知識を習得することができるように教育訓練を実施しなければならない。派遣労働者が無期雇用派遣労働者であるときは、当該無期雇用派遣労働者がその職業生活の全期間を通じてその有する能力を有効に発揮できるように配慮しなければならない（同法30条の2第1項）。

②派遣元事業主は、その雇用する派遣労働者の求めに応じ、当該派遣労働者の職業生活の設計に関し、相談の機会の確保その他の援助を行わなければならない（同法30条の2第2項）。

3 均衡待遇の確保（同法30条の3）

労働者派遣法は、派遣労働者と派遣先の労働者との均衡に考慮した派遣労働者の待遇の確保のために、以下の規定を設けている。

①派遣元事業主は、その雇用する派遣労働者の従事する業務と同種の業務に従事する派遣先に雇用される労働者の賃金水準との均衡を考慮しつつ、当該派遣労働者の従事する業務と同種の業務に従事する一般の労働者の賃金水準または当該派遣労働者の職務の内容、職務の成果、意欲、能力若しくは経験等を勘案し、当該派遣労働者の賃金を決定するように配慮しなければならない（同法30条の3第1項）。

②派遣元事業主は、その雇用する派遣労働者の従事する業務と同種の業務に従事する派遣先に雇用される労働者との均衡を考慮しつつ、当該派遣労働者について、教育訓練及び福利厚生の実施その他当該派遣労働者の円滑な派遣就

446

業の確保のために必要な措置を講ずるように配慮しなければならない（同法30条の3第2項）。

③派遣元事業主は、その雇用する派遣労働者から求めがあったときは、①②の配慮すべきこととされている事項に関する決定をするにあたって考慮した事項について、当該派遣労働者に説明しなければならない（同法31条の2第2項）。

4　派遣労働者の福祉の増進（同法30条の4）

派遣元事業主は、①派遣労働者の雇用安定措置、②派遣労働者のキャリア形成のための措置および③均衡待遇の確保に努めるほかに、その雇用する派遣労働者または派遣労働者として雇用しようとする労働者について、各人の希望、能力及び経験に応じた就業の機会（派遣労働者以外の労働者としての就業の機会を含む）及び教育訓練の機会の確保、労働条件の向上その他雇用の安定を図るために必要な措置を講ずることにより、これらの者の福祉の増進を図るように努めなければならない（労働者派遣法30条の4）。

5　派遣労働者への労働条件・就業条件等の明示（同法32条、34条、34条の2）

6　派遣先への一定事項の通知（同法35条）

派遣元事業主は、派遣労働者の氏名、当該派遣労働者が無期雇用派遣労働者であるか有期雇用派遣労働者であるかの別、健康保険・厚生年金保険の被保険者か否かの別、その他一定事項を派遣先に通知しなければならない（労働者派遣法35条）。

7　派遣管理台帳の作成・派遣元責任者の専任（法36条、37条）

派遣元事業主は、「派遣元管理台帳」を作成し、法令で定める一定事項を記載しなければならない（労働者派遣法37条）。

また、派遣元事業主は、その行う労働者派遣に関わる法令で定める一定事項を処理する者として、「派遣元責任者」を選任しなければならない（同法36条）。

（2）派遣元事業主の義務

労働者派遣法は、派遣労働者が適切な情報を得られるようにするために、派遣元事業主に対し、多くの義務を定めている。

参考知識：派遣元事業主の義務

「改正後」とあるのは、2018年の働き方改革関連法による労働者派遣法の改正

によって追加された義務である。

①雇用しようとする労働者に対する待遇内容の説明義務

　　派遣元事業主は、派遣労働者として雇用しようとする労働者に対し、当該労働者を派遣労働者として雇用した場合における賃金額の見込みや健康保険、厚生年金保険、雇用保険の被保険者資格の取得の見込みその他の当該労働者の待遇に関する事項等を説明しなければならない（同法31条の2第1項、同法規則25条の6等）。

②労働条件に関する事項等の内容の説明義務

　　派遣元事業主は、雇入れ時にあらかじめ、労働条件に関する事項（厚生労働省令で定める事項）を明示するとともに、派遣先均等・均衡方式や労使協定方式に関する事項等に関し講ずる措置の内容を説明しなければならない（改正後31条の2第2項）。

③派遣しようとするときの待遇に関する事項の説明義務

　　派遣事業主は、労働者派遣しようとするときは、あらかじめ、文書の交付等により、厚生労働省令で定める労働条件に関する事項を明示するとともに、30条の3（派遣先の労働者との均等・均衡待遇方式）、30条の4第1項（一定の要件を満たす労使協定による待遇決定方式）、30条の5（職務の内容等を勘案した賃金の決定の努力義務）により措置を講ずべき事項に関し講ずる措置の内容を説明しなければならない（改正後31条の2第3項）。

④求めがあったときの説明義務

　　派遣元事業主は、派遣労働者から求めがあったときは、派遣労働者と比較対象労働者※との間の待遇の相違の内容・理由と、30条の3～30条の6により措置を講ずべき事項に関する決定をするにあたって考慮した事項について、説明しなければならない（改正後31条の2第4項）。

※比較対象労働者：派遣先に雇用される通常の労働者であって、①職務の内容、②当該職務の内容及び配置の変更の範囲が当該派遣労働者と同一であると見込まれるものその他厚労省令で定めるもの

⑤派遣労働者であることの明示等

　　派遣元事業主は、労働者を派遣労働者として雇い入れようとするときは、あらかじめ、当該労働者に派遣労働者である旨（紹介予定派遣に係る派遣労働者として雇い入れようとする場合にあっては、その旨を含む）を明示しなければならず、派遣労働者として雇い入れた労働者以外の者を新たに労働者派遣の対象としようとするときは、あらかじめ、当該労働者にその旨（新たに紹介予定派遣の対象としようとする場合にあっては、その旨を含む。）を明示し、その同意を得なければならない（同法32条）。

⑥就業条件等の明示

　　派遣元事業主は、労働者派遣をしようとするときは、あらかじめ、当該派遣労働者に対し、労働者派遣契約で記載されている派遣就業の諸条件、ならびに、当該派遣先事業所の組織単位ごとの業務に関する同一の派遣労働者に係る派遣可能期間の制限（3年。同法35条の3）および当該派遣先事業所における業務に関する派遣可能期間の制限（3年。同法40条の2）にそれぞれ抵触することとなる最初の日を明示しなければならない（同法34条1項3号4号）。

⑦労働者派遣に関する料金の額の明示

　　派遣元事業主は、労働者を派遣労働者として雇い入れようとするとき、労働者派遣をしようとするとき等に、当該労働者に対し、労働者派遣に関する料金額を明示しなければならない（同法34条の2）。

8　派遣労働者と機密情報保持の誓約書・契約書

　労働者派遣においては、派遣労働者の雇用関係は派遣元事業主との間にあり派遣先事業主との間にはない。このため、派遣労働者に対して守秘義務（機密事項漏えい禁止）に関する誓約書を取り交わすのは派遣元事業主であり、派遣先事業主ではない。

　派遣元事業主が誓約書を取り交わせば派遣先の機密情報保持についてもカバーされるから、派遣先事業主が派遣労働者に対して直接、機密情報保持契約書や機密情報保持誓約書への署名や連絡先の記載等を求めるべきではない。

第4節　業務請負・偽装請負

1　業務請負（委託）

(1) 概要

　「業務請負（委託）」とは、請負（委託）事業者が、請負契約または委託契約により、注文主から一定業務の処理を請け負い、請負事業者が雇用する労働者（請負労働者）を、注文主の事業場において、請負事業者の指揮命令のもとで労働させることをいう。

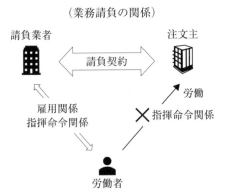

（業務請負の関係）

(2) 労働者派遣との違い

　業務請負は、請負事業者が発注者に労働者を供給（派遣）する側面をもつ。

　しかし、労働者派遣の場合とは異なり、労働者に対する指揮命令は請負事業者が行い、発注者が行わない。また、労働者に対する使用者としての責任は全て請負事業者にあり、発注者には責任が生じない。

2　偽装請負
(1) 概要

　「偽装請負」とは、契約は形式的には業務請負でありながら、請負労働者が注文主の指揮命令を受けて作業を行うという、その実態は労働者派遣であるものである。

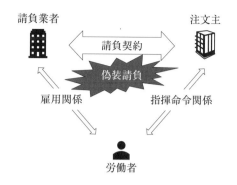

(2) 偽装請負の問題点

　労働者派遣は、労働者派遣法の規定により、派遣先と派遣元事業主のそれぞれの責任の所在が明確になっている。これに対し、業務請負の場合は、労働者に対する使用者としての責任は全て請負事業者にあり、発注者には責任が生じない。このため、労働者派遣法による責任を免れるために偽装請負が利用されることがある。

　偽装請負は、労働者に対する安全衛生等の責任の所在が曖昧になるだけでなく、危険防止措置等が十分に講じられないことになり、労働災害などが発生しやすくなってしまうという問題を含んでいる。

(3) 偽装請負の効果

　偽装請負は、その実態は労働者派遣であるから、労働者派遣法5条1項（派遣事業の許可制）または職業安定法44条（労働者供給事業の禁止）の違反である。

　罰則は、1年以下の懲役または100万円以下の罰金である（労働者派遣法59条2号、職業安定法64条9号）。

　また、偽装請負の場合は、「労働契約申込みみなし制度」が適用される（【P. 442 労働契約申込みみなし制度】を参照）。

(4) 偽装請負の区分基準

　業務請負の実態が労働者派遣であり、「偽装請負」に該当する場合には、罰則が適用されたり「労働契約申込みみなし制度」が適用されるから、業務請負と労働者派遣の区分は重要である。

　業務請負か労働者派遣かの判断は、契約形式ではなく実態に照らして行う。そして、業務請負と判断されるためには、以下の要件が必要である。

　①請負事業者がその雇用する労働者の指揮監督の全てを行うこと（請負事業者が労働者の労働力を自ら直接利用すること）

　②注文主と労働者との間に指揮命令がないこと（請け負った業務を自己の業務として注文主から独立して処理するものであること）

　その判断は必ずしも容易ではないため、「労働者派遣と請負により行われる事業との区分に関する基準（昭和61年労働省告示第37号）」（区分基準）が定められている。

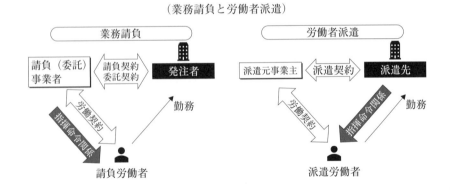

（業務請負と労働者派遣）

第5節　雇用保険

1　雇用保険とその種類

　「雇用保険」は、雇用保険法に基づき政府が管掌する強制保険制度である。労働者を雇用する事業は、原則として雇用保険が強制的に適用される。

　労災保険と雇用保険をあわせて「労働保険」とよぶこともある。

雇用保険は、①失業等給付と②雇用保険二事業に大別される。

①失業等給付

　　労働者が失業してその所得の源泉を喪失した場合、労働者につい
て雇用の継続が困難となる事由が生じた場合及び労働者が自ら職業
に関する教育訓練を受けた場合に、生活及び雇用の安定と就職の促
進のために失業等給付を支給する。

　　一般被保険者に対する求職者給付のほか、高年齢被保険者に対す
る求職者給付、短期雇用特例被保険者に対する求職者給付、日雇い
労働被保険者に対する求職者給付がある。

②雇用保険二事業

　　失業の予防、雇用状態の是正及び雇用機会の増大、労働者の能力
の開発及び向上その他労働者の福祉の増進を図るための次の二事業
である。

　i ）雇用安定事業

　ii ）能力開発事業

（雇用保険制度）

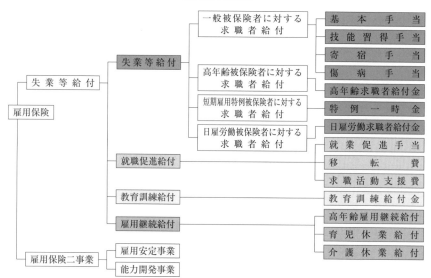

2　失業認定と雇用保険の手続

(1) 失業認定

　雇用保険（基本手当）の支給を受けるためには、ハローワークにより「失業認定」（失業状態であることの認定）を受ける必要がある。

　「失業」とは、離職者が、「就職しようとする意思といつでも就職できる能力があるにもかかわらず職業に就けず、積極的に求職活動を行っている状態にある」ことである。

(2) 雇用保険の手続

┌─ 参考知識：雇用保険の手続 ──────────────────────

　離職者は、住所地を管轄するハローワークで「求職申込み」をしたのち、「離職票」（離職後に使用者から交付・送付される）を提出する。ハローワークは、受給要件を満たしていることを確認したら、受給資格の決定や離職理由の判定を行う。

　受給資格の決定を受けた者は、受給説明会に出席し、「雇用保険受給資格証」等を受け取り、第１回目の「失業認定日」を知らされる。その後は、原則として４週間に１度、失業認定を行う。失業認定後に基本手当が支給される。

　このようにして、所定給付日数（離職理由、離職時の年齢、被保険者であった期間等によって異なる）を限度として、失業認定と基本手当の受給を繰り返しながら求職することができる。

──────────────────────────────────────

3　基本手当

┌─ 参考知識 ──────────────────────────────

　「基本手当」は、雇用保険の被保険者が、定年、倒産、契約期間の満了等により失業した者が安定した生活を送りつつ速やかに再就職できるようにするために、所定給付日数を上限として支給される手当である。雇用保険の一般被保険者に対する求職者給付に位置付けられる。

──────────────────────────────────────

┌─ 参考知識：基本手当の受給要件 ──────────────────

　基本手当の受給要件は、次の①②のいずれにもあてはまることである。
　①離職前２年間に被保険者期間が12か月以上あること

但し、特定受給資格者（倒産・解雇等の理由により再就職の準備をする時間的余裕なく離職を余儀なくされた者）または特定理由離職者（有期労働契約の雇止めにより離職した者や正当な理由のある自己都合離職者）については、離職の日以前 1 年間に、被保険者期間が通算して 6 か月以上あることで足りる。

②失業の状態にあること

「失業の状態にある」とは、積極的に就職しようとする意思があり、いつでも就職できる能力（健康状態等）もあり、しかも積極的に求職しているにもかかわらず職業に就いていないことである。このため、妊娠・出産・育児や病気・ケガによりすぐに就職できない場合などは、基本手当を受けられない。

参考知識：基本手当の支給

基本手当は、自己の責めに帰すべき重大な理由によって解雇された場合、または正当な理由なく自己都合で退職した場合には、給付開始が原則として 3 か月遅れる（雇用保険法 33 条 1 項）。

基本手当の日額は、離職前 6 か月間の賃金額（一時金を除く）を基礎として計算された賃金日額の 50% から 80% である（雇用保険法 16 条・17 条）。

所定給付日数は離職理由等によって差がつけられている（雇用保険法 22 条、23 条）。

4　その他の一般被保険者に対する求職者給付

雇用保険の一般被保険者に対する求職者給付には、①基本手当以外にも、②技能習得手当、③寄宿手当、④傷病手当がある。

参考知識：各手当の概要

・「技能習得手当」は、受給資格者が積極的に公共職業訓練等を受ける条件を整え、その再就職を促進するため、受給資格者が公共職業安定所長または地方運輸局長の指示により公共職業訓練等を受講する場合に、基本手当とは別に受けられる手当であり、受講手当と通所手当の二種類がある。
・「寄宿手当」は、受給資格者が公共職業安定所長の指示した公共職業訓練等を受けるために、家族（その者により生計を維持されている同居の親族）と別居して寄宿する場合に支給される手当である。
・「傷病手当」は、受給資格者が離職後、公共職業安定所に来所し、求職の申込みをした後に 15 日以上引き続いて疾病または負傷のために職業に就くことが

できない場合に、その疾病または負傷のために基本給付の支給を受けることができない日の生活の安定を図るために支給される手当である。傷病手当の日額は基本手当の日額と同額である。

なお、14日以内の疾病または負傷の場合には基本手当が支給される。

5　就職促進給付

「就職促進給付」とは、失業者の早期再就職を促進することを目的として、「就業促進手当」、「移転費」及び「求職活動支援費」を支給する雇用保険の給付制度である。

参考知識：就業促進手当

「就業促進手当」には、「再就職手当」、「就業促進定着手当」、「就業手当」、「常用就職支度手当」がある。

・「再就職手当」は、基本手当の受給資格がある者が安定した職業に就いた場合に、一定の要件に該当する場合に所定の額が支給されるものである。

・「就業促進定着手当」は、再就職手当の支給を受けた者が、引き続きその再就職先に6か月以上雇用され、かつ再就職先で6か月の間に支払われた賃金の1日分の額が雇用保険の給付を受ける離職前の賃金の1日分の額（賃金日額）に比べて低下している場合に所定の額が給付されるものである。

・「就業手当」は、基本手当の受給資格者が再就職手当の支給対象とならない常用雇用等以外の形態で就業した場合に、一定の要件に該当する場合に支給されるものである。

参考知識：移転費

「移転費」は、雇用保険の受給資格者等がハローワークや職業紹介事業者等の紹介した職業に就くため、またはハローワーク所長の指示した公共職業訓練等を受講するため、住所等を変更する必要がある場合に、受給資格者本人とその家族の移転に要する費用（鉄道賃、船賃、航空賃、車賃、移転料、着後手当）が支給されるものである。

参考知識：求職活動支援費

「求職活動支援費」は、雇用保険の受給資格者等が、面接や教育訓練のための費用の一部を支給する制度であり、①広域求職活動費、②短期訓練受講費、③求職活動関係役務利用費からなる。

・「広域求職活動費」は、ハローワークの紹介により遠隔地にある求人事業所を訪問して求人者と面接等をした場合支払われるもので、交通費及び宿泊料が支給される。
・「短期訓練受講費」は、本人が訓練受講のために支払った教育訓練経費の2割（上限10万円、下限なし）が支給されるものである。
・「求職活動関係役務利用費」は、求人者との面接等をしたり、教育訓練を受講したりするため、子のための保育等サービスを利用した場合に、そのサービス利用のために負担した費用の一部が支給されるものである。

6　教育訓練給付

「教育訓練給付」とは、雇用の安定と再就職の促進を図ることを目的として、一定の要件を満たす雇用保険の被保険者（在職者）または被保険者であった者（離職者）の主体的な能力開発の取組みまたは中長期的なキャリア形成を支援するために、その者が教育訓練受講に支払った費用の一部等を支給する雇用保険の給付制度である。

教育訓練給付金には、「一般教育訓練給付金」、「専門実践教育訓練給付金」のほか、平成34年3月31日までの時限措置として「教育訓練支援給付金」がある。

参考知識

①一般教育訓練給付金
　一定の要件を満たす雇用保険の被保険者（在職者）または被保険者であった者（離職者）が、厚生労働大臣の指定する教育訓練（一般教育訓練）を受講し修了した場合に、原則として、教育訓練施設に支払った教育訓練経費の20%に相当する額が支給される。
②専門実践教育訓練給付金
　一定の要件を満たす雇用保険の被保険者（在職者）または被保険者であった者（離職者）が、厚生労働大臣の指定する教育訓練（専門実践教育訓練）を受講し修了した場合に、原則として、教育訓練施設に支払った教育訓練経費の50%に相当する額が支給される。また、専門実践教育訓練の受講を修了した後、あらかじめ定められた資格等を取得し、受講修了日の翌日から1年以内に被保険者として雇用された者またはすでに雇用されている者に対しては、原則として、教育訓練経費の20%に相当する額を追加して支給される。

③教育訓練支援給付金（平成 34 年 3 月 31 日までの時限措置）
　　初めて専門実践教育訓練（通信制、夜間制を除く）を受講し、受講開始時に
　45 歳未満など一定の要件を満たす者が、訓練期間中、失業状態にある場合に、
　当該訓練受講中の基本手当の支給が受けられない期間について、基本手当の日
　額と同様に計算して得た額に 80％ の割合を乗じて得た額に、2 か月ごとに失
　業の認定を受けた日数を乗じて得た額が支給される。

7　雇用保険の「雇用安定事業」

　雇用保険の「雇用安定事業」は、雇用保険の「被保険者」および「被
保険者であった者」および「被保険者になろうとする者」に関し、「失
業の予防、雇用状態の是正、雇用機会の増大その他雇用の安定を図るた
め」行われる政府の事業である（雇用保険法 62 条 1 項）。

　主な内容は事業主に対する助成金、中高年齢者等再就職の緊要度が高
い求職者に対する再就職支援、若者や子育て女性に対する就労支援など
である。

　雇用安定事業の一部は、独立行政法人高齢・障害・求職者雇用支援機
構が行っている。

8　雇用保険の「能力開発事業」

　雇用保険の「能力開発事業」は、事業主等が行う職業訓練の振興に必
要な助成等、求職者や退職予定者に対して再就職に必要な知識や技能の
講習・訓練の実施等、労働者の能力の開発・向上のために必要な事業で
ある（雇用保険法 63 条）。

　能力開発事業の一部は、独立行政法人高齢・障害・求職者雇用支援機
構が行っている。

第6節　求職者支援制度

1　求職者支援制度

　「求職者支援制度」とは、雇用保険を受給できない求職者である「特
定求職者」に対し、訓練を受講する機会を確保するとともに、一定の場

合には訓練期間中に「職業訓練受講給付金」を支給し、ハローワークが中心となってきめ細かな就職支援を行うことにより、その早期の就職を支援するものための制度である。

2　特定求職者

「特定求職者」とは、以下の全ての要件をみたす者である。

①ハローワークに求職の申込みをしていること

②雇用保険被保険者や雇用保険受給資格者でないこと

③労働の意思と能力があること

④職業訓練などの支援を行う必要があるとハローワークが認めたこと

　例えば、雇用保険に加入できなかった、雇用保険の失業給付（基本手当）を受給中に再就職できないまま支給終了した、雇用保険の加入期間が足りずに失業給付を受けられない、自営業を廃業した、就職が決まらないまま学校を卒業したなどの場合が該当する。

3　職業訓練受講給付金

「職業訓練受講給付金」とは、特定求職者が、ハローワークの支援指示を受けて求職者支援訓練や公共職業訓練を受講し、一定の支給要件を満たす場合に、職業訓練受講手当（月額10万円）と通所手当（所定額）を支給する制度である。

第7節　職業訓練・職業能力開発

職業能力開発促進法

「職業能力開発促進法」は、雇用対策法と相まって、職業訓練・職業能力検定の充実強化や労働者が自ら教育訓練・職業能力検定を受ける機会の確保のための施策等を総合的・計画的に講ずることにより、職業能力の開発・向上を促進し、もって職業の安定と労働者の地位の向上を図ること等を目的とする法律である。

　同法が、労働者の職業能力の開発に関する基本的な理念、枠組みを定め、国及び都道府県は、公共職業訓練の実施を中心に、労働者・事業主

に対し様々な援助を行っている。

　事業主は、雇用する労働者に対し職業訓練の実施等を通して職業能力の開発を促進するよう努めることとされている。

第2章　労働市場の個別的施策

第1節　高年齢者の雇用促進

1　高年齢者雇用安定法

　「高年齢者雇用安定法」（高年齢者等の雇用の安定等に関する法律）は、高年齢者の安定した雇用の確保の促進等の措置を総合的に講じ、高年齢者等の職業の安定等を図ることを目的とする法律である。

2　高年齢者と中高年齢者

　高年齢者雇用安定法における「高年齢者」とは、55歳以上の者をいう（同法2条1項・同法施行規則1条）。

　高年齢者雇用安定法における「中高年齢者」とは、45歳以上である求職者をいう（同法2条2項1号・同法施行規則2条）。

　なお、「高齢者」については、明確な定義はない。

3　高年齢者の雇用に関するルール

　高年齢者の雇用については、次のルールがある。

　①65歳までの雇用機会の確保

　　ⅰ）60歳以上定年

　　　　事業主が定年の定めをする場合には、「当該定年は、60歳を下回ることができない」（高年齢者雇用安定法8条）。

　　　　もし、事業主がこの規定に反して60歳を下回る定年年齢を定めた場合は、その定めは無効となり、定年の定めがないことになる。

　　ⅱ）高年齢者雇用確保措置

　　　　65歳未満の定年の定めをしている事業主は、その雇用する高年齢者の65歳までの安定した雇用を確保するため、以下の（一）

～（三）のいずれか（「高年齢者雇用確保措置」）を講じなければ
ならない（同法 9 条）。
　（一）65 歳まで定年年齢を引き上げる
　（二）希望者全員を対象とする、65 歳までの「継続雇用制度」を
　　　　導入する
　（三）定年制を廃止する

（65 歳までの雇用確保措置）

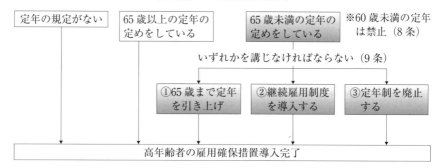

参考知識：その他のルール

②中高年齢離職者に対する再就職の援助
　ⅰ）中高年齢者の再就職援助
　　　事業主は、解雇等により離職が予定されている 45 歳以上 65 歳未満の従業
　　員が希望するときは、求人の開拓など本人の再就職の援助に関し必要な措置
　　を講ずるように努めなければならない（高年齢者雇用安定法 15 条）。
　ⅱ）求職活動支援書の交付
　　　事業主は、解雇等により離職が予定されている 45 歳以上 65 歳未満の従業
　　員が希望するときは、「求職活動支援書」を作成し、本人に交付しなければ
　　ならない（同法 17 条）。
③高年齢者雇用に関する届出
　ⅰ）高年齢者雇用状況報告
　　　事業主は、毎年 6 月 1 日現在の高年齢者の雇用に関する状況（高年齢者雇
　　用状況報告）をハローワークに報告しなければならない（同法 52 条 1 項）。
　ⅱ）多数離職届
　　　事業主は、1 か月以内の期間に 45 歳以上 65 歳未満の者のうち 5 人以上を
　　解雇等により離職させる場合は、あらかじめ、「多数離職届」をハローワー

クに提出しなければならない（同法16条）。

④継続される有期雇用労働者の無期転換申込権の特例

　高度な専門的知識等を有する有期雇用労働者と、定年後引き続き継続雇用される有期雇用労働者については、一定の条件と手続きのもとで、「無期転換申込権」（労働契約法18条）が発生しない特例がある（専門的知識等を有する有期雇用労働者等に関する特別措置法）。

4　継続雇用制度

(1)　概要

　「継続雇用制度」とは、65歳未満の定年の定めをしている事業主は、現に雇用している高年齢者を、本人の希望によって、定年後も引き続いて65歳まで雇用する制度である。

　継続雇用制度は、希望者全員を対象としなければならないのが原則である。

　継続雇用の態様としては、以下のものが考えられる。

①再雇用制度

　　定年でいったん退職とし、新たに雇用契約を結ぶ制度

②勤務延長制度

　　定年で退職とせず、引き続き雇用する制度

> 参考知識：継続雇用制度の対象者の例外
>
> 　継続雇用制度は、希望者全員を対象としなければならないのが原則であるが、次の例外が認められている。
>
> ①2013年3月31日までに継続雇用制度の対象者を限定する基準を労使協定で設けている場合には、継続雇用の対象者を限定する基準を適用することができる経過措置が認められている（高年齢者雇用安定法改正法附則3条）。
>
> ②就業規則に定める解雇・退職事由（年齢に係るものを除く）に該当する場合には、継続雇用しないことができる。ただし、継続雇用しないことについては客観的に合理的な理由があり、社会通念上相当であることが求められる（高年齢者雇用確保措置の実施及び運用に関する指針）。

(2) 継続雇用の労働条件

　継続雇用後の労働条件については、65 歳まで安定した雇用を確保するという継続雇用制度の趣旨を踏まえたものであれば、最低賃金などの雇用に関するルールの範囲内で、フルタイム、パートタイムなどの労働時間、賃金、待遇などに関して、事業主と労働者とで協議して決定できる（厚生労働省「改正高年齢者雇用安定法 Q & A」）。

　1 年ごとに雇用契約を更新する場合は、65 歳まで安定した雇用を確保するという継続雇用制度の趣旨に照らし、①65 歳を下回る上限年齢が設定されていないこと、②65 歳までは原則として更新されること（能力など年齢以外を理由として更新しないことは可能）が必要である（同）。

参考知識：継続雇用制度の義務の範囲と労働条件

　高年齢者雇用安定法が事業主に義務付けているのは、継続雇用制度導入等の高年齢者雇用確保措置を講じることであり（同法 9 条）、個別の労働者の 65 歳までの雇用義務を課すものではない。このため、継続雇用制度を導入していない 60 歳定年制の企業が 60 歳で退職させたとしても、退職が直ちに無効になるわけではない（高年齢者雇用安定法違反として助言・指導・勧告・企業名の公表の対象にはなる）。

　また、定年後の就労形態を週 3 日勤務として 2 人で 1 人分の業務を担当する（ワークシェアリング）というように、定年後の勤務日数や勤務時間を弾力的に設定することは、その労働条件が、65 歳まで安定した雇用を確保するという継続雇用制度の趣旨を踏まえたものであり、事業主の合理的な裁量の範囲内であれば、高年齢者雇用安定法 9 条違反とはならない。また、その労働条件について労働者と事業主との間で合意ができず、継続雇用を拒否した場合でも、同条違反とはならない。

参考知識：継続雇用制度と有期契約労働者

　有期労働契約は年齢（定年）と関係なく期間満了により契約終了となるため、高年齢者雇用安定法 9 条の高年齢者雇用確保措置の対象外である（同条は主として無期契約労働者を対象としている）。このため、有期契約労働者は 60 歳で契約更新せず継続雇用しないことが就業規則等で定められていても、同条違反ではない。

　もっとも、反復継続して契約更新がなされ期間の定めのない雇用とみなされる

場合には、60歳で契約更新しない旨の定めは同条違反となると解されている（「改正高年齢者雇用安定法 Q＆A」）。

(3) 特殊関係事業主

　継続雇用制度における継続雇用先は、定年まで雇用した事業主だけでなく、当該企業の子会社や関連会社などの「特殊関係事業主」で雇用することも認められる（高年齢者雇用安定法9条2項）。

　特殊関係事業主で雇用する継続雇用制度を導入する場合は、定年まで雇用した企業と特殊関係事業主との間で契約を締結する必要がある。

第2節　若者の雇用促進

若者雇用促進法

　「若者雇用促進法」（青少年の雇用の促進等に関する法律）は、若者の雇用の促進等を図り、その能力を有効に発揮できる環境を整備するため、若者の適職の選択並びに職業能力の開発及び向上に関する措置等を総合的に講ずる法律である。

　主な内容は、次のとおりである。

①職場情報の積極的な提供（13条・14条）

　　新卒者の募集を行う事業主は、ⅰ）幅広い職場情報を提供するように努めなければならず、ⅱ）応募者等から求めがあった場合は、法令が定める「青少年雇用情報」を提供しなければならない。

②ハローワークにおける求人不受理（11条）

　　ハローワークは、一定の労働関係法令違反の求人者について、新卒者の求人申込みを受理しないことができる。

③ユースエール認定制度（15～17条）

　　若者の採用・育成に積極的で、雇用管理の状況などが優良な中小企業を厚生労働大臣が認定する。

（ユースエール認定マーク）

※その他の若年者雇用対策に関しては、【P. 149 若年者雇用対策】を参照

第3節　障害者の雇用促進

1　障害者雇用促進法

「障害者雇用促進法」（障害者の雇用の促進等に関する法律）は、障害者の雇用促進等のための措置や障害者と障害者でない者との均等な機会及び待遇の確保等の措置を総合的に講じ、障害者の職業の安定を図ることを目的とする法律である。

同法には、次の措置が定められている。

①事業主に対する措置

ⅰ）障害者雇用率制度

ⅱ）障害者雇用納付金制度

②障害者本人に対する措置

・地域の就労支援関係機関において障害者の職業生活における自立を支援する。

2　障害者雇用率制度

民間企業は、常用労働者数の 2.2％（法定雇用率）以上の人数の障害者を雇用しなければならない（障害者雇用促進法 43 条 1 項）。

2.2％ の法定雇用率は、常用労働者 45.5 人に対し、そのうちの 1 人以上が障害者という割合である。

雇用義務を履行しない事業主に対しては、ハローワークから行政指導を行うこととされている。

なお、法定雇用率は、2018 年 4 月施行の改正法により 2.0％ から 2.2

％に引き上げられた。更に、2021年4月までに2.3％に引き上げられる予定である。

参考知識：常用労働者

「常用労働者」とは、無期契約労働者や、有期契約や日々雇用だが反復更新されて1年以上継続雇用される（見込みを含む）労働者である。

1週間の所定労働時間が20時間以上30時間未満の者は常用労働者0.5人としてカウントし、1週間の所定労働時間が20時間未満の者はカウントしない。

3　障害者雇用納付金制度

「障害者雇用納付金制度」は、障害者雇用に関する事業主の経済的負担を調整するともに、障害者の雇用促進を図るために、法定雇用率未達成企業のうち、常用労働者100人を超える事業主から、障害者雇用納付金を徴収し、その納付金を財源として、雇用率達成企業に対して調整金・報奨金を支給し、各種の助成金の支給を行う制度である。

4　障害者に対する差別の禁止

事業主は、募集・採用において、障害者に対して障害者でない者と均等な機会を与えなければならない（障害者雇用促進法34条）。

また、事業主は、賃金・教育訓練・福利厚生その他の待遇について、障害者であることを理由に障害者でない者と不当な差別的取扱いをしてはならない（同法35条）。

厚生労働省は、障害者差別禁止指針（「障害者に対する差別の禁止に関する規定に定める事項に関し、事業主が適切に対処するための指針」）を策定し、障害者雇用促進法34条、35条の規定に定める事項に関し、事業主が適切に対処することができるよう、これらの規定により禁止される措置を具体的に明らかにしている。

5　雇用の分野における障害者と障害者でない者との均等な機会の確保等を図るための措置

事業主は、労働者の募集及び採用について、障害者と障害者でない者

との均等な機会の確保の支障となっている事情を改善するため、労働者の募集及び採用に当たり障害者からの申出により当該障害者の障害の特性に配慮した必要な措置を講じなければならない（障害者雇用促進法 36 条の 2）。

　また、事業主は、障害者である労働者について、障害者でない労働者との均等な待遇の確保または障害者である労働者の有する能力の有効な発揮の支障となっている事情を改善するため、その雇用する障害者である労働者の障害の特性に配慮した職務の円滑な遂行に必要な施設の整備、援助を行う者の配置その他の必要な措置を講じなければならない（同法 36 条の 3）。

　但し、上記いずれも、事業主に対して過重な負担を及ぼすこととなるときは、適用されない（同法 36 条の 2 但書、36 条の 3 但書）。

参考知識：この他の障害者雇用促進のための制度

・障害者職業生活相談員の選任（同法 79 条）
　　障害者を 5 人以上雇用する事業所では、「障害者職業生活相談員」を選任し、その者に障害のある従業員の職業生活に関する相談・指導を行わせなければならない。
・障害者雇用に関する届出義務
　　常用労働者 45.5 人以上の事業主は、毎年 6 月 1 日現在の障害者の雇用に関する状況（障害者雇用状況報告）をハローワークに報告しなければならない（同法 43 条 7 項）。
　　障害者を解雇しようとする事業主は、その旨を速やかにハローワークに届け出なければならない（同法 81 条 1 項）。
・障害者虐待の防止等のための措置（障害者虐待防止法 21 条）
　　障害者を雇用する事業主は、労働者の研修の実施、雇用する障害者・家族からの苦情の処理の体制の整備その他の使用者による障害者虐待の防止等のための措置を講ずるものとする。

第 4 節　外国人労働政策・外国人労働者の雇用管理

1　出入国管理及び難民認定法の規制

「出入国管理及び難民認定法」では、外国人が日本に在留して職業活

動に従事するには、一定の在留資格を取得することを要求している（2条の2）。

参考知識：在留資格

　在留資格には①活動に伴う資格と②身分または地位に基づく資格とがあり、①では当該特定種類の活動（仕事）に係る就労のみが認められるのに対し（同法2条2項）、②では就労できる仕事に制限はない。

　大学・専門学校の留学生や語学学校の就学生も資格外活動の許可を受ければ1週28時間以内等の限度でいわゆるアルバイトに従事できる。

　事業主は、新たに外国人を雇い入れた場合またはその外国人が離職した場合は、その者の在留資格、在留期間等の事項について確認し、当該事項を厚生労働大臣に届け出なければならない（同法28条1項）。

参考知識：外国人労働者の受入れ規制

　外国人労働者の受入れに関しては、次の規制等がある。これらの規制は、在留資格の点で適法な就労か違法な就労かを問わずに適用される。

①労働法の適用

　　外国人労働者の労働関係には、労働契約法、労働基準法、労働安全衛生法、最低賃金法などの労働保護法規の適用がある。

②外国人についての均等待遇原則（労働基準法3条）

③職安法・労働者派遣法における職業紹介・労働者派遣・労働者供給の罰則（我が国に就労する外国人の紹介・派遣供給について）

④労災保険の適用

⑤雇用保険の適用

⑥国民年金・厚生年金、健康保険の適用

　　国民健康保険は、1年以上の在留資格を認められた外国人にのみ適用される（国民健康保険法施行規則1条）。

2　外国人技能実習制度

　「外国人技能実習制度」は、国際貢献のため、開発途上国等の外国人を日本で一定期間（最長5年間）に限り受け入れ、OJTを通じて技能を移転する制度である。

　技能実習生は、入国直後の講習期間以外は、雇用関係の下、労働関係

法令等が適用される。

技能実習に関しては、2016年11月に、技能実習計画の認定及び監理団体の許可の制度を設けること等により、入管法その他の出入国に関する法令及び労働基準法、労働安全衛生法その他の労働に関する法令と相まって、技能実習の適正な実施及び技能実習生の保護を図ること等を目的とする「外国人の技能実習の適正な実施及び技能実習生の保護に関する法律」（外国人技能実習法）が成立・公布された。

3　外国人労働者の雇用管理

外国人労働者を雇用する事業主は、外国人が我が国の雇用慣行に関する知識及び求職活動に必要な雇用に関する情報を十分に有していないこと等にかんがみ、その雇用する外国人がその有する能力を有効に発揮できるよう、職場に適応することを容易にするための措置の実施その他の雇用管理改善を図るとともに、解雇等で離職する場合の再就職援助に努めるべきものとされている（労働施策総合推進法7条）。

事業主が外国人労働者の雇用管理等について適切に対処するために必要とされる措置の具体的内容については、「外国人労働者の雇用管理の改善等に関して事業主が適切に対処するための指針（平成19年厚生労働省告示第276号）」に定められている。

4　外国人雇用状況の届出

外国人を雇用する事業主は、外国人労働者がその能力を適切に発揮できるよう、外国人の雇入れ、離職の際に、その氏名、在留資格などについて確認し、ハローワークへ届け出ることが義務づけられている（労働施策総合推進法28条）。

第4編　労働紛争の解決手続

1　労働紛争
(1) 労働紛争の分類
　労働関係の当事者間において生じる労働紛争には、個別労働紛争と集団労使紛争とに分類できる。

　「個別労働紛争」は、賃金、解雇、配置転換などの労働関係に関する個々の労働者と事業主との間の労働紛争の一般的な呼称である。法律では、「個別労働関係紛争」(個別労働関係紛争解決促進法1条)、「個別労働関係民事紛争」(労働審判法1条) という用語が用いられている。

　「集団労使紛争」とは、組合員の労働条件の改善や団体交渉、争議行為、労働協約の締結・適用等をめぐる労働組合と使用者との労使関係において生じる労働紛争である。

(2) 個別労働紛争を解決するための公的機関による手続
　個別労働紛争を解決するための公的な手続きに、行政機関による解決手続と司法機関（裁判所）による解決手続がある。

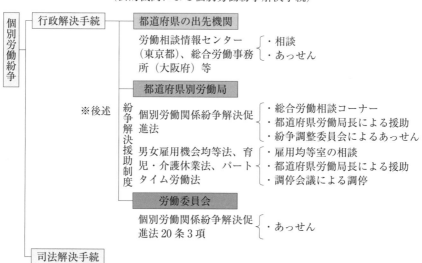

（公的機関による個別労働紛争解決手続）

2　企業内における自主的な紛争処理（苦情処理）

(1) 苦情処理

「苦情処理」とは、事業主が、企業の円滑な経営を維持するために、労働者の待遇や就業環境に関する不満等について、自主的な解決を図ることである。

苦情処理の手続き等について定めた法律はないが、就業規則や労働協約において、苦情処理制度や手続きについて定めている場合が多い。

なお、セクシュアルハラスメントや妊娠・出産等に関するハラスメントについては、労働者から苦情の申出を受けたときは、事業主を代表する者及び当該事業場の労働者を代表する者を構成員とする当該事業場の労働者の苦情を処理するための「苦情処理機関」に対し当該苦情の処理をゆだねる等その自主的な解決を図るように努めなければならないと定める法規定がある（男女雇用機会均等法15条、育児・介護休業法52条の2）。

(2) 苦情処理機関

　苦情処理機関としては、相談窓口や苦情処理委員会を設置するケースがほとんどである。

　すなわち、苦情処理のための機関がある事業所は50.6％であり、苦情処理のための機関の種類としては、相談窓口（71.7％）や苦情処理委員会（24.7％）がほとんどである（％は「平成26年コミュニケーション調査の概況」厚生労働省。以下同じ）。

　相談窓口に寄せられる苦情の内容としては、人間関係に関すること（50.6％）や、日常業務の運営に関すること（34.8％）、人事に関すること（34.6％）が多いが、近時は、メンタルヘルスに関する相談や、パワーハラスメントに関する相談が増加しているといわれる。

　相談窓口がある場合に相談があったケースは37.8％、苦情処理委員会がある場合に利用があったケースは20.6％というデータがあり、苦情処理機関の利用実績はそれほど多くない。

　しかし、相談窓口や苦情処理委員会が利用された場合には自主的解決に至ることが多い。すなわち、相談窓口の利用により「実際に救済・解決に至ったものが多い」（49.4％）、「話を聞いて納得したものが多い」（44.3％）のに対し、「解決されない苦情が多い」（0.9％）というように、解決されない苦情は少ない。苦情処理委員会の利用があった場合も、「実際に救済・解決に至ったものが多い」（64.4％）、「話を聞いて納得したものが多い」（23.3％）のに対し、「解決されない苦情が多い」は少ない（4.7％）。

　企業内での自主的な紛争解決ができない場合は、公的機関による手続等による解決を試みることになる。

（イメージ）

企業内における自主的な紛争解決（苦情処理） （個別労働関係紛争解決促進法2条、男女雇用機会均等法15条、育児・介護 休業法52条の2、パートタイム労働法19条）

⬇

都道府県労働局（総合労働相談コーナー／雇用均等室）による労働相談 （個別労働関係紛争解決促進法3条）

⬇　　　　　　　　　　　　　　　⬇

都道府県労働局長		紛争調停委員会	調停会議
助言・指導	助言・指導・勧告	あっせん	調停
・個別労働紛争 （個別労働関係 紛争解決促進 法4条1項）	・男女均等取扱い 紛争（男女雇用 機会均等法17 条） ・育児・介護紛争 （育児・介護休 業法52条の4） ・パートタイム労 働者の雇用管理 に関する紛争 （パートタイム 労働法21条）	・個別労働紛争 （個別労働関係 紛争解決促進 法5条以下）	・男女均等取扱い 紛争（男女雇用 機会均等法18 条以下） ・育児・介護紛争 （育児・介護休 業法52条の5 以下） ・パートタイム労 働者の雇用管理 に関する紛争 （パートタイム 労働法22条以 下）

3　都道府県労働局による個別労働紛争解決制度
(1) 原則
　都道府県労働局では、「個別労働関係紛争の解決の促進に関する法律」に基づいて、次の3つの「個別労働紛争解決制度」が用意されている。利用は無料で、労働者、事業者どちらからでも利用可能である。
　ただし、労働組合と事業主との間の紛争や労働者と労働者の間の紛争や、裁判で係争中であったり確定判決が出ているなど他の紛争解決制度において取り扱われている紛争、労働組合と事業主との間で問題として取り上げられており、両者間で自主的な解決を図るべく話し合いが進められている紛争などは、制度の対象とはならない。

①総合労働相談コーナーにおける情報提供・相談

　　紛争解決援助の対象となる事案については、

　・助言・指導の申立てがあれば、都道府県労働局長による助言・指導に移行し、

　・あっせんの申請があれば、紛争調整委員会によるあっせんに移行する。

②都道府県労働局長による助言・指導

　　助言・指導の申し出を受けた都道府県労働局では、助言・指導を実施し、紛争当事者による自主的な解決を促進する。

　　解決しない場合は、あっせんの申請により紛争調整委員会によるあっせんに移行するか、労働局より他の紛争解決機関の説明・紹介を行う。

③紛争調整委員会による個別労働紛争のあっせん

　　あっせんの申請を受けた都道府県労働局長は、紛争調整委員会にあっせんを委任する。手続は非公開である。

　　弁護士、大学教授、社会保険労務士などの労働問題の専門家である紛争調整委員が担当し、紛争当事者の間に入り、双方の主張の要点を確かめ、調整を行い、話し合いを促進することにより、紛争の解決を図る。

　　紛争解決（あっせん案の受諾や合意の成立）に至らない場合は、打ち切りとなり、他の紛争解決機関の説明や紹介を行う。

　　なお、裁判所で係争中など他の制度で取り扱われている紛争は、紛争調整委員会によるあっせんの対象とはならない。

（個別労働紛争の紛争解決援助制度）

	概要	手続きの流れ等	解決・終了
総合労働相談コーナーにおける情報提供・相談	・都道府県労働局による紛争解決援助制度 ・無料 ・個別労働紛争 ・集団労使紛争や他の制度において取り扱われている紛争は対象外	・都道府県（労働相談情報センター等）、労働委員会、裁判所、法テラス、労使団体における相談窓口などと連携 ・情報提供・個別相談のワンストップサービス	・助言・指導の申立があれば、都道府県労働局長による助言・指導に移行 ・あっせんの申請があれば、紛争調整委員会によるあっせんに移行
都道府県労働局長による助言・指導		・双方から事情確認 ・助言・指導の実施に沿った解決策の実行により終了	・解決しない場合は、 ➤あっせんに移行 か、 ➤他の紛争解決機関の説明・紹介
紛争調整委員会による個別労働紛争のあっせん		・弁護士、大学教授、社会保険労務士などの労働問題の専門家である紛争調整委員が担当 ・双方から事情確認 ・紛争当事者間の調整 ・双方が求めた場合は、あっせん案を提示	・双方があっせん案を受託するか、合意が成立すれば、終了 ・当事者不参加や合意に至らない場合は、打ち切り ➤他の紛争解決機関の説明・紹介

(2) 都道府県労働局雇用均等室で受け付ける個別的労働紛争解決制度（紛争解決の援助）

　男女雇用機会均等法、育児・介護休業法およびパートタイム・有期雇用労働法には、個別的労働紛争解決制度として、都道府県労働局長による援助の制度と、機会均等調停会議、両立支援調停会議および均衡待遇調停会議による調停の制度が定められている。

① 紛争解決の援助（男女雇用機会均等法17条）

　「性別を理由とする差別」「婚姻、妊娠、出産等を理由とする不利益取扱い」「職場における性的な言動に起因する問題」「職場における妊娠、出産等に関する言動に起因する問題」「職場における妊娠・出産等に起因する言動に関する雇用管理上の措置」「妊娠中及び出産後の健康管理」を起因とする労働者と事業主間の紛争に関し、当該紛争の当事者の双方

又は一方は、都道府県労働局長に対し、その解決につき援助を求めることができる（1項）。

　都道府県労働局長は、援助の求めがあったときは、当事者双方の意見を聴取し、問題解決に必要な具体策の提示（助言・指導・勧告）をし、紛争の解決を図る（1項）。

　事業主は、労働者が上記援助を求めたことを理由として、当該労働者に対して解雇その他不利益な取扱いをしてはならない（2項）。

②　紛争解決の援助（育児・介護休業法52条の4）

　都道府県労働局長は、「職場における育児休業等に起因する言動に関する雇用管理上の措置」「育児休業」「介護休業」「子の看護休暇」「介護休暇」「所定外労働時間の制限」「時間外労働の制限」「深夜業の制限」、「所定労働時間の短縮措置等」「労働者の配置に関する配慮」を起因とする労働者と事業主間の紛争に関し、当該紛争の当事者の双方又は一方からその解決につき援助を求められた場合には、当該紛争の当事者に対し、必要な助言、指導又は勧告をすることができる（1項）。

　事業主は、労働者が上記援助を求めたことを理由として、当該労働者に対して解雇その他不利益な取扱いをしてはならない（2項）。

②　紛争解決の援助（パートタイム・有期雇用労働法24条）

　都道府県労働局長は、「労働条件の明示義務」「不合理な待遇差の禁止」「通常の労働者と同視すべき短時間・有期雇用労働者に対する差別的取扱いの禁止」「職務内容同一短時間・有期雇用労働者に対する教育訓練実施義務」「短時間・有期雇用労働者に対しても福利厚生施設の利用機会を与える義務」「通常の労働者への転換を推進するための措置義務」「待遇の相違の内容と相違の理由の説明義務」に関する短時間・有期雇用労働者と事業主間の紛争に関し、当該紛争の当事者の双方又は一方からその解決につき援助を求められた場合には、当該紛争の当事者に対し、必要な助言、指導又は勧告をすることができる（1項）。

　事業主は、短時間・有期雇用労働者が上記援助を求めたことを理由と

して、当該短時間・有期雇用労働者に対して解雇その他不利益な取扱いをしてはならない（2項）。

(3) 都道府県労働局雇用均等室で受け付ける個別的労働紛争解決制度（調停会議による調停）

都道府県労働局雇用均等室は、個別的労働紛争のうち、男女雇用機会均等法に関連する紛争の調停（機会均等調停会議）、育児・介護休業法に関連する紛争の調停（両立支援調停会議）およびパートタイム・有期雇用労働法に関連する紛争の調停（均衡待遇調停会議）の申請を受けつけ、調停会議による調停を行っている。

調停会議による調停は、弁護士、大学教授、社会保険労務士などの労働問題の専門家である調停委員が担当して、紛争当事者双方から事情を確認し、紛争当事者間の調整をする。そして、双方が求めた場合は、調停案を提示する。

紛争当事者双方が調停案を受託するか、合意が成立すれば、調停は終了する。

他方で、当事者不参加の場合や合意に至らない場合は、調停は打ち切りとなる（他の紛争解決機関の説明・紹介などが行われる）。

① 機会均等調停会議による調停（男女雇用機会均等法18条）

「性別を理由とする差別」「婚姻、妊娠、出産等を理由とする不利益取扱い」「職場における性的な言動に起因する問題」「職場における妊娠、出産等に関する言動に起因する問題」「妊娠中及び出産後の健康管理」を起因とする労働者と事業主との間の紛争（労働者の募集及び採用についての紛争を除く）に関し、当該紛争の当事者（「関係当事者」）は、都道府県労働局に調停（「機会均等調停会議」の調停）の申請ができる（1項）。

機会均等調停会議の調停の申請をしたことを理由として、当該労働者に対して解雇その他不利益な取扱いをしてはならない（2項）。

②　両立支援調停会議による調停（育児・介護休業法52条の5）

「職場における育児休業等に起因する言動に関する雇用管理上の措置」
「育児休業」「介護休業」「子の看護休暇」「介護休暇」「所定外労働時間
の制限」「時間外労働の制限」「深夜業の制限」、「所定労働時間の短縮措
置等」「労働者の配置に関する配慮」を起因とする労働者と事業主間の
紛争に関し、当該紛争の当事者（「関係当事者」）は、都道府県労働局に調
停（「両立支援調停会議」の調停）の申請ができる（1項）。

両立支援調停会議の調停の申請をしたことを理由として、当該労働者
に対して解雇その他不利益な取扱いをしてはならない（2項）。

③　均衡待遇調停会議による調停（パートタイム・有期雇用労働法
　　25条）

「労働条件の明示義務」「不合理な待遇差の禁止」「通常の労働者と同
視すべき短時間・有期雇用労働者に対する差別的取扱いの禁止」「職務
内容同一短時間・有期雇用労働者に対する教育訓練実施義務」「短時
間・有期雇用労働者に対しても福利厚生施設の利用機会を与える義務」
「通常の労働者への転換を推進するための措置義務」「待遇の相違の内容
と相違の理由の説明義務」に関する短時間・有期雇用労働者と事業主間
の紛争について、当該紛争の当事者は、都道府県労働局に調停（「均衡
待遇調停会議」の調停）の申請ができる（1項）。

均衡待遇調停会議の調停の申請をしたことを理由として、当該労働者
に対して解雇その他不利益な取扱いをしてはならない（2項）。

（男女雇用機会均等法、育児・介護休業法、パートタイム労働法の紛争解決援助制度）

	概要	手続きの流れ等	解決・終了
相談受付：都道府県労働局雇用均等室	・パートタイム・有期雇用労働者の雇用管理に関する紛争（パートタイム労働法21条） ・集団労使紛争や他の制度において取り扱われている紛争は対象外	・援助の申立があれば、都道府県労働局長による助言・指導・勧告に移行 ・調停の申請があれば、調停会議による調停に移行	
都道府県労働局長による助言・指導・勧告		・双方から事情確認 ・助言・指導・勧告に沿った解決策の実行により終了	・解決しない場合は、 ➢調停に移行 か、 ➢他の紛争解決機関の説明・紹介
調停会議による調停 ・機会均等調停会議 ・両立支援調停会議 ・均衡待遇調停会議）		・弁護士、大学教授、社会保険労務士などの労働問題の専門家である調停委員が担当 ・双方から事情確認 ・紛争当事者間の調整 ・双方が求めた場合は、調停案を提示	・双方が調停案を受諾するか、合意が成立すれば、終了 ・当事者不参加や合意に至らない場合は、打ち切り ➢他の紛争解決機関の説明・紹介

4　裁判所における個別労働紛争解決手続

　裁判所において個別労働紛争を解決する主な手続には、以下のものがある。

①労働審判手続

　「労働審判手続」は、裁判官1名と労働関係の専門家である労働審判員2名が労働審判委員会を構成し、原則として3回以内の期日で、話合いによる解決を試みながら、最終的に審判を行う手続である。

　審判に不服がある場合や事案が複雑で争点が多岐にわたるなど、労働審判の手続を行うことが適当でないと認められる場合などには、訴訟手続に移行する。

②民事調停手続

　「民事調停手続」は、裁判官または調停官1名と一般国民から選ばれた調停委員2名以上で構成される調停委員会の仲介を受けな

ら、簡易な事案から複雑困難な事案まで実情に応じた話合いによる
解決を図る手続である。

③少額訴訟手続

「少額訴訟手続」は、原則として1回の審理で判決がされる特別
な訴訟手続で、60万円以下の金銭の支払を求める場合にのみ利用
することができる。

④通常訴訟手続

「通常訴訟手続」は、裁判官が、法廷で、双方の言い分を聴いた
り、証拠を調べたりして、最終的に判決によって紛争の解決を図る
手続である。

訴訟の途中で話し合いにより解決することもできる（「和解」）。

凡例・参考資料

【凡例（法令等）】※五十音順

- 育児・介護休業法：「育児休業、介護休業等育児又は家族介護を行う労働者の福祉に関する法律」（平成 3 年法律第 76 号）
- 高年齢者雇用安定法：「高年齢者等の雇用の安定等に関する法律」（昭和 46 年 5 月 25 日法律第 68 号）
- 障害者雇用促進法：「障害者の雇用の促進等に関する法律」（昭和 35 年 7 月 25 日法律第 123 号）
- 障害者差別解消法：「障害を理由とする差別の解消の推進に関する法律」（平成 25 年法律第 65 号）
- 女性活躍推進法：「女性の職業生活における活躍の推進に関する法律」（平成 27 年 9 月 4 日法律第 64 号）
- パートタイム・有期雇用労働法：「短時間労働者及び有期雇用労働者の雇用管理の改善等に関する法律」（平成 5 年法律第 76 号）
- 男女雇用機会均等法：「雇用の分野における男女の均等な機会及び待遇の確保等に関する法律」（昭和 47 年 7 月 1 日法律第 113 号）
- 賃金支払確保法（賃確法）：「賃金の支払の確保等に関する法律」（昭和 51 年法律第 34 号）
- 働き方改革関連法：「働き方改革を推進するための関係法律の整備に関する法律」（平成 30 年法律第 71 号）
- 労安衛法：「労働安全衛生法」（昭和 47 年法律第 57 号）
- 労安衛則：「労働安全衛生規則」（昭和 47 年労働省令第 32 号）
- 労契法：「労働契約法」（平成 19 年法律第 128 号）
- 労基法：「労働基準法」（昭和 22 年法律第 49 号）
- 労基則：「労働基準法施行規則」（昭和 22 年厚生省令第 23 号）

- 労組法：「労働組合法」（昭和 24 年法律第 174 号）
- 労働時間等設定改善法：「労働時間等の設定の改善に関する特別措置法」（平成 4 年法律第 90 号）
- 労働者派遣法：「労働者派遣事業の適正な運営の確保及び派遣労働者の保護等に関する法律」（昭和 60 年法律第 88 号）
- 労働施策総合推進法（旧雇用対策法）：「労働施策の総合的な推進並びに労働者の雇用の安定及び職業生活の充実等に関する法律」（昭和 41 年 7 月 21 日法律第 132 号）
- 若者雇用促進法：「青少年の雇用の促進等に関する法律」（昭和 45 年 5 月 25 日法律第 98 号）

【凡例（指針・通達等）】※五十音順

- 育児・介護休業法施行通達：「育児休業、介護休業等育児又は家族介護を行う労働者の福祉に関する法律の施行について」（平成 28 年 8 月 2 日 職発 0802 第 1 号・雇児発 0802 第 3 号）
- 育児・介護休業等ハラスメント措置指針：「子の養育又は家族の介護を行い、又は行うこととなる労働者の職業生活と家庭生活との両立が図られるようにするために事業主が講ずべき措置に関する指針」（平成 21 年厚生労働省告示第 509 号・最終改訂 2019.10.1）
- 36 協定指針：「労働基準法第三十六条第一項の協定で定める労働時間の延長及び休日の労働について留意すべき事項等に関する指針」（平成 30 年 9 月 7 日厚生労働省告示第 323 号）
- 障害者差別禁止指針：「障害者に対する差別の禁止に関する規定に定める事項に関し、事業主が適切に対処するための指針」（平成 27 年厚生労働省告示第 116 号）
- セクハラ措置指針：「事業主が職場における性的言動に起因する問題に関し

て雇用管理上講ずべき措置についての指針」（平成 18 年厚生労働省告示第 615 号）

・短時間・有期雇用労働指針：「事業主が講ずべき短時間労働者及び有期雇用労働者の雇用管理の改善に関する措置等についての指針」（平成 19 年厚生労働省告示第 326 号　平成 30 年 12 月改正）

・男女雇用機会均等法施行通達：「改正雇用の分野における男女の均等な機会及び待遇の確保等に関する法律の施行について」（平成 18 年 10 月 11 日雇児発第 1011002 号）

・テレワークガイドライン：「情報通信技術を利用した事業場外勤務の適切な導入及び実施のためのガイドライン（厚労省平成 20 年 7 月 28 日基発第 0728001 号）・妊娠・出産等ハラスメント措置指針：「事業主が職場における妊娠、出産等に関する言動に起因する問題に関して雇用管理上講ずべき措置についての指針」（平成 28 年厚生労働省告示第 312 号）

・同一労働同一賃金ガイドライン：「短時間・有期雇用労働者及び派遣労働者に対する不合理な待遇の禁止等に関する指針」（平成 30 年 12 月 28 日厚生労働省告示第 430 号）

・妊娠・出産等ハラスメント措置指針：「事業主が職場における妊娠、出産等に関する言動に起因する問題に関して雇用管理上講ずべき措置についての指針」（平成 28 年厚生労働省告示第 312 号）

・パワハラ対策マニュアル：「パワーハラスメント対策導入マニュアル」（厚生労働省 2018.9 第 3 版）

・労働時間適正把握ガイドライン：「労働時間の適正な把握のために使用者が講ずべき措置に関するガイドライン」（厚生労働省 2017.1 策定）

・基発 0907 第 1 号：平成 30 年 9 月 7 日　基発第 0907 第 1 号「働き方改革を推進するための関係法律の整備に関する法律による改正後の労働基準法の施行について」

・基発 1228 第 15 号：平成 30 年 12 月 28 日　基発 1228 第 15 号「働き方改革を推進するための関係法律の整備に関する法律による改正後の労働基準法関

係の解釈について」

・基発 0130 第 1 号：「短時間労働者及び有期雇用労働者の雇用管理の改善等に関する法律の施行について」（平成 31 年 1 月 31 日　基発 0130 第 1 号・職発 0130 第 6 号・雇均発 0130 第 1 号・開発 0130 第 1 号）

【参考資料】※五十音順

・一億総活躍社会プラン：「ニッポン一億総活躍社会プラン」（内閣）

・過労死等調査研究報告書：「平成 27 年度厚生労働省委託　過労死等に関する実態把握のための社会面の調査研究事業報告書」（みずほ総研）

・過労死等防止対策大綱：「過労死等の防止のための対策に関する大綱」（内閣 2018.7.24 見直し）

・検討会中間報告：「『同一労働同一賃金の実現に向けた検討会』中間報告」（厚生労働省「同一労働同一賃金の実現に向けた検討会」）

・厚生労働白書：「平成 28 年版厚生労働白書」（厚労省）

・高齢者雇用対策の概要：厚労省ホームページ「高齢者雇用対策の概要」

・子ども・若者白書：「平成 27 年版　子ども・若者白書」（内閣府）

・雇用動向調査：「平成 29 年雇用動向調査結果の概況」（厚労省）

・仕事と介護の両立：厚生労働省ホームページ「仕事と介護の両立～介護離職を防ぐために～」

・疾患を抱える従業員の就業継続：厚生労働省ホームページ「疾患を抱える従業員（がん患者など）の就業継続」

・障害者雇用対策：厚生労働省ホームページ「障害者雇用対策」

・障害者雇用状況：「平成 30 年障害者雇用状況の集計結果」（厚生労働省）

・少子化白書：「平成 29 年版　少子化社会対策白書」（内閣府）

・ダイバーシティ 2.0 検討会報告書：「ダイバーシティ 2.0 検討会報告書～競争戦略としてのダイバーシティの実践に向けて～」（競争戦略としてのダイ

バーシティ経営（ダイバーシティ 2.0）の在り方に関する検討会／経済産業省）

- ダブルケア実態調査：「育児と介護のダブルケアの実態に関する調査」（内閣府男女共同参画局）

- 男女共同参画社会：「平成 30 年度　男女共同参画社会の形成の状況」（内閣府）

- 内閣府仕事と生活の調和サイト：「仕事と生活の調和の実現に向けて」（内閣府サイト）

- 情報通信白書：「平成 29 年版　情報通信白書」（総務省）

- 働き方改革実行計画：「働き方改革実行計画」（働き方改革実現会議／内閣）

- 働き方改革実行計画：「働き方改革実行計画　本文」

- 工程表：「働き方改革実現計画　工程表」

- 働く女性の実情：「平成 29 年版　働く女性の実情」（厚労省）

- 労働経済分析：「平成 30 年版労働経済の分析（要約）（厚労省）

- 「労働法　第 11 版補正版」（菅野和夫）

- 労働力調査：「労働力調査（基本集計）平成 30 年（2018 年）平均（速報）結果の要約」（総務省）

- ワーク・ライフ・バランス憲章：「仕事と生活の調和（ワーク・ライフ・バランス）憲章」（内閣）

- ワーク・ライフ・バランス報告：「ワーク・ライフ・バランス」推進の基本的方向報告」（男女共同参画会議　仕事と生活の調和（ワーク・ライフ・バランス）に関する専門調査会）

- 若者・女性活躍推進提言：「我が国の若者・女性の活躍推進のための提言」（若者・女性活躍推進フォーラム）

- 同一労働同一賃金に関する法整備について：「同一労働同一賃金に関する法整備について（建議）」（労働政策審議会職業安定分科会）

- 動向：「『同一労働同一賃金』」の実現に向けた動向－正規・非正規の格差是正に向けて－」（厚生労働委員会調査室　成嶋 建人／立法と調査（参議院事

務局企画調整室）No. 381）

- 労働経済の分析：「平成 30 年版　労働経済の分析 − 働き方の多様化に応じた人材育成の在り方について − 」（厚労省）
- さまざまな雇用形態：厚生労働省ホームページ「さまざまな雇用形態」
- 短時間正社員導入支援ナビ：厚生労働省ホームページ「短時間正社員導入支援ナビ」
- 短時間正社員制度導入支援マニュアル短時間正社員制度導入支援マニュアル（厚労省）
- 雇用関係によらない働き方：「雇用関係によらない働き方」に関する研究会報告書（経産省「雇用関係によらない働き方」に関する研究会）
- 兼業・副業提言：「兼業・副業を通じた創業・新事業創出に関する調査事業研究会提言」（中小企業庁経営支援部創業・新事業促進課経済産業政策局産業人材政策室）
- 起業と起業意識に関する調査：「起業と起業意識に関する調査〜アンケート結果の概要〜」（日本政策金融公庫総合研究所）
- 在宅勤務ガイドライン：「情報通信機器を活用した在宅勤務の適切な導入及び実施のためのガイドライン」（厚労省平成 20 年 7 月 28 日基発第 0728001号）
- 在宅勤務ガイドライン概要：「自宅でのテレワーク」という働き方（厚労省）
- テレワーク実態調査：「平成 28 年度テレワーク人口実態調査 − 調査結果の概要 − 」（国土交通省）
- 取組手順書：「パートタイム・有期雇用労働法対応のための取組手順書」（2019 年 1 月厚生労働省・都道府県労働局）
- わかりやすい解説（年休）：「年 5 日の年次有給休暇の確実な取得　わかりやすい解説」（2018 年 12 月厚生労働省・都道府県労働局・労働基準監督署）

索　引

著者紹介

坂東利国（ばんどう よしくに）

慶應義塾大学法学部法律学科卒業。弁護士（東京弁護士会）。
東京エクセル法律事務所 パートナー弁護士。
日本労働法学会所属。
日本 CSR 普及協会所属。
一般財団法人日本ハラスメントカウンセラー協会顧問。

［主な著書］
「マイナンバー社内規程集」（日本法令・2015 年）、「マイナンバー実務検定公式テキスト」（日本能率協会マネジメントセンター・2015 年）、「社労士のためのマイナンバー関連書式集」（日本法令・2016 年）、「中小企業のためのマイナンバー関連書式集」（日本法令・2016 年）、「個人情報保護士認定試験公認テキスト」（全日本情報学習振興協会・2017 年）、「改正個人情報保護法対応規程・書式集」（日本法令・2017 年）、「無期転換制度による法的リスク対応と就業規則等の整備のポイント（DVD）」（日本法令・2018 年）「『同一労働・同一賃金』の実務（DVD）」（日本法令・2019 年）、「働き方改革と労働法務（働き方改革検定公式テキスト）」（マイナビ出版・2019 年）ほか

働き方改革検定
働き方マネージャー認定試験 公式テキスト
－働き方改革と労働法務－

2020 年 3 月 26 日　初版第 1 刷発行

著　者	坂東利国
編　者	一般財団法人 全日本情報学習振興協会
発行者	牧野常夫
発行所	一般財団法人 全日本情報学習振興協会

〒101-0061　東京都千代田区神田三崎町 3-7-12
清話会ビル 5F
TEL：03-5276-6665

販売元　　株式会社　マイナビ出版

〒101-0003　東京都千代田区一ツ橋 2-6-3
一ツ橋ビル 2F
TEL：0480-38-6872（注文専用ダイヤル）
03-3556-2731（販売部）
URL：http://book.mynavi.jp

DTP・印刷・製本　　大日本法令印刷株式会社

※本書のコピー、スキャン、電子データ化の無断複製は、著作権法上での例外
を除き、禁じられています。
※乱丁・落丁のお問い合わせ
TEL：0480-38-6872（注文専用ダイヤル）
電子メール：sas@mynavi.jp
※定価は、カバーに表示してあります。
ⓒ2020　坂東利国
ISBN コード　978-4-8399-7291-2　C2034
Printed in Japan

選べる！働き方❻検定

当協会では、「働き方改革」や「労働法」についての様々な検定試験を開催しています。「働き方改革」、「労働法」について、初級クラス・上級クラス・管理者クラスそれぞれのレベルに合わせて学ぶことができ、さらに、「ハラスメント」「ストレスチェック」の分野に特化した試験を用意しています。

◆ 今、話題になっている「働き方改革」についてどんなものなのか知りたい！

これがオススメ！
働き方マスター 試験

「働き方改革とは何か」を十分に理解することを目標とした検定試験です。そのために「働き方改革実行計画」の基本的な部分と、「働き方に関する法律」の基本的な理解を問う内容となっています。

問題数	50問程度
試験課題	働き方改革総論 労働に関する日本の現状

❓ どんな人が受験するの？

会社にお勤めの方、学生、主婦の方など幅広い方にご受験いただいております。

◆「働き方改革」とあわせて労働関連の法律についても興味がある…

そんな方にはこちら！
働き方マネージャー認定試験

「働き方改革実行計画」と「働き方に関する法律」を広く取り上げています。労働法分野の中でも、特に「働き方改革」に関する法令と条文について詳しく扱い、「働き方改革」に関係しない分野は最低限理解が必要な部分に限定しています。

問題数	70問程度
試験課題	働き方改革総論 働き方と現行の法律

❓ どんな人が受験するの？

企業の人事の方や管理職の方などをメインとして、労働関係の試験を受験しようとされてる方などが多くみられます。

◆「労働法」のスペシャリストになりたい。人事で必須の知識なので身に付けたい！

労働法のプロに！
労働法務士認定試験

本「労働法務士認定試験」は専門性の高い法令・条文を含めて、全ての労働法分野を扱う上級試験です。法務・労務・人事・総務などの方に最適な資格です。

問題数	60問程度
試験課題	労働法全般

❓ どんな人が受験するの？

企業の法務・労務・人事・総務の方や、管理職の方などに多くご受験いただいております。

相談員は必須 主催：日本ハラスメントカウンセラー協会

認定ハラスメント相談員 I 種試験

「相談窓口の設置」と、「ハラスメント相談員（カウンセラー）の配置」は、ハラスメント防止のために、事業主が講ずべき「必須の措置」であり、ハラスメント防止の第1歩です。

しかしながら、現状では多くの企業において「適切かつ有効な実施を図る」ための相談体制は不十分と言わざるを得ません。相談員の増員と、教育、窓口の告知を徹底し、真に相談できる体制の整備を図らなければなりません。昨今問題となっている「ハラスメント」について、「ハラスメントとは何か？」と、「とるべき対策」から「実際の相談に対する対応」までを範囲とした資格試験です。

問題数	70問程度
試験課題	ハラスメントの基礎知識 相談員の実務対応

? これはどんな試験？

ハラスメントに対する基礎知識から、判例を基にした相談実務対応までが選択式と記述式の2種類で問われます。

◆ **ハラスメントは企業に大きなリスク 未然に防止する対策が必須！**

管理職は必須 主催：日本ハラスメントカウンセラー協会

ハラスメントマネージャー I 種認定試験

セクハラ、マタハラ、パワハラなどの職場におけるハラスメントは、企業の労務管理におけるリスクが顕在化した「企業危機」（クライシス）であり、それは、企業の有形・無形の資産、事業活動等に大きな被害・損失を与えます。

具体的に、ハラスメント事案が深刻なものであれば、被害者と加害者の間の問題にとどまらず、企業を巻き込んだ訴訟等に発展しかねません。

本試験は「人事」「総務」「営業」「企画」「法務」「労務」「CSR」「コンプライアンス」「開発」などに携わる、全国の方々にぜひとも取得してほしい試験です。

各種ハラスメントの基礎知識から管理体制の構築と防止マネジメントを行う実務能力を認定します。

問題数	70問程度
試験課題	ハラスメントの基礎知識 ハラスメント防止措置 など

? これはどんな試験？

ハラスメントに対する基礎知識から、判例を基にした防止実務対応までが選択式と記述式の2種類で問われます。

◆ **すべての女性が輝く社会 2020年までに女性管理職を30％に**

女性活躍マスター試験

日本では、少子高齢化が進み、将来的に深刻な労働力不足が懸念される中、就業を希望しているにもかかわらず多くの女性が働くことができない状況にあります。また、働いている女性の半数以上が非正規雇用などで持っている力を十分に発揮できていません。

このような状況を打開するため、政府は平成15年6月20日に男女共同参画推進本部を設立し、「社会のあらゆる分野において、2020年までに指導的地位に女性が占める割合を少なくとも30％程度とする」目標を掲げています。

本試験は、女性活躍推進のための意識改革、キャリアアップ、両立支援などを中心に取り扱う女性の活躍を応援する検定です。

問題数	70問程度
試験課題	女性活躍社会の推進 男女共同参画 など

? これはどんな試験？

ダイバーシティマネジメントや男女共同参画社会に関する内容が選択式で問われます。

資料請求はお電話やメールで承ります！　　　**一般財団法人 全日本情報学習振興協会**
TEL：03-5276-0030　　Mail：joho@joho-gakushu.or.jp